新时代首都发展战略研究丛书
总主编 张东刚

首都高端智库
首都发展与战略研究院
RUC Capital Development and Governance Institute

积极应对人口老龄化

北京探索与国际借鉴

黄石松 ◉ 著

中国人民大学出版社
·北京·

图书在版编目（CIP）数据

积极应对人口老龄化：北京探索与国际借鉴/黄石松著．--北京：中国人民大学出版社，2023.5
（新时代首都发展战略研究丛书/张东刚总主编）
ISBN 978-7-300-31701-4

Ⅰ.①积… Ⅱ.①黄… Ⅲ.①人口老龄化－研究－北京 Ⅳ.①C924.24

中国国家版本馆CIP数据核字（2023）第078586号

新时代首都发展战略研究丛书
总主编　张东刚
积极应对人口老龄化：北京探索与国际借鉴
黄石松　著
Jiji Yingdui Renkou Laolinghua：Beijing Tansuo yu Guoji Jiejian

出版发行	中国人民大学出版社			
社　　址	北京中关村大街31号	邮政编码	100080	
电　　话	010-62511242（总编室）	010-62511770（质管部）		
	010-82501766（邮购部）	010-62514148（门市部）		
	010-62515195（发行公司）	010-62515275（盗版举报）		
网　　址	http://www.crup.com.cn			
经　　销	新华书店			
印　　刷	涿州市星河印刷有限公司			
开　　本	720 mm×1000 mm　1/16	版　次	2023年5月第1版	
印　　张	19 插页2	印　次	2023年5月第1次印刷	
字　　数	338 000	定　价	68.00元	

版权所有　　侵权必究　　印装差错　　负责调换

总　序

党的十八大以来，习近平总书记先后10次视察北京、18次对北京发表重要讲话，提纲挈领式地回答了"建设一个什么样的首都、怎样建设首都"这一重大时代课题，为更好地推进首都北京各项工作，有效聚焦首都北京的深入研究，梳理总结以"中国之治"构筑"世界之鉴"之路指明了方向，提供了根本遵循。习近平总书记指出："建设和管理好首都，是国家治理体系和治理能力现代化的重要内容。北京要立足优势、深化改革、勇于开拓，以创新的思维、扎实的举措、深入的作风，进一步做好城市发展和管理工作，在建设首善之区上不断取得新的成绩。"北京作为大国之都、首善之区，在全国乃至全球范围内发挥着引领示范效应，她因"都"而立、因"都"而兴、因"都"而盛，向全世界展示着超大城市治理和人民城市建设的"首都样板"。

沿循习近平总书记系列指示精神，首都北京的治理体系和治理能力现代化步伐迈得愈加坚定与沉稳。新发展理念得到完整、准确、全面贯彻，"四个中心"功能建设大力加强，"四个服务"水平稳步提高，"三件大事"和三大攻坚战落地有痕，"五子"联动服务和融入新发展格局成效显著，党建引领"接诉即办"改革有力推进，率先全面建成小康社会，城市综合实力和国际影响力跃上新台阶，向着国际一流的和谐宜居之都迈出坚实步伐，新时代首都发展呈现蓬勃生机，首都北京发生新的历史性变化。我们认为，从"北京发展"至"首都发展"，体现出北京在历史性跨越与变革中生动践行着服务党和国家发展战略大局的"首都使命"，北京发展的深刻转型体现出超大城市治理体系和治理能力现代化的高质量提升，凸显了首都全面建设社会主义现代化的新航程已正式开启。我们也相信，在"踔厉奋发、勇毅前行"的精神鼓舞和信仰感召下，首善标准、首都样板势必会被赋予更加科学的切实含义，其可参考性、可借鉴性与可推广性将愈加凸显。

行之力则知愈进，知之深则行愈达。从理论的维度、实践的维度、功能的维度、世界的维度出发，通过抓住关键小事、捕捉重要元素、厘定核心概念、抽取典型案例，以历史的眼光回眸过去，梳理总结首都发展的漫长来路，以现实的眼光审视当下，提取凝练首都发展的典型经验，以前瞻的眼光畅望未来，谱写勾画首都发展的光明前景，充分理解新时代新征程首都发展的目标定位与多维内涵。针对首都北京的历史传统、发展特色、愿景目标进行深入研究，并以研究与实践为切入口，不断挖掘"北京资源"，更好满足人民群众日益增长的美好生活需要，推广"北京做法"，引领城市建设的时代风尚，深入讲好"北京故事"，展现大国之都的特色风采。

中国人民大学首都发展与战略研究院（以下简称"首发院"）是首都高端智库首批试点建设单位之一，一直把"服务首都、引领发展"作为研究院的重大使命，立足"两个大局"、胸怀"国之大者"、心系"民之所向"，紧紧围绕"建设一个什么样的首都、怎样建设首都"这一重大时代课题，聚焦"强化首都功能研究"与"首都城市治理研究"两大特色研究，始终坚持奋进理念，致力于打造北京市委市政府信得过、用得上的高端智库，在推动学校智库研究与北京社会经济发展需求相结合方面，取得了可喜成绩。策划与出版"新时代首都发展战略研究丛书"（以下简称"丛书"），是首发院主动为党和人民述学立论、主动融入首都北京经济社会发展、主动服务首都新发展格局勇当研究排头兵的重要举措。

组织撰写这套丛书，旨在围绕习近平新时代中国特色社会主义思想在京华大地落地生根、开花结果和形成的生动实践进行研究，强化与人民的对话、与世界的对话，深化"首都样板"的可见性与可感性，增强"中国故事"的广域性与纵深性，在推动首都发展

"理论突破"与"实践创新"中实现双重使命共前进，为打造集国家要事与群众关切、融中国特色与国际视野于一体的"北京名片"贡献新的力量，在首都北京全面建设社会主义现代化的新航程中留下浓墨重彩的一笔。丛书已被列入首发院五年发展规划，首发院将汇聚中国人民大学"独树一帜"的人文社会科学学科优势，全力打造好这套丛书，切实以研究服务好首都北京经济社会发展。

首先，作为思想引领的"践行者"，首发院始终坚持旗帜鲜明讲政治，坚定不移地贯彻落实习近平总书记关于北京工作的重要论述及北京市委市政府重大战略决策。策划这套丛书，旨在提交一份全面反映首都北京经济社会发展客观实际、全面跟踪首都北京率先基本实现现代化历程、全面推进"党建引领接诉即办改革"赋能超大城市治理经验的"行动答卷"。其次，作为咨政服务的"供给者"，首发院的研究以兼具现实性与前瞻性、针对性与普适性、宏观性与微观性的眼光，科学探究首都发展战略走向，在新时代、新征程、新伟业中，对于首都发展新变化、新态势进行全面描摹与深度刻写。丛书是首发院系列成果之一，是绘就首都高质量发展的可资参考、可供借鉴的"研究答卷"。再次，作为推动"智库建设＆学科发展"协同并进的"探索者"，首发院以首都北京为场景，通过学科交叉、创新融合、孵化培育等方式，倡导"共商共建、共治共享"的新型研究范式，充分激发学术理论认知与社会实践经验的双向互动效应，助力"打造我国人文社会科学研究和教学领域的重要人才中心和创新高地"。丛书是在学校"独树一帜、勇走新路"的理念指引下，紧跟"加快构建中国特色哲学社会科学""建构中国自主的知识体系"的使命召唤，致力于打造集结理论前沿与实践范例、唱响首都经验与中国故事的高端"学术答卷"。

积跬步，以至千里；积小流，以成江海。面向新时代、新征程、新伟业，丛书既是对首都发展特定领域的局部深描，亦是对首都发展战略全景的整体刻写，既着眼于国家"五位一体"总体布局、北京"四个中心"功能定位"大范畴"，又聚焦于"财税北京""慈善北京""乡愁北京""风俗北京""康养北京""科创北京"等"小议题",全方位、多角度、深层次展现了首都治理体系和治理能力现代化图卷。"北京精神""北京经验""北京样本""北京方案"等一系列原本模糊、抽象的概念在其中被赋予了具象而微、切实可感的含义,"建设一个什么样的首都、怎样建设首都"的答案亦由此变得更加明晰化、透彻化。我们希望这套丛书能够成为厚积薄发的沉淀之作。多年来,首发院细化领域、细分问题,先后打造首都发展高端论坛、北京经济论坛、首都治理论坛、首都文化论坛等品牌活动,产出成果丰硕,赋能首都北京高质量发展,这为丛书的主题新颖性、内容充实性奠定了坚实基础。我们希望这套丛书能够成为跨学科研究的引领之作。首发院现有10个核心研究团队、75名兼职研究人员,涉及理论经济、应用经济、公共管理、法学、政治学、社会学、新闻传播学、农林经济管理、统计学等9个一级学科,有着天然的多学科对话、多领域交流、多学者共事的氛围,为丛书脱离单一局限视角、研究触角广涉多面奠定了坚实基础。我们希望这套丛书能够成为鉴往知来的创新之作。首发院始终与首都发展同频共振,主动承担为时代画像、为时代立传、为时代明德的时代使命,主动承担把握思想脉搏、满足发展需求、增进社会共识的时代任务,在这个平台上围绕首都发展现代化涌现出一系列新声音、新思想,为丛书践行习近平总书记特别强调的"知识创新、理论创新、方法创新"奠定了坚实基础。

服务于首都全面建设社会主义现代化的新航程,希望丛书能够成为谱写首都发展的时代宣言书、首都发展的咨政参考集、首都发展的研究典范集。以中国为观照、以时代为观照,立足中国实际,解决中国问题,彰显好北京形象、讲好北京故事、说好北京话语,无负时代、无负历史、无负人民。

是为序。

中国人民大学党委书记
首都发展与战略研究院院长　张东刚

序　言
重寻无处

生命是真实的，人生没有彩排，也没有回放，每天都是现场直播。只要做过的事，走过的路，到过的地方，以感受来讲，重寻无处。

进入21世纪20年代，"世界之变、时代之变、历史之变正以前所未有的方式展开"[①]。全球经济复苏错综复杂，新一轮科技革命和产业变革深入发展，一场突如其来的新冠疫情又使这一变局更加复杂严峻，人类发展充满了不确定性和不稳定性。如何在不确定性中寻找确定性，笃定初心，找准前进的方向？如何以不变应万变，继往开来，于变局之中开新局？这些都是我们必须面对的客观现实问题，国家如此，社会如此，家庭和个人也是如此。

缘　起

"也许还有其他重大转变在引领我们的发展方向，比如气候变化、全球地缘政治、技术进步等，但它们的具体细节仍然悬而未决……但是我们确切地知道全球老龄化如何发展。我们知道它将在何时何地发生，以及发展到什么程度"[②]。全球性的人口老龄化不可逆转，这个世界不可能变得更年轻。中国也不例外，"十四五"时期中国人口

---

① 习近平. 高举中国特色社会主义伟大旗帜 为全面建设社会主义现代化国家而团结奋斗：在中国共产党第二十次全国代表大会上的报告［N］. 人民日报，2022-10-26（1）.
② 库格林. 更好的老年：关于老年经济，你必须知道的新理念［M］. 杜鹏，译. 北京：北京大学出版社，2022：1.

总量将转向负增长，人口老龄化将由缓速增长期转变为快速发展期，中国应对人口老龄化的机遇与挑战并存。

为推进积极老龄化、健康老龄化进程，建设人人平等、人人共享的社会，联合国颁布了《老龄化与健康全球战略和行动计划：建设每个人都能健康长寿的世界》，欧盟推出了《欧洲积极健康老龄化战略计划》，新加坡推出了《幸福老龄化行动计划》，中国将积极应对人口老龄化上升为国家战略，中央政府发布了《国家积极应对人口老龄化中长期规划》。中国始终将人民健康放在优先发展的位置，实施健康中国战略及其行动计划。尽管各国在应对人口老龄化的理念倡导、目标任务、政府职责、社会参与等方面均有所不同，但都是基于本国国情和发展阶段的特征，因地制宜、因势利导制定和实施战略规划和行动。

2018年1月25日，在北京市十五届人大一次会议上，我在审议政府工作报告时提出，要高度重视非首都功能疏解带来的人口结构变化，以及所导致的经济社会问题，制定更长期的战略与规划，积极应对人口老龄化的机遇和挑战。时任北京市市长陈吉宁回应："石松同志谈的人口结构问题，我们已经注意到了，到2035年的情况和变化我们有一个大致的匡算。总的来说，对这个问题的研究还不透，现在政策已经明确新增用地和建设项目中必须配建适当比例的养老设施。希望你认真深入研究。城市发展归根结底是为了人生活得更好，要把以人民为中心的发展理念贯彻到各项工作中。"

探 索

就是在这样的背景下，在中国人民大学国家发展与战略研究院、中国人民大学首都发展与战略研究院的支持下，我们成立了老龄产业研究中心。中心紧扣人口老龄化时代主题，坚守国家战略，服务经济社会发展，主要研究方向是：通过统计调查、数据分析、专项访谈、专家研讨等方式为各级党委政府及相关部门、各级人大提供人口老龄化战略规划、政策法规、行业标准等研究，开展督察评估、法规预案研究、法规后评估等服务。中心突出智库研究的特色，重要成果都将转化为政策建言和咨政报告，呈报相关部门和领导。中心成立以来，持续开展了一系列重大决策咨询课题，逐步形成了独具特色的研究领域，包括老龄化战略规划、养老服务体系建设、老年友好宜居环境建设、老年健康服务、老龄社会基层治理、人口长期均衡发展等。

（一）老龄化战略规划研究

2018年伊始，在北京市老龄办和首都高端智库（中国人民大学首都发展与战略研究院）的支持下，我们开始了"首都积极应对人口老龄化中长期规划预案研究"，试图通过系统梳理国际社会应对人口老龄化战略规划与行动，结合中国的国情和首都北京的市情，分析研判北京人口老龄化的机遇与挑战，尝试提出北京积极应对人口老龄化中长期规划的初步框架，包括基本原则、任务目标、实施路径等。2019年11月，中共中央、国务院发布《国家积极应对人口老龄化中长期规划》，随后，北京市政府制定了实施方案，并发布了《关于加强新时代首都老龄工作的实施意见》等文件，课题组成员积极参与了相关工作，提出的多项建议被采纳。

2020年5月以来，我们开展了"北京市'十四五'时期老龄事业发展规划编制研究"工作，对"十三五"时期北京市老龄事业发展规划的实施情况进行了评估，基于2015年"小普查"的数据建立数据模型，对北京市人口老龄化的发展态势和特征进行了预测，系统提出了编制"十四五"时期老龄事业发展规划的政策和立法建议，包括规划编制应把握的原则、总体目标、主要指标、重点任务、实施路径、组织和制度保障等内容。课题组认为，"十四五"时期是北京积极应对人口老龄化的"窗口期"，应紧扣首都发展这一时代主题，围绕"七有""五性"民生保障要求，从增强首都竞争力、挖掘城市发展潜力、激发内在活力的战略高度，将积极应对人口老龄化纳入经济社会各项政策中，通过制度变革，提升经济社会发展的韧性，实现解决老龄问题与推动经济社会高质量发展的有机统一。报告得到了时任中共中央政治局委员、北京市委书记蔡奇的批示。为推动积极应对人口老龄化国家战略在首都的实践，2019年以来，研究团队还先后接受北京市朝阳区、通州区、西城区、石景山区、顺义区等有关部门的委托，开展了老龄相关主题的规划研究十余项。多项报告获北京市委、市政府领导批示，上述规划均被转化为政策文件公布实施，直接指导和推动了首都老龄事业发展。研究团队还放眼全国，为南水北调水源地——河南省南阳市编制了《河南省南阳市康养产业规划（2021—2035年）》。

（二）养老服务体系建设研究

老年人需要什么样的养老服务？北京应该构建什么样的养老服务体系？这既是家家户户最关心、最迫切、最期待的现实问题，也是在制定老龄政策与法律中要优先考虑的基本议题。关于养老服务体系的概念内涵、衡量标准、支持政策、资源配置机制等也一直是学界热烈探讨的重大理论问题。

2015年北京市人大在全国率先制定《北京市居家养老服务条例》，将养老服务的关注重点从机构转向居家，这是对超大城市养老服务体系建设客观规律的科学认知。我作为北京市立法机关的一名干部参与了立法的全过程。"十三五"期间北京市系统推进养老服务体系建设，到"十三五"末，覆盖城乡的"三边四级"就近精准养老服务体系初步建立。然而，随着北京市率先全面建成小康社会，人均GDP已经达到中等发达经济体的水平，老年人口结构和需求也发生了深刻的变化，又出现了很多新现象、新问题。养老机构延伸到居家的积极性不高，社区养老服务驿站可持续经营困难，家庭养老功能持续弱化，养老服务体系建设成为老龄事业最突出、最迫切需要补齐的短板。

2019年，在首都高端智库的支持下，我们以"居家养老服务的内涵、方式与支持体系"为题,在全市范围内进行了全面调研和系统研究。我们提出,新时代首都老年人需要的是"家的氛围、专业化的服务",强调养老服务对象的普遍性、服务供给的可及性、服务质量的可靠性、服务价格的可承受性。养老服务要公平可及覆盖全体老年人;老年人需要的是整合式、一站式服务,而不是碎片化的服务;老年人希望得到及时、便捷、就近就便的服务,最好(或者说不到万不得已)不要离开自己的家和熟悉的环境;服务质量要可靠、可追溯,而且价格是可承受的。一个好的居家养老服务模式,要保证可持续发展,要有生命力,就必须满足以上需求。这就需要与之相配套的科学完备的社会养老服务体系,实现机构、社区、居家养老协调发展,医养康养服务融合发展,实现"从有到优"的突破。

(三)老年友好宜居环境建设研究

老年友好宜居环境建设,既是老年人的刚性需求,也是拉动内需的重要手段,与新城建设、城市更新相结合,具有广阔的市场空间。北京城市总体规划明确了要建设国际一流和谐宜居之都,和谐宜居之都理应是老年友好宜居之都。然而,老年友好宜居的标准是什么?应该建什么?怎么建?北京作为首都,如何发挥表率示范作用,引领和探索中国老年友好宜居环境建设的新思维、新模式?

在北京市朝阳区民政局的支持下,中心自2019年始持续4年开展了理论研究和实践试点工作,形成了一系列具有针对性、建设性的研究成果。课题组以老年人的实际生活轨迹和需求为逻辑起点,按照"七有""五性"民生保障要求,从建筑、小区、社区、街道四个空间尺度,从安全性、健康性、便捷性、舒适性、社会性五大维度,率先提出了一套衡量老年友好宜居环境建设的指标体系,并在中国人民大学召开了成果发布会,得到了社会的广泛好评。随后,课题组以朝阳区双井街道等典型街乡为试点,进行了实地调研和系统评估,提出了优化方案,形成了建设清单和建设指南。建设指南重点围绕多头建设、谁来牵头、社会资本如何进入等问题,探讨了多元主体参与、共建共治共享的老年友好宜居环境建设模式。在此基础上，开展了老年友好宜居环境建设标准化研究，并通过中国标准化协会的立项、专家评审等各项程序，研制完成并颁布了《老年宜居环境整合服务指南》团体标准，为朝阳区老年友好宜居环境评估、建设改造、运行管理和监督评价提供了重要支撑。

（四）老年健康服务研究

传统的老年健康服务强调了医疗卫生部门提供的服务，随着老年人需求的变化，我国老年健康服务体系需要根据全人群、全生命周期的理念动态优化调整。2019年我们开展了"北京市健康老龄化的内涵和发展方式研究"，系统梳理了国内外健康老龄化的政策文件，进一步厘清了老年健康服务体系的概念内涵。作为市级重点决策咨询课题，突出了实证性对策研究，全面总结了北京市老年健康服务取得的成绩，存在的痛点、难点、堵点问题，形成了《关于加快北京市老年健康服务体系建设的研究报告》，供市政府及其有关部门参考。2021年，我们开展了"北京市长期护理保险制度建设研究"，在对北京市石景山区长期护理保险试点工作进行全面总结的基础上，针对长护险扩大试点，完成了失能与需求评估标准、长期护理保险服务项目清单和相关服务标准、长期护理保险待遇支付方式和标准等三项标准的研制，起草了相关配套文件，供北京市医疗保障局决策参考。

随着我国高龄、失能、失智老年人口增加，老年人的医疗卫生服务需求和生活照料需求叠加的趋势越来越显著，而有限的医疗卫生和养老服务资源以及彼此相对独立的服务体系远不能满足老年人的需求，迫切需要为老年人提供医养结合的服务。2022年我们应用"干系人利益分析法"开展了相关课题研究。我们认为，医养结合的本质是多元主体利益协调，我国医养结合工作尚存在重形式轻实效、重签约轻服务等问题，现行的政策尚不能有效统筹老年人（服务对象）、医疗卫生机构和养老服务机构（服务主体）、政府相关部门

（监管主体）等多元主体的利益，形成激励约束机制。我们建议，应以满足老年人的需求为出发点和落脚点，深化医疗保险制度改革，在现有"以治病为主体"的国家基本药物制度和基本药品目录的基础上，研究制定老年健康管理、康复护理、安宁疗护等方面的服务目录、定价标准、报销比例等，将其逐步纳入医保报销的范围，建立与长期照护需求相适应的老年健康服务目录，逐步扩大老年健康基本公共服务的内容。

（五）老龄社会基层治理研究

我国老年人口规模大、增速快、养老服务资源匮乏，传统的文化观念决定了大多数老年人会选择居家社区养老的方式，老年人在社区居住生活、参与社会及获取社区服务，构成了基层社会治理的重要内容。如何破解养老服务"最后一公里"体制机制障碍，既是养老服务体系建设中的突出问题，也是我们始终关注的研究领域。自2019年以来，我们开展了多项研究，并多次成功举办了"首都治理热点问题研讨"。

2020年11月12日，我在第一期首都治理热点问题研讨会上作题为《老龄化背景下的数字新基建》的发言，从数字技术应用于疫情常态化防控下社会治理的国内外案例切入，列举了将数字技术应用于老龄化背景下的社会治理所面临的问题，建议市政府紧盯疫情常态化防控下民生领域中的紧迫问题，充分考虑日益加剧的人口老龄化现实，加大为老服务领域数字新基建的建设力度。2021年5月27日，我们承办了第三期首都治理热点问题研讨会，此次会议的主题是"老龄化社会治理改革与创新"，我以《从"七普"数据看首都北京老龄化社会治理》为题，以石景山区八角街道进行的实践探索为案例，提出了基于街道（乡镇）的一体化养老服务体系建设的构想，从完善家庭支持政策、助力家庭发挥养老基础性作用、赋能街道（乡镇）、夯实社区对养老服务的支持作用等方面给出了回答。在此基础上，2022年我们开展了"加快北京市街乡镇养老服务联合体建设"的研究。研究团队深入街道（乡镇）、社区（村），对解决基层"最后一公里"的养老服务供需对接进行了广泛的社会调查，对养老服务联合体的性质特征、功能定位、运行机制等进行了分析，起草了相关政策文件建议文本。2022年4月，中共北京市委办公厅、北京市人民政府办公厅下发了《关于推进街道乡镇养老服务联合体建设的指导意见》。

（六）人口长期均衡发展研究

党的十八大以来，党中央积极部署，通过编规划、出政策、建机制，一体化推进养老托育服务体系建设。对"一老一小"的家庭支持政策也逐步成为我国社会政策的重点。为此，我们聚焦当前我国养老托育服务中存在的突出问题，借鉴国际社会家庭政策的经验共识，立足家庭生命周期视角，从中国传统家文化理论出发，以习近平总书记关于家庭家教家风建设的重要论述为指引，提出了构建"基于家庭生命周期的多元共担"支持政策体系的设想，并针对养老托育服务体系建设提出了具体的政策措施。

具体到北京市，2021年以来，我们承担了"北京市积极应对人口老龄化促进人口长期均衡发展问题研究"课题，旨在通过厘清人口均衡发展的概念内涵、发展目标，构建超大城市人口长期均衡的政策体系，探讨促进北京市人口长期均衡发展的实现路径，业已形成了两项阶段性成果。一是通过对北京市第七次人口普查数据与上海、深圳等城市的对照，认为人口老龄化对北京发展高精尖产业体系构成较大的压力，要辩证看待人口老龄化带来的挑战和机遇，实行更富韧性和包容性的人口发展政策。二是研究了2010—2020年间北京市老年人口空间分布及其演化特征，分析了老年人选择养老地点和市域迁移的影响因素及其内在机制，提出要转变传统的"养老服务设施随人布局"的规划理念，以项目牵引、存量盘活、增量提质和机制创新完善人口均衡发展政策体系，适度引导首都功能核心区老年人口向城市发展新区和生态涵养区流动。

心　路

4年来，我们紧紧围绕人口老龄化主题，共承担北京市委、市政府及其有关部门委托的重大决策咨询课题20余项，编制战略规划10余项，开展政策评估和督查3项，提出法规案1项，研究编制行业标准2项。我个人也获得了北京市第十一届优秀调查研究成果一等奖，北京市第十四届优秀调查研究成果优秀奖；北京市第十五届哲学社会科学优秀成果奖二等奖，北京市第十六届哲学社会科学优秀成果奖二等奖；北京市政协优秀提案1项，北京市民主党派参政议政优秀调研成果一等奖2项、二等奖2项、优秀奖4项；以及"国家高端智库建设"突出贡献奖、"社会服务先进个人"等称号。相关建议获党和国家领导人批示7项，北京市正市级领导批示1项、副市级领导批示10项，被市委全面深化改革委员会、市人大常委会、市政府及其有关部门等采纳15项。

经过几年的摸索实践，我们在如何做好智库研究工作方面也积累了一些心得体会，在此与各位同人共勉，也请大家批评指正。

(一) 大网络、新机制

人大国发院老龄产业研究中心一经成立，就在国发院和首发院领导支持下，创新运作机制，发挥中心的平台和纽带作用，以项目首席专家负责制为抓手，采取灵活机动的方式，根据课题研究的专业需要，以人大国发院、公共管理学院、社会与人口学院等校内专家学者为主体，广泛吸收北京大学、首都体育学院、首都医科大学、首都经济贸易大学、中央财经大学等高校健康促进、老年医学、老年经济学等方面的专家学者参与，同时与北京市民政局、北京市老龄办、民建北京市委等部门建立广泛合作关系，邀请各级人大代表和政协委员参与，形成了跨学科、跨领域多元化人才参与的格局。

(二) 智库研究与参政议政相结合

几年来，中心逐步摸索将基础性理论研究与对策性政策研究相结合的有效方式，探索将调查研究与评估督查相结合，将学术研究与参政议政相结合，将参政议政与民主监督相结合，以实现智库工作效能的优化。

比如，中心从 2018 年起，就接受中共北京市委改革办的委托，连续三次对重大政策文件开展第三方评估，并参与督查、整改和验收全过程，寓学术研究于社会服务中。2018 年聚焦养老服务供给侧结构性改革，对北京市各部门、各区落实《关于全面放开养老服务市场进一步促进养老服务业发展的实施意见》进行了履职评估和效果评估，从 7 个方面提出了 15 条深化改革的建议，评估报告得到了北京市委、市政府多位领导的批示。2019 年聚焦老年人照顾服务，对《关于加强老年人照顾服务完善养老体系的实施意见》开展了评估。2020—2021 年聚焦养老服务消费侧改革，对《北京市促进养老领域消费工作方案》进行了督查评估。能够接受中共北京市委改革办的委托开展政策评估，充分体现了有关部门对首发院的信任。此外，中心还开创性地参与了《北京市老年人权益保障条例》修订研究，以及养老服务标准规范制定工作。2018 年由中心牵头，多名法学教授、资深律师以及一线从业人员参与，与北京养老行业协会联合起草了《北京市养老服务行业诚信自律公约》，并在全市推广应用，产生了良好的社会效益。

（三）理论创新与舆论引导相结合

中心还通过举办学术论坛，扩大研究成果的社会影响力，推进人口老龄化国情教育，形成社会共识。连续与中国老年学和老年医学学会、民建中央等部门联合举办四届"智汇养老北京高峰研讨会"，陆续举办了三期首都治理热点问题研讨会，邀请中央和北京市有关单位领导、专家学者、企业家共同参与研讨，引起社会各界广泛关注，影响力辐射全国，不仅发挥了首都高端智库的智力资源优势，还发挥了全国性学会组织和行业协会的引领推动作用，促进了产、学、研、用的结合，形成了多项成果。会议成果通过首发院的内参系统和党派的建言专报等多种形式报中央及北京市有关部门，形成了良好的品牌效应和社会影响力。

（四）无调研、不建言

4年来，中心坚持"无调研、不建言"，力争做"最懂老年人、最懂首都北京"的智库团队。在中共北京市委改革办、民建北京市委调研处等部门的大力支持下，我们在本市范围内进行了广泛深入的调研和座谈交流，走遍了北京市16区和北京经济技术开发区，分别调研了具有代表性的医养结合国际老年公寓、社区养老服务驿站、养老信息化平台等企业、机构和社会组织300余家，并以石景山区八角街道、西城区陶然亭街道、朝阳区双井街道、朝阳区东风乡等为"治理单元"，共发放问卷3万余份。与市、区、街道（乡镇）相关部门进行了80余场专题座谈会，课题组部分成员还以人大代表和党派成员的身份，参与了北京市人大常委会、北京市政协组织的调查研究和执法检查。

本书的内容

党的二十大以"中国式现代化"为总纲，为新时代新征程擘画了新蓝图。"中国式现代化是人口规模巨大的现代化"，中国应对人口老龄化始终坚持借鉴国际社会关于积极老龄化、健康老龄化的理念共识，推进其在中国的本土化实践。如果说，到目前为止，中国应对人口老龄化的理论体系更多是学习借鉴国际社会共识，那么，未来，伴随着中国式现代化的推进和中华民族伟大复兴进程，伴随着中国在世界格局中的地位变化，中国作为世界上老年人口最多的国家，走出一条区别于西方国家应对人口老龄化的新路，将是对全人类文明作出的巨大贡献。"中国式现代化是走和平发展道路的现代化"，体现了中国在应对老龄化进程中，积极参与国际交往与合作的信心和决心。

北京作为中国的首都，各方面工作具有代表性、指向性。中国共产党北京市第十三次代表大会明确提出，新征程上的根本任务就是要大力推动新时代首都发展。新时代首都发展，本质上是首都功能的发展；新时代首都发展，根本要求是高质量发展；新时代首都发展，出发点和落脚点是要让人民生活幸福；新时代首都发展，标准就是首善。在新时代新征程上，北京积极应对人口老龄化必须坚持全球视野、国际眼光，充分吸取世界各国的先进经验，全面深化改革，加快补齐养老服务体系建设的短板，加快实现人口长期均衡发展，各项工作在全国起到引领和示范表率作用。

就是在这样的背景下，2022年6月，我在孙鹃娟教授的协助下，带着中国人民大学老年学研究所博士研究生孙书彦、胡清、陈雨欣，日本大阪大学社会政策研究中心硕士研究生布潇楠，北京市科学技术研究院助理研究员郭燕，开展了"国外老龄政策动态"研究，形成了系列研究报告。每一期报告内容包括但不限于：该国或地区老年人口分类统计数据，分析人口发展趋势及其特征；该国或地区养老保障状况、医疗保障状况等；该国或地区应对人口老龄化的主要做法及其特点。在此基础上，结合北京人口老龄化进程中的突出矛盾和重点领域，提出有针对性的政策建议。与此同时，我们梳理整合了近年来业已完成的重要课题的研究成果，包括"北京市'十四五'时期老龄事业发展规划编制研究""北京市积极应对人口老龄化评价指标体系构建研究"等，经过进一步编辑整理，形成了本书的基本内容。

联合国和世界卫生组织等国际组织在推动全球积极应对人口老龄化的进程中发挥了重要作用。本书收集了联合国、世界卫生组织等国际组织在积极应对人口老龄化上的最新理念、战略规划和行动计划等，分析国际社会的基本动向及其特点，并结合北京的实际，从宏观战略维度提出可供借鉴的政策建议。

不同国家和地区的老龄化进程具有不同的特点，以英国为代表的欧美发达经济体，建立了以私人和自由市场为导向的"补缺型"养老服务体系；以瑞典为代表的北欧国家，形成了以国家为主导的

"福利型"养老服务体系；以韩国、新加坡为代表的东亚国家，形成了以市场化和社会化相结合的养老服务体系。我们选择较为典型的英国、瑞典、韩国、新加坡展开比较分析。

英国在20世纪30年代就进入了老龄化社会，其老龄化具有开始时间早、历时长、程度深、进程缓慢的特点。英国的养老金制度经历了撒切尔夫人时期的私有化改革与政府责任转移、布莱尔时期对弱势群体的政府责任回归与持续私有化，以及卡梅伦时期的大社会新政与继续私有化改革等发展阶段。社区服务与社区照顾起源于英国，并在不断的反复探索和试错过程中建立与完善，形成了较为完备的一体化整合照料服务体系。本书通过对英国养老金制度改革和社区养老服务相关政策的分析，为北京完善养老服务体系建设提供借鉴。

瑞典实施的是惠及全民的福利制度，被认为是具有代表性的，提供普遍的、广泛的且平等的服务，这也给其国家财政带来极大的压力。为充分高效利用有限的养老与医疗资源，瑞典形成了以居家为主导的医养结合服务体系。通过权力下放，给市镇政府自主权，使其可以根据当地特色合理调节区域内医疗与养老服务的供给，实现医养有机融合。这样的体系不仅提高了医疗与养老服务资源的利用效率，也使得老年人可以在自己熟悉的社区、家庭生活圈中实现养老。这对于北京市如何统筹社会医疗与养老服务资源，最大化发挥社区功能，有着重要的借鉴意义。

韩国与我国同为亚洲国家，具有相似的传统与文化，又同样具有老龄化出现晚但发展速度快的特点。首尔都市圈与北京在老龄化进程、老龄化发展趋势和特征上极具可比性。在积极应对人口老龄化的进程中，韩国综合施策促进老年人参与就业；重视老年人的健康预防以及早期阿尔茨海默病的筛查；针对高龄和超高龄特殊老年群体的困难，出台专项保障政策；通过法律保护老年人远离危险，防止老年人由于身处弱势地位而被遗弃、受到经济剥削，或遭遇性暴力、忽视等身体及精神上的虐待。韩国在老年人经济保障、健康保障、人身自由和权益保障方面的做法值得北京借鉴。

同为东亚国家的新加坡在2000年进入老龄化社会，到2020年老龄化率达到15.2%，老龄化进程与北京类似。新加坡政府从全生命周期视角进行干预，加强老年人的疾病预防和健康教育，打造健康生态圈。通过提升老年人工作技能、开展"乐龄教育"、鼓励老年人参与志愿服务等多项措施鼓励老年人继续为社会作贡献，实现老有所为。通过构建无障碍交通体系、住房适老化建设等，不断完善老年友好宜居环境建设，构建老年友好型城市。新加坡"以家庭为中心多主体参与共同建设活力老龄社会"的模式值得北京学习借鉴。

本书的不足之处在于，我们在第3~7章介绍国际经验对中国和北京的借鉴意义时，并没有追求面面俱到，而是尽可能一个国家或地区紧扣一个主题和重点，部分章节之间的内容可能有一些交叉。在第2章分析首都北京积极应对人口老龄化面临的挑战时，试图在把握总体特征和趋势的基础上，尽可能突显当前最突出的问题和矛盾，而没有全面铺开，但也感到有些顾此失彼。在第8章提出新时代首都北京积极应对人口老龄化的政策方略时，也没有追求系统全面，而是力求突出重点和难点，以专题的形式展开，并与第3~7章的内容形成呼应。但限于作者的能力和认知水平，很多问题并没有说透，一些认识还比较肤浅。

本书国际社会部分的原始资料由胡清收集和整理，英国、瑞典、韩国部分的原始资料由布潇楠、孙书彦收集和整理，新加坡部分的原始资料由陈雨欣收集和整理，布潇楠承担了主要资料的翻译工作。郭燕和胡清参与了第2章和第8章的部分写作工作。英国、韩国、新加坡部分在撰写过程中得到了中国人民大学社会与人口学院孙鹃娟教授的指导；第1、2、8章部分内容得到了中国老龄科学研究中心伍小兰研究员、中央财经大学管理科学与工程学院李爱华教授的支持；全书得到了北京市老龄协会政策法规处宋晓磊处长和费将军先生的支持。感谢中国人民大学出版社编辑王宏霞、徐海艳的耐心细致工作。

感谢我的同事和良师益友中国人民大学副校长、老年学研究所所长杜鹏教授，他在做好繁杂的行政事务的同时坚持不懈开展学术研究，他的勤奋和谦逊时刻激励着我。感谢上海财经大学校长刘元春教授，与他的交流过程总是给我很多启迪和感悟。感谢中国人民大学国家发展与战略研究院执行院长严金明教授、副院长刘青教授、副院长刘在波先生以及中国人民大学国家发展与战略研究院的全体同事。感谢中国人民大学首都发展与战略研究院副院长张杰教授、副院长李文钊教授、副院长侯新立先生以及中国人民大学首都发展与战略研究院的全体同事，感谢他们热情细致的支持和帮助。感谢中国人民大学老年学研究所博士研究生胡清女士，在比较短的时间内，她反复与出版社沟通，对数据和图表进行核对，对文字、版式以及一些规范用语和表述进行审核，做了很多琐碎、繁重的工作。

学者今天的所言所著，如同领导干部今天的所作所为，都必将接受明天历史和人民的评说。

黄石松

2023年1月15日于北京

目 录

第一章　首都北京人口老龄化现状与发展特征　/ 1
　　第一节　人口老龄化的总体情况　/ 1
　　第二节　老年人口的需求特征分析　/ 13

第二章　首都北京积极应对人口老龄化面临的挑战　/ 23
　　第一节　经济社会发展转型对人口发展带来新挑战　/ 23
　　第二节　积极应对人口老龄化的评价体系有待优化　/ 31
　　第三节　人口长期均衡发展的矛盾进一步凸显　/ 38
　　第四节　超大城市养老服务资源配置面临困境　/ 47
　　第五节　社会服务体系的服务能力和水平亟待提升　/ 59
　　第六节　社会治理"最后一公里"的体制障碍客观存在　/ 65

第三章　国际社会应对人口老龄化的行动计划及其借鉴　/ 73
　　第一节　国际社会应对人口老龄化的行动与计划　/ 73
　　第二节　国际社会应对人口老龄化的基本动向及特点　/ 79
　　第三节　国际社会应对人口老龄化的行动对北京的借鉴　/ 92

第四章　英国养老金制度改革和社区照顾服务及其借鉴　/ 99
　　第一节　英国人口老龄化发展特征　/ 99
　　第二节　英国的养老金制度改革　/ 108
　　第三节　英国的社区照顾养老服务体系　/ 116
　　第四节　英国的老年健康服务体系　/ 121
　　第五节　英国老龄政策变革对北京的借鉴　/ 125

第五章　瑞典居家医养结合养老服务及其借鉴　/ 132
　　第一节　瑞典人口老龄化发展特征　/ 132
　　第二节　瑞典的养老保障制度及其特征　/ 139

第三节　瑞典的社会养老服务体系 / 147
第四节　瑞典的居家医养结合服务 / 154
第五节　瑞典居家医养结合养老服务对北京的借鉴 / 160

第六章　韩国老年人权益保障及其借鉴 / 169

第一节　韩国人口老龄化发展特征 / 169
第二节　韩国老年人的社会福利体系 / 183
第三节　韩国老年人的收入保障 / 186
第四节　韩国老年人的就业保障 / 189
第五节　韩国老年人的养老服务保障 / 193
第六节　韩国老年人的健康保障 / 196
第七节　韩国老年人权益保障对北京的借鉴 / 200

第七章　新加坡构建活力老龄社会及其借鉴 / 206

第一节　新加坡人口老龄化发展特征 / 206
第二节　新加坡老年人的健康服务 / 210
第三节　新加坡老年人的社会参与 / 212
第四节　新加坡老年人的生活保障 / 217
第五节　新加坡构建活力老龄社会对北京的借鉴 / 226

第八章　谱写首都北京积极应对人口老龄化新篇章 / 233

第一节　完善积极应对人口老龄化评价体系 / 233
第二节　着力促进老年人口空间分布优化 / 238
第三节　着力完善就近精准的养老服务体系 / 247
第四节　着力构建公平可及的老年健康服务体系 / 254
第五节　统筹推进"一老一小"社会服务体系建设 / 261
第六节　着力优化超大城市服务资源配置机制 / 264
第七节　着力破解社会治理"最后一公里"的体制障碍 / 269

结　语　继往开来 / 280

第一章
首都北京人口老龄化现状与发展特征

对人口发展状况、特征及趋势的充分把握是制定经济社会政策的基础和前提。自20世纪90年代以来，特别是在成功申办和举办奥运会的过程中，北京市在保持经济持续快速增长的同时，形成了"低自然增长、高机械增长"的人口发展格局，常住人口规模屡创新高，户籍人口数量相对稳定，常住外来人口的机械增长成为推动北京人口总规模较快增长的关键因素。但与此同时，人口持续快速上涨也带来了城市交通拥堵、大气污染等一系列"大城市病"。2014年2月，习近平总书记视察北京并发表重要讲话，提出了京津冀协同发展战略，开启了北京控制人口总量和疏解非首都功能的新时期。然而，自1990年进入老龄化社会以来，北京的人口老龄化不断加剧，成为贯穿首都北京经济社会发展转型和城市规划、建设、发展、治理进程的基本市情。科学认识北京人口老龄化的现实特征，准确把握其未来发展趋势，积极应对其带来的机遇与挑战，事关首都经济社会发展全局，事关家家户户市民群众的福祉。

第一节 人口老龄化的总体情况

1990年第四次全国人口普查数据显示，北京市60岁及以上老年人口为109.3万人，占总人口比例已达到10.1%，65岁及以上老年人口占总人口比例达到7.04%，按照联合国的定义，这一数据标志着北京市进入人口老龄化社会[①]。北京市也成为我国最早进入老龄化社会的地区之一，比全国整整提前了

---

① 根据1956年联合国《人口老龄化及其社会经济后果》确定的划分标准，当一个国家或地区65岁及以上老年人口数量占总人口比例超过7%时，意味着这个国家或地区进入老龄化社会（轻度老龄化）；65岁及以上老年人口达到总人口的14%，即进入老龄社会（中度老龄化）；达到20%即进入超老龄社会（重度老龄化）。

10 年。2020 年第七次全国人口普查数据显示，北京市 60 岁及以上老年人口总数为 429.9 万人，占总人口比例已达到 19.6%，30 年间北京市 60 岁及以上老年人口总量增加了 320.6 万人，人口老龄化率提高了 9.5 个百分点。人口老龄化成为贯穿首都北京经济社会发展转型和城市规划、建设、发展、治理进程的基本市情。

本节拟使用北京市统计局历年发布的《北京统计年鉴》，以及北京市卫生健康委员会发布的《北京市老龄事业发展报告》（2010 年、2018—2021 年）、《北京市老龄事业和养老服务发展报告（2016 年—2017 年）》、《北京市老年人口信息和老龄事业发展状况报告》（2006—2009 年、2014—2015 年）进行汇总整理和统计分析。从常住老年人口和户籍老年人口两个维度展开，重点围绕北京市老年人口规模、老龄化程度、老龄化发展速度、老年人口空间布局等方面分析当前北京市人口老龄化的基本特征。

一、老年人口的总体变化情况

（一）常住老年人口快速增长，老龄化程度持续加深

第六次全国人口普查数据显示，2010 年北京市常住人口达到 1 961.2 万人，60 岁及以上常住老年人口为 245.2 万人，占比 12.5%；65 岁及以上常住老年人口为 170.9 万人，占比 8.7%。第七次全国人口普查数据显示，2020 年北京市常住人口为 2 189.3 万人，60 岁及以上常住老年人口为 429.9 万人，占比 19.6%；65 岁及以上常住老年人口为 291.2 万人，占比 13.3%。2010—2020 年十年间，60 岁及以上常住老年人口增加了 184.7 万人，占比上升了 7.1 个百分点；65 岁及以上常住老年人口增加了 120.3 万人，占比上升了 4.6 个百分点。60 岁及以上常住老年人口增长速度快于 65 岁及以上老年人口增长速度（见图 1-1）。

（二）户籍老年人口持续增长，老龄化程度持续加深

第六次全国人口普查数据显示，2010 年北京市 60 岁及以上户籍老年人口为 235.0 万人，占户籍总人口的 18.7%；65 岁及以上户籍老年人口为 170.5 万人，占户籍总人口的 13.6%。第七次全国人口普查数据显示，2020 年北京市 60 岁及以上户籍老年人口为 378.8 万人[①]，占户籍总人口的 27.0%；65 岁及以

---

① 第七次全国人口普查数据显示截至 2020 年 11 月 1 日为 378.8 万人，本节沿用这一数据作为年度数据。

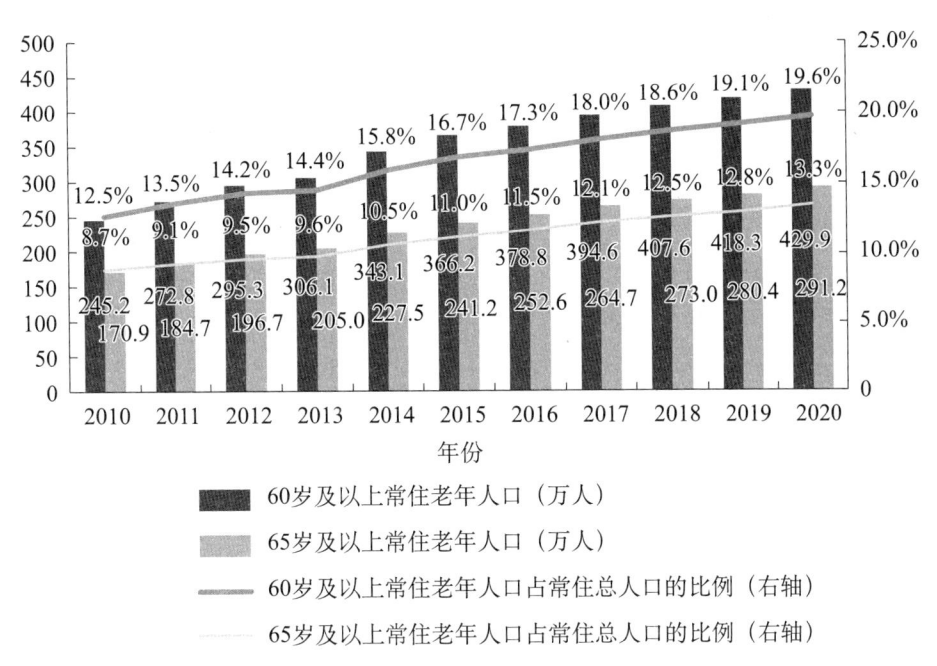

图 1-1　2010—2020 年北京市常住老年人口规模及占总人口的比例

资料来源：根据历年《北京统计年鉴》绘制。

注：2010 年数据为第六次全国人口普查推算数，2020 年数据为第七次全国人口普查推算数。

上户籍老年人口为 264.5 万人，占户籍总人口的 18.9%。2010—2020 年十年间，60 岁及以上户籍老年人口增加了 143.8 万人，占户籍总人口的比例增长了 8.3 个百分点；65 岁及以上户籍老年人口增加了 94.0 万人，占户籍总人口的比例增长了 5.3 个百分点。由此可见，户籍老年人口保持着快速增长态势，老龄化程度持续加深。60 岁及以上户籍老年人口增长速度比 65 岁及以上户籍老年人口增长速度快（见图 1-2）。户籍老年人口增长主要是自然增长，可以预见，"十四五"时期，随着 20 世纪 60 年代婴儿潮期间出生的人群自 2020 年开始进入老年期，60 岁及以上户籍老年人口的增长速度还将快于 65 岁及以上户籍老年人口的增长速度。

（三）随着常住老年人口规模的扩大，"同等待遇"问题进一步凸显

从全市总体情况看，2010 年北京市 60 岁及以上常住老年人口（245.2 万人）高于同期户籍老年人口（235.0 万）10.2 万人；2020 年北京市 60 岁及以上常住老年人口（429.9 万人）高出同期户籍老年人口（378.8 万人）51.1 万人。也就是说，2010—2020 年十年间，北京市常住老年人口的增加值要远高于

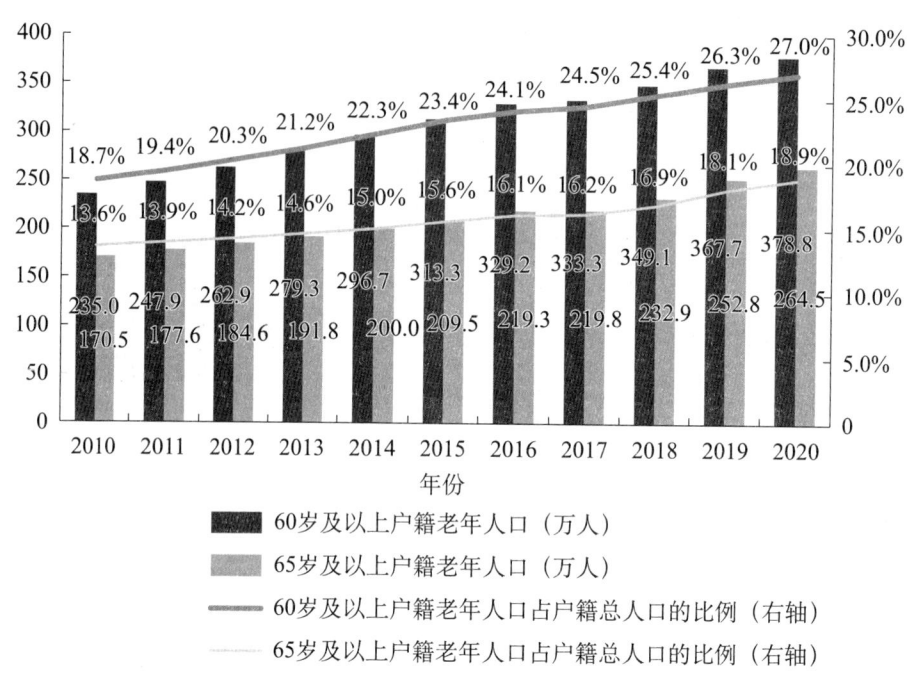

图 1-2　2010—2020 年北京市户籍老年人口规模及占总人口的比例

资料来源：根据《北京市 2014 年老年人口信息和老龄事业发展状况报告》《北京市 2015 年老年人口信息和老龄事业发展状况报告》《北京市老龄事业发展报告（2020）》整理绘制。

户籍老年人口的增加值，说明近十年来，在北京长期生活居住的非京籍老年人口规模进一步扩大。从增长速度上看，2010—2020 年十年间，北京市 60 岁及以上常住老年人口占常住总人口的比例提高了 7.1 个百分点，而 60 岁及以上户籍老年人口占户籍总人口的比例提高了 8.3 个百分点，说明户籍人口的老龄化发展速度快于常住人口的老龄化发展速度。当前，北京市在养老服务设施和资源的配置上主要是考虑户籍老年人口的需求；京籍和非京籍老年人口在养老保障政策等方面还存在较多的差异，一直以来，就有学者和社会人士呼吁实现京籍和非京籍"同等待遇"，促进随迁老年人口的在地化融入。

二、老年人口的空间分布情况

在老年人口规模和老龄化程度快速发展的同时，北京市老年人口在空间分布上也并非均衡发展，不同行政区之间存在明显差异，并处于复杂的动态演变中。有研究认为，城市中心选择性开发、城市功能更新、乡村再空心化、老年人退休前职业类型和收入水平分化推动了大城市老龄人口的向心集聚、近域扩散、远郊集聚与空间分异①。本节将结合北京城市总体规划对功能分区的要求②，以第六次和第七次全国人口普查数据为基础，对老年人口空间分布的特征、演变规律及其影响机制进行分析，以探讨北京市老年人口空间分布均衡化发展的实现路径。

事实上，伴随着京津冀协同发展战略的推进，北京市老年人口规模、结构及其空间分布的变化已经并将持续对北京市经济社会发展产生深刻影响。老年人口在16个区分布的不均衡，对各区功能定位的实现已经并将持续产生重要影响，进而影响首都城市战略定位的整体实现，影响"四个中心"功能和"四个服务"能力的实现，影响区域均衡发展和城乡统筹发展，影响社会化养老服务体系和老年健康服务体系的构建。

（一）常住老年人口规模由中心向外围扩散的梯次分布格局明显

2010年60岁及以上常住老年人口数量在30万～45万人之间的区域是朝阳区和海淀区，2020年增加了丰台区（47.9万人），并且朝阳区和海淀区60岁及以上常住老年人口均超过55万人。2010—2020年，东城区和西城区60岁及以上常住老年人口数量缓慢增长，城市功能拓展区60岁及以上常住老年人口数量持续增长，城市发展新区60岁及以上常住老年人口增长态势迅猛，而生态涵养区60岁及以上常住老年人口规模仍然较小（见图1-3）。

（二）常住人口老龄化率呈现"多核扩散"趋势且演化方向复杂

2010—2020年，首都功能核心区常住人口老龄化程度始终保持高位增长态势。城市功能拓展区常住人口老龄化程度呈现不同的特点，朝阳区和海淀区成为常住人口老龄化程度的"洼点"。近郊区是常住人口老龄化程度变化较大的区域，出现离心扩散的趋势。城市发展新区常住人口老龄化速度呈现下降趋势，生态涵养区常住人口老龄化速度则进一步攀升，并快于城市发展新区。

---

① 周婕. 城市老龄人口空间分布特征及演变趋势［J］. 城市规划，2014，38（3）：18-25.
② 北京市四大功能分区为：首都功能核心区（东城区、西城区），城市功能拓展区（朝阳区、海淀区、丰台区、石景山区），城市发展新区（通州区、顺义区、大兴区（北京经济技术开发区）、昌平区（平原）、房山区（平原）），生态涵养区（昌平区（山区）、房山区（山区）、门头沟区、平谷区、怀柔区、密云区、延庆区）。2017年《北京城市总体规划（2016年—2035年）》发布，提出了"一核一主一副、两轴多点一区"的城市空间结构要求。

图 1-3　2010 年和 2020 年北京市 60 岁及以上常住老年人口分布情况

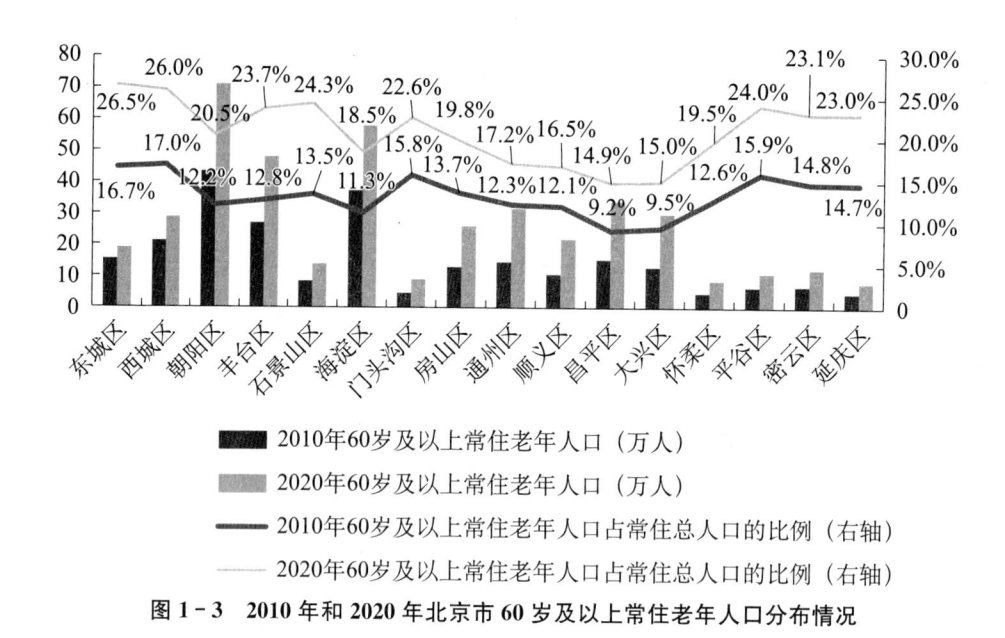

（三）户籍老年人口规模在空间分布上由"中心集聚"向"一副多点聚集"转变

2010 年 60 岁及以上户籍老年人口数量在 28 万～40 万人区间的区域包括西城区、朝阳区、海淀区，2020 年 60 岁及以上户籍老年人口数量在 28 万～40 万人区间的区域发生了明显变化。丰台区、石景山区的 60 岁及以上户籍老年人口占户籍总人口的比例增长迅猛，通州区成为新的老年人口快速集聚区域，同时，顺义区、房山区、大兴区、昌平区等区域的老年人口规模也保持了较为快速的增长；密云区、平谷区、延庆区、怀柔区、门头沟区的老年人口也快速增长，形成"中心—外围""一副多点"的分布格局（见图 1-4）。

（四）户籍人口老龄化率"中心集聚"和"郊区化扩散"同时存在

2010—2020 年，户籍人口老龄化程度的"中心集聚"仍然明显。2020 年 16 个区户籍老年人口占户籍总人口的比例均达到 20% 以上，整体进入中度老龄化阶段。城六区有三个区的老龄化程度超过 30%，已经进入重度老龄化阶段（丰台区，32.8%；石景山区，32.1%；东城区，31.1%）；朝阳区（29.8%）、门头沟区（29.4%）、西城区（29.3%）的老龄化程度趋近 30%，即将迈入重度老龄化阶段。同时，老龄化速度呈现出由核心区向外围逐步扩散的趋势，门头沟区的老龄化发展最快。作为"一副"的通州区以及生态涵养区中的怀柔

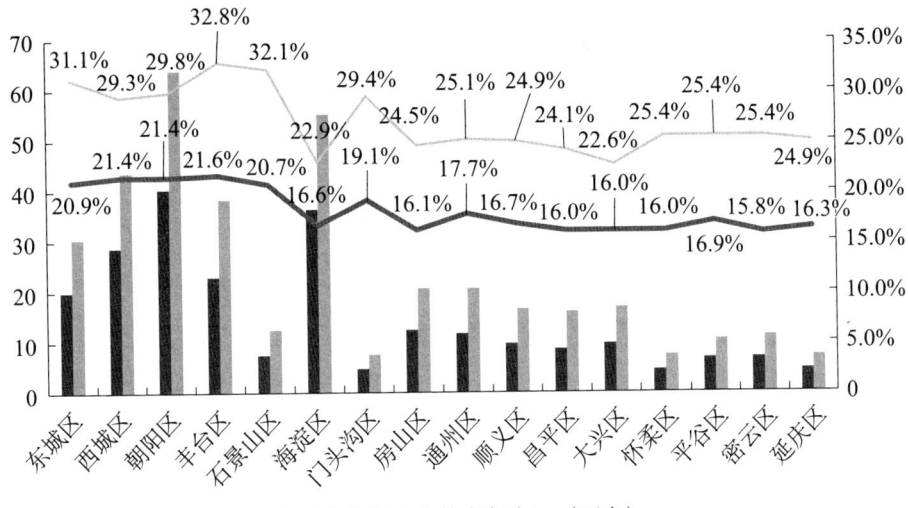

图 1-4 2010 年和 2020 年北京市 60 岁及以上户籍老年人口分布情况

区、平谷区、密云区的老龄化程度提高，户籍人口老龄化程度均在 25% 以上，与核心区相比，仅相差 5 个百分点左右（见图 1-4）。

三、老年人口空间分布不均衡带来的多重影响

（一）京籍与非京籍老年人存在制度性不同待遇，成为首都老龄化社会治理的新挑战

近年来，年轻化的外来人口大量迁入北京市近郊区，随之带来了随迁老人的快速增长，非京籍老年群体规模和比例的增加，进一步加剧了城市老年群体利益结构的复杂化和利益分配的调处难度。北京的随迁老人以非农户籍为主，照护晚辈[①]、养老和务工经商是主要的流动原因[②]，以经济活动为目的的老年群

---

① 吴少杰. 43%流动老人流动原因为照料晚辈［N］. 中国人口报，2016-10-27（J01）.
② 李升，黄造玉. 超大城市流动老人的流动与生活特征分析：基于对北上广深流动家庭的调查［J］. 调研世界，2018（2）：3-9.

体规模不断壮大①。务工经商的老年流动人口为首都的经济和社会建设充当了重要的劳动力资源，尤其缓解了现有养老服务人才短缺的矛盾，但同时，由于京籍与非京籍老年人口在社会保障和社会福利上存在制度性差异，也带来了诸如年龄歧视、在地化融入难度大、社区隔阂、社会排斥等问题，给基层社会治理和稳定造成一定的压力，已经成为首都老龄化社会治理的新挑战。

当前，京籍与非京籍老年人口的不同待遇主要体现在：一是养老保障制度方面，无论是在参保准入、领取条件，还是在待遇水平、关系转移接续上，非京籍老年人都遭遇了不同程度的"制度区隔"和"门槛效应"。外地人在北京领取养老金需要满足达到法定退休年龄、累计缴费15年、在京缴费满10年三个条件。二是医疗保障方面，2020年北京市城镇职工门诊报销比例为70%～90%，住院报销比例为85%～99%②，而离北京较近的河北省2021年退休职工基金支付比例为60%，远低于北京市的报销水平③，构成了老年人居住与迁移的主要"阻力"。三是老年人优待福利方面，京籍60周岁及以上老年人均属于优待对象，在公园、景区④、公共文化设施、公共健身体育设施、交通、就医、法律服务等方面享受免费或优先待遇⑤。在最低生活保障，特困人员供养，医疗、教育、住房、就业、采暖等专项救助，受灾人员救助，以及临时救助等社会救助方面保障的对象也主要是京籍居民。四是养老服务体系建设方面，北京市"政策范围内"的服务对象，是社区养老服务驿站的重点服务对象，均指向京籍老人。只有一般保障对象群体里包含了常住老年人，但是在该政策实际执行过程中，这类常住老年人享受服务的比例非常低，并且需要特别申请。五是长期照护体系建设方面，不论是海淀区正在探索的医保与商业保险有效衔接的模式，还是石景山区正在探索的强制性长期护理保险模式，在参保对象和政策享受对象上，针对的也还是北京市户籍居民及老年人。

---

① 梁宏，郭娟娟．不同类别老年流动人口的特征比较：基于2015年国家卫生计生委流动人口动态监测数据的实证分析［J］．人口与发展，2018，24（1）：94-108．

② 北京市基本医疗保险待遇包括什么？［A/OL］．（2020-11-11）［2022-12-06］．http：//bj.bendibao.com/zffw/20201111/283863.shtm．

③ 河北印发《关于建立健全职工基本医疗保险门诊共济保障机制的实施办法》［A/OL］．（2020-10-08）［2022-12-06］．http：//www.zgzcinfo.cn/policyrelease/show-41531.html．

④ 北京市人民政府办公厅转发市老龄办关于加强老年人优待工作办法的通知［A/OL］．（2008-10-07）［2022-12-06］．http：//www.beijing.gov.cn/zhengce/zfwj/zfwj/bgtwj/201905/t20190523_75291.html．

⑤ 北京市公园管理中心关于落实老年人优待办法的实施办法［A/OL］．（2008-12-29）［2022-12-06］．http：//gygl.beijing.gov.cn/xxgk/xxgk_tzgg/201912/t20191206_880508.html．

(二)城六区老年人口过多、老龄化程度过高,直接影响到首都功能的实现

2010—2020年,城六区(特别是首都功能核心区)老年人口规模加速上升、老龄化程度加深,东城区、西城区60岁及以上户籍老年人口比例已经占到了近30%,一些街道(比如西城区白纸坊街道等)老年人口已经占到总人口的40%,但是现有的养老服务设施"小而散",具备综合服务功能的设施服务半径过大,难以实现养老服务"一刻钟"送达。东城区千名老年人床位数缺口巨大,无法就地承载辖区内老年人的入住需求[1]。老龄化程度最高的区域人均床位资源却最少,且人口老龄化空间分布与养老床位资源供给不匹配的范围也进一步扩大[2]。

近年来,随着北京市"疏解整治促提升"专项行动的实施,一些低端功能已经疏解出去,也带走了部分生活服务性行业就业人口,反而加大了核心区养老服务人力资源供需矛盾。尽管核心区也采取了多种方式,鼓励老年人异地养老,利用互联网技术发展虚拟养老院,增加家庭养老照护床位,从而减少对养老设施和人力的依赖,但由于中心城区建设空间有限、建设成本高、腾挪能力小,靠核心区自身的能力,并不能从根本上解决供需矛盾,也不符合超大城市土地级差地租和城市经济发展的内在规律。

所以,不论是从落实北京城市总体规划,继续疏解非首都功能的角度,还是从应对人口老龄化的挑战,保持街区和社区活力、避免街区衰败的角度,完善支持政策,推动核心区老年人口向外疏解都势在必行。这既是改善核心区老年人生活品质、解决养老问题的需要,也是增强核心区首都功能的必然要求,是超大城市经济发展规律的必然要求。然而,由于老年人口就医、社保以及生活、文化习惯等方面的原因,让城区的老年人口自愿流动到其他功能区,把城市发展新区和生态涵养区的资源和空间利用起来,就必须打破现有的养老服务资源配置理念,在核心区与其他功能区之间建立利益补偿和共建共享机制,引导和带动核心区老年人口向外的梯度疏解,引导和带动城市发展新区和城市功能拓展区主动承接核心区的人口迁移。

---

[1] 程晓青,金爽. 北京核心区现有社区养老服务设施空间分布的多维度探究[J]. 住区,2018(2):32-41.

[2] 史薇. 北京市机构养老床位资源的时空格局及影响因素:以城六区为例[J]. 调研世界,2019(11):14-21.

（三）北京城市副中心（通州区）养老服务设施不足，对副中心功能的实现形成隐患

北京城市副中心承担着有序疏解非首都功能的重要使命。《北京城市副中心控制性详细规划（街区层面）（2016年—2035年）》第五条明确规定，到2035年承接中心城区40万～50万常住人口疏解，形成与城市副中心战略定位、主导功能相适应的人口布局与结构，让城市副中心成为"留得住人，扎得下根"的地方。目前，部分在京部委所属高校、医院和央企总部已经分期分批疏解至副中心。第七次全国人口普查数据显示，2020年通州全区常住人口为184.02万人，与第六次全国人口普查相比，增加了65.6万人，年平均增速达到4.5%。根据《国务院关于支持北京城市副中心高质量发展的意见》的要求，北京市属行政事业单位还有约3万人将搬迁至副中心。由于医疗卫生、教育文化等配套公共设施发展相对滞后，很多在副中心就业的职工仍然需要到东城区、西城区甚至昌平区、丰台区等近郊区居住，从而加大了职住不平衡、职学不平衡的矛盾。与此同时，未来5～10年通州区将处于快速城市化进程，大量农民转成市民，乡镇改制转变成街道办事处，将面临城乡养老服务体系筹衔接问题。由于农民的养老保障制度（养老金来源、养老方式）和城市居民不同，"村转居"过程中的农村养老问题如果不能解决好，将直接影响到城乡统筹、影响到公共服务的公平性和均等化。

（四）人口老龄化"城乡倒挂"，生态涵养区和"多点地区"对老年人口的吸引力不足

从养老服务资源空间分布来看，郊区环境好，养老机构和养老设施发展潜力大，有土地、资源的发展空间和回旋余地，投资成本相对较低，而且现有的养老机构入住率也比较低，存在闲置现象，村镇卫生院（所）"有机构无医生（护士）"的现象比较普遍，资源有潜力可挖。但正是由于郊区养老服务质量不高、服务能力不足，特别是在医疗、文化、娱乐、社会参与等方面存在短板，导致生态涵养区和"多点地区"对老年人口吸引力不足。

实际上，从目前北京市16个区的老龄化发展态势来看，前些年因为大量外来常住人口流入城六区，特别是丰台、朝阳、海淀3个区，以及通州、顺义、大兴、昌平等4个近郊区，一定程度上减缓了人口老龄化的进程。2015年以后，因为外来流入的常住人口持续减少，导致丰台、朝阳、海淀人口老龄化速度加快，所以丰台、朝阳、海淀等区也有把老年人口有序向外迁移的动力。但与此同时，一般认为，老年人口消费能力较弱，养老负担重，人口老龄化会

降低一个地区的竞争力和发展潜力,降低城市发展活力,不利于长远发展。因此,这就需要出台相应的支持政策,优化养老服务资源配置,提高生态涵养区和城近郊区的承接能力和积极性,激发市场化的内在动力,促进老年人自愿迁移到城近郊区,形成人口迁移的梯度,从而优化老年人口空间布局。

四、人口老龄化的未来发展特征

"十四五"时期对全国而言,是人口老龄化从相对慢速转为相对快速的重要"变轨期",是人口老龄化波浪式发展进程中由净增规模最低"谷"向其最高"峰"转换的阶段(见图1-5),到2033年,中国65岁及以上老年人口占总人口的比例将超过20%(见图1-6),整体进入超老龄社会。对于北京市来说,根据《北京市"十四五"时期老龄事业发展规划》,"预计到'十四五'末,人口老龄化水平将达到24%,从轻度老龄化迈入中度老龄化。到2035年,老年人口接近700万,人口老龄化水平将超过30%,进入重度老龄化"[①]。转折意义同样十分突出,应当引起高度重视。

图1-5 1999—2035年中国60岁及以上、65岁及以上老年人口总量趋势

资料来源:United Nations, Department of Economic and Social Affairs, Population Division. World population prospects 2022 [R]. Online Edition.

从北京市人口老龄化在全国的位置来看,以60岁及以上老年人口占总人口的比例为衡量指标,"十三五"时期以来,北京市的老龄化水平始终高于全

---

① 北京市老龄工作委员会关于印发《北京市"十四五"时期老龄事业发展规划》的通知[A/OL].(2021-11-26)[2022-12-06]. http://wjw.beijing.gov.cn/zwgk_20040/ghjhl/202111/t20211126_2545316.html.

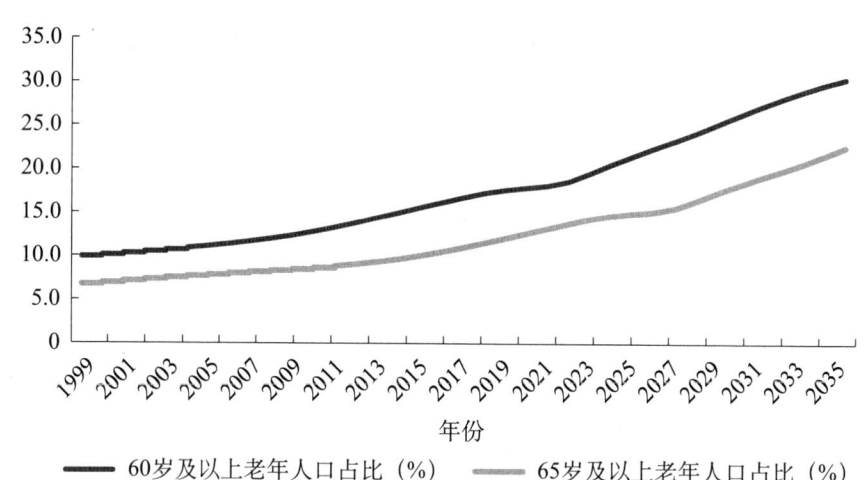

图 1-6 1999—2035 年中国 60 岁及以上、65 岁及以上老年人口占总人口的比例

资料来源：United Nations, Department of Economic and Social Affairs, Population Division. World population prospects 2022: summary of results [R]. UN DESA/POP/2022/TR/NO. 3.

国平均水平，到 2035 年，预计这一趋势仍将持续，并且与全国平均水平的差距逐步扩大（见图 1-7）。从中长期来看，这将在一定程度上影响到北京的城市活力和吸引力，以及可持续竞争的能力。

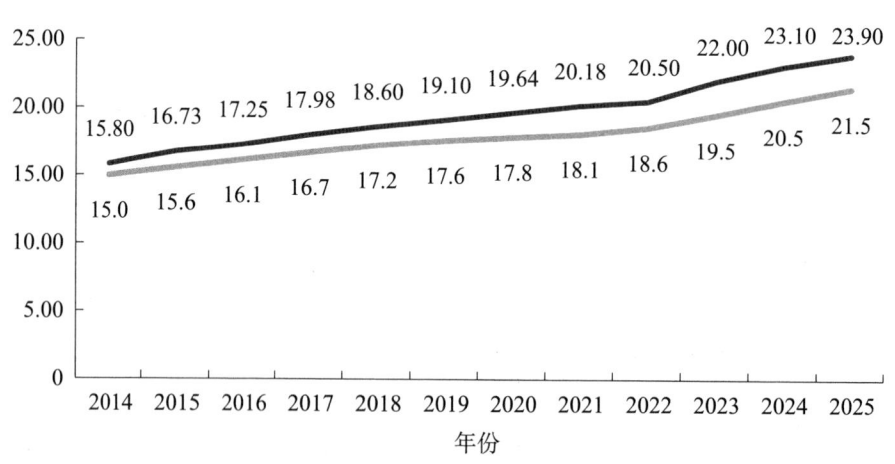

图 1-7 2014—2025 年北京与全国 60 岁及以上老年人口占比对照图

资料来源：全国数据来自 United Nations, Department of Economic and Social Affairs, Population Division. World population prospects 2022: summary of results [R]. UN DESA/POP/2022/TR/NO. 3。北京市数据根据历年《北京统计年鉴》整理，2022—2025 年数据是北京市老龄委在制定《北京市"十四五"时期老龄事业发展规划》时采用的相关文件资料的估计数据。

北京作为中国的首都，各项工作都具有引领性和指向性，老龄工作也不例外。未来，随着北京市人口老龄化进程的加快以及北京市人口老龄化在全国所处的位置更加突出，北京将为我国实施积极应对人口老龄化国家战略作出更多的有益的探索与实践。

第二节 老年人口的需求特征分析

党的十九大报告指出，中国特色社会主义进入新时代，我国社会主要矛盾已经转化为人民日益增长的美好生活需要和不平衡不充分的发展之间的矛盾。人民对美好生活的向往就是我们的奋斗目标，也是首都贯彻实施积极应对人口老龄化国家战略的根本要求，一切老龄政策和法律制度的制定和组织实施都要以老年人口的需求为根本出发点和落脚点。

人民美好生活需要内涵丰富，且日益广泛多样。一项调查显示[①]，"美好生活"和"美好生活需要"联想词频最高的10个词分别是：幸福、快乐、健康、和谐、美满、开心、美好、自由、富裕和家庭。人民群众理解的"美好生活"和"美好生活需要"的内涵分为个人物质、家庭关系和国家社会三个层面。个人物质层面的高频词汇包括有车、有房、财富、富有等和经济有关的内容，也包括阳光、绿色、环保等和环境有关的内容。家庭关系层面的高频词汇包括团圆、温馨、恩爱、亲情、爱情、陪伴等内容，以及事业、工作和理想等内容。国家社会层面的高频词汇包括稳定、小康、国泰民安、安居乐业、公平、和平、社会保障、安全、丰衣足食等。

人口老龄化带来社会需求内容、需求层次、需求结构和消费能力的变化，伴随着北京市老年人口规模的持续扩大和老年人口队列更替，新时代首都北京老年人口的需求特征也在发生持续而深刻的变化。

一、不同老年群体美好生活需要存在显著异质性

作为超大城市[②]，北京市人口老龄化最显著的特征是老年人口规模巨大，

---

① 王俊秀，刘晓柳，谭旭运，等. 人民美好生活需要：内涵、体验与获得感[J]. 红旗文稿，2019（16）：15-17.

② 2014年11月，国务院印发《关于调整城市规模划分标准的通知》，以城区常住人口为统计口径将城市进行划分，其中"城区常住人口500万以上1000万以下的城市为特大城市；城区常住人口1000万以上的城市为超大城市"。依照此标准，北京为超大城市。

庞大的老年人口在对基本公共养老服务提出要求的同时，必然也带来多元化、多样化需求的不断扩大。必须通过分级分类的方式予以满足，而老年人综合能力和需求的评估是基础和前提。与此同时，"十四五"时期，随着"50后""60后"成为老年群体的主体，新老年群体的经济、健康、社会交往、思想文化状况等均与传统老年群体有较大差异，具有更强的自主意识、消费意识、参与意识。必须基于老年群体队列更替现象来进行应对人口老龄化的对策构建。其一，北京市60岁及以上常住老年人口比户籍老年人口多13%~15%，绝对数量也多出约50万人，而且这个趋势将延续，甚至扩大。在制定老龄政策时，不能局限于户籍老人，而应按照常住老年人口规模来规划布局养老服务设施、老年健康服务设施、文化体育设施等，完善相关福利制度，促进老年人的在地化融入。其二，新老年群体的养老需求层次更高，对健康养老、精神文化、社会参与、自我价值实现等提出更高要求。一方面，这些老年人经历了低生育时期，子女数量明显减少，空巢老人、独居老人的比例将明显增加，在家庭养老功能逐渐弱化的条件下，老年人对居家照料、巡视探访、上门服务等社会化服务的需求更大。另一方面，新老年群体的受教育水平、社会经济状况等不断提高，这意味着越来越多的更高层次的养老需求亟待被满足，更加需要丰富的文化娱乐和教育活动，需要信息化社会适应的引导，需要社会参与和自我价值实现的机会。其三，应密切关注城乡老年群体、精英老年群体与一般老年群体、残健老年群体、不同性别老年群体等之间的差别，在积极发掘城市老年群体和精英老年群体的优势之时，也要关注农村老年群体和一般老年群体的需求[①]，不断缩小老年人福祉的城乡差距、不同群体之间的差距，让老年人共享改革发展的成果，建设人人平等、人人共享的老龄社会。

二、对居家养老服务需求更为迫切

党的十八大以来，党中央高度重视老龄工作，出台了一系列政策方针，我国老龄事业发展迎来全新的局面，社会养老服务体系建设也呈现出新的格局。2016年3月《中华人民共和国国民经济和社会发展第十三个五年规划纲要》中提出"建立以居家为基础、社区为依托、机构为补充的多层次养老服务体系"，反映了我国社会养老服务体系建设的基本思路。2017年2月《"十三五"国家老龄事业发展和养老体系建设规划》中再次强调要"夯实居家社区养老服务基

---

① 姚远. 老年群体更替：积极应对人口老龄化必须考虑的问题[J]. 西南民族大学学报（人文社科版），2016，37（11）：1-8.

础""大力发展居家社区养老服务""加强社区养老服务设施建设"。2019年3月《国务院办公厅关于推进养老服务发展的意见》对"推动居家、社区和机构养老融合发展"提出明确要求。2019年10月党的十九届四中全会进一步提出"加快建设居家社区机构相协调、医养康养相结合的养老服务体系"。

具体到北京市，2015年在全国率先制定和实施北京市居家养老服务体系地方性法规，着力支持居家社区养老服务，打造"三边四级"① 就近精准社会养老服务体系。到"十三五"末，基本实现了养老照料中心和社区养老服务驿站的全覆盖，初步形成了具有北京特色的居家社区养老服务格局和服务模式，实现了"从无到有"。居家社区养老成为北京最主流的养老模式。

"十四五"时期，在积极老龄观、健康老龄化理念指引下，随着"50后""60后"成为老年群体的主力，他们受教育程度更高，更易于接受科技进步等新生事物，融合物联网、互联网技术，进一步完善居家养老服务的信息化、便捷化、精准化，提高居家养老服务的质量和效率势在必行。社区作为载体，是老年人生活和休闲娱乐的主要场所，加强和优化社区的公共设施是提高老年人生活品质的关键。需要根据老年人口特征的变化，根据本社区老年人的生理、心理及行为特征，客观真实地分析老年人对社区公共服务设施的需求，优化社区公共服务设施的配建内容、规模、空间布局、服务半径、运营管理、内部空间环境建设等，打造老年友好、环境友好型社区，从而实现居家社区养老服务体系的"从有到优"。

（一）居家社区养老的支持政策有待整合

当前，居家社区养老服务支持政策在基层落地存在体制机制障碍。政策和资源碎片化，政策和资源的整合利用效率有待进一步提高。在我国横向行政管理体制下，养老服务分属民政、卫健、医保、发展改革、住建等不同职能部门管理，养老服务对应项目和资金也分属不同的部门和渠道，在财政扶持资金的申领和拨付上"条块分割"，实际工作开展过程中受制于不同职能部门的行政切割，政策的不配套、部门之间的掣肘等问题比较突出，从而影响了养老服务资源投入的效率和老龄政策的落地。

（二）街道（乡镇）层面缺乏养老资源综合统筹机制

在我国纵向社会治理体制下，居家社区养老服务资源配置是以街道（乡

---

① "三边"是指周边、身边、床边；"四级"是指市级、区级、街道（乡镇）、社区（村）四个层级。

镇）为基本单元，按照合理的服务半径布置各类服务设施，开展养老服务，以满足居家社区养老公平性和可及性的要求。但由于街道老龄工作受制于同级政府职能部门的行政切割，在具体的养老服务资源配置中协调难度大，政策的不配套、部门之间的掣肘等问题比较突出。比如，中心城区疏解腾退出的土地用于建设居家社区养老照料中心，需要规划、用地、消防、园林绿化等多个部门的审批，街道协调各部门权责受限。此外，市场提供的居家社区养老服务如果没有街道（乡镇）的组织统筹，可能存在信任危机、服务风险、信息不对称等问题，因此无法有效匹配居家老年人的需求，送不到老年人的家里。

（三）居家社区养老的多元供给主体缺乏合作协调机制

从供给侧来看，目前市场上各类居家社区养老服务供给主体小、散、杂，多元供给主体之间尚未形成稳定、长期、有效的合作协调机制。一方面，社区养老服务驿站和托老所、老年活动场站等其他社区养老服务设施在服务内容、功能定位上存在一定程度的交叉，各类居家社区养老服务设施不能实现共享资源、双向开放、合作共建的目标，资源配置效率难以达到最优，既出现同质化业务竞争，又出现都"吃不饱"的现象。另一方面，社区养老服务驿站与街乡镇照料中心辐射居家的功能形成了重叠，存在互相抢占资源和服务对象的现象。在街道（乡镇）层面建立多元主体共同参与、资源互补、错位经营的统筹机制势在必行。

三、对医养结合服务的需求与日俱增

健康和功能完好是个体生活质量的基础。长寿时代活得健康成为老年群体的最大愿望。对于老年人来说，健康养老需求主要体现为对医养康养结合型的养老服务的需求，即在日常生活照料和关心支持的基础上，提供延缓慢性病发展和维护身体功能的护理康复，让老年人尽可能长地维持身心功能健康，即便失能失智后仍能尽量延续原有生活模式和生活质量。

中国式现代化是物质文明和精神文明相协调的现代化。"十四五"时期，"50后""60后"成为老年群体的主体，社会保障和福利水平逐渐提高，人民生活水平不断提升，伴随着健康老龄化理念的贯彻与落实，老年人更多追求健康养老，对医疗、保健服务等方面的需求也在不断增加。因此，需要全力加快建设高质量的为老服务体系，满足老年人医养结合的需求。满足这种需求的服务，无疑必须是整合型的，前端为健康教育、初级预防功能，促进预防保健、活力老化、减缓失能，中间是急性期的老年医疗卫生服务、稳定期的长期照护服务，后端衔接安宁照顾、临终关怀，以老年人为中心提供整合型为老服务，进而提升老年人健康福祉和生活质量。这就需要在政府的主导下，以健康为中心，为老年人提供适宜的健康服务，促进老年人的功能维持和健康维护。这就需要以社区为依托，推动社区内养老机构与医疗机构进行合作，促进医疗资源与优质养老等资源的整合，为社区内老年人提供包括但不限于日常照料、文娱活动、预防保健、健康促进、疾病治疗、心理慰藉、临终关怀等多层次、多样化的养老服务。

医养结合的本质是多元主体利益协调。现阶段我国医疗机构和养老机构大多建立的是松散型协作服务关系，没有形成真正的利益共同体，使得医养结合服务开展不够深入。现行适用的政策还不能很好地统筹兼顾老年人（服务对象）、医疗卫生机构和养老服务机构（服务主体）、政府相关部门（监管主体）等多元参与主体的利益，形成有效的激励约束机制，充分调动各主体的积极性和主观能动性。

（一）老年人的现实需求难以得到有效满足

老年人的客观需要难以转化为现实需求。从需求侧看，医养结合服务的送达受到一定的限制、成本提高，受经济下行压力加大的影响，老年人的消费能力和消费意愿下降；从供给侧看，由于现行医疗卫生机构和养老机构提供的服务内容不全面、服务质量不高、服务价格过高、服务送达不够及时等原因，老年人的医养结合服务需要不能有效转化为现实需求。

（二）医疗卫生机构和从业人员提供服务的动力不足

基层医疗卫生机构（包括机构内从业人员）一方面受限于自身的服务能力和服务水平的不足，另一方面受制于传统的公立机构的管理体制，"干多干少一个样"，缺乏激励机制，从而出现"有签约无服务"等现象。公立医院由于资金补贴不足、服务定价不自主、人员编制缺乏、晋升渠道单一、风险防范不健全、占用医保报销资格与额度等原因，没有为养老机构提供医疗服务的动力。社会办医受制于项目选址难、固定资产投资大、融资成本高、技术人员培养周期长、资质审批严格等原因，在医养结合方面整体积极性也不高。

（三）养老服务机构提供健康服务的能力不足

养老服务机构有签约但无付费意愿和能力。一方面，养老服务机构自身在人员配备、资金投入、医疗设施配置等方面存在不足，自身往往难以达到提供专业卫生健康服务的要求。为提高其服务质量和经营效益，养老服务机构普遍有与医疗卫生机构签约合作的意愿，但受制于成本约束，并没有给专业医疗卫生服务支付费用的意愿和能力，在没有政府补贴的情况下，内设医务室由于成本过高、没有规模效应，很难可持续运营。

（四）职能部门与属地间未能形成高效协作机制

医养结合工作既涉及卫健、民政、医保、人社等多职能部门的管理配合，也涉及职能部门与属地管理之间的有效统筹。由于不同职能部门、属地政府对医养结合的理念认识不同，各职能部门从方便本部门监管服务的角度出发，出台的一些政策出现了目标不衔接、不一致甚至互相掣肘的现象。其中最为突出的表现为：医养结合监测数据系统不衔接，老年人综合能力评估和老年人需求评估工作不能有效衔接，医保报销资格审批和定额管理办法不衔接，属地管理与职能部门之间的监管服务边界不清等。

医养结合工作不仅要满足老年人对医养结合服务的需求，还要考虑到医疗卫生机构和养老服务机构的服务能力、成本投入及获得的效益，以及政府不同职能部门之间、部门与属地之间的利益协调。在互惠互利的基础上最大限度满足各主体的利益诉求，寻求多元利益主体间的最大公约数，是必由之路。

四、对精神文化和自我实现的需求具有复杂性和多样性

随着社会保障制度的不断完善以及人民物质生活水平的大幅提高，老年人的精神文化需求和自我实现的需求将更加突出。马斯洛于1943年提出了广为人知的需求层次理论，将人的基本需求分为五个层次，从低至高分别是生理的需求、安全的需求、归属及爱的需求、受人尊重的需求、自我实现的需求。在较低层次的需求得到满足之后，较高层次的需求就会激发足够的行为驱动。随着北京市经济社会的发展以及老年群体的队列更替，老年人的整体经济实力、教育水平、健康状况都不断提升，自主意识更高，消费意识更强，新的老年群体对生活质量的需求主要表现在对精神情感的寻求、对健康的重视、对社会参与的关注和对自我价值的追求上，而不是仅仅满足于生存型、基本保障型需求。在社会发展转型叠加人口老龄化背景下，北京市城乡老年人精神文化生活建设中的突出问题表现在：

（一）老年群体成为社会治理的薄弱环节

城镇老年人在退休后，由"单位人"成为"社会人"，退休工资和社保由银行发放，长期生活居住在社区，但并未与社区建立必然的制度联系。在核心区功能疏解中迁移到其他区域、随子女迁移到北京的老年人数量越来越庞大，由于文化、语言、"朋友圈"的差异，以及人户分离、医保不能异地结算等原因，加上居住方式日益独居化、空巢化，部分老年人成为长期脱离单位、家庭和子女的群体。在农村地区，由于文化设施和精神文化活动匮乏，老年人在吃饱穿暖后，精力没有正常和科学渠道释放，部分老年人参加封建迷信活动，参与上访、缠访、抢购、集会、传谣等非组织活动，自杀、自残、犯罪时有发生，成为社会治理体系的薄弱环节。

（二）老年人精神文化需求没有得到足够的重视

当前政策的关注点更侧重于衣、食、住等基本养老服务，对于老年人的精神、文化、教育、社会参与需求关注明显不够。长期以来，大众对老年人精神文化需求的认知是不全面的，对老年人精神文化建设的社会功能认识不足。传统观念认为人在退休后闲余时间较多，对于生理和心理不健康的老年人，文化娱乐是促进运动和身体功能维护、排解孤独、心理疏导的方式，对于活力健康老人，精神文化建设就是给老人找个乐，好打发时间。事实上，这种认识是片面的，健康老龄化理念倡导老年人的社会参与，不仅能够促进老年人的功能维护，还能有效发挥老年人的社会价值。老年人也只有在老有所为中才能更好地实现老有所乐。

文以化人，文化建设在促进老年人身心健康、代际和谐的同时，也是促进老年人融入社会、实现老有所为的最好也是最"省钱"的方式。适应新时代老年人精神文化需求的内涵、形式的深刻变化，重新认识老年人文化建设的社会治理功能，通过有计划、有组织的文化建设，实现老有所为与老有所乐的有机统一，大有可为。事实上，老年人成为平安北京、和谐北京建设的重要力量，涌现出"西城大妈""朝阳群众"等知名首都基层社会治理、群防群治"金字招牌"，而石景山区的"老街坊"模式则着力从老年人文化建设切入，重点围绕社区老年人、居家孤寡老人等特殊群体开展邻里守望等工作，将"老街坊"志愿服务转化为基层社区党建的重要力量、民主协商共治的调解人、邻里守望相助的志愿者，产生了良好的社会效果。此外，随着"50后""60后"逐渐成为老年群体的主体，空巢老人、独居老年人和纯老年人家庭的比例将明显增加，家庭养老功能逐渐弱化，也更加需要丰富的文化娱乐、教育和社会参与等活动，需要社会参与和自我价值实现的机会。

（三）对老年人文化建设的社会参与和组织引导不够

老年人文化建设组织化程度不高，没有与社会参与紧密联系、有机统一。目前的老年人文化建设主要是由老年人自发组织、单位组织、街乡镇（社区、村）组织，内容主要是文化娱乐、学习教育等，形式也相对单一。大部分老年文化群众组织都缺乏活动平台、组织凝聚力低、缺乏资金支持，老年文化组织自我管理、自我服务、自我教育、自我监督的作用得不到有效发挥。久而久之，利用老年文化组织开展宗教活动、兜售保健产品和理财产品、侵害老年人权益的情况也时有发生。充分发挥老年人文化建设的家庭功能和社会功能，完善相关政策措施，积极推动老有所为、老有所乐，服务首都基层社会治理，迫在眉睫，也大有可为。

五、对老年友好宜居环境的需求更为迫切

环境对老年人的影响是最广泛、最直接的。老年人希望生活环境更加适老宜居，日常生活中少些风险和不便，多些安全、便利和舒适。按照联合国的定义，老年友好宜居城市是"能够防止和纠正人们在变老的过程中越来越多地遇到各种问题的城市"，旨在通过服务、场所和设施方面的环境支持，使人们以积极态度面对老年。世界卫生组织制定了《全球老年友好城市建设指南》，提出了包括城市物质环境、城市社会环境以及信息畅通、社区支持和健康服务等城市层面的硬件和软件建设指南。

近年来，北京市围绕老年人居住环境、出行环境、健康支持环境、生活服务环境、社会文化环境中的突出困难和障碍，以筹备和举办2022冬奥会和冬残奥会为契机，打造国际一流的老年友好宜居环境，加快推进老楼加装电梯，加快老旧小区改造，开展经济困难老年人家庭和残疾人家庭适老化改造，方便老年人公交出行，营造良好的敬老、孝老、养老文化社会氛围，取得了重要进展。然而，老年友好宜居环境建设还存在一些突出的问题：

（一）存在认识和实践上的误区

一是把老年宜居环境建设视同于无障碍设施建设；二是把老年宜居环境建

设视同于适老化改造；三是把老年宜居环境建设视同于实施居家养老幸福工程或便民助老项目。事实上，老年友好宜居环境建设既是老年人的刚性需求，也是拉动内需的重要手段，与新城建设、城市更新相结合，与之相关的康复辅具、健康科技、设计服务及金融服务的市场空间也十分广阔。加快我国老年友好宜居环境建设，发展与之相关产业，既是完善养老服务体系的必然要求，也是拉动银色消费、推进产业升级、增加就业的重要抓手，可起到"一石数鸟"作用。总体而言，我国还处在以基础设施建设和重大项目工程带动城市面貌改善的阶段，补齐短板、适当超前规划、完善老年友好宜居环境，可以避免今后的返修、拆改等，起到事半功倍的效用。

（二）补短板任务十分艰巨

当前，北京市老年友好宜居环境建设处于"星星点灯"的状况，分散在城市无障碍设施建设、老旧小区改造、特殊困难老年家庭适老化改造等方面，由多个部门推动，没有形成合力和整体效应；相关技术标准规范"碎片化"，不连贯不集成；老年友好宜居环境建设没有与老旧小区改造、城市更新、美丽乡村建设等有序衔接；既有住宅与居住社区适老化程度低，普遍存在安全、通行、生活便利的多维度缺失与不足。社区老人普遍反映，政府主要提供的应是公共产品以及准公共产品，在对特定困难老人进行家庭适老化改造的同时，应考虑大多数老人的需求，在居住小区的公共空间，比如单元门、公共坡道、楼梯通道、电梯扶手等节点进行适老化改造，统筹安排公共采光照明、小区绿化、健身场所、街心公园等部位的适老化改造。公共交通标志标线应强化对老年人的安全提醒，大型交叉路口的安全岛、隔离带及信号灯等应增加老人等候、防滑倒等处理。

（三）重建设轻管理现象普遍存在

社区为老服务配套设施不能实现集约建设、集约使用、集约管理、资源共享，在运行管理和软件服务上，缺乏老年人的民主参与和支持，基层社会治理没有与老年友好宜居环境建设有序衔接，而城市公共空间的老年友好宜居环境建设分散在公安、交管、交通建设、市政建设管理、园林绿化、水务（河湖水系）、文化体育、残联等多个职能部门，在治理理念及精细化方面与其他国际化大都市还有很大差距。

"十四五"时期，作为中国的国际交往中心，北京市应积极参与世界卫生组织等国际组织倡导的行动计划，完善老年友好社会政策的总体设计，通过自上而下的纵向治理推进，建设"老年友好城市""老年友好社区""老年友好家庭"。在横向社会结构中，应以老年友好为核心理念，鼓励跨地区、跨部门合作，将政府、公共部门、非营利组织、服务提供商和社会资源加以整合，最有效地利用各种资源建设老年友好社会，将"老年友好"融入相关政策和实践中。

第二章
首都北京积极应对人口老龄化面临的挑战

党的十八大以来，为实现解决老龄问题与经济社会高质量发展的有机统一，北京市采取了一系列措施，进行了多项政策布局，出台《关于加强新时代首都老龄工作的实施意见》《北京市积极应对人口老龄化实施方案（2021年—2025年）》《北京市"十四五"时期老龄事业发展规划》《北京市养老服务专项规划（2021年—2035年）》，实施"健康北京"战略及其行动计划，研究"一老一小"整体性解决方案，出台教育"双减"政策等，积极应对人口老龄化的政策目标已经明确，重点任务正在稳步推进，一些领域已经取得了新的进展。然而，到2035年基本实现现代化目标时，北京将跨越老龄社会（中度老龄化）进入超老龄社会（重度老龄化），将建成国际消费中心城市、国际科技创新中心和全球数字经济标杆城市，符合首都特点的现代经济体系基本建立，现代化首都都市圈基本建成。在这一历史进程中，人口老龄化对首都规划、建设、发展、治理的影响是复杂的、深刻的，作为超大城市，北京积极应对人口老龄化面临的阶段性矛盾十分突出。如何将社会公众评价贯穿到积极应对人口老龄化工作全过程，如何准确把握超大城市人口老龄化的客观规律，如何建立健全人口长期均衡发展的政策体系，如何统筹提升社会服务体系的普遍服务能力和水平，如何破解社会治理"最后一公里"的体制机制障碍，都是亟待解决的重大理论与现实问题。

第一节 经济社会发展转型对人口发展带来新挑战

党的十八大以来，北京市深入贯彻习近平总书记对北京一系列重要讲话精神，大力加强"四个中心"功能建设，提高"四个服务"水平，实现了城市发展方式的深刻转型。从单一城市发展转向京津冀协同发展；从聚集资源求增长转向疏解非首都功能谋发展；从城市管理转向超大城市治理。首都各项事业都取得了新的重大成就，率先全面建成小康社会，北京综合实力和国际影响力明显增强，城市面貌焕然一新，为率先基本实现社会主义现代化奠定了坚实的基础。

一、首都经济社会发展的深刻转型

从经济发展方式上看，北京已经从"聚集资源谋发展"的粗放型、规模型发展转向"疏解功能求发展"的减量化、高质量发展模式，在全国率先全面建成小康社会。2021 年全市地区生产总值突破 4 万亿元，人均地区生产总值为 18.4 万元（约合 2.8 万美元），人均地区生产总值和全员劳动生产率保持全国领先，2020 年北京市全员劳动生产率达到 28.2 万元/人，迈入中等发达经济体的水平。经济发展的动力发生了根本性变化，减量背景下创新引领日益凸显，金融、信息、科技等现代服务业优势更加凸显，数字经济增加值占地区生产总值比重超四成。经济增长最大的推动力量已从资本转向全要素生产率，科技创新对经济增长的贡献越来越重要，而劳动力对经济增长的贡献逐渐减弱。

与此同时，经济发展的外向型特征也更加凸显。在中华民族伟大复兴的国家战略指引下，北京积极参与国际分工，正在逐步实现建设以现代高端服务业为核心、科技创新为动力、经济节点功能为特征的国际化都市的目标。全面深化改革扩大开放，持续推进营商环境优化，一批全国首创政策和标志性项目落地实施，北京证券交易所顺利开市。中国国际服务贸易交易会、中关村论坛、金融街论坛成为国家开放发展的重要平台。主动融入共建"一带一路"，多领域国际交流合作取得扎实成效。软件信息业、科研和技术服务业、教育医疗和文化娱乐业等成为首都经济的主导产业和未来最强劲的增长动能。

从社会发展方式上看，人口增长的势头被遏制，到 2022 年底，实现了城六区常住人口比 2014 年下降 15% 的目标，城乡建设用地减量 120 平方公里，成为全国第一个减量发展的超大城市。北京市在全国率先建成城乡统一、覆盖全民的社会保障体系。在超大城市治理体系建设方面，不断深化街道乡镇管理体制改革，加强基层政权和城乡社区建设，通过创新开展吹哨报到、接诉即办，并向主动治理深化，兴起了一场以市民诉求驱动超大城市治理的深刻变革，推动城市治理向精治共治法治发展，超大城市治理体系和治理能力现代化水平明显提升。

二、首都发展新征程上的新目标

回顾首都北京的发展历程,一个根本性命题是如何回答"建设一个什么样的首都、怎样建设首都"这一重大时代课题。自20世纪50年代,北京在党中央领导下开展了大规模的"首都建设",建成了"十大建筑"、地铁1号线、首钢、密云水库等一批重大工程,目的是提升首都城市形象和经济发展水平,提升首都的城市功能和服务能力,展示年轻共和国所取得的巨大成就。20世纪90年代,在社会主义市场经济大潮中,中共北京市委提出"发展以知识经济为方向、以高新技术产业为核心的首都经济",着力推动经济转型升级,构建以服务业为主导的产业结构,目的是探索适合首都特点的经济发展之路。进入新时代,在习近平总书记的亲自关怀和党中央的战略谋划下,中共北京市委鲜明提出"首都发展"的新战略,目的是牢牢守住首都城市战略定位,强化首都全国政治中心、文化中心、国际交往中心、科技创新中心的功能,更好履行首都职责和使命,实现符合首都功能定位的发展、首都的高质量发展、首都的新发展。从"首都建设"到"首都经济",再到"首都发展",反映了不同发展阶段的中心任务,体现了对首都工作特点规律认识的不断深化。

党的二十大开启了中国式现代化的新征程。贯彻落实党的二十大精神,发挥首都表率示范作用,中共北京市委以首善标准①提出了新征程上的新目标,要实现"六个显著提升",包括:首都功能的显著提升,经济发展质量的显著提升,京津冀协同发展水平的显著提升,民生福祉的显著提升,生态文明的显著提升,首都治理能力的显著提升。

具体到经济发展方式转变和产业结构转型上,在全球创新版图重构以及我国加快构建双循环新发展格局的时代背景下,北京市提出了到"十四五"末期经济总量突破5万亿元大关,届时人均GDP将超过3万美元。要形成高端引领、创新驱动、绿色低碳的产业发展模式。要高标准推进"两区""三平台"②建设。要打造全球数字经济标杆城市。要"五子联动"③带动形成新发展格局,基本建成具有首都特点的现代化经济体系。未来在高精尖产业布局上形成"两

---

① 2022年4月30日,中共北京市委、北京市人民政府印发《关于加强新时代首都老龄工作的实施意见》,明确提出"实施积极应对人口老龄化国家战略,以首善标准做好新时代首都老龄工作"。

② "两区"是指国家服务业扩大开放综合示范区、中国(北京)自由贸易试验区;"三平台"是指"中国国际贸易服务交易会、中关村论坛、金融街论坛"等服务首都功能的对外开放"三平台"。

③ 即国际科技创新中心建设、"两区"建设、全球数字经济标杆城市建设、以供给侧结构性改革创造新需求、以疏解北京非首都功能为"牛鼻子"推动京津冀协同发展。

大国际引领支柱、四大特色优势、四大创新链接、一批未来前沿产业",构建"一区两带多组团、京津冀产业协同发展"新格局(见图2-1)。

两个国际引领支柱产业	四个特色优势产业	四个创新链接产业	一批未来前沿产业
・新一代信息技术 ・医药健康	・集成电路 ・智能网联汽车 ・智能制造与装备 ・绿色能源与节能环保	・区块链与先进计算 ・科技服务业 ・智慧城市 ・信息内容消费	・生物技术与生命科学 ・碳减排与碳中和 ・前沿新材料 ・量子信息 ・光电子 ・新型存储器 ・脑科学与脑机接口 ・……

图 2-1　北京市高精尖产业布局整体体系

资料来源:北京市"十四五"时期高精尖产业发展规划[EB/OL].(2021-08-18)[2022-12-06]. http://www.beijing.gov.cn/zhengce/zhengcefagui/202108/t20210818_2471375.html.

在社会建设方面,中共北京市委提出,要始终把人民对美好生活的向往作为奋斗目标,促进社会公平正义。就业更加充分更高质量。居民收入增长与经济增长基本同步,城乡居民收入差距进一步缩小,中等收入群体持续扩大。健康北京建设全面推进,公共卫生应急管理体系建设取得重大进展。教育、社保、住房、养老、文体等公共服务体系持续完善。接诉即办工作机制更加成熟有效,"七有""五性"① 保障水平稳步提高。要积极构建有效的超大城市治理体系。城市治理各领域基础性制度体系基本形成,基层治理效能和服务水平稳步提升。市民素质和城市文明程度持续提高。防范化解重大风险体制机制进一步健全,突发公共事件应急能力明显增强,首都社会大局保持和谐稳定。

三、从老龄社会到超老龄社会背景下的新挑战

人口老龄化会给一个国家或地区的经济带来持续的深刻的影响,虽然这些影响的方向和程度不尽相同。总体来说,人口老龄化与经济社会可持续发展的关系是复杂的,对经济增长的影响因素和影响机制也是复杂的,并且在老龄化的不同阶段(老龄化社会、老龄社会、超老龄社会)影响作用也是不同的。

在20世纪50年代"首都建设"时期,百废待兴,北京处于人口快速增长的年轻型社会结构,首都城市形象、经济发展水平、城市功能和服务能力快速

---

① "七有"即幼有所育、学有所教、劳有所得、病有所医、老有所养、住有所居、弱有所扶。"五性"即便利性、宜居性、多样性、公正性、安全性。

提升。在 20 世纪 90 年代北京大力发展"首都经济"时期，北京市的人口结构开始由年轻型转向老年型，于 1990 年开始进入老龄化社会，但由于外来人口流入带来的人口总量的增长，一方面人口老龄化对劳动力供给的影响并不显著，另一方面由于老年人口增加带来的对生活照料等养老服务消费的需求开始显现，养老服务也从特定群体的福利事业向市场化、社会化方向发展。

进入 21 世纪以来，随着人口老龄化的不断加深，人口老龄化对经济社会发展的影响作用开始扩散，影响领域增加，影响作用增强，影响机制也更加复杂。与此同时，围绕着银发需求的满足，也开始催生康复辅具制造、老年旅游等银发经济的发展。银发服务概念开始向银发经济概念转变，银发及其相关产业在经济发展中的地位越发凸显。

进入 21 世纪 20 年代，随着北京经济社会发展转型和进入"首都发展"的新征程，北京也跨入老龄社会（见图 2-2）。展望未来，到 2035 年北京进入超老龄社会以后，老龄化对经济社会发展的影响将是全方位的，从某种意义上讲，人口老龄化的挑战并不完全来自老龄化本身，更源于老龄化的人口结构与现有社会结构的不匹配所产生的矛盾，即目前的社会制度安排无法满足老龄社会的发展需求。

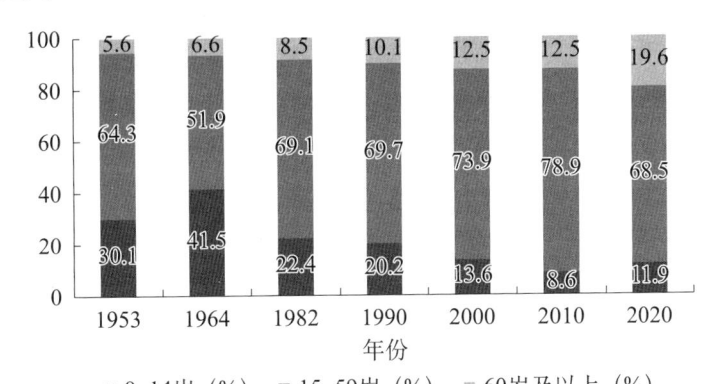

年份	0~14岁(%)	15~59岁(%)	60岁及以上(%)
1953	30.1	64.3	5.6
1964	41.5	51.9	6.6
1982	22.4	69.1	8.5
1990	20.2	69.7	10.1
2000	13.6	73.9	12.5
2010	8.6	78.9	12.5
2020	11.9	68.5	19.6

图 2-2 北京市第七次人口普查不同年龄段结构对照图

资料来源：根据历年《北京统计年鉴》整理绘制。

（一）"首都发展"对人口发展提出新的要求

人口老龄化带来的挑战在于未来的社会人口结构必须是满足首都发展战略定位需要的，必须满足"建设伟大社会主义祖国的首都、迈向中华民族伟大复兴的大国首都、国际一流的和谐宜居之都"[①]的目标要求。城市的现代化归根

---

① 详见 2022 年 6 月 27 日中共北京市委书记蔡奇在中国共产党北京市第十三次代表大会上所作的报告《在习近平新时代中国特色社会主义思想指引下，奋力谱写全面建设社会主义现代化国家的北京篇章》。

结底是人的现代化,首都城市战略定位的实现需要与之相适应的人口结构和社会结构。2021年北京已经进入老龄社会,到2035年基本实现现代化目标时,北京将进入超老龄社会,这一人口转变过程只有短短的不到15年。而在这15年中,要基本建成符合首都特点的现代化经济体系,基本建成现代化首都都市圈,环京地区通勤圈实现深度融合,形成同城化效应。首都经济社会发展转型对人口转变提出了前所未有的要求。

(二)人口发展直接影响"首都发展"目标的实现

一般来说,人口老龄化对经济的影响主要有以下几个方面:一是对私人消费的影响,二是对公共消费支出的影响,三是对个人储蓄的影响,四是对投资需求的影响,五是对劳动力供给的影响,六是对劳动生产率的影响。

"十四五"时期,北京市已经进入人口总量相对稳定的长周期,人口总量控制已经不是主要矛盾,取而代之的是人口老龄化加速对经济社会发展的全方位影响。在这一转型发展进程中,人口老龄化的影响最直接体现为老年人口抚养比不断提高,家庭赡养老年人的负担不断加重;人口老龄化将加大劳动力供给的缺口,特别是符合发展高精尖产业体系要求的人力资源的供给缺口;人口老龄化将直接影响到社会消费支出规模和支出结构;人口老龄化将直接影响到公共事业的投资;银发经济也将不再局限于特定的产业领域,即为老年人提供的产品和服务将不再作为特别规格的产品和服务,而是作为普通产品和服务来销售,可将其称为产业或商业的银发化[①]。

(三)人口发展与产业升级必须实现良性互动

从老龄社会到超老龄社会,要实现解决老龄问题与首都基本实现现代化的有机统一,关键在于人口结构优化与产业升级之间能否实现良性互动。

人口老龄化对劳动力市场的影响是多重的。一方面,经济发展方式的转变和产业结构调整对劳动力结构的调整形成倒逼机制;另一方面,人口老龄化将催生对生活性服务业人才、养老服务人才、康复护理人才的需求,而增加的这一需求并不能完全通过技术进步所满足。从"十四五"时期到21世纪中叶,少子老龄化、家庭核心化、高龄化带来的养老服务问题由隐性转为显性,对生活照料类服务业、康复护理等用工市场产生明显的刚性需求,北京的银发经济也将得到迅猛发展,同时随着超老龄社会的到来,经济的银发化也在所难免。

---

① 彭希哲,陈倩.中国银发经济刍议[J].社会保障评论,2022,6(4):49-66.

长寿时代北京的劳动力市场调控也绝不是简单的推动人口"高端化"。

区别于其他历史时期，未来30年间，北京市人口发展的一个重要特征是，伴随着老龄化加速，高龄化也在加速发展，高龄化必然带来对养老相关服务人才需求的增加，必须抓住"十四五"窗口期，未雨绸缪花大力气加以解决。从年龄结构看，"十四五"时期北京市老年人口仍将以60~69岁低龄段为其绝大多数（占55%以上），由于20世纪50年代第一次出生高峰和20世纪60年代第二次出生高峰所形成的人口队列相继步入老年期带来的"分母效应"，高龄老年人口在全部老年人口中所占的比例会略有降低，使得老年人口年龄结构显示出"中段增大、两端减小"的态势。但"十四五"时期以后，由于20世纪50年代第一次出生高峰形成的人口队列进入高龄期，高龄老年人口规模攀升势头愈加强劲，2035年前北京市高龄人口将突破100万人，由此带来的对养老产业内部结构和养老服务人才队伍的影响是巨大和深远的。

一方面，北京市建设全球数字经济标杆城市，无疑将带动人工智能、物联网、云计算、大数据等新一代信息技术和智能硬件产品的应用，对全社会的劳动力供给产生一定的人工替代效应，对劳动力数量需求降低，转而对劳动力素质提出更高的要求。另一方面，作为辅助技术，数字技术的发展也会对养老服务人才的需求产生一定的替代效应，并进一步提升养老服务行业的劳动效率，减轻养老服务从业人员的劳动力负担，这对于缓解养老人才不足是有利的。但根据目前的统计来看，养老护理员（从事养老看护的职业种类）被人工智能替代的概率较低，这也可理解为与人类感情交互越多的职业工种，被替代的可能性越低。牛津大学、麦肯锡公司、普华永道会计师事务所、创新工厂等的研究报告对从2018年起之后10~15年365类工作被取代的概率进行预测显示，与养老服务相关的职业种类被替代的可能性均在5%以下（见表2-1）。

表2-1 与养老服务相关的职业种类替代率统计

职业种类	10~15年被替代的可能性
社会服务工作者	2.3%
福利专业人员	2.4%
老年人看护	4.0%
健康辅助专业人员	4.0%

综上，北京市人口老龄化加速的趋势既是机遇也是挑战，解决人口结构与产业结构不匹配的矛盾，推动人口结构优化与产业升级之间实现良性互动，要求必须实行更加灵活，富于韧性、弹性和包容性的人力资源政策。实施"产业

升级+人口优化"的发展路径势在必行,即通过科技创新带动产业转型,通过产业转型吸引人才落户,优化人才结构;同时通过完善养老托育政策、优化对生活性服务业从业人员的服务促进其在地化融入、多措并举减缓人口老龄化进程,进一步支撑产业升级。在实施积极应对人口老龄化国家战略进程中,创新无限的知识经济和生态环保的绿色经济双轮驱动,让劳动年龄人口和各种人才留得住、引得来,让老年人才继续发挥作用、活力迸发,从而形成"产业升级—人口优化"的良性循环。

(四)人口发展与科技创新必须实现有机统一

现有研究和既有实践经验证实人口老龄化对科技创新的影响是双向的。

一方面,"消极论"认为人口老龄化会阻碍科技进步,相关研究多以创新和企业家精神、人力资本存量等为研究视角。人口老龄化令整个社会人口年龄的中位数上移,而老年人的创新精神和生产率呈下降趋势,因而不利于技术进步。老年人的学习能力、风险承担能力和学习动机都将减弱,其接受新事物和新技术的能力低于年轻人,因而人口老龄化不利于新兴技术的使用与扩散,抑制具有创新与创业特点的企业家精神的涌现,并会导致技术溢出效应下降。老年人的人力资本存在贬值趋势,减少了人力资本存量,进而对技术进步产生负面影响。

另一方面,"积极论"则认为人口老龄化有利于科技创新,相关文献多以人力资本、物质资本、诱导性创新等为研究视角。其一,根据人口数量和质量替代理论,虽然家庭生育率存在下降趋势,但子女受教育程度将获得提升,因而会促进人力资本的积累。人口老龄化降低了劳动力数量,令人口数量红利趋于消失,但却提高了平均人力资本水平,使人口质量红利趋于上升。其二,随着老龄化程度的加深,人均预期寿命不断提升,这将提升人力资本投资回报,居民将由此加强对家庭和自身的人力资本投资。其三,伴随着年龄的增长,人们会通过"干中学"来增加个体的工作经验等,进而可提升其生产率。其四,人口老龄化会为储蓄和资本积累提供强激励,而随着物质资本积累上升,人口老龄化将引致"第二次人口红利"。其五,人口老龄化会导致劳动力成本上涨,也会诱导企业加大技术创新投入,使用资本与技术替代劳动,以防止生产率的下降,提高自身竞争力,进而会促进偏向型技术进步。

无论如何,人力资本质量和生产要素禀赋结构都是最为重要的中间变量和作用机制,也是关系到是否能将技术创新作为积极应对人口老龄化第一动力与战略支撑的关键。如何削弱和化解人口老龄化对科技创新的负向效应，发挥和强化人口老龄化对科技创新的正向效应，是北京从老龄社会过渡到超老龄社会进程中必须解决的重要议题。

因此，应探索如何进一步加强人力资本投资、研发投入和技术应用，提升自主创新能力，鼓励包括企业在内的各经济主体在市场信号的激励与约束下作出最优回应，并通过社会全方位的体制机制调整引发社会资源重新配置、催生出新的科技成果，从而增强应对人口老龄化的科技创新能力。国际科技创新中心是国际创新要素的聚集地和国际创新网络的枢纽型节点，一个城市当其科技创新活动的影响波及全球时才能成为国际科技创新中心，而人口老龄化的全球化背景也为此提供了一定的机遇，应紧紧抓住全球人口老龄化发展的时机，加强银发经济相关高精尖科技成果转化的体制机制和政策创新，把握老龄化带来的动力，注重发展科技创新的全球影响力和辐射力，服务首都北京打造国际科技创新中心战略目标的实现。

第二节 积极应对人口老龄化的评价体系有待优化

积极应对人口老龄化是一项复杂的系统工程，发展目标的实现和工作任务的推进，有赖于一套操作性强的评价指标体系，通过量化的指标，对不同时期应对人口老龄化工作状况、发展水平、支撑能力、发展效果进行全面、客观、公正的评价，找出存在的差距和问题，提出相应的对策措施，为不断改进并加强积极应对人口老龄化工作提供决策参考和行动指南。

一、现行施用的指标体系

2019年11月，中共中央、国务院印发《国家积极应对人口老龄化中长期规划》，从夯实应对人口老龄化的社会财富储备，改善人口老龄化背景下的劳动力有效供给，打造高质量的为老服务和产品供给体系，强化应对人口老龄化的科技创新能力，构建养老、孝老、敬老的社会环境五个方面部署了具体工作任务，提出了22项积极应对人口老龄化评价指标（包括9个约束性指标）。这些指标涉及社会保障、养老服务、健康服务、老年宜居环境、老年教育五个维度，其中：社会保障领域指标包括基本养老保险参保率和基本医疗保险参保率；养老服务领域指标有15个之多，涵盖养老服务设施、养老服务能力、兜底性养老服务保障等多个方面；健康服务领域指标包括老年人健康管理率和医疗机构设置绿色通道；老年教育领域指标包括老年大学覆盖面和经常性参加教育活动的老年人占比。这一指标体系既能体现积极应对人口老龄化的工作状况和发展水平，更强调了积极应对人口老龄化的支撑能力，重点强调了政府的职责，为衡量、考核和推动各地区积极应对人口老龄化工作提供了抓手，也成为北京市实施积极应对人口老龄化国家战略的行动指南。

2021年12月，中共北京市委、北京市人民政府发布《北京市积极应对人口老龄化实施方案（2021年—2025年）》，该方案基于国家指标要求，结合北京市实际，制定了北京市积极应对人口老龄化能力评价指标（见表2-2），共包括保障制度、人力资源、为老服务、设施建设、科技支撑、适老环境、区域协同7个维度，29项指标。其中9项约束性指标与国家规划保持一致，具体为：基本养老保险参保率（%），基本医疗保险参保率（%），生活不能自理特困人员集中供养率（%），有集中供养意愿的特困人员集中供养率（%），老年大学覆盖面，65岁及以上老年人城乡社区规范健康管理服务率（%），新建城区、新建居住（小）区配套建设养老服务设施达标率（%），社区养老服务机构覆盖率（%），养老机构护理型养老床位占比（%）等。

表2-2 北京市积极应对人口老龄化能力评价指标

类别	序号	指标	2020年	2022年	2025年
保障制度	1	★基本养老保险参保率（%）	制度和人群全覆盖	制度和人群全覆盖	
	2	★基本医疗保险参保率（%）	—	制度和人群全覆盖	
	3	★生活不能自理特困人员集中供养率（%）	63	60	
	4	★有集中供养意愿的特困人员集中供养率（%）	100	100	
人力资源	5	★老年大学覆盖面	每区1所	每区至少1所	覆盖50%以上街道（乡镇）
	6	经常性参与教育活动的老年人占比（%）	15	>20	40左右
	7	养老托育服务发展政策制定及实施绩效跟踪监督机制	全面推进	全面落实	

续表

类别	序号	指标	2020年	2022年	2025年
为老服务	8	老年人居家社区巡视探访服务	全面建立	全面建立	
	9	特殊困难老年人月探访率（%）	100	100	
	10	居家社区养老紧急救援系统	全面建立	全面建立	
	11	"一刻钟"居家养老服务圈	逐步推进	基本建成	全面建成
	12	失能老年人社区帮扶率（%）	100	100	
	13	"时间银行"承接机构到位率（%）	—	逐步提高	持续提高
	14	"时间银行"储蓄率（%）	—	逐步提高	持续提高
	15	★65岁及以上老年人城乡社区规范健康管理服务率（%）	—	≥62	≥65
	16	医疗机构设置老年人绿色通道	全面开展	全面开展	
设施建设	17	每千人拥有养老床位数（张）	5	6.5	7
	18	★新建城区、新建居住（小）区配套建设养老服务设施达标率（%）	100	100	
	19	★社区养老服务机构覆盖率（%）	98.5	>90	
	20	公益性兜底保障养老机构床位达标率	全面达标	全面达标	
	21	普惠型养老机构床位占比（%）	37	45	50
	22	★养老机构护理型养老床位占比（%）	50	50	60
科技支撑	23	康复辅助器具社区服务体系	初步建立	逐步建立	普遍建立
	24	老年人智能技术应用障碍解决方案及落实率	全面推进	全面落实	
适老环境	25	社会工作者与社区老年人比例	1/125	1/500	
	26	"三社联动"机制	—	基本实现全覆盖	全覆盖
	27	城乡老年友好型社区	—	示范创建	示范推进

续表

类别	序号	指标	2020年	2022年	2025年
区域协同	28	城郊养老协作床位（张）	2 153	4 000	6 000
	29	京籍老年人异地养老床位（张）	3 264	4 000	5 000

注：带★为约束性指标。

与国家指标相对照，在指标维度上，北京市增加了"区域协同"维度，在市域范围内强调了中心城区与郊区之间要建立"城郊养老协作床位"，从京津冀协同和更大的范围上则强调了"异地养老床位数"。此外，在具体指标上，北京市设立的指标比国家多7个，很多工作体现了首善标准，也体现了北京作为首都的特色。比如，在科技支撑方面，针对解决老年人生活中的数字鸿沟问题，增加了"老年人智能技术应用障碍解决方案及落实率"，与北京市老年人整体受教育程度更高，以及北京建设全球数字经济标杆城市的目标相吻合。

二、存在的主要问题

新中国成立后不久，我国政府就以每五年制定并实施一个战略规划的形式，推进经济社会的改革发展，但第一次制定关于老龄工作的专项规划则是在1994年。1994年国家计委、民政部等部门联合制定了《中国老龄工作七年发展纲要（1994—2000年）》，2001年国务院颁布并实施了《中国老龄事业发展"十五"计划纲要（2001—2005年）》，2006年国务院颁布并实施了《中国老龄事业发展"十一五"规划》，2011年国务院颁布并实施了《中国老龄事业发展"十二五"规划》以及《社会养老服务体系建设规划（2011—2015年）》等专项工作规划，2017年国务院颁布并实施了《"十三五"国家老龄事业发展和养老体系建设规划》，2019年中共中央、国务院颁布并实施了《国家积极应对人口老龄化中长期规划》，从而构成了以中长期规划为指引，以五年规划为主体，以其他专题规划为补充（比如《老年教育发展规划（2016—2020年）》《"十三五"健康老龄化规划》等）的完整的老龄事业战略规划体系，形成科学制定规划、严格组织实施规划、开展监督检查和评估为一体的工作机制。

具体到北京市，《北京市"十三五"时期老龄事业发展规划》设定了12个指标，其中：养老服务领域包括设施、床位及人力3个方面，共7个指标；其他5个指标涵盖社会保障（1个）、老年优待（1个）、人均预期寿命（1个）、社会参与（2 个）。2021 年，北京市政府还颁发了《北京市养老服务专项规划（2021 年—2035 年）》，提出"建立起与北京市社会经济发展水平相当、城乡一体的精准养老服务体系"，围绕这一发展目标，设置了 18 个指标，包括基础设施类（设施数量、床位数量、建筑面积）、能力水平类（长期照护、医养结合）、产业发展类（社会投入、产值）以及老年人社会参与类（公益活动、文体活动）。此外，在卫生健康领域，在实施健康中国战略背景下，北京市卫生健康管理部门还通过《健康北京行动（2020—2030 年）》《"健康北京 2030"规划纲要》等文件，明确了预期健康寿命、居民健康素养、老年人健康管理率、综合性医院设老年医学科的比例、老年友善医疗机构建设率等指标。总体而言，这些指标的制定、实施、监督和考核都是由主管部门牵头，以开展专项工作的形式进行。

基层是国家治理的基石，基层治理更是超大城市治理体系的重要组成部分[①]。2019 年，北京市委、市政府深化党建引领"街乡吹哨、部门报到"改革，围绕建立基层治理的应急机制、服务群众的响应机制、打通抓落实"最后一公里"工作机制，建立起以 12345 市民服务热线为主渠道的接诉即办机制，各区、各部门、343 个街道（乡镇）、市属 44 家国有企业全部纳入接诉即办体系，推动了基层治理重心下移、权力下放、力量下沉。接诉即办改革在民生保障领域提出了"七有""五性"指标体系和考核方法，对老龄事业发展的考核也纳入其中，含 3 项指标——每千名常住人口养老床位数、养老机构床位使用率、每万名老年人拥有养老护理员数，这一做法对于打通老龄政策落地"最后一公里"起到了积极的推动作用。然而，考核指标还比较单一，并不能涵盖老年人日常生活中直接面对的急难愁盼的主要矛盾，从实际工作的效果来看，与老年人对美好生活的期待相比，仍然存在一定差距。2021 年度北京 12345 市民服务热线提供的主观满意度调查数据显示，近年来，人民群众对"五性"的满意度整体提升，其中对养老服务的"安全性"和"便利性"关注最高，对"公正性"相对更满意，而对"宜居性"和"多样性"的需求也非常迫切。

如何科学开展积极老龄化政策实践的监测评估一直是国际社会关注的话题。联合国人口基金会和国际助老协会始终致力于跟进《马德里老龄问题国际行动计划》执行情况的基本指标清单的形成，发布相关审查报告，推动有关政策行动的监测与评估。2014 年 10 月 1 日由联合国首次发布的《全球老龄观察指数深度报告（2014）》，开发建立了一项衡量全球积极老龄化政策实践情况的

---

① 李文钊. 重构简约高效基层治理体系的中国经验：一个内外平衡机制改革的解释性框架[J]. 河南师范大学学报（哲学社会科学版），2020，47（2）：7-14.

工具——全球老龄观察指数，如图2-3所示。该指数旨在评估世界不同国家和地区作用于提升老年人生活质量的政策，通过衡量四个关键领域老年人的生活质量和福祉，来综合地测量老年人生活质量的整体水平。这一指标体系尽管是从老年人生活质量视角出发，但也能客观真实地反映出一个国家或地区人口老龄化的整体发展状况，体现出一个国家或地区积极应对人口老龄化的支撑能力。比如老年人的收入保障、健康状况更能直观和准确地反映出一个国家或地区实施积极应对人口老龄化工作的实际效果。利好环境则体现了敬老、孝老、养老的良好的社会氛围，体现出社会参与的状况。而能力建设指标是以老年人作为主体，从老年人就业和老年人受教育状况两方面反映老年人的权益保障情况，而不是将政府作为主体来评价政府工作效能，但也能更为突出地反映出政府的主要工作效能。

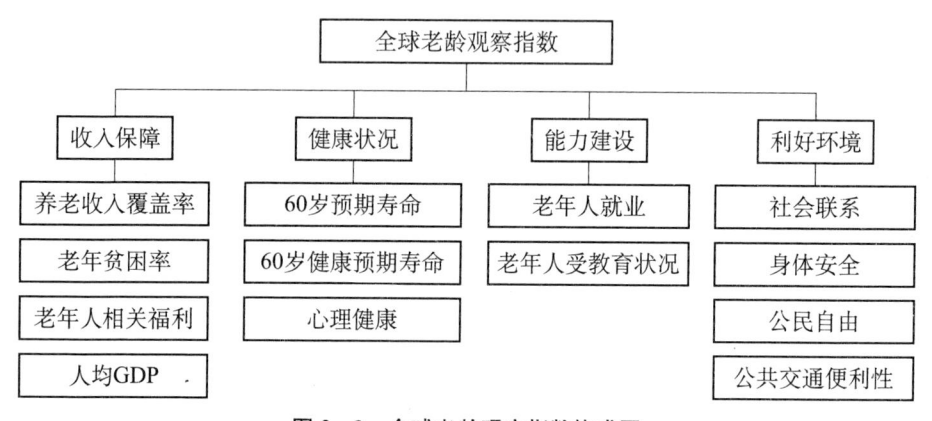

```
                    全球老龄观察指数
    ┌───────────┬───────────┬───────────┬───────────┐
  收入保障      健康状况      能力建设      利好环境
  养老收入覆盖率  60岁预期寿命   老年人就业     社会联系
  老年贫困率    60岁健康预期寿命 老年人受教育状况 身体安全
  老年人相关福利  心理健康                   公民自由
  人均GDP                                公共交通便利性
```

图2-3 全球老龄观察指数构成图

整体而言，对照国际社会的衡量指标，我们认为，当前北京市社会各界对人口老龄化所带来的机遇和挑战的复杂性、艰巨性、持久性的认识有待深化，社会动员、社会准备和社会共识都不足。北京市当前施用的指标侧重于对政府职责的规定，侧重于对政府主导下的积极应对人口老龄化支撑能力的评估。然而，在积极老龄观、健康老龄化国际共识的指引下，当前，除政府行政体系内"自上而下"的工作评价以外，社会评价如何？北京市的人口老龄化处于什么样的状况？在主观评价和客观的社会评价上，全社会老年人的获得感、幸福感、安全感究竟如何？积极应对人口老龄化国家战略落实得怎样？展望未来，到21世纪中叶甚至更长的时间，北京市的人口老龄化将发展到什么样的状态？从与世界城市和全国其他超大城市比较分析的角度看，北京市的人口老龄化处于什么样的格局？北京市积极应对人口老龄化的政策实践如何监测？北京作为首都，在服从和服务于积极应对人口老龄化国家战略的基础上，如何发挥表率示范作用？这些都需要坚持以人民为中心的发展理念，以老年人的需求为出发点和落脚点，应该由社会和人民来评价和检验。

北京正处在加快建设国际化城市的进程中，到2035年基本实现现代化目标之时，北京将建成国际消费中心城市、国际科技创新中心，成为世界主要科学中心和创新高地。这一时期也是北京人口老龄化加速发展时期，将从老龄社会迈入超老龄社会，宜积极参与国际社会应对人口老龄化的战略行动，与国际社会分享治理的经验与成果，也应从更长远的时间周期，远近期结合，突出工作的前瞻性，加强指标体系的设计。应对人口老龄化的指标体系应与北京建设现代化首都的目标相吻合，要考虑到2035年，远期展望到2050年。

在构建积极应对人口老龄化评价指标体系时，还必须考虑三个方面的问题：一是为积极应对人口老龄化，政府需要重点做哪些工作？二是保障这些工作顺利完成所需要的外部条件是什么？如何广泛调动家庭和社会的积极性，形成多元主体责任共担、老龄化风险梯次应对、老龄事业人人参与的新局面？三是实施效果如何？效果评价应该是社会公众的评价，而不仅仅是政府行政系统内"自上而下"的内部工作报价。应突出社会公众的广泛参与，应既包括主观的感受也包括客观的评价。

因此，北京市积极应对人口老龄化评价指标体系应该由三个部分组成，即发展水平类指标、支撑能力类指标和发展效果类指标。发展水平主要反映需要由政府主导或由政府推动的工作的执行和完成情况。支撑能力是积极应对人口老龄化发展的人力和物力基础，特别是在机构改革的背景下，需要建立健全长期稳定投入机制，包括资金投入、队伍建设等。发展效果则是从群众评价和满意度的角度来考察积极应对人口老龄化成效。结合积极应对人口老龄化战略行动的国际共识，在北京市现行适用的指标基础上进行进一步拓展和优化是必要的，也是可行的。

北京作为中国的首都，是较早进入人口老龄化的城市，经济社会基础和应对人口老龄化工作的基础都更好，各项工作在全国具有引领和示范作用。需进一步建立适合北京市情、体现北京特色的积极应对人口老龄化评价指标体系，并加强战略规划约束性指标和主要预期性指标完成情况、相关领域实施情况及主要任务的考核评估。在此基础上，需要进一步加强战略规划过程及结果考核评估，完善监测评估制度，强化对战略规划实施情况的跟踪分析。在规划实施中期和终期阶段，及时组织开展全面评估，并引入第三方评估机构提高规划评估的客观性和准确性。同时，规划实施要纳入北京市人民政府向北京市人大及其常委会汇报的议题，并接受人民政协的民主监督，广泛听取社会各界的意见。

第三节 人口长期均衡发展的矛盾进一步凸显

与世界范围内的超大城市相比,北京人口发展在增速特征、流动特征、结构特征、空间分布特征以及产业结构偏离度特征等方面,既有共性,也有差异①。当前,北京相当于处在东京等其他世界大城市发展历程的中期阶段,产业结构和就业结构仍处于不断调整和变化中,人口均衡发展很大程度上有赖于都市圈区域性资源配置格局的调整及配置效率的提高。

一、促进人口均衡发展的政策发展历程

进入21世纪以来,随着我国进入人口老龄化社会,我国政府也从实行计划生育的控制人口总量增长,转变为更为关注和改善人口结构,"高龄少子"、老年人口迅速增长、人口红利式微、出生性别比长期偏高等人口现象,逐步演变成为我国现阶段人口均衡发展的主要挑战。2013年实施"单独二孩"政策,2015年放宽到"全面二孩"政策,2017年国务院发布《国家人口发展规划(2016—2030年)》,以促进人口长期均衡发展为主线,具体阐释了人口内部均衡与外部均衡,提出了人口长期均衡发展的总目标。党的十九届五中全会进一步强调"促进人口长期均衡发展",2021年《国民经济和社会发展第十四个五年规划和2035年远景目标纲要》作出"制定人口长期发展战略,优化生育政策,以'一老一小'为重点完善人口服务体系,促进人口长期均衡发展"的战略部署。2021年6月《中共中央 国务院关于优化生育政策促进人口长期均衡发展的决定》发布,进一步作出具体安排。"十四五"时期,我国坚持有序控制人口总量、优化人口结构、提高人口素质并举,在政策设计上,更加注重从全生命周期角度来考虑和加强政策体系的完善,强调综合考量的政策设计思路,统筹推进人口长期均衡发展。

2014年2月,习近平总书记视察北京并发表重要讲话,提出了京津冀协同发展战略,开启了疏解非首都功能的新时期,北京市人口发展政策转向严格控制人口总量增长,同时调整人口空间布局。随后,中央批准了新版北京城市总体规划,《北京城市总体规划(2016年—2035年)》明确提出,北京市常住人

---

① 尹德挺,卢镱逢.世界大城市人口发展的主要特点与借鉴:以对北京的借鉴为例[J].治理现代化研究,2018(2):74-82.

口规模到2020年控制在2 300万人以内，2020年以后长期稳定在这一水平，严格控制人口规模，优化人口分布。其政策要点包括：一是通过疏解非首都功能，实现人随功能走、人随产业走。降低城六区人口规模，城六区常住人口在2014年基础上每年降低2～3个百分点，到2020年下降15个百分点，控制在1 085万人左右，到2035年控制在1 085万人以内。二是形成与首都城市战略定位、功能疏解提升相适应的人口结构。制定科学合理的公共服务政策，发挥公共服务导向对人口结构的调节作用。加快农村人口城镇化进程。积极应对人口老龄化问题。提升人口整体素质。采取综合措施，保持人口合理有序流动，提高城市发展活力。三是构建面向城市实际服务人口的服务管理全覆盖体系，建立以居住证为载体的公共服务提供机制，扩大基本公共服务覆盖面，提高公共服务均等化水平。在常住人口2 300万人控制规模的基础上，考虑城市实际服务人口的合理需求和安全保障。四是健全分区域差异化的人口调控机制，实现城六区人口规模减量与其他区人口规模增量控制相衔接。城六区以外平原地区的人口规模有减有增、增减挂钩。山区保持人口规模基本稳定。

2021年1月27日，《北京市国民经济和社会发展第十四个五年规划和二〇三五年远景目标纲要》指出，要促进人口长期均衡发展，积极应对人口老龄化，推动人口与城市协调发展，并从保持城市人口发展活力、提升养老服务品质、建设老年友好型社会三个方面提出了具体要求。要求严守全市人口总量规模上限，着力优化人口分布和结构，促进人口合理有序流动。同时，提供更有温度的人口服务，促进妇女事业全面发展，保障儿童优先发展，服务家庭优生优育，吸引青年焕发城市活力。

2022年1月21日，中共北京市委、北京市人民政府印发《关于优化生育政策促进人口长期均衡发展的实施方案》，围绕稳妥有序落实三孩生育政策，提高优生优育服务水平，发展普惠托育服务体系，降低生育、养育、教育成本，做好政策调整有序衔接等核心问题进行了工作部署。提出近期目标是"到2025年，积极生育支持政策落实措施逐步完善，服务管理制度基本完备，优生优育服务水平明显提高，普惠托育服务体系加快建设，按照每千人口不少于4.5个托位、其中普惠托位不低于60%的标准，配置完善托育服务设施。生育、养育、教育成本显著降低，生育水平适当提高，出生人口性别比保持正常，人口结构逐步优化，人口素质进一步提升"。远期目标是"到2035年，促进人口长期均衡发展的制度安排更加完善，服务管理机制运转高效，生育水平更加适度，人口结构进一步改善。优生优育、幼有所育服务水平与人民群众对美好生活的需要相适应，家庭发展能力明显提高，人的全面发展取得更为明显的实质性进展"。《北京市养老服务专项规划（2021年—2035年）》提到要增强城区、郊区和农村养老服务的均衡性，改善适应老龄化形势的劳动力供给，精准匹配养老服务设施，精准满足老年人需求。

二、老龄化背景下的人口长期均衡发展

北京市从1990年起60岁及以上老年人口比例突破10%，开始进入老龄化社会。2021年底，60岁及以上常住老年人口达441.6万人，占常住总人口的20.18%，标志着北京已经进入老龄社会，从步入老龄化社会到迈入老龄社会，北京市历时31年，与伦敦、东京等超大城市相比，老龄化发展程度更为迅猛。而根据《北京市"十四五"时期老龄事业发展规划》[①]，预计到"十四五"末，人口老龄化水平将达到24%，到2035年，老年人口接近700万，人口老龄化水平将超过30%，进入超老龄社会。届时，其老龄化程度将超过大伦敦地区和大东京地区。

京津冀协同发展战略的初衷和出发点是通过疏解非首都功能，抑制人口过快上涨，保持首都北京人口总量长期控制在合理区间，但京津冀协同发展带来的一个直接结果是加剧了北京人口老龄化的进程。一方面是以劳动年龄人口为主体的常住人口流入减少、流出增多，另一方面是老年人口快速增长，"一增一减"之间使得北京市老龄化加速，已经对劳动力供给、投资需求、消费需求、科技创新、公共服务事业发展产生了深刻的影响，不仅对各区功能定位的实现，而且对首都城市战略定位的实现，已经产生并将继续产生深刻的影响。

在老年人口总量规模快速增加的同时，北京市老年人口在空间分布上并不均衡，首都功能核心区、城市功能拓展区、城市发展新区、生态涵养区之间老年人口规模、老龄化程度、老龄化速度均存在明显差异，并且处于复杂的动态演变中。特别是自2015年以来，随着京津冀协同发展战略的实施，北京市人口迁移和流动规模、水平与模式也发生了质的变化，已经并将持续导致16个区之间老龄化发展的不平衡进一步加剧，首都功能核心区人口老龄化的矛盾更加突出，老龄化的"城乡倒挂"现象给生态涵养区发展带来更大的挑战。

因此，北京作为首都和超大城市，研究其人口均衡发展，还要从地理空间层面进行考量，城市人口合理规模考量下的城市人口实时分布规律、区域间人

---

① 北京市老龄工作委员会关于印发《北京市"十四五"时期老龄事业发展规划》的通知［EB/OL］.（2021 - 11 - 26）［2023 - 01 - 15］. http：//wjw.beijing.gov.cn/zwgk_20040/ghjh1/202111/t20211126_2545316.html.

口流动或迁移预测分析等都是有待深入思考的因素，在京津冀协同发展背景下，特别是在数字经济和共享经济推动的产业结构变动和现代商业模式变迁的驱动下，促进区域人口与生产要素合理配置以及人口再分布将成为人口社会发展的必然选择[1]，其中，引导老年人口从北京合理流向周边城市，引导老年人口在北京市行政区域内从首都功能核心区合理流向城市发展新区和生态涵养区，推动更大力度、更多层次的人口区域均衡，成为越来越重要的价值追求。

在这一历史进程中，要着力把握人口总量变化、结构变化、队列更替中出现的新需求、新特征，充分认识信息化时代经济发展方式转变、产业结构调整对劳动力需求的作用，关注"一老一小"社会服务体系建设中出现的新问题，在贯彻落实中央确定的人口总量"天花板"的前提下，实施更加安全韧性、开放包容的人口均衡发展策略，大力引进与首都城市战略定位相吻合的人力资源，优化生育、养育、教育政策，适度减缓人口老龄化进程，努力挖掘老年人口二次红利和发展潜力，激发城市发展动力和内在活力，培育首都可持续的核心竞争力。

三、人口长期均衡发展中的突出矛盾

在人口长期均衡发展的研究中，多使用"人口分布合理性"指标来对人口与区域相对承载力之间的关系进行专门性衡量，它具体由经济、技术及外贸潜力等生产力要素和资源禀赋形成的承载力决定。主要分为三个层次：第一层是人口分布刚性指标，是人口相对于区域的可利用水和土地等资源的承载力；第二层是人口相对于区域经济、技术等生产力的承载力；第三层是人口相对于区域间物质交换能力的承载力。后两种承载力主要是动态性指标，随着社会经济水平的高低不断变化。在人口分布合理性分析中，一般采用不均衡性指标并结合资源条件和技术潜力等因子进行判断。

《北京城市总体规划（2016年—2035年）》以资源环境为硬约束，确定了人口总量上限、生态控制线、城市开发边界"三条红线"。第一条线是人口总量上限。北京市常住人口规模到2020年控制在2 300万人以内，2020年以后长期稳定在这一水平。第二条线是生态控制线。到2020年，北京市生态控制区面积约占市域面积的73%，到2035年提高到75%。第三条线是城市开发边

---

[1] 曾明星，陈丽梅，丁金宏，等. 中国人口发展中的区域均衡问题及破解思路［J］. 宁夏社会科学，2019（2）：101-108.

界。到2020年，北京市城乡建设用地规模将由2015年的2 921平方公里减到2 860平方公里左右，到2035年减到2 760平方公里左右，腾退减量后的用地要更多地用于增加绿色生态空间。从北京市市域范围来看，人口长期均衡发展的主要议题是在总体规划已经明确了人口总量"天花板"的前提下，如何优化人口结构和人口空间布局，提高人口素质，适应首都城市战略定位的需要。

《京津冀协同发展规划纲要》明确提出，走出一条内涵集约发展的新路子，探索出一种人口经济密集地区优化开发的模式，促进区域协调发展，形成新的增长极。协同发展是指围绕同一发展目标，基于合作共赢理念、优势互补原则、产业分工要求和资源环境承载力，协调两个或两个以上行政区（省、地市）组成的区域，形成目标同向，交通基础设施、产业发展与布局、要素市场、城乡、基本公共服务与民生保障、生态环境保护一体化的区域发展新格局。协同发展的核心是提倡和谐与包容发展，最终目标是实现互利共赢、共同发展。在京津冀协同发展进程中，北京市人口长期均衡发展中的突出矛盾主要体现在经济协同与公共服务协同的不协调，三地在人口老龄化水平上的"倒挂"，以及三地在养老服务体系建设与医疗保障体系建设标准和水平上的差距过大，给养老服务体系的协同和一体化发展造成困难。

（一）从总量控制到结构优化的转型

在京津冀协同发展战略要求下的一系列人口调控政策的引导下，北京市总人口规模从2015年以来开始围绕一个合理区间上下波动，并没有形成趋势性的下降拐点，但中心城六区的人口规模从2014年开始始终保持不同程度的下降趋势（见图2-4）。

尽管北京市"减量发展"的模式已经确立，但超大城市经济发展对人口和要素资源的"虹吸效应"仍客观存在，按照城市总体规划的要求，到2035年北京市在总人口规模上还有100万左右的增量空间。因此，既要防止人口总量重新走上上升的轨道，也要避免人口总量快速下降或者持续下降。而更为紧迫的是进一步优化人口年龄结构，减缓人口老龄化的进程，增强人口素质，以适应建立高精尖现代产业体系的需要，适应建设国际科技创新中心、全球数字经济标杆城市的需要。同时通过经济结构调整和科技创新提高全要素生产率，降低经济发展对人力资源的依赖，进一步挖掘资源与社会环境发展潜力，拓展人口承载空间。

伴随户籍人口和常住人口老龄化加速的复杂趋势，以及低生育率与低生育意愿并存的困境，北京市尤其需要特别关注人口老龄化和城市活力方面的问

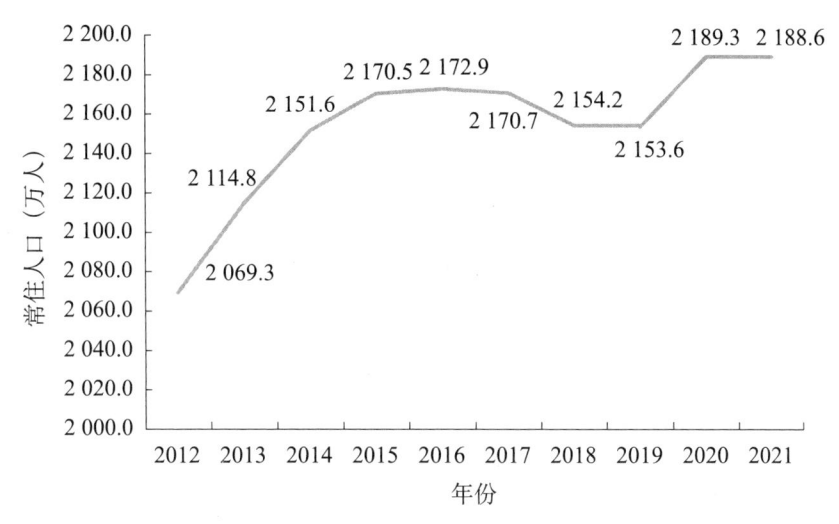

图 2-4　2012—2021 年北京市常住人口趋势

资料来源：根据近年来《北京市统计公报》整理绘制。

题，在未来人口结构转型中，北京常住人口"少儿比例过低、劳动力比例过高"的结构特点会令老龄化趋势愈加明显并不断加深，未来社会抚养负担将会急剧加大，需要借鉴国外先进经验，加强社会养老保障体系的建设。积极应对人口老龄化的压力，既需要推动人口政策由总量调控向结构优化转型，也需要基于空间维度引导各区人口按照区域功能定位、人口增长空间等进行差异化发展，引导人口合理流动，着力促进职住平衡、职教平衡，积极探索整体成系统的人口转移新模式。

（二）经济协同与公共服务协同的不协调

从国际经验看，一个国家和地区的公共服务一体化是和经济一体化进程同步发展的。经济一体化进程中首要解决的就是社会福利等公共服务一体化问题。欧盟作为跨区域协作的典范，其欧洲一体化的主要内容之一就是要求成员国为跨区域流动人员提供与当地居民同等的社会保障等相关公共服务。由于经济领域是最先进入一体化进程的，其对社会政策及相关公共服务领域的推动是毋庸置疑的，经济的一体化进程外溢成社会公共服务需求，从而为公共服务的一体化协同发展提供了依据。因此，经济一体化是公共服务一体化的动力，公共服务一体化是经济一体化发展的重要保障，两者构成相互影响、双向互动的关系[1]。

---

[1] 杨健. 京津冀基本公共服务共建共享：理论逻辑、实践经验与发展路径 [J]. 天津行政学院学报，2020，22（5）：79-87.

积极应对人口老龄化：北京探索与国际借鉴
Active Response to Population Aging: Beijing's Exploration and International Reference

京津冀协同发展是由中央政府主导推动的，以交通基础设施协同为先导、市场协同为核心、产业发展布局协同为重点、基本公共服务均等化为支持、环境保护与生态建设协同为保障、规划协同为实现手段的全方位协同进程。与长三角等都市圈主要是依靠市场这只"无形的手"带动区域协同发展，以经济协同为先导带动公共服务协同，经济发展导致中心城市老年人向周边追求更经济、更便捷的养老方式和更舒适的养老环境不同，京津冀协同发展从一开始就带有强烈的行政主导色彩，重点依靠政策供给和固定资产投资来拉动非首都功能疏解，是否有利于功能疏解和带动人口疏解是首要的考虑因素。

从市场的角度看，京津冀养老服务协同发展本质上应该是区域合作中经济协作与公共服务协作互动的结果，应以减少交易成本为目的，既满足北京市老年人养老需求的外溢，同时带动河北地区养老服务业的发展，培育壮大银发经济发展，达到多赢的目标。降低成本、资源优势互补应该是促成京津冀养老服务协同的根本内因。但目前的政策出发点和着力点还是在非首都功能疏解和人口疏解，是通过对津冀养老机构以及入住津冀养老机构的京籍老年人给予经济支持等方式，以及提供医保报销及时结算等便利，吸引北京市老年人入住津冀养老机构，以达到疏解非首都功能和人口的目标。这个先入为主的目标导致京津冀公共服务共建共享是围绕实现《京津冀协同发展规划纲要》确定的"以首都为核心的世界级城市群，区域整体协同发展改革引领区，全国创新驱动经济增长新引擎和生态修复环境改善示范区"等区域整体目标而进行定位的。因此，在实际工作中很多公共服务设施和公共服务项目的建设超前于经济协同，或者与产业协同的联系并不紧密，经济协同与公共服务协同没有也不容易做到有机衔接。

京津冀地区各自的老龄化程度、公共服务体系建设、养老医疗水平是其制度建立的内在需求动力[①]。最终是要整合三地的公共服务资源发挥比较优势，更加充分地满足人们的基本公共服务需求。但目前由于三地的经济发展水平、养老服务和医疗卫生服务的工作基础差距过大，加大了资源优势互补的难度。比如，对于到北三县建设北京养老机构和大型养老社区，以及京籍老年人入住河北养老机构，河北认为，北京老年人消费能力较高，北京老年人入住河北养老机构加剧了河北地区养老床位供给不足的矛盾，同时也拉高了河北地区养老服务的价格，给河北当地政府解决本地老年人群兜底保障问题带来困难，也带来财政上的压力。此外，由于河北与北京在医保报销标准、比例、药品目录等

---

① 张蕾．京津冀养老服务协同发展思考[J]．合作经济与科技，2021（5）：166-167．

方面差距较大,医保异地实时结算推进起来并不顺利。事实上,从京津冀的经济社会发展情况看,在较短时间内快速实现完全一致的公共服务水平是不大现实的,这决定了其实现路径应分步骤、分阶段地有序推进,探索符合京津冀实际的基本公共服务共建共享的梯度递进模式任重道远。

(三) 京津冀三地人口老龄化的反差

第七次全国人口普查数据显示,从京津冀地区整体人口老龄化程度(60岁及以上老年人口占常住总人口的比例)来看,北京(19.63%)是最年轻的,居天津(21.66%)、河北(19.85%)之后;即便是扩大到内蒙古(19.78%)、山西(18.92%),北京在京津冀蒙晋地区也居于第四。从环北京周边城市来看,河北廊坊、邯郸、邢台、石家庄等地区的人口老龄化程度较低,但张家口、秦皇岛、唐山、承德等地区的老龄化程度较高(见表2-3)。

表2-3 2020年11月1日京津冀人口老龄化状况

省份	地区	总人口(万人)	60岁及以上人口(万人)	65岁及以上人口(万人)	60岁及以上老龄化率(%)	65岁及以上老龄化率(%)
北京	东城区	71	19	13	26.5	18.2
	西城区	111	29	20	26.0	18.2
	朝阳区	345	71	49	20.5	14.3
	丰台区	202	48	32	23.7	15.8
	石景山区	57	14	9	24.3	16.4
	海淀区	313	58	41	18.5	13.1
	门头沟区	39	9	6	22.6	14.8
	房山区	131	26	17	19.8	13.2
	通州区	184	32	21	17.2	11.5
	顺义区	132	22	14	16.5	10.8
	昌平区	227	34	22	14.9	9.7
	大兴区	199	30	19	15.0	9.7
	怀柔区	44	9	6	19.5	12.8
	平谷区	46	11	8	24.0	16.4
	密云区	53	12	8	23.1	15.2
	延庆区	35	8	5	23.0	15.7

续表

省份	地区	总人口（万人）	60岁及以上人口（万人）	65岁及以上人口（万人）	60岁及以上老龄化率（%）	65岁及以上老龄化率（%）
天津	和平区	36	8	6	22.1	15.7
	河东区	86	25	17	28.8	19.5
	河西区	82	23	16	28.0	19.5
	南开区	92	26	18	28.2	19.7
	河北区	65	20	13	31.0	20.7
	红桥区	48	15	10	30.7	20.5
	东丽区	94	16	10	17.2	11.0
	西青区	118	19	12	15.9	10.5
	津南区	93	15	10	15.9	10.3
	北辰区	91	19	12	20.5	13.4
	武清区	115	23	16	19.8	13.9
	宝坻区	72	16	11	22.0	15.8
	滨海新区	197	35	24	17.7	12.0
	宁河区	40	9	6	22.6	15.4
	静海区	79	15	10	18.7	13.3
	蓟州区	80	18	13	22.8	16.0
河北	石家庄市	1 124	208	144	18.5	12.9
	唐山市	772	176	123	22.8	16.0
	秦皇岛市	314	73	51	23.4	16.2
	邯郸市	941	161	112	17.2	11.9
	邢台市	711	131	92	18.4	13.0
	保定市	1 154	227	162	19.7	14.0
	张家口市	412	103	73	25.1	17.6
	承德市	335	74	47	22.0	14.1
	沧州市	730	144	103	19.7	14.1
	廊坊市	546	92	64	16.8	11.7
	衡水市	421	92	67	21.8	15.9

资料来源：北京市、天津市和河北省第七次人口普查数据。

因此，整体而言，天津、河北积极应对人口老龄化的挑战比北京压力更大，北京通过向周边的河北和天津地区疏解人口、协同解决人口老龄化，或通过异地养老缓解北京的人口老龄化，必须有更大的力度和更开阔的视野，只有采取超常规的措施和政策、建立共建共享共治的利益协调机制，才能得到河北和天津更好的响应。同时，应鼓励北京市16个区的行政部门根据不同情况主动与天津各区、河北各地市进行产业资源的对接和养老合作，通过产业合作带动人口流动，通过公共服务对接带动流动老年人的在地化融入，从而缩小次级区域内部优先合作领域的差异，提升合作网络的整体密度，并不断优化辐射的联系紧密性程度，提高合作机制的运行效能。

第四节 超大城市养老服务资源配置面临困境

解决大城市养老难问题，是当前养老服务最集中、最迫切的问题之一。2018年习近平总书记对加强大城市养老工作提出明确要求，"完善养老护理体系，努力解决大城市养老难问题"[①]。党的十九届四中全会明确提出：积极应对人口老龄化，加快建设居家社区机构相协调、医养康养相结合的养老服务体系。2019年5月，全国大城市养老服务工作会议暨全国养老服务推进会议在江苏南京召开，会议强调：要坚持问题导向，深入调查研究，弄准弄清大城市养老难现状和对策；要鼓励实践创新，积极探索中国特色大城市养老服务路径；要充分发挥大城市的优势，进一步发挥其辐射作用，带动提升本地区养老服务整体水平。

本节以北京市统计局发布的第七次人口普查数据以及历年来北京市国民经济和社会发展统计公报发布的数据为基础，结合北京市民政局办公系统"北京市老年人福利信息管理系统"登记在案的养老服务机构（包括机构数量、床位数、入住老年人、机构从业人员）相关数据（截至2022年4月30日），以及机构的地理分布情况，对北京市养老服务资源配置情况及其存在的问题进行分析。

一、超大城市养老服务的供需特征复杂

超大城市老年人口集聚，人口老龄化快速发展叠加家庭小型化和少子化，社会化的养老服务需求急剧增加。同时大城市内部社会构成、居民需求以及空间结构也更为复杂，如何更好地解决"人民日益增长的美好生活需要和不平衡

---

① 中央经济工作会议在北京举行[N]. 人民日报，2018-12-22（1）.

不充分的发展之间的矛盾",对大城市养老服务能力提升和体系建设提出了前所未有的挑战。北京作为超大城市,最基本的市情特征是老年人口基数大、增速快,人口老龄化叠加经济社会发展转型,使得北京市具有区别于其他城市和地区的特点;而作为首都,北京又具有区别于其他城市的战略定位,必须履行"四个中心"和"四个服务"的功能,处理好"都与城"的关系,因而,应对人口老龄化的机遇与挑战都更为长期、艰巨和复杂。

(一)超大城市养老服务需求量大且集中

我国超大城市老年人口基数大、增速快,且仍处在人口老龄化和人口城市化加速的进程中,随着人口老龄化程度不断加深,老年人口数量逐年增加,家庭结构小型化导致家庭养老功能持续弱化,对社会化养老服务的需求剧增。第七次全国人口普查数据显示,截至2020年11月1日,北京市60岁及以上老年人口已达429.9万人,而根据预测,"十四五"期间北京市60岁及以上老年人口将增长约100万人,到期末2025年时将达到近520万人;预计到2035年,北京市60岁及以上老年人口将达到约700万人,将超过我国香港地区的全部人口。庞大的老年人口及其快速增长将带来与老龄化相关的各类需求的增长。

与此同时,户籍管理制度造成的城乡二元结构是我国特有现象,这一点在超大城市尤为突出。2013年11月,《中共中央关于全面深化改革若干重大问题的决定》指出,要"创新人口管理,加快户籍制度改革,全面放开建制镇和小城市落户限制,有序放开中等城市落户限制,合理确定大城市落户条件,严格控制特大城市人口规模"。2014年7月,《国务院关于进一步推进户籍制度改革的意见》规定,要"进一步调整户口迁移政策,统一城乡户口登记制度,全面实施居住证制度,加快建设和共享国家人口基础信息库,稳步推进义务教育、就业服务、基本养老、基本医疗卫生、住房保障等城镇基本公共服务覆盖全部常住人口。到2020年,基本建立与全面建成小康社会相适应,有效支撑社会管理和公共服务,依法保障公民权利,以人为本、科学高效、规范有序的新型户籍制度"。2022年7月国家发展改革委印发《"十四五"新型城镇化实施方案》,提出"放开放宽除个别超大城市外的落户限制,试行以经常居住地登记户口制度"。

随着我国户籍制度的改革以及以人为本的新型城镇化战略的实施,我国大中城市普遍实行了居住证制度,普遍开始按照实际常住人口来配置包括养老服务设施在内的各类公共服务资源,给予非户籍常住人口在教育、就业、购房、养老等方面的同等待遇,但这一政策在北京还没有实施。作为超大城市,北京市老年人口流动性大，常住老年人口规模超过户籍老年人口，第七次全国人口普查数据显示，截至2020年11月1日，北京市常住老年人口（429.9万人）比户籍老年人口（378.8万人）多出51.1万人，并且户籍老年人口的人户分离情况突出（见表2-4），这就对养老服务设施的配置、老年人津补贴的申领和发放、长期护理保险的申请和享受都带来一定的不便。由于户籍老年人口和非户籍老年人口在养老保障制度、医疗保障制度、社会福利制度上的差异，客观上带来非户籍常住老年人口的在地化融入的不便。这对于建设人人平等、人人共享的社会形成了挑战，对老年人口的年龄歧视客观存在，而对非京籍常住老年人口的歧视则更为突出。

表2-4 北京市户籍老年人口人户分离情况统计　　　　单位：人

地区	户在人不在	人在户不在
海淀区	84 145	80 434
朝阳区	74 889	114 116
西城区	99 963	39 837
丰台区	33 374	91 711
东城区	69 735	31 251
通州区	6 984	35 521
石景山区	11 074	22 523
大兴区	6 918	41 724
房山区	7 195	18 328
昌平区	8 212	68 835
顺义区	5 941	22 785
密云区	3 340	4 379
平谷区	2 341	3 602
门头沟区	4 335	6 403
怀柔区	10 658	3 777
延庆区	4 695	4 495
合计	433 799	589 721

资料来源：北京市老年人福利信息管理系统，http://mzjgfpt.caservice.cn/mzjoffpc/login.jsp。

（二）超大城市养老服务需求多元化、多样化、异质性特点突出

一方面，我国还将长期处于社会主义初级阶段，受国家财政实力和老年人经济条件限制，低保老年人群体及失能失智、失独、高龄空巢等老年人群体的养老服务需求尚未得到有效满足。另一方面，随着社会物质财富的不断积累，老年人多元化、多样化、差异化服务需求日益增加。健康和功能完好是个体生活质量的基础，活得健康、活得长寿成为老年人群体的最大愿望。超大城市人均预期寿命较长，老年人慢性病多发和功能减退风险大，对医养结合的需求呈现快速增长的趋势，即希望在日常生活照料基础上，获得延缓慢性病发展和维护身体功能的康复护理，即便失能失智后仍能尽量延续原有生活模式和生活质量。满足这种需求的服务，无疑必须是整合型的，前端为健康教育、初级预防功能，促进预防保健、活力老化、减缓失能，中间是急性期的老年医疗卫生服务和稳定期的长期照护服务，后端衔接安宁照顾、临终关怀，以老年人为中心提供整合型为老服务，进而提升老年人健康福祉和生活质量。

"十四五"时期，北京市进入人口老龄化从相对慢速转为相对快速的重要"变轨期"，以及老年人口队列更替期。因不同老年群体所经历的生命历程显著有别，老年人口需求格局也将随之发生明显变化。此外，环境对老年人的影响最广泛、最直接，老年人希望生活环境更加适老宜居，多些安全、便利和舒适。围绕老年人居住环境、出行环境、健康支持环境、生活服务环境中的突出困难，强化老年友好宜居环境建设，构建全社会敬老、养老、孝老的社会文化氛围也是超大城市养老服务需求的重要特征。"十四五"时期以后到2035年基本实现现代化之前，北京市将逐步进入超老龄社会，与此同时高龄化快速发展，高龄化所带来的老年人需求的异质性将更为突出，女性由于预期寿命更长、高龄女性数量更多，所带来的对长期照护服务体系的影响将更为复杂。

（三）超大城市养老服务存在多元供给主体和多种供给方式

除了政府（包括各个层级的政府部门）直接提供的养老服务外，还有市场（包括企业、单位和个人等）以市场化的方式提供的养老服务和社会（包括企业、社会组织、志愿者等）提供的不以营利为目的的社会公益服务，以及家庭承担的基本养老服务。从根本上讲，各类主体具有不同的优势，可以互补但不能替代。比如，政府的作用永远不可能替代家庭的作用，同时，社会组织和慈善机构等在提供志愿服务、开展互助式养老等方面具有政府和市场主体不可替代的优势和作用。

传统的养老服务方式包括居家养老、社区养老、机构养老三种，三种方式相互补充、相互促进，针对不同类型老年人的需求提供针对性养老服务。在经济社会发展的不同阶段，三种方式所占的比例和提供的服务内容也在动态变化。由于超大城市普遍面临房屋土地资源稀缺、地价高、用地难，房价和租金高，人工成本高、用工难等问题，近年来，传统的三种养老方式呈现出融合发展、互补发展的趋势。同时，随着数字时代互联网、物联网技术的广泛应用，也出现了"无围墙敬老院""虚拟养老院"等新型养老方式，近年来也出现了大型综合养老社区的"泰康模式"、异地旅居养老模式、集中式居家社区的"乐成模式"、农村互助式养老、抱团式养老等形式，并成为北京市疏解非首都功能，引导首都核心功能区老年人到生态涵养区养老的政策实践。

（四）超大城市养老服务供需对接高度依托社会治理体系

在中国特色社会治理体系中，从横向看，政策资源分布在发展改革、民政、卫健、财政、医保等多个部门，链条长；从纵向看，"市—区（县）—街道（乡镇）—社区（村）"构成四个层级，加之都市圈层面的协同发展，每个层级对应不同的治理主体责任，在超大城市养老服务供给和养老服务资源调配中发挥重要作用。以北京市为例，中央党政军等单位以及中央企业事业单位不仅在北京拥有十分重要和丰富的养老服务资源，同时其职工退休后要在北京生活与居住，社会化养老需要通过在地化资源解决，不仅对"就地养老"提出更多的需求，在"异地养老"的实现上也需要北京市从供给侧提供更多的政策支持。

超大城市养老服务的内容、服务提供方式、服务的质量监督、老年人权益保护等都离不开街道（乡镇）和社区（村）的参与，社会治理方式影响着养老服务的成本构成、定价原则和质量监督，因此需要基层政府参与协调利益和矛盾，发挥社区（村）居民民主参与的作用，发挥行业协会和老年人协会等社会组织的作用。由于养老服务的需求和供给都是分级分类的，每个层次的服务内容和标准都存在差异，对应的每个层级政府在供需对接方面承担着不同的主体责任，治理体系内部上下也存在供需精准对接、责权对等等问题。

（五）超大城市养老服务供需精准对接离不开科技支撑

超大城市房价高、地价高、人力成本高，养老服务的供需对接离不开技术支撑，特别是互联网、物联网智慧技术的支持和人工替代型康复辅具的支持。在线就医、远程照护、线上社区交流、远程安全监控等互联网新技术的开发应用极大地推进了供需对接，共享经济模式的探索进一步方便了对接不同主体的闲散资源，实现更为便捷、更为高效和成本更低的服务，进一步促进机构、社区、居家融合发展、协调发展。

总之，从需求侧看，超大城市养老服务需求量大，需求异质性特征明显；

从供给侧看，超大城市具有多主体、多层次、多渠道和多种供给方式；在供需对接上，具有政府行政机制、福利机制、市场机制以及社会机制等多种运行体制。因此，要实现政府与市场的合作、政府与社会的合作，就必须按照"党委领导、政府主导、社会参与、全民行动"的原则，从都市圈协同的更高站位，发挥中国特色社会治理体系的制度优势，实行分级分类保障，充分调动不同主体、不同层次、不同部门、不同渠道的资源，运用好福利机制、市场机制、社会机制等各种机制，利用互联网智慧技术建设老年人基础数据库平台、养老服务供需对接平台、养老服务行业监管数据平台等，实现养老服务供需精准对接，构建多元主体参与、共建共治共享的格局。

二、超大城市养老服务资源错配的表现形式

党的十八大以来，北京市养老服务体系和老年健康支撑体系进入快速发展和全面系统构建阶段。社会养老服务体系和老年健康服务的顶层设计不断完善，政策框架体系不断健全，养老服务和老年健康服务设施加快建设。但与此同时，随着老龄化的加速，积极老龄化、健康老龄化理念引领下的需求转型升级，养老服务体系和老年健康支撑体系建设中也出现了一些新情况、新问题，突出表现为普遍面临总量不足和结构性供需矛盾并存的现象，究其原因根本在于资源错配十分突出。具体表现在：

（一）老年人的养老需求和意愿与养老方式不匹配

截至2021年底，北京市失能失智老年人约13.5万人，80岁及以上老年人口63.4万人。然而，从机构入住老年人数量来看，截至2022年4月30日，北京市民政局办公系统"北京市老年人福利信息管理系统"登记在案的养老机构共567家，共设置床位11.4万张（其中护理型床位73 043张，约占总床位数的66%）。实际收住老年人44 888人，其中失能失智老年人共计30 526人，收住80岁及以上高龄老年人2.7万人。

据此计算，机构收住老年人数只占全市老年人口的1%，机构收住失能失智老年人只占全市失能失智老年人口的22.2%；机构收住高龄老年人只占全部高龄老年人口的4.2%。也就是说，99%的老年人口需要通过居家、社区养老的方式解决养老问题；77.8%的失能失智老年人口、95.8%的高龄老年人口需要通过居家、社区养老方式解决长期照护问题。这就对居家社区养老服务体系特别是医养结合服务提出了更多、更高的要求，"一人失能、全家失衡"，家庭

"有心无力""有钱无力"的现象十分突出。

从居家社区养老服务的发展情况来看，截至2022年4月30日，北京市街乡镇养老照料中心共计333家，基本实现了"一街乡镇一中心"的全覆盖目标。街乡镇养老照料中心除收住本辖区符合条件的基本养老保障对象，实现"应保尽保"的目标以外，还承担延伸到提供居家上门服务的功能。截至2022年4月30日，全市共建成社区养老服务驿站1 376家，城市建成区除个别地区由于区位地理环境不具备条件外，也基本实现了社区养老服务驿站的全覆盖，社区养老服务驿站对所有60岁及以上老年人提供4项基本服务事项，包括健康监测、方便服务（喝口水、歇歇脚、解内急等服务）、解难服务（恶劣天气临时避险、应急雨具借用、问路指引和走失临时联络服务）以及文化服务（看书看报、棋牌娱乐、健康教育、智能技术应用培训），同时接受政府购买提供对基本养老服务对象的上门居家养老服务，包括巡视探访服务、个人清洁服务、养老顾问服务、呼叫服务。

但从服务数量与服务项目来看，截至2022年4月30日，本年度全市街乡镇照料中心和养老服务驿站提供服务数量累计318 411人次（见表2-5），包括助餐服务156 853人次、短期照料服务17 200人次、文化娱乐服务10 849人次、呼叫服务1 947人次、健康指导服务1 673人次、心理慰藉1 564人次、拓展服务项目128 325人次。与60岁及以上常住老年人口规模相比，养老服务总量不足；同时，服务项目种类少、服务内容单一，较多停留在低层次养老服务需求的满足上，养老服务质量不高。一方面是老年人的现实需求得不到有效满足，潜在需求得不到有效释放，另一方面是街乡镇养老照料中心提供上门居家养老服务的意愿不高，养老服务驿站对居家养老的支撑作用没有得到应有的发挥，可持续经营困难，闲置比较普遍。

表2-5 北京市各地社区居家养老服务设施情况

地区	养老照料中心数量（个）	养老服务驿站数量（个）	养老服务驿站服务数量（人次）	60岁及以上常住人口数量（万人）
东城区	24	55	11 393	18.8
西城区	32	54	18 544	28.7
朝阳区	54	177	31 460	70.9
海淀区	35	108	5 291	57.8
丰台区	33	74	25 461	47.9
石景山区	11	42	2 095	13.8
门头沟区	12	32	4 157	8.9

续表

地区	养老照料中心数量（个）	养老服务驿站数量（个）	养老服务驿站服务数量（人次）	60岁及以上常住人口数量（万人）
房山区	23	121	13 912	31.6
通州区	13	147	14	21.9
顺义区	18	57	14 610	29.9
大兴区	22	140	4 412	26.0
昌平区	15	86	24	33.9
平谷区	13	64	52 292	8.6
怀柔区	10	101	100 645	11.0
密云区	9	91	2	12.2
延庆区	9	27	34 099	8.0

资料来源：北京市老年人福利信息管理系统，http://mzjgfpt.caservice.cn/mzjoffpc/login.jsp.

《北京市养老服务专项规划（2021年—2035年）》开宗明义，在"指导思想"中明确，"坚持以问题为导向，完善适应全面覆盖、城乡统筹且独具北京特色的大城市养老服务体系，在坚持'9064'原则的基础上，重点让失能失智老年人可就地获得基本养老服务，让中老年人安心可预期，让全社会放心有准备"，并按照这样的原则来布局机构养老、社区养老、居家养老三种方式的结构和比例。但从目前的情况看，机构、社区、居家三种养老方式存在结构性失衡。

（二）养老服务资源的空间布局与老年人的空间分布不匹配

按照已建成机构养老床位与老年人数量计算，目前北京市65岁及以上千人养老床位数为4.8张，距《北京市养老服务专项规划（2021年—2035年）》的要求——到2025年，全市65岁及以上养老千人床位数应达到7张，到2035年，全市65岁及以上养老千人床位数应达到9.5张——还有不小的缺口。作为超大城市，北京市养老床位总量不足与结构性过剩并存。

与此同时，北京市16个行政区人口老龄化分布并不均衡，中心六城区老年人口总量与比例远高于远郊区，养老机构空间布局与老年人的空间分布不匹配，全市养老机构的床位有近一半处于空置状态，其中通州区床位空置率高达84%。且城郊地区的床位数要多于中心城区，养老资源在空间分布上表现为供需错位（见表2-6）。

表 2-6 北京市各地区养老机构使用情况

地区	床位总数（张）	入住养老机构老人数（人）	养老机构床位空置率	入住老人数占60岁及以上常住人口比例
东城区	1 056	615	42%	0.28%
西城区	4 405	2 036	54%	0.64%
朝阳区	19 348	8 336	57%	1.44%
海淀区	11 359	5 214	55%	1.07%
丰台区	10 802	4 207	62%	1.10%
石景山区	3 317	2 064	38%	1.74%
门头沟区	1 627	488	71%	0.72%
房山区	8 687	3 345	62%	1.78%
通州区	9 532	1 593	84%	0.82%
顺义区	4 157	1 330	69%	0.87%
大兴区	10 069	4 115	60%	2.44%
昌平区	15 380	5 774	63%	3.25%
平谷区	4 742	2 398	50%	2.60%
怀柔区	1 943	772	61%	1.20%
密云区	4 561	2 497	46%	2.52%
延庆区	2 898	974	67%	1.53%

资料来源：北京市老年人福利信息管理系统，http://mzjgfpt.caservice.cn/mzjoffpc/login.jsp。

（三）养老服务供给的层次定位与老年人的需求层次不对位

北京市养老服务供给市场普遍呈现两端宽、中间窄的"沙漏型"分布：一边是条件好但价格昂贵的养老地产、养老旅游、养老公寓等高端形态大量涌现，另一边是价格低廉但设施简陋、服务业余的低端养老院普遍存在，而面对广大老年人群体的普惠型中端养老服务供给严重不足。这种养老服务的层次定位与老年人的实际需求层次不对位，致使占比最大的普通家庭老年人的养老需求无人问津。在服务内容上，对于老年人急需的长期照护、康复护理、心理慰藉等服务供给相对不足，尤其是针对高龄、失能失智老人的长期照护服务短缺。多数养老机构不具备提供专业康复护理、心理慰藉服务的基本条件与能力，导致一些失能失智、高龄空巢老年人家庭的养老服务需求不能有效满足。

比如，从养老机构收住老年人情况看，截至2022年4月30日，老年人年龄结构以 80 岁及以上高龄老人为主,占比 60%。从健康状况看,已失能失智老人共计 30 526 人,占全部入住机构老年人(45 758 人)的 66.8%。其中轻度失能 5 323 人,占比 17.4%;中度失能 2 566 人,占比 8.4%;重度失能 16 439 人,占比 53.9%;重度失智 6 060 人,占比 19.9%;轻度失智 36 人,中度失智 102 人。可见机构收住老年人以失能失智老人为主体,其中又以重度失能失智老人占比最高(见图 2-5)。这就对专业化照护服务和医养结合服务提出更高的要求。

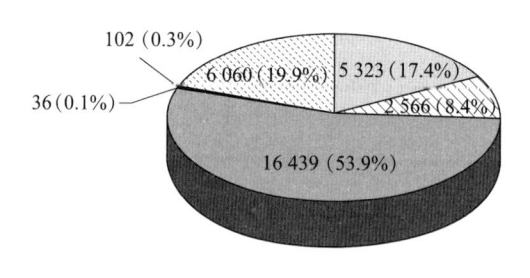

图 2-5 北京市机构收住老年人综合能力评估情况

资料来源:北京市老年人福利信息管理系统,http://mzjgfpt.caservice.cn/mzjoffpc/login.jsp.

与之相对照,截至 2021 年底,北京市养老机构开展医养结合服务的情况分为四类(见图 2-6),其中:与医疗机构签约合作为 412 家,占比 65.4%;养老机构内设医务室为 198 家,占比 31.4%;养老机构设立独立医疗机构为 5 家,占比 0.8%;剩余 15 家养老机构无医养结合服务。并且从医养结合服务开展的情况看,普遍存在"有签约无服务"的现象,养老机构内设医务室经营普遍比较困难,入不敷出。与此同时,具备医保定点资质的养老机构仅占 32%,绝大多数医养结合机构不具备医保定点资质,给老年人看病、吃药带来不便,也抑制了老年人合理的医养结合需求的释放,对老年人身心健康造成不利影响。

(四)养老服务人才短缺与人才结构性矛盾并存

根据北京市老年人福利信息管理系统,截至 2022 年 4 月 30 日,北京市 567 家养老机构的养老服务人员数据共计 73 783 条(包括已退休、在职人员),其中在职人员有 29 262 人。养老人才存在突出的问题:

一是人员年龄偏大。在年龄分布上,40～64 岁服务人员占总人数的四分之三,其中 55～64 岁、65 岁及以上的服务人员占总数的三成左右,35 岁以下的

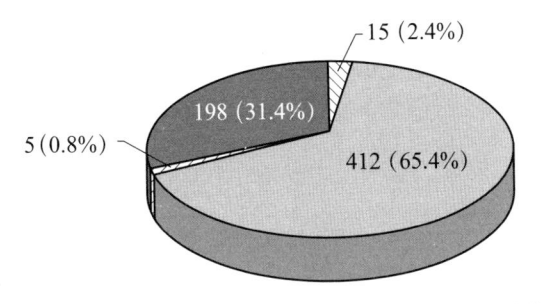

```
         15 (2.4%)
198 (31.4%)
5 (0.8%)      412 (65.4%)

□ 无医养结合    ■ 与医疗机构签约合作
□ 独立医疗机构  ■ 内设医务室
```

图 2-6　北京市养老机构开展医养结合服务情况

资料来源：北京市老年人福利信息管理系统，http://mzjgfpt.caservice.cn/mzjoffpc/login.jsp.

年轻工作者仅占总数的12%。可见，机构养老服务人员主要由40岁以上中老年人组成，年轻从业者较少。在性别分布上，男性有21 737人（占29%），女性有52 046人（占71%）。

二是服务内容不全面。养老机构内从业人员包括护理人员、站长、护士、医生、社会工作者、志愿者等，但其中护理人员占总人数比例超六成，共计有18 629人，社会工作者、护士、医生仅占总数的4.5%左右，反映出在老年人的康复护理、文化精神、心理慰藉等方面的服务能力有限。2021年，民政部颁布《养老机构岗位设置及人员配备规范》（MZ/T 187—2021）对养老机构服务人员的配备给出了规定[①]，目前北京市养老机构医护比[②]为1∶0.48，床护比为[③]1∶0.17，与国家规定的医护比不低于1∶1.25，床护比不低于1∶0.6相比还有较大差距。特别是首都核心功能区医护比和床护比最低。

三是服务水平有待提升。其中，全部从业人员中大专及以上学历人员为3 152人（占比11%），学历水平一定程度上能够反映出养老服务质量。加之从业人员年龄偏大，缺少专业知识与系统性培训，仅能满足入住老年人低层次的生活照料需求，老年人对医养结合、文化精神、心理慰藉等方面的服务需求难以保证。

四是人员流动频繁。从2011—2021年养老服务人员离入职情况看（见图2-7），

---

① 文件规定："内设医疗机构的养老机构宜配备专职医师、护（师）士、康复医师、康复治疗师等专业技术人员，人员配备比例应符合医疗机构设置的有关要求。""养老机构应每200名老年人（不足200名的按200名计算）配备1名社会工作者。"医疗机构设置要求参考2015年国务院办公厅颁发的《全国医疗卫生服务体系规划纲要（2015—2020年）》规定。

② 医护比是指医生的数量除以护士的数量。

③ 床护比是指统计周期内提供护理服务的单位实际开放床位与所配备的执业护士人数的比例，反映平均每张开放床位所配备的职业护士数量。

离职与入职人数皆逐年攀升，且离职人数占入职人数的比例逐年增大，受到新冠疫情的冲击，2019—2021年间离职比例显著提升。

图 2-7　2011—2021年北京市养老机构服务人员离入职情况

资料来源：北京市老年人福利信息管理系统，http://mzjgfpt.caservice.cn/mzjoffpc/login.jsp。

养老服务人员平均工作28个月。如图2-8所示，离职人员平均工作24个月，有51%的离职人员工作年限为1~3年；在职人员平均工作37个月，在职人员中大约有45%的人工作年限在1年及以下。工作年限在5年及以上的，离职人员约有9%，在职人员约有18%。人员流动频繁，队伍不稳定，导致队伍建设成本高，难以提升整体服务水平。

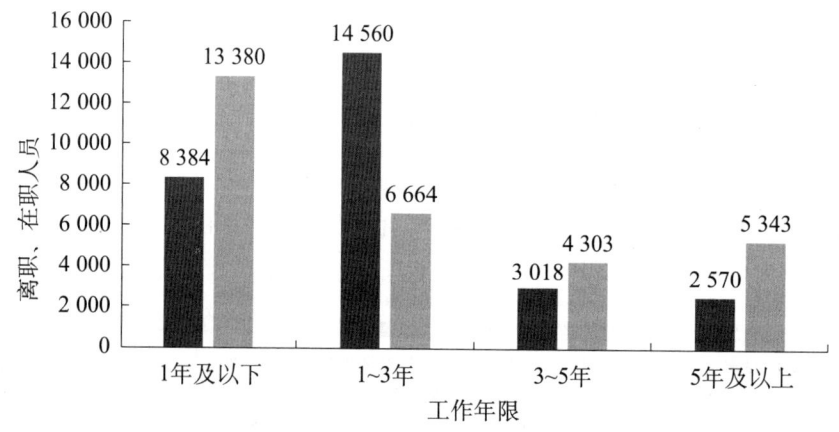

图 2-8　北京市养老机构不同工作年限离职、在职人员情况

资料来源：北京市老年人福利信息管理系统，http://mzjgfpt.caservice.cn/mzjoffpc/login.jsp。

第五节　社会服务体系的服务能力和水平亟待提升

在社会服务体系建设中,"一老一小"是需要关注的重点群体,养老托育服务是需要优先考虑和重点考虑的领域。一方面,社会化养老托育服务是家庭的刚性需求,高质量的养老托育服务已经成为社会文明进步的重要体现。另一方面,社会化专业化养老托育服务有助于减轻家庭负担,提高养老、养育、教育质量,使年轻人放心、舒心创新创业。从全球范围看,随着对要素资源竞争的加剧,高质量的养老托育服务成为产业资本和人才落户的重要考量。

一、老年人需要什么样的社会养老服务体系

（一）老年人需要什么样的养老服务

发达国家普遍经历了从家庭养老到机构养老,再到回归社区和居家的发展历程,新时代首都老年人需要的是"家的氛围、专业化的服务",强调养老服务对象的普遍性、服务供给的可及性、服务质量的可靠性、服务价格的可承受性。一个好的居家养老服务模式,要保证可持续发展,要有生命力,就必须满足以上要求。首先,从对象上讲,养老服务要覆盖全体老年人,而不再是特定困难老年群体的福利事业;其次,在服务内容上,需要的是整合式、一站式服务,而不是碎片化的;再次,在服务的送达上,希望及时、便捷、就近就便,最好（或者说不到万不得已）不要离开自己的家和熟悉的环境;又次,服务质量要可靠、可追溯;最后,最为关键的是价格是可承受的。中国老年人消费水平低、节俭,特别是在北京、上海等超大城市,由于房屋、土地、人工、能源、交通等成本高,养老服务供给成本与老年人的消费能力出现倒挂现象。

（二）构建什么样的社会养老服务体系

与之相对应,究竟应该建立什么样的社会养老服务体系,从而既能够公平可及地满足全体老年人的基本养老服务需求,又能够更好地满足大多数老年人的多样化、多元化、普惠型的养老需求？2015年北京市人大在全国率先制定《北京市居家养老服务条例》,第一次将养老服务的重点从机构转向居家,这是对老龄化加速背景下超大城市养老服务体系建设的客观规律的科学认知。随后,北京市政府制定实施细则,连续实施多个养老服务设施建设三年行动计

划；引导机构将专业化服务延伸到居家，发展社区嵌入式养老驿站；推进街乡镇社会治理改革，强化社区对居家养老的支撑作用，增强家庭养老的功能；鼓励运用互联网等新技术发展智慧养老服务；鼓励养老机构内设医务室，鼓励社区卫生服务中心与养老机构签约，发展社区护理站，多措并举增加医养结合服务供给，居家养老服务体系的搭建实现了"从无到有"。但是，随着率先全面建成小康社会，北京人均GDP已经达到中等发达经济体的水平，随着老年人口结构的变化和需求的变化，又出现了很多新现象、新问题，如机构延伸到居家的积极性不高，居家养老服务技术含量低、可持续经营困难，等等。新时代新征程上，北京市居家养老服务体系必须实现"从有到优"的突破，形成机构、社区、居家相协调，医养、康养相融合的格局。这个突破要着力提高资源配置的效率，要通过科技赋能，通过信息共建共治共享，通过互联网、物联网、康复辅具等智能技术和智能工具，减少对人工的依赖，降低服务成本、交易成本、制度成本，大幅度提高养老服务行业的劳动生产率，提高服务质量。要通过制度创新和政策统筹，发挥整体带动效应。

二、老年人需要什么样的老年健康服务体系

世界卫生组织在1990年提出了"健康老龄化"的三个标准：生理健康、心理健康、社会适应良好。一切老龄问题基本起源于年龄增长带来的病理性老化导致老年人功能减退，甚至生活不能自理，如果能够把生活上自理的时间延长到生命的最后时刻，甚至达到无疾而终，就会大大减少人口老龄化带来的消极影响。由此，2015年世界卫生组织发布《关于老龄化与健康的全球报告》，更新了对健康老龄化的认知，"典型的老年人并不存在"，老年健康服务的模式需要从单一医疗向集医疗、照护、预防、保健、康复、健康促进、健康教育于一体的综合服务转变，服务目的从提高个体健康水平向提高总体健康水平转变，服务方式从"等病人上门"向"走出医院大门，深入社区和家庭"转变。党的十九大以来，北京市老年健康服务体系进入快速发展和全面系统构建阶段。老年健康服务的顶层设计不断完善，政策框架体系不断健全，医养结合服务设施加快建设。但与此同时，随着时代背景的深刻变化，老年健康服务体系建设中也出现了一些新情况、新问题，突出表现在以下几个方面：

（一）体系的公平可及性不足

一是老年健康设施总量不足与布局不合理并存。养老机构护理型床位数、

基层医疗卫生机构护理型床位数等主要指标均与老年人群体的现实需求存在较大的差距。机构的地理分布也与老年人口的地理分布存在较大的错位：一方面，老年健康服务机构多集中在中心城区，郊区、农村配置不足，不同地区之间差别很大①；另一方面，同一区域内部配置也不均衡，快速城市化导致城市新建区域和城乡结合部甚至存在盲点，贴近老年人周边、身边的城乡社区设施和机构不足，不能满足就近就便的需要。二是老年健康服务能力不足与结构性矛盾并存。不同等级、不同类型、不同所有制形式的老年健康服务机构的服务内容、能力、质量之间存在现实差异，且不同老年人群体支付能力差异较大。药品、仪器、检测等物资的供应和储备不均衡，大医院与社区医院等不同层级的医疗机构之间存在药品供应目录、医保报销额度和比例等的差别。三是从事老年健康服务的人员总量不足与配置不均衡并存。每千人（常住人口）拥有的执业助理医师、每千人（常住人口）拥有的注册护士、每万名老年人口拥有的养老护理员等主要指标与实际需求均存在较大的差距。从数据比较来看，我国每万人拥有的医生数和护士数是17.9人和23.1人，而德国是42.1人和132.0人，日本是24.1人和115.2人。差距最大的是护士数，德国是中国的5.71倍，日本是中国的4.99倍②。虽然近年医疗卫生资源下沉不断推进，但是大部分医护人员依然集中在大型综合医院、专科医院等，由于体制内基层卫生机构的编制不足，工资绩效和相关的激励政策不完善，导致老年医学、康复、护理、临终关怀等方面人才流失率高。

（二）体系的综合连续性不足

一是老年健康教育多头管理，政策和资源分散在多个部门。全社会健康素养普遍偏低。基层医疗卫生机构和养老服务机构在健康教育中的作用发挥不足。老年教育社会组织发育不充分，老年健康教育内容和形式单一，老年人参与度不高。二是在疾病预防上，老年人健康自我管理服务意识弱、能力不足。家庭在老年人健康服务上的作用没有得到有效发挥；现行的家庭医生签约服务未做实，在重点慢性病防控、失能失智预防、心理健康促进等方面的作用发挥有限。三是在疾病诊治方面，大部分医疗机构仍然采取"以单个器官系统疾

---

① 王杰秀，安超. 我国大城市养老服务的特点和发展策略［J］. 社会政策研究，2019（4）：58 - 82.

② World Health Organization. World health statistics 2019：monitoring health for the SDGs, sustainable development goals［R/OL］.（2021 - 05 - 20）［2023 - 01 - 15］. https：//www.who.int/gho/publications/world _ health _ statistics/2019/en/.

病"为目标的单病诊治模式，医疗机构内部的健康服务综合连续性不足；老年人家庭病床开发不足，养老机构巡诊服务供给不足，机构、社区、居家之间的健康服务衔接不足。四是康复服务、护理服务供给不足明显，康复和护理与疾病诊治之间的衔接、双向转介流程尚需优化，机制尚需完善。五是长期照护制度不完善、不连续等问题突出，长期照护服务网络不健全，长期护理保险制度还只是在局部地区开展试点工作。自2016年起我国在上海、安徽、吉林、山东等地开展了长期护理保险制度试点以来，经过近7年的摸索，长护险试点城市（区）扩至49个，2023年已有的49个长期护理保险地区的试点区域进一步扩大。但是，截至2019年底我国60岁及以上失能老年人已经超过4 000万人，未来随着老龄化和高龄化的推进，该数量必然还将进一步增大。六是社会对安宁疗护认识不一致，安宁疗护床位数、服务内容供给严重不足，服务的模式、标准、规范、价格和支付方式等缺乏系统规范的政策支持。总之，向老年人提供健康服务时，重视疾病诊疗，忽视健康教育、预防和康复以及安宁疗护的局面没有根本改变。

（三）资源配置的公平和效率均有待提高

一是财政资金支持不足与结构性矛盾并存。从总量和规模来看，随着老年人口的快速增长，必然导致老年健康支出的刚性增长，但经济增长下行又导致财政增收的压力。从结构来看，对老年健康教育、康复护理、长期照护、安宁疗护等重点环节和领域的设施和人员投入不足，对公共卫生应急体系建设投入不足，对农村地区和偏远地区投入不足。二是基本保障制度的公平性不足。尚存在城乡居民医保、城镇职工医保、公费医疗等多种形式，其在用药和个人承担比例上存在较大差距；城乡老年人养老保障也存在较大差距，在基本养老金、老年人津补贴、老年社会福利和社会救助等方面均存在城乡差异。三是土地、技术、资金等要素政策支持不足。老年健康服务设施普遍面临用地难、选址难、成本高、融资难、融资贵等现象，养老服务机构和医疗卫生机构存在"体制内"和"体制外"的差异，存在公办、公建民营、民营等多种形式，不能公平地享受政策、接受监督，从而制约了社会办医的积极性。四是老年健康服务体系与公共医疗卫生体系之间的协调机制有待进一步完善。初级卫生服务是国家医疗卫生系统与个体、家人和社区的第一层接触，把医疗卫生服务尽可能近地带到人们生活与工作的地方，通常是社区。二级卫生服务包括由专门的医疗人员和其他卫生服务人员提供的健康保健服务，主要是在医院或机构中。三级卫生服务包括专门化的健康保健咨询服务，通常由医院向住院病人提供。

老年健康服务体系与我国现行的公共医疗卫生体系之间建立整合协调机制至关重要。五是老年健康服务体系与其他公共服务之间缺乏信息与资源共建共享。老年健康服务体系的目标是促进老年人的健康和功能维护。影响老年人健康的因素复杂多样，既有个体因素也有社会因素，老年健康服务通常在与其他服务一起提供时，可以分享共同资源，如资金、技术、基础设施和人力资源等。因此，老年健康服务体系的建立需要整合由政府主导提供的、以人的需求为中心的各类公共服务信息和资源。

三、如何整体统筹"一老一小"服务体系建设

养老与托育工作具有理论溯源的相似性、发展模式的类似性、矛盾问题的共同性、解决途径的相通性。养老与托育同源于家庭发展，围绕责任在家庭和政府间的分担而展开，都是强调家庭的基础地位和主体责任，以及政府的兜底保障职能和普遍服务的义务。养老与托育需求和供给均是分级分类的，既存在基本公共服务的需求，也存在多元化、多样化、个性化的需求。供给主体既有纯公益的政府，也有非营利性的社会组织，还有追求营利性的各类市场主体。需求可以分为兜底服务、普惠服务以及高品质、异质化服务等，也可以分为生活照料、疾病预防、健康促进、专业护理、体育休闲、文化娱乐等，还可以分为居家服务、社区服务和机构服务。另外，养老与托育面临的问题极为相似。相对于需求的持续刚性增长，养老托育服务供给总量不足和结构不平衡并存、供给发展不足和需求释放受约束并存、体制机制和发展环境问题并存等。由此，完善养老托育服务体系建设，需要加大政府投入力度，锚定有效需求增加有效供给，减轻家庭负担，增强家庭发展能力，发挥基层社会治理的支持作用，形成多元主体共建共治共享的格局。党的十八大以来，党中央、国务院高度重视养老托育服务发展，出台了一系列政策，北京市积极贯彻落实中央决策部署，因地制宜、创新探索、持续发力，着力补齐养老托育服务体系的短板，着力支持社会力量发展养老托育产业，着力发展社区嵌入式、普惠型养老托育服务，取得了重要新进展。然而，养老托育体系建设中还存在一些突出的问题：

（一）政策落地中的体制机制障碍

从制度设计来看，养老托育政策着眼于家庭视角，整体回应和满足家庭的需求，但行政管理体制上并没有配套，没有实现"一老一小"由某一个职能部

门统一管理，或建立有效的统筹机制实现一体化管理的目标。在现行工作机制下，尽管"一老一小"整体解决方案由发展改革部门牵头制定，但具体政策组织落实等工作分别由民政和卫健等部门负责，"民政管老""卫健管小"，同时各自还需协调教育、住建、财政、城建等相关部门，日常工作容易"各行其是"。国家发展改革委已明确各地要建立由地方党委主要领导担任组长的领导小组，建立常态化工作机制，但这一议事协调机构要真正发挥作用，还需要有相应的程序性制度保障加以支撑。

（二）市场普遍存在同质化竞争

由于家庭的小型化和经济等状况的差异化，养老托育市场具有异质性特征。国家政策明确要求，建立多层次、多渠道的养老托育服务供给体系，政府公办机构主要针对基本公共服务，民营机构主要针对多元化、多样化、个性化、市场化需求。调研发现，北京市养老托育市场普遍存在公办民办错位的现象。由于公办和民办机构在运营定位上都是针对普通家庭服务，并没有形成多层次、多渠道供给格局，个性化高端市场需求没有得到有效激发，民办机构因缺乏体制内资源而在夹缝中生存，面临"吃不饱"的现象，公办机构具备体制内资源优势地位，但却受限于人员编制、工资总额限制等体制约束，无法充分调动其积极性，面临"不愿多吃"的现象。公办和民办养老托育机构存在的同质化竞争，不仅导致市场错位，引发不公平竞争，也导致市场结构性缺位，高端市场有需求但供给不足，供给价格偏高。公办养老托育机构为完成国家公共事业发展指标而扩张且收费较低，挤压民办养老托育机构生存空间；而民办养老托育机构政策、补贴不到位，进入市场门槛高且配套措施不健全，发展高端化、个性化养老托育服务资源不足。

（三）社会文化层面的宣传引导对家庭重视不足

在发达国家，3岁以下婴幼儿的入托率在25%至55%之间，我国0～3岁婴幼儿入托率仅为4.1%。事实上，0～3岁婴幼儿社会化托育有利于减轻家庭压力、提高教育质量，是社会文明进步的结果，也是大势所趋，但这一观念在社会层面并没有有效普及，普通家庭对于社会化托育的认识不够。调查表明，安全性为家长最关心的托育质量因素，占76.8%；家长更愿意将孩子送到公办和政府参与的托育机构，占85.1%，而选择民办营利机构、有资质的个人或家庭的不到10%。但目前北京市托育服务机构以社会办营利性机构为主，占95%以上。

自古以来，中国人就有尊老爱幼、注重家风和文化传承的优良传统，家国同构是中国社会的基本特色。家庭作为社会的基本单元，对社会的良性运行和协调发展起基础性保障作用。然而，随着人类社会从农业文明到后工业文明的演变，家庭观念、结构、功能也发生了深刻的变化，当代中国现代化转型带来了家庭国家关系的深刻转型。随着社会节奏的加快，女性进入劳动市场，家庭关系趋向平等，同时生育在部分情况下被视为"自我实现"或者职业生涯的障碍，抑或是经济负担。这也是全球性的生育率下降的根本原因，也即人们的"生育观"发生了深刻的变化。这一点在北京、上海等超大城市和对外开放程度较高、与国际接轨更快的地区更为明显。同样，社会上围绕着老龄化所产生的焦虑、迷茫甚至困惑，究其原因，包括对养老的经济负担的担忧，对健康、照护、精神文化需求不能得到有效满足的担忧，等等。

在传统的养老模式下，"我养你小，你养我老"，形成一种代际互动理性和代际权力转移，但现在这种逻辑似乎被打破，"我不需要你养我老，也指不上你养我老，那么我为什么要养你小？"养老社会化可能也使得"养小"的价值在一定程度上有所衰减。传统的代际矛盾主要是中年一代与老一代的代际矛盾。现代社会的家庭矛盾已经逐步演变为"三代矛盾"，即中年一代受到"养老"和"育儿"的双重挤压，家庭支持政策的难点在于如何促进"三代人"各得其所。促进生育政策推行的关键在于能不能被广大家庭所接受、拥护和积极响应，变"要我生"为"我要生"。这从根本上取决于如何重新认识和激发家庭的功能和价值。实施积极应对人口老龄化国家战略和健康中国战略，需要立足家庭视角，纾解家庭养老之忧、育儿之难，完善家庭支持政策，降低家庭负担，增强家庭发展能力，实现家庭和谐。

综上，养老与托育一体化解决在超大城市更具有可行性和必要性。推进养老托育服务体系的建设，必须从家庭友好视域出发，准确把握养老托育服务的本质属性，按照分级分类的原则，综合施策；必须以"一老一小"的实际需求为落脚点和出发点，认清养老托育服务需求的影响因素和影响机制，通过政策支持，有效激发需求释放，通过供给侧结构性改革，推动供需两端的精准有效对接。

第六节 社会治理"最后一公里"的体制障碍客观存在

党的十八届三中全会提出"推进国家治理体系和治理能力现代化"，党的十九大提出"加强和创新社会治理"以"打造共建共治共享的社会治理格局"，这些理念与方案不仅为中国新时代公共治理确立了路径，也为我国日益加剧的老龄化社会治理提供了指南。

一、我国老龄社会治理三维立体结构

我国老龄社会治理包括了纵向等级制、横向职能制以及公私伙伴的三维立体结构（见图 2-9）。

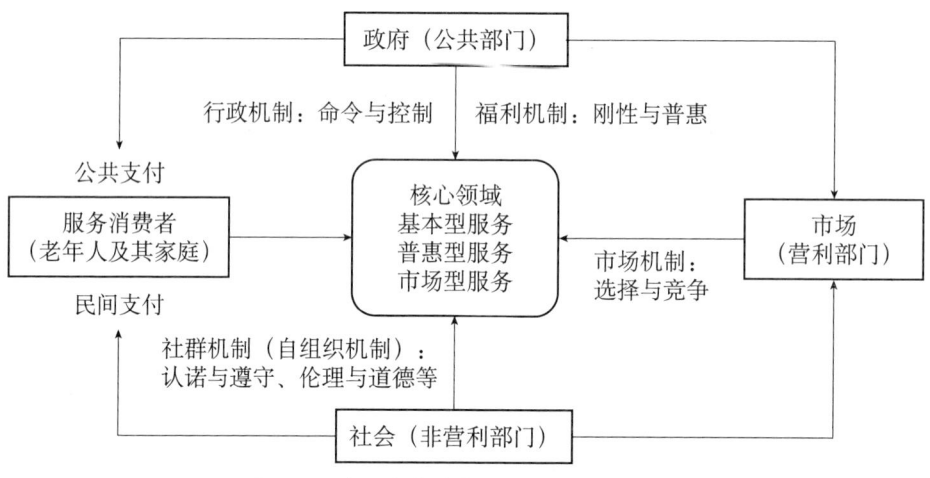

图 2-9 我国老龄社会治理的三维立体结构

一是在层级治理上，以党委领导、政府行政管理主导，形成了从中央到地方的多层级治理格局，即"中央—省（自治区、直辖市）—市—县（区）—街（乡镇）"的五级治理体制。近年来，随着都市圈的发展，在省级层面还出现了都市圈层面的协同发展，每个层级都对应相应的治理主体和不同的责任边界。科学界定从中央到地方各层、各级的职能划分，理顺中央与地方的关系，充分发挥各层次行政部门的积极性，是老龄社会治理的基础。

二是在功能治理上，需要不断打破传统行政功能和管理归属划分的碎片化治理结构，推动以服务为出发点，在基本服务与非基本服务分工合作的功能架构下，推动治理结构向扁平化和网络化结构发展。也就是要处理好"块与块"的关系、"条与块"的关系，进行科学的职能分解和分析，严格按照责权一致、分工明确的原则，明确各部门职责分工，建立严格的工作责任制和岗位责任制，以及统筹协调的机制。

三是在治理机制上，要在以政府主体为核心的公共部门、以社会组织为核心的非营利部门、以市场（企业）组织为核心的营利部门之间进行整合，实现行政机制、福利机制、社群机制、市场机制之间的有机统一，以充分发挥每一个机制的内在优势，满足多样化、多层次、多服务对象的服务需求，实现供给与需求的精准对接，达到服务效能的最优。

如何科学界定国家（政府）与家庭（个人）的责任关系？政府和家庭在养老服务中究竟应该各自承担哪些责任？哪些是政府应保尽保的？哪些是政府可以通过政策支持调动市场机制和社会力量发挥作用的？国家、集体（企业）、家庭（个人）如何建立风险共担的机制？具体到政府责任，包括中央政府与地方政府的责权划分、同级政府各职能部门之间的责权划分，条与条的关系、块与块的关系等等，都需要适应时代发展的需求而与时俱进。

如何科学界定政府与市场的关系？在对老年人分级分类保障的基础上，如何建立政府主导的公共事业发展体制，比如财政投入应该支持哪些内容，如何支持？政府如何科学确定养老服务的价格管理原则、补贴范围、补贴标准、补贴方式，进而建立公开透明可持续的老龄事业财政投入机制？在此基础上，建立支持市场发挥资源配置决定性作用的老龄产业制度体系，包括老龄产业统计指标和信息发布制度、行业宏观调控制度、市场准入和退出等监管服务制度，促进老龄产业发展的土地、投资、金融、税收、科技创新等产业支持政策，以及基于区域统筹、城乡统筹发展的产业结构政策、产业空间布局政策、产业组织政策等的出台和完善。

如何科学界定政府与社会的关系？老龄事业的服务对象是全体老人，老龄事业的责任主体是各级政府，参与主体包括事业单位、社区（村）自治组织、居民个人及家庭等多元主体，在行政管理体制外，如何建立公众参与老龄事业管理的科学决策、民主监督机制，如何建立老龄事业的社会评价机制，以充分调动所有社会资源，形成老龄事业"党委领导、政府主导、社会参与、全民行动"的格局？老龄产业的服务对象也是全体老人，其供给主体是工商企业以及市场上所有老年产品和服务的提供者，包括各类社会组织、非营利机构和老年人权益维护组织等，因此，在市场机制之外，还客观存在志愿服务、"时间银行"、邻里互助等社会参与机制。社会空间是公共空间，有了社会空间，才能将人民群众从被动员地位改为主动参与。通过组织群众、动员群众、发动群众，让群众自己解决社会矛盾和问题，是效果最好、成本最小、社会关系修复最快的方式，政府对社会管得太死就会抑制社会发展的活力，但放任不管又会导致社会组织失去发展的能力和基础。

系统性、整体性、协同性的老龄社会治理框架，在结构性协同机制构建方面，随着政府部门在养老服务供给中的角色被重新界定，社会部门、私人部门等在养老服务供给结构中的地位和空间也在逐渐上升。各方主体的协作与合作关系及其动态调整、服务与管理成为协同机制运行的重要保障。同时，各方主体在协同过程中分工明确、功能互补的主体行动，也将进一步强化老龄社会治理结构中的制度监管、规则建立、机制制约，从而充分保障程序性协同的顺利进行。

二、京津冀协同背景下的老龄社会治理

都市圈是一个高度融合的网络状城镇体系，不同城市间人口、经济、社会联系密切。随着高铁和城际快轨的普及，京津冀协同发展率先在交通领域取得了突破，带来通勤的便利和产业协同的深化，都市圈范围内的人口流动更为频繁。受就业和随子女迁移等因素的影响，京津冀老年人口流动更加频发，对经济社会发展的影响作用也日益凸显，京津冀养老服务协同成为京津冀协同的题中应有之义。

近年来，在中央的统一指导下，京津冀三地建立了政府间的行政协调机制，包括成立京津冀协同发展领导小组，定期召开京津冀联席会议，研究解决协同发展中的重大问题，这一行政协调机制纵向包含"中央—省、直辖市—地级市、区"三级协调体系，横向包含同一层级三地政府不同部门的协作关系。比如，京津冀三地民政部门签署《京津冀民政事业协同发展合作框架协议（2015年—2020年）》，集中在十个方面进行合作。

通过几年的持续摸索，京津冀三地养老服务协同取得了一定的成效，但是在养老服务资源统一规划、统一政策、统一标准、统一管控等方面仍旧存在体制机制障碍。具体体现在：相关医保结算、政策补贴、转移支付、信息互通、标准互认、联合监管等配套措施尚不健全；市场和产业发展层面，养老服务相关基础设施、人力资源等要素尚未实现科学合理分配，实现区域市场一体化任重道远。

作为超大城市，北京市实行"市—区—街（乡镇）"三级行政管理体制。从市级层面看，尽管建立了以卫健委（老龄办）牵头的老龄工作委员会机制、以民政局牵头的养老服务部际联席会议制度，但是市级与中央单位的协调联动、市级各部门之间的协调联动还有待优化，还存在部门利益掣肘等现象，致使多个部门按照条线思维开展工作，容易造成体制分割和本位主义的资源重复配置，影响社会治理的效率。从市与区之间关系看，仍然存在责权不对等、财政转移支付方式有待优化等问题。城乡基本公共服务、养老服务资源面临空间

错配的问题，总体呈现"区际差异显著、城乡差距明显"的特征，与常住人口的空间分布格局不相适应。市、区层面跨层级、跨部门、跨区域的信息数据共享难，区域社会治理的数据共享有待深化。仅就老年人照顾服务补贴制度而言，在市级对老年人进行补贴的基础上，各区对符合条件的入住养老机构老年人等还有一些差异化补贴政策，由于各区补贴标准不同、发放和领取方式不同，一定程度上造成市场的分割，不利于全市统一的养老服务市场的建立。

超大城市养老服务体系建设必须坚持整体性治理。必须坚持系统谋划、上下贯通，构建养老服务资源配置的五级联动体系。强化都市圈的协作，打造开放共享的治理，加强市区联动，建立健全跨行政区的利益协调统筹机制。在党委领导下，充分发挥政府在推进老龄事业发展中的主导作用，充分发挥市场机制在提供多元化产品和服务、配置要素资源方面的决定性作用，注重发挥家庭养老、个人自我养老的作用，形成多元主体责任共担、老龄化风险梯次应对、老龄事业人人参与的新局面，最终实现"党委领导、政府主导、社会参与、全民行动"的治理格局。

三、北京市基层社会治理改革创新

"郡县治，天下安"。基层是国家治理的基石，基层治理更是超大城市治理体系的重要组成部分。习近平总书记强调：基层是一切工作的落脚点，社会治理的重心必须落到城乡社区，社区服务和管理能力强了，社会治理的基础就实了[1]。建立简约高效的基层管理体制，推动在基层一线解决问题，提升基层治理能力，夯实基层治理基础，成为超大城市基层治理改革的方向。

2017年6月《中共中央 国务院关于加强和完善城乡社区治理的意见》发布，强调"城乡社区是社会治理的基本单元。城乡社区治理事关党和国家大政方针贯彻落实，事关居民群众切身利益，事关城乡基层和谐稳定"。为贯彻落实习近平总书记重要指示精神和党中央战略部署，2017年底，北京市委、市政府对平谷区金海湖镇的综合治理实践深入调研总结和进行制度设计。2018年初，北京市委办公厅、市政府办公厅印发《关于党建引领街乡管理体制机制创新实现"街乡吹哨、部门报到"的实施方案》，确立了党建引领"街乡吹哨、部门报到"的街乡体制改革和基层社会治理思路。自2019年1月1日开始，北京市对12345市民服务热线进行创造性改革，通过扩大业务范围、增加功能、

---

[1] 习近平参加上海代表团审议［EB/OL］.（2016-03-05）［2023-01-15］. http://www.gov.cn/xinwen/2016-03/05/content_5049548.htm.

改造流程和建立制度，形成了以"接诉即办"为牵引的超大城市治理新机制，包括诉求响应机制、基层治理的应急机制和打通"最后一公里"的工作机制。

经过几年的探索实践，"街乡吹哨、部门报到""接诉即办"各项工作成效显著，形成了一系列理论探索和实践创新成果。基本经验可以概括为：一是党建引领，统筹党政部门，建构高效的超大城市治理体系；二是聚力城乡社区，夯实基层治理基础，构建政社合作的基层治理体制机制；三是坚持以人民为中心，尊重群众首创精神，让人民群众有更多获得感。这一改革抓住了"条块关系"这一核心，抓住了处理好专业与综合的关系的关键，实现了专业与综合的协调配合。这一体制机制创新优化了基层管理的工作流程机制，打造了综合执法平台，提高了城市治理法治化、专业化水平，建设了一支高素质的城市管理队伍和社区工作者队伍，扩大了社会参与，提高了公共服务的保障能力，让广大人民群众有获得感、幸福感和安全感[①]。

事实上，如何让基层政权有能力、有资源在第一线解决问题，打通国家治理的"最后一公里"，形成在基层一线解决问题的导向，始终是国家治理和超大城市治理面临的共同挑战和最关键的问题。为此，各个超大城市，无不将基层治理改革作为城市治理变革的重要选项，街道、社区、社会组织等成为改革的关键主体。从这个意义上看，北京推行的"吹哨报到""接诉即办"也属于这个范畴。接诉即办改革的关键词是政府、民众和公共事务。其核心是政府与民众通过对话、协商和谈判，对公共事务的治理达成共识，并且能够调动多层级、多部门、多组织和民众的积极性，最终实现问题有效解决，并进一步减少问责源，增加民众的获得感、幸福感和安全感，实现首都治理体系和治理能力现代化。

四、"最后一公里"的体制机制障碍

街道（乡镇）作为我国行政治理体系的末梢，是实现基层社会治理的关键。街道（乡镇）是城市最基层的政府派出机构（一级政府），在养老政策的贯彻落实和老龄工作的组织实施上起到承上启下、对接供需双方的作用。一方面，北京市老年人口规模大、增速快，养老服务资源匮乏，传统的文化观念决定了大多数老年人会选择居家社区养老的方式，老年人在社区居住生活、参与社会及获取社区服务，构成了基层社会治理的重要内容。在进入老龄社会的背景下，老年人以及与老年人相关的需求成为社区（村）最重要的公共服务诉求

---

① 丁元竹. 构建中国特色基层社会治理新格局：实践、理论和政策逻辑 [J]. 行政管理改革，2021（11）：29-44.

内容，养老服务体系建设就成为基层社会治理的最重要的内容。与此同时，从养老服务体系建设的角度看，实现养老服务供需对接的重点在基层，难点也在基层。政企合作、政社合作等各种机制的有机统一最终都要落到"街道（乡镇）"这个基本的治理单元来实现。

我国大城市养老服务体系建设的基本路径是以街乡镇为基本单元，按照合理的服务半径来布置各类养老服务设施，开展养老服务工作。以北京市为例，要求每一个街乡镇必须建设至少一家养老照料中心，按照15分钟服务圈的要求规划布局社区养老服务驿站。社区养老服务驿站作为专业性嵌入式养老机构，是社区老年人家门口的"服务管家"，既提供满足社区老年人需求的公共服务比如助餐、文化娱乐、日托等，又延伸到居家，开展涵盖家庭照料、紧急呼叫服务、健康指导、心理慰藉等基本功能的居家服务，以提高养老服务体系的公平性和可及性。同样，我国公共卫生健康服务体系的建设也是以街乡镇为基本单元，每一个街乡镇建设一家街道社区卫生服务中心，同时按照服务半径在社区卫生服务中心下建设社区卫生服务站，形成"以中心带站点"的格局。然而，这一体制在实际运行中却出现了"最后一公里"体制机制上的障碍，突出表现在：

（一）养老服务工作条块分割

首先，街道（乡镇）老龄工作目标不明确，压力不够、动力不足。据社区老龄工作者反映，街道（乡镇）老龄工作事多事杂，"上面给什么政策就做什么工作"，"上面提什么要求就做到什么程度"，"市区给多少钱就办多少事"，缺乏统筹规划和中长期计划，缺乏统筹各类养老服务资源的职能和能力。其次，街道（乡镇）老龄工作受制于政府职能部门的行政切割，属地管理和部门管理"各管一段"，责权不对等，工作协调难度大。国家法律、地方性法规和市区政府政策都要在街道和社区层面落地，政策的不配套、部门之间的掣肘也体现在街道层面。比如，养老服务驿站的设立必须经规划、用地、消防、园林绿化等多个部门的审批，街道（乡镇）常常处于"到处求人"的境地。

（二）养老服务政策碎片化

一些政策各自为政，甚至互相掣肘。比如，养老政策和健康政策不能有效衔接；民政补贴政策与医保、长护险政策不能有效衔接；老旧小区改造政策与户内适老化改造、智能化改造不能有效衔接；基层可用于养老的资源十分匮乏，社区缺乏管理和约束养老服务商的手段，市场监管困难，解决老人和供应商纠纷困难，政策、资金、技术没有集成。再如，在老旧小区改造工程中，对抗震加固、建筑节能、市政设施修复、停车设施建设等很多方面，省、市一级都设立了财政资金支持，但由于工程项目和资金分属不同的部门和渠道，资金的申领和拨付受到多方面的限制，使很多实际工作缺乏变通，从而影响了资金投入的效率和街道工作的积极性。

（三）养老服务资源分散低效

首先，我国的社会建设和社会治理体制以社区为基本建设单元，社区也是老人居住、生活、社会交往和互动的基本单元，大量退休老人离开工作单位后，逐渐从"单位人"向"社区人"转变，更多参与到社区生活之中，但尚没有法治化、规范化、常态化的基本制度安排，"社区（居委会）找不到老年人""老年人找不着社区（居委会）"的现象突出。

其次，缺乏整合各类资源的有效机制。社区各类养老服务供给主体小、散、杂。社区养老服务活力不足，居家上门服务发育不足，机构辐射居家服务不足，互助养老服务散点化，智慧养老服务空心化、有平台无交易。老年人和家庭反映：老年人需要整合式、一站式服务，但找不到符合要求的供应商；老年人消费后对服务质量追溯和监管缺失，维权困难；吃饭难、看病拿药难；由于环境不宜居，老楼无电梯，下楼难，出门难；子女有心无力，一人失能、全家失衡。养老服务供应商反映：老年人支付意愿和能力都比较弱，老年人和家庭不肯花钱，存在"把政府给的补贴花完、月底突击花钱"的现象；市场发育不充分，营商环境仍需改善，受行政辖区制约，跨地区开展业务困难，一些企业看哪项业务给补贴就干哪项，市场不规范；一些项目和事项互为前置制约，准入容易准营难；融资难、融资贵，整体负担重，人力成本高，持续经营困难仍然突出。受成本制约及对服务纠纷和违法事件处置的担忧，签约家医、服务商不愿上门、不敢上门、服务送不进家的现象普遍存在。

"十四五"时期，构建基层社会治理新格局，必须把夯实基层人民生活作为民生基础，把家庭和社区作为基层社会治理基本单位。老龄化背景下，北京市基层社会治理的工作重心要在违建拆除、环境整治的基础上，着力"促提升"，着力完善社区服务，着力提高生活服务质量，要依托"拆违"、环境整治、背街小巷改造、老旧小区综合改造等工程项目，补齐老龄化社会公共服务的短板，不断完善养老托育服务设施，不断完善公共卫生服务设施和老年健康设施，真正把社会化服务、市场化服务做起来，提高家庭自我发展的能力，这也是拉动内需、实现老年人现实需求向真实需求转化的必然要求。

第三章

国际社会应对人口老龄化的行动计划及其借鉴

随着世界范围内人口老龄化的不断演进，老龄化的应对越发成为人类社会可持续发展的主流议题，以联合国、世界卫生组织为代表的国际社会陆续出台了相应的倡议、战略和行动计划。总的来说，建立不分年龄、人人共享的社会的目标贯穿始终。以 2015 年世界卫生组织发布《关于老龄化与健康的全球报告》并确立后续行动计划为标志，国际社会更新了"健康老龄化"的概念，更注重对于年龄友好环境、应对年龄歧视和社会隔离、捍卫老年人权利、促进年龄平等和数字平等等具体细化主题的推进，明确了包括健康老龄化全球战略与行动、应对和消除年龄歧视、减少社会隔离等几大基本行动方向。

在全球老龄化格局中，中国有着举足轻重的作用。当前，中国是世界上老年人口最多的发展中国家，中国 65 岁及以上老年人口占世界老年人口的比例从 2000 年的 20.86% 上升到 2020 年的 24.28%，预计到 2030 年将达到 25.54%，在 2030—2050 年期间，中国老年人口占世界老年人口的比例预计维持在 25%～27%。中国成功走出一条积极应对人口老龄化的新路无疑将为世界各国提供中国智慧、中国方案和中国力量。北京作为中国的首都，应坚持国际眼光、全球视野，积极借鉴国际社会的理念共识，发挥首都表率示范作用，服务中国积极参与全球人口老龄化治理的国际行动，加快建立全人群全生命周期的公共卫生服务体系，加强应对人口老龄化的科技支撑与数字支持，健全应对人口老龄化的数据收集与监测体系，走出一条超大城市积极应对人口老龄化的新路。

第一节 国际社会应对人口老龄化的行动与计划

随着世界范围内人口老龄化的不断演进，以联合国、世界卫生组织为代表的国际社会越来越关注老年人、老龄社会等相关议题，陆续出台了一系列倡议、行动与计划，为各国提供理论上的指导和政策上的支持。

一、联合国提出的倡议、举办的活动

联合国作为一个由主权国家组成且致力于促进经济发展、社会进步与人权保护的国际组织，其相关倡议、行动与计划的出台对其成员国有着宏观的指导意义。针对世界发达地区1950年60岁及以上人口占总人口比例达到11.6%的现实，联合国于1956年提交了一份题为《人口老龄化及其社会经济含义》的研究报告，开始关注人口老龄化问题。此后，随着人口结构迅速老化，在各国的普遍重视下，联合国多次召开老龄问题会议，并作出了多项重大决议[①]。

1982年，联合国在维也纳召开了老龄问题世界大会，124个国家代表团、162个联合国专门机构以及政府间组织和非政府间组织的代表、顾问和观察员共1 000余人参加会议，这是人类有史以来第一次全面认识和制定人口老龄化对策的尝试。会上，各国提交了各自老龄问题的报告，大会形成并通过了《维也纳老龄问题国际行动计划》，总结了到20世纪80年代为止，人类老龄化的进程、经验、教训和对策，明确指出，老龄化包括人口老龄化（population aging）和个体老化（individual aging），老龄问题包括发展方面的问题和人道主义方面的问题。发展问题指总人口中老年人口所占比例不断增长，人口年龄结构变化带来社会经济发展等方面的问题；人道主义问题指随着个体逐步衰老所带来的某些特殊需要满足方面的问题，例如，有关老年人的退休金、医疗保健、营养、住房、教育、婚姻、家庭关系、就业、救济、福利、娱乐等方面的问题[②]。《维也纳老龄问题国际行动计划》作为指导全球研究老龄问题的纲领性文件，包括62项行动建议，涉及健康与营养、保护老年消费者、住房与环境、家庭、社会福利、收入保障、教育等与老年人有关的七大领域[③]。

此后，联合国更加重视老龄问题，把老龄问题列入重要的议事日程。1990年第45届联合国大会指定10月1日为国际老年人日，历年国际老年人日都围绕着不同的主题进行宣传和庆祝活动，以增进人们对于老龄化议题的了解，提

---

① 吴素华. 深化对国际老年人年主题的认识促进社会经济的可持续发展[J]. 农村金融与市场经济, 1999(6): 61-63.

② 陶立群. 人类重新认识老龄问题的里程碑会议：纪念第一次和第二次老龄问题世界大会召开[J]. 老龄科学研究, 2022, 10(7): 1-13.

③ United Nations. Report of the world assembly on aging [R/OL]. (1982-08-06)[2022-11-06]. https://www.un.org/esa/socdev/ageing/documents/Resources/VIPEE-English.pdf.

升相关行动倡议的影响力，呼吁更多国家、团体和个人参与进来①。如表 3-1 所示，国际老年人日的主题演变反映了对老龄议题认识与行动的深化与推进。

表 3-1　1998—2022 年国际老年人日的主题演变

年份	主题	年份	主题
2022	老年人在变化的世界中的韧性和复原力	2010	老年人与千年发展目标的实现
2021	所有年龄的数字平等	2009	庆祝国际老年人年十周年：建立所有年龄共享的社会
2020	流行病：它们是否改变了我们应对年龄和老龄化的方式？	2008	老年人的权利
2019	迈向年龄平等之路	2007	应对老龄化的挑战与机遇
2018	赞扬老年人权捍卫者	2006	提高老年人的生活质量：推进联合国全球战略
2017	迈向未来：发掘老年人在社会中的才能、贡献与参与	2005	新世纪的老龄化，关注贫困、女性老年人及发展
2016	反对年龄歧视	2004	跨代际社会中的老年人
2015	城市环境的可持续性和年龄包容性	2003	老龄议题主流化，在《马德里老龄问题国际行动计划》与千年发展目标之间建立联系
2014	不让一个人掉队：建设人人共享的社会	2002	迎接老龄化的挑战：我们将何去何从
2013	我们想要的未来：老年人在诉说什么	2001	第二届老龄问题世界大会的挑战：建立所有年龄共享的社会
2012	长寿：塑造未来	2000	迈向所有年龄共享的社会：继续履行国际老年人年的使命
2011	马德里行动计划十年的启动：全球老龄化进程的机遇和挑战	1998	建立不分年龄、人人共享的社会

资料来源：根据联合国官网关于国际老年人日的资料整理。

注：联合国官网关于国际老年人日的网页未涵盖 1999 年国际老年人日的相关信息，故表中未能报告 1999 年信息。

---

① United Nations Department of Economic and Social Affairs Ageing. International day of older persons [A/OL]. [2022-11-06]. https://www.un.org/development/desa/ageing/international-day-of-older-persons-homepage/2022-2.html.

积极应对人口老龄化：北京探索与国际借鉴
Active Response to Population Aging: Beijing's Exploration and International Reference

1991年第46届联合国大会通过《联合国老年人原则》①，对老年人权益保障提出了纲领性原则，鼓励各国政府尽可能将独立、参与、照顾、自我充实和尊严等五项原则纳入国家方案。独立原则的核心要素在于经济上的独立，经济独立是相关权益获得保障的基石。参与原则指老年人作为主角之一，参与国家和社会发展，也参与社会和家庭生活，这是老年人实现自身价值、发挥余热、提供服务的重要维度。照顾原则是指老年人的健康要在既合乎人道又安全可靠的环境中得到保护和康复。自我充实原则强调老年人生命潜能的开掘、精神世界的发展，应创造条件使其有机会充分发挥潜力和老有所为，并有权利享用公共的教育、文化、精神和文娱资源。尊严原则最集中、最概括地体现了社会对老年人的人道关怀，老年人有权远离剥削和虐待、过有尊严和有保障的生活②。

1992年第47届联合国大会通过《世界老龄问题宣言》，呼吁国际组织和各国注意到全世界正发生空前的人口老化现象及其带来的前所未有但却十分紧迫的挑战，大会呼吁制定1993—2003年十年间关于应对老龄问题的实际战略，对国际社会、各个国家都提出了具体的要求③。

1995年在丹麦哥本哈根召开的社会发展问题世界首脑会议，赞同并在老年人原则基础上提出"建立不分年龄、人人共享的社会"的构想，并将之确定为国际老年人年的主题。强调老年人既是发展的参与者，也是发展的受益者，其地位和作用应得到尊重和重视；多代际关系应是融洽而非代际分离的，不同年龄层的人应维护共同利益；全社会应致力于创造能适应人口老龄化和利于健康生活方式的环境，满足老年人的公共卫生、社会服务和基础设施方面的需要，各年龄的代际公平与合作，是社会和经济实现可持续发展的基本前提之一。

1998年10月初，联合国宣布1999年为国际老年人年，希望通过国际老年人年的全球活动，唤起各国政府对老年人的关注，以便采取切实可行的措施，使老年人口同其他各年龄人口一样，能够平等地享有社会发展成果，以保护老年人的合法权益。

2002年4月8日，第二届老龄问题世界大会在西班牙首都马德里开幕，来自160多个国家的5 000多名代表参加此次大会。大会修订了《维也纳老龄问

---

① United Nations. United Nations principles for older persons [R/OL]. (1991-12-16) [2022-11-06]. https://documents-dds-ny.un.org/doc/RESOLUTION/GEN/NR0/579/57/IMG/NR057957.pdf?Open Element.

② 陈雄，张敏，肖明月. 联合国老年人原则对中国应对老龄化问题的启示 [J]. 湖南工业大学学报（社会科学版），2015，20（1）：64-68.

③ United Nations. Declaration on ageing [R/OL]. (1992-10-16) [2022-11-06]. https://documents-dds-ny.un.org/doc/RESOLUTION/GEN/NR0/021/52/IMG/NR002152.pdf?OpenElement.

题国际行动计划》，制定了面向 21 世纪的《2002 年老龄问题国际行动计划》，反映了当时现实以及发展中国家、发达国家和转型经济体面临的挑战，呼吁各国把妥善应对老龄问题摆在重要的位置，出台促进社会权利、经济权利和人权发展的政策。会议通过的《政治宣言》把"老年人与发展"放在优先行动领域的首位，致力于在各领域、在国家和国际两个层面，朝以下三个优先方向采取行动：老年人与发展、提高老龄健康和福祉，以及确保有利和支助性的环境[①]。

此后，联合国于 2007 年、2009 年、2013 年、2015 年、2017 年、2019 年、2020 年发布了数个世界人口老龄化报告，作为对与召开第二届老龄问题世界大会一起发布的《1950—2050 年世界人口老龄化》报告的后续更新，世界人口老龄化报告描述了人口老龄化的全球趋势，并按发展区域、主要地区、区域和国家开列了一系列关于老龄化进程的指标，目标是为第二届老龄问题世界大会的后续活动提供坚实的人口信息基础。

2015 年 9 月，第 70 届联合国大会通过《变革我们的世界：2030 年可持续发展议程》，呼吁各国为今后 15 年内实现 17 项可持续发展目标积极行动，其中指出要"确保健康的生活方式、促进各年龄段所有人的福祉"，体现了国际社会对健康公平问题的重视[②]。随着各项工作的推进，2015 年后联合国更注重对于年龄友好环境、应对年龄歧视和社会隔离、捍卫老年人权利、促进年龄平等和数字平等等具体细化主题的推进。

综上，人口老龄化与可持续发展对实现《变革我们的世界：2030 年可持续发展议程》至关重要，联合国对老龄议题的关注也与之相呼应和结合，全球老龄化的应对越发成为与人类社会可持续发展紧密结合的主流议题，建立不分年龄、人人共享的社会的目标贯穿始终。

二、世界卫生组织发布的报告与行动

世界卫生组织一直在人口老龄化应对战略领域发挥着重要的引领作用。现在我们所熟悉的概念如"健康老龄化""积极老龄化""老年友好环境建设"等都起源于世界卫生组织的倡导。

1984 年，世界卫生组织提出了健康老龄化的概念并以此作为应对人口老龄

---

① United Nations. Madrid world assembly on aging [R/OL]. (2002 - 04 - 12) [2022 - 11 - 06]. https://documents-dds-ny.un.org/doc/UNDOC/GEN/N02/397/50/PDF/N0239750.pdf? OpenElement.

② United Nations. 2030 agenda for sustainable development [R/OL]. (2017 - 07 - 06) [2022 - 11 - 06]. https://documents-dds-ny.un.org/doc/UNDOC/GEN/N17/207/62/PDF/N1720762.pdf? OpenElement.

化的全球行动目标,其核心是从医疗保健和老年人健康问题着眼,强调提高大多数老年人的生命质量,缩短其带病生存期,使老年人以正常的功能健康地存活到生命终点。

1999 年,世界卫生组织发布《老龄化与健康规划》,提出健康老龄化的理论框架,指出健康老龄化应包含生命历程视角、群体视角、健康促进视角、文化视角、性别视角、代际视角和伦理视角等七大视角[1]。

2002 年,在健康老龄化理论的基础上,世界卫生组织提出了积极老龄化理论,从应对视角实现了从消极老年观向积极老年观的根本性转变,从行动策略上在健康(health)维度外新增了参与(participation)和保障(security)两个维度,作为积极老龄化的"三支柱",反映了对未来老龄社会的构想,建构了世界应对人口老龄化的新的理论基础。

在 2015 年 10 月 1 日联合国国际老年人日之际,世界卫生组织发布了《关于老龄化与健康的全球报告》,以"在寿命中增加健康"为题,提出了维持老年人健康功能的健康老龄化新范式,同时强调健康和积极老龄化[2]。该报告以新的理念诠释了健康老龄化的丰富内涵和政策导向,纠正了此前在人口老龄化与健康领域存在的偏见;倡导通过开展健康老龄化的综合性公共卫生行动,发展面向 21 世纪的人口老龄化应对战略新模式[3]。

2017 年世界卫生组织公布《2016—2020 年老龄化与健康的全球战略和行动计划》,细化了人口老龄化应对行动的理论框架,形成了完整而积极的健康老龄化行动方略,其愿景是建立一个人人都能健康长寿的世界。同时,规划了五个方面的行动策略:一是致力于每个国家采取健康老龄化的行动;二是发展适合老年人的环境;三是使公共卫生系统适应老年人群的需要;四是发展可持续和公平的制度并提供老年长期护理;五是改进健康老龄化的测量、监测和研究,明确具有可操作性的、以健康为核心的、积极应对人口老龄化的行动内容[4]。

2020 年世界卫生组织公布《2020—2030 年健康老龄化行动十年》。该计划以《马德里老龄问题国际行动计划》为基础,旨在通过加强健康老龄化的多部

---

[1] 宋全成,温欣. 论积极的健康老龄化的政策框架与行动方略[J]. 中州学刊,2022(8):69-78.

[2] World Health Organization. World report on ageing and health highlights [R/OL]. (2015-09-29) [2022-11-06]. https://www.who.int/publications/i/item/9789241565042.

[3] 杜鹏,董亭月. 促进健康老龄化:理念变革与政策创新:对世界卫生组织《关于老龄化与健康的全球报告》的解读[J]. 老龄科学研究,2015,3(12):3-10.

[4] World Health Organization. Global strategy and action plan on ageing and health-summary [R/OL]. (2017-01-02) [2022-11-06]. https://www.who.int/publications/i/item/global-strategy-and-action-plan-on-ageing-and-health-summary.

门方法来填补健康和福祉方面的空白。该计划立足于《2016—2020 年老龄化与健康的全球战略和行动计划》，并对此作出回应，同时由《关于老龄化与健康的全球报告》予以充实。该计划以积极的健康老龄化政策框架为核心，提出了将政府、社会、国际组织、老年人服务专业人员、学术界、大众传媒和商业部门纳入共同努力改善老年人健康的系统行动体系。全球战略通过生命全程方法，实现健康老龄化的多部门行动，以促进更长、更健康的寿命。全球战略最初四年（2016—2020 年）的目标是落实证据、填补空白，并为实现十年合作行动的五个战略目标建立所需的伙伴关系。与《2016—2020 年老龄化与健康的全球战略和行动计划》《马德里老龄问题国际行动计划》一样，该计划契合支持实现《变革我们的世界：2030 年可持续发展议程》及其 17 个可持续发展目标。

2021 年 1 月，世界卫生组织发布了《健康老龄化十年基线报告》，进一步明确了积极的健康老龄化的测量要素，提出积极的健康老龄化包括内在能力（intrinsic capacity）、功能能力（functional ability）和环境（environments）三大核心要素①。

综上，世界卫生组织对于人口老龄化的应对，已经逐渐从狭义的健康照护向着维护内在能力和外在功能、提供支持性环境、建设年龄友好型社会等方向发展，从孤立应对老化问题转而向构建适应老龄化的综合宜居环境转型。事实上，伴随着老龄化程度的加深，世界各国的社会经济形态都会发生转型，看待老龄化的社会价值观念也会不断深化和更新，这些变化叠加城市化、工业化的发展和代际更替，相互交织、相互作用，人类社会更加注重以保障老年人权益和生命质量为根本目标，更加注重建设更为人性化和尽可能使老年人保持独立、有尊严生活的社会环境②。

第二节　国际社会应对人口老龄化的基本动向及特点

一、推进健康老龄化全球战略和行动

从 20 世纪 90 年代以来国际社会就提倡健康老龄化，将其作为积极应对人

---

① World Health Organization. Global strategy and action plan on ageing and health [R/OL]. (2017 - 01 - 02) [2022 - 11 - 06]. https://www.who.int/publications/i/item/9789241513500.

② 陈诚诚，杨燕绥. 老龄化时间表对养老政策影响的国际经验 [J]. 社会保障研究，2015 (6)：92 - 99.

口老龄化的重要理念，并把其中对健康的界定标准作为衡量应对老龄化能力的重要参考，核心理念是从医疗保健和老化进程中个体的健康缺损着眼，强调尽可能通过缩短带病生存期以提升个体在老年期的生命质量，尽最大努力确保老年人以尽可能正常的功能存活到生命终点。

随着世界范围内众多学科对健康影响因素研究的不断深入和积累，2015 年世界卫生组织发布了《关于老龄化与健康的全球报告》，更新了 20 世纪对健康老龄化的认识，以新的理念和视角诠释其内涵和政策导向，修正了既往关于人口老龄化与健康议题存在的一些偏见[①]。

（一）更新对老年人的传统看法

很多关于老年人的常见观念和主观臆断都源于过时的陈规旧习，这是开展应对人口老龄化的综合性卫生响应的挑战之一。

一是典型的老年人并不存在。老年人的特征是多样化的，一些 80 岁老年人的体力和脑力水平可能与 20 多岁的年轻人相当，然而，也有一些人在 60 多岁时就需要在他人帮助下才能从事最基本的活动。老龄人群的多样性可能会导致政策上的杂乱无章，因此最好将老年人的多种需求视为其功能的延续，综合性的政策应对要兼顾老龄化进程中不同需求的鲜明特点。虽然有些老年人间的差异是各自遗传基因的反映，但更多部分源自其所处物理和社会环境的差异，包括家庭、邻里和社区，这些因素直接影响健康，或作为促进与阻碍因素影响个体的机遇、决策和行为。

二是年老并不意味着依赖他人。在各种资源条件下，老年人通过很多难以用经济方法衡量的方式为家庭和社会作贡献，仅根据年龄便认为老年人必须依赖他人的臆断，忽视了其诸多贡献。虽然人口老龄化将增加卫生保健支出，但可能低于预期数额。年龄增长常常带来健康相关需求增加，不过其与卫生保健服务的利用和卫生支出间的关系却是多变的。实际上，不论寿命长短，卫生保健费用最高的阶段往往是在生命最后的一两年。同时，卫生系统本身对年龄与卫生保健支出的关系也会产生重大影响。虽然 70 岁还不是新的 60 岁，但存在这种可能，若要实现这一目标，需要采取更加协调一致的公共卫生措施应对老龄化。

（二）重新界定健康老龄化的理念

认识上的限制约束了我们认识问题、提出问题和抓住创新机会的能力，因

---

① 孙鹃娟. 健康老龄化视域下的老年照护服务体系：理论探讨与制度构想[J]. 华中科技大学学报（社会科学版），2021，35（5）：1-8，42.

而需要树立有关老龄化与健康的全新观念。对于老年人的健康，不仅要考虑疾病存在与否，还应重视这些疾病对老龄个体机能与福祉的实际影响。健康老龄化可界定为"发展和维护功能能力以使老年期能保持良好状态的过程"，而不再仅仅关注静态的健康水平。内在能力指个体在任何时候都能动用的全部体力和脑力的组合，但仅是决定老年人能做什么的因素之一。另外一个因素是老年人的生活环境以及老年人与生活环境的相互关系。对于能力处于任一水平的老年人，能否完成自认为重要的事情，最终取决于其生活环境中存在的各种资源和障碍。这种个体与环境的结合及其相互关系就称为功能发挥，即使个体能够按照自身观念和偏好来生活和行动的健康相关因素。

基于此，健康老龄化即发展和维护老年健康生活所需的功能发挥的过程。其中，尽管"内在能力"和"功能发挥"都会随年龄的增长有所降低，但生命过程中不同时点的人生选择和干预措施将决定个体的具体轨迹。因此，健康老龄化并非由机能或健康的某一水平或阈值来界定，而是定义为一个因每个老龄个体而具体不同的过程，因为每个个体的轨迹都会受到不同经历的影响随时发生变化。例如，对于患有阿尔茨海默病或心脏病的老年人，若能有可负担的医疗卫生服务帮助其改善能力，或使其从周围环境获得支持，其健康老龄化轨迹就能得到改善。

由此，用于老年人口的支出应当被视为一种用以加强老年人的能力、进而促进老年人的福祉和贡献的投资，而非纯粹的消费。而且，这些投资也有助于社会履行保障老年人基本权利的义务。直接收益包括，好的卫生体系可以促进老年人的健康，使其能够更多地参与社会活动、生活更幸福。其他隐性收益则包括，长期卫生保健方面的投入可以帮助失能老年人有尊严地生活，使女性可以继续工作，并通过社区内风险共担来培养社会凝聚力。因此，应以这样的方式重新制定经济学方面的理论基础，把争论从关注如何将所谓的花费最小化，转变为分析和考虑如果社会不能进行适当的调整和投资，我们可能会失去的利益。认真思考和全面量化投资规模及收益，对于决策者根据充分信息制定相关政策至关重要。

（三）采取促进健康老龄化的综合性行动

尽管当前认识水平还有待提高，但已具备了即刻行动的足够依据，迫切需要针对老龄人群采取综合性的公共卫生行动。无论发展水平和具体情况如何，每个国家都可以且需要为之而采取行动，但具体行动内容及先后顺序要视每个国家的具体情况而定。

世界卫生组织从生命历程视角出发，构建了促进健康老龄化的公共卫生体系，将医疗卫生、长期照护和环境建设结合起来①。图3-1描绘了生命过程中改善功能发挥和内在能力的各个重要行动时机，其中涉及三类老龄人群：能力强而稳定的人群、能力衰退的人群和严重失能的人群。三类人群的边界并不严格，而且也不代表每一老龄个体的整个生命过程。但是，通过对这些人群的具体需求提供支持，使大多数老龄个体都能获得功能发挥的改善。

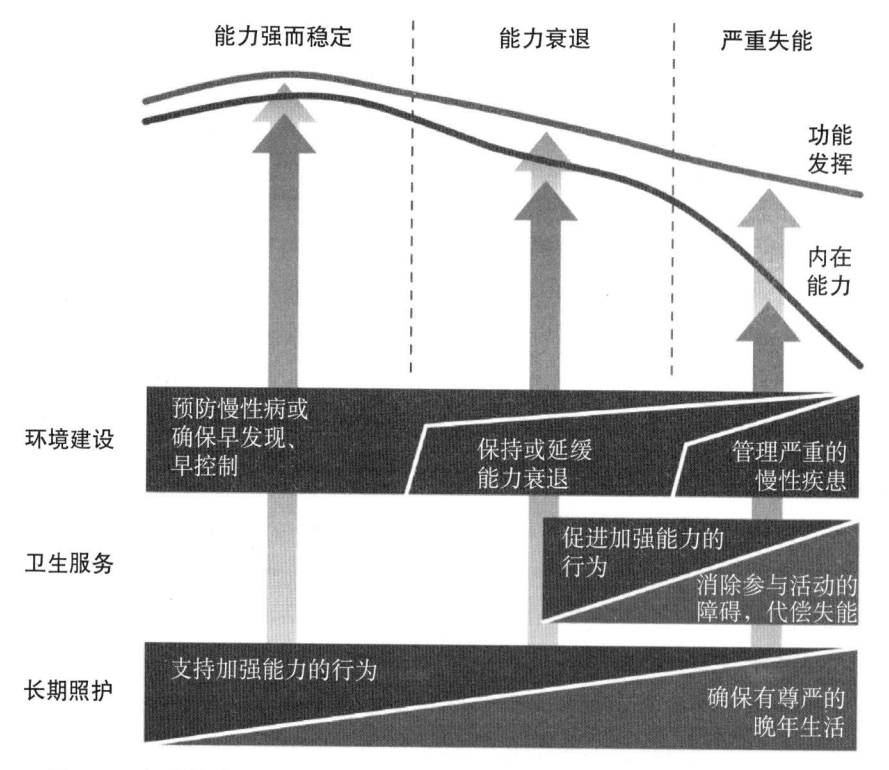

图3-1 促进健康老龄化的公共卫生体系：生命过程中各个公共卫生行动时机

资料来源：World Health Organization. World report on ageing and health highlights [R/OL]. (2015-09-29) [2022-11-06]. https://www.who.int/publications/i/item/9789241565042.

为此，可以在下述四个方面优先采取行动：

第一，使卫生系统满足老龄人群的需要。提供以老龄人群为中心的整合型卫生保健服务，并使之容易获取。由此，需建立起面向老龄人群需求和偏好的系统，所提供的服务也应照顾老龄人群并与家庭和社区密切合作。不同水平及

---

① World Health Organization. World report on ageing and health highlights [R/OL]. (2015-09-29) [2022-11-06]. https://www.who.int/publications/i/item/9789241565042.

不同服务类型之间，以及医疗卫生服务与长期保健之间应当实现整合。关键措施包括：确保每一老龄个体都能得到综合性评估和卫生保健计划、提供上门服务、支持老年人群自我保健等；转变卫生及管理信息采集方法、系统监控方式、融资机制和激励措施以及所提供的培训，使卫生系统的重心转移至老龄人群的内在能力，并培训具备新卫生系统所要求的老年学及老年医学专业基本技术能力的人才。

第二，构建提供长期照护的系统。功能发挥已丧失或有严重丧失风险的老年人，综合性长期照护对其功能发挥的维护，意味着确保和尊重老年人的基本权利、自由与尊严。此外，还具有减少对急性医疗服务的不当使用、帮助家庭避免高昂的医疗费用，以及将妇女解放出来去承担更多社会职能等潜在益处。通过分担长期照护的风险与负担，长期照护体系能够帮助构建社会凝聚力。长期照护系统应当建立在与家庭、社区、医疗卫生机构以及私有机构之间明确的合作关系上，政府的职责应当是管理这些合作伙伴，支持和培训照护者，确保实现不同类型服务的整合，保证服务质量，以及向那些最需要的人群直接提供相关服务。

第三，创建关爱老年人的环境。这种环境应当包含老年人所处的全部生活场景，具体而言，涵盖交通、居住、劳动力、社会保障、信息通信以及卫生保健服务和长期卫生保健，在上述密切联系的领域共同行动以实现使老年人功能最大化的共同目标。对于住在哪里、保持哪些关系、穿什么、如何消磨时间以及是否进行治疗等，老年人有权进行掌控和作出相关选择，而这种掌控和选择的潜力受到老年人内在能力、居住环境、可利用的个人和经济资源以及所获得的机会等因素的影响。因此，应当立法保护老年人的权利（例如，保护他们免受虐待），帮助老年人认识和行使自身权利；提供服务促进机体功能，例如提供辅助技术和以社区家庭为基础的服务；创造可及性高的终身学习机会，使健康老龄化理念深入到各级政府和所有政策之中。

第四，加强衡量、监测和了解。要在健康老龄化方面取得进一步的发展，则需要对年龄相关问题及其趋势有比现在更好、更深入的了解。例如，现有的健康老龄化的模式是什么？它们是否随着时间而改变？不平等现象增加了还是减少了？哪些干预措施有效地促进了健康老龄化，它们对人口中的哪些亚群体有效？对于这些基本问题进行解答的第一步，就是将老年群体纳入重要的统计和一般人群调查，并对这些信息资源进行年龄别和性别分析。同时，鼓励在一系列与老龄化和健康相关的具体领域开展研究，也应鼓励老年人参与研究和作出贡献，这样可能会使研究结果更有意义和具有创新性。其中，可以采取三种重要方法，即：就健康老龄化的计量、衡量和分析方法达成一致；加强对老年人口的健康状况和需求以及需求的满足情况的了解；加强对健康老龄化进程的了解，明确应采取哪些措施改善这一过程。

（四）将COVID-19应对纳入健康老龄化行动十年计划

COVID-19是一个国际突发公共卫生事件，其传播和影响前所未见，给社会和经济带来重创。疫情暴发期间，世界卫生组织深切关注COVID-19大流行造成的发病率和死亡率、对身心健康和社会福祉的负面影响，以及对经济和社会的负面影响，强调各国政府负有采取和实施符合本国国情的COVID-19大流行应对措施，并为此调动必要资源的首要责任。

2020年1月30日世界卫生组织宣布新型冠状病毒（2019-nCoV）疫情为国际关注的突发公共卫生事件，此后，为积极应对COVID-19大流行，世界卫生组织先后通过了一系列决议，比如：2020年2月3日发布《战略准备和应对计划》（SPRP）[1]；2020年4月2日发布题为《全球团结抗击2019冠状病毒病（COVID-19）》的第74/270号决议[2]；发布呼吁开展国际合作，确保全球获得应对COVID-19的药品、疫苗及医疗设备的第74/274号决议；发布《联合应对全球健康威胁：抗击2019冠状病毒病（COVID-19）》[3]《全面协调应对冠状病毒病（COVID-19）大流行》等决议，并定期更新世界卫生组织的COVID-19应对措施。

走在生命后半程的人首当其冲受COVID-19的影响，在老年人口比例较高的国家和区域，死亡率最高。老年人比更年轻的人群患重症的风险更高，病死率也更高。老年人在COVID-19大流行前的健康状况决定了他们对重症的易感性、他们能否康复以及他们的长期健康和福祉。因此，患有影响其免疫、心血管或呼吸系统的基础性疾病的人的粗病死率更高。此外，种族、性别、收入和生活安排（例如长期护理设施）方面的差异也会对COVID-19感染和病死率产生影响。

---

[1] World Health Organization. 2019 novel coronavirus (2019-nCoV): strategic preparedness and response plan [R/OL]. (2020-02-03) [2022-11-17]. https://www.who.int/docs/default-source/coronaviruse/srp-04022020.pdf.

[2] United Nations. Global solidarity in the fight against COVID-19 [R/OL]. (2020-04-02) [2022-11-17]. https://documents-dds-ny.un.org/doc/UNDOC/GEN/N20/087/27/PDF/N2008727.pdf?OpenElement.

[3] United Nations. Response to global health threats: the fight against COVID-19 [R/OL]. (2020-09-11) [2022-11-17]. https://documents-dds-ny.un.org/doc/UNDOC/GEN/N20/236/12/PDF/N2023612.pdf?OpenElement.

世界卫生组织强调，有必要保护民众免受COVID-19影响，特别是保护有基础健康问题的人、老年人和其他风险人群，包括卫生专业人员、卫生工作者和其他相关的一线工作者，特别是占卫生队伍半数以上的女性卫生工作者，以及残疾人、儿童、青少年等，并强调在这方面采取兼顾年龄和残疾因素并符合性别特点的措施的重要性。

COVID-19大流行暴露了许多系统的功能障碍和脆弱性，包括卫生、长期护理和支持、社会保护、信息共享等。它揭示了国际社会在承认和解决风险、不平等和交叉歧视方面的差距，但也揭示了人类的复原力和创造力，对于如何通过代际团结携手拯救生命和改善生活，以及如何珍视所有人赖以生存的社会生态系统给予了重要警示。

COVID-19大流行表明了一致且持续的关注、投资和行动对于促进健康老龄化的重要性。在COVID-19疫情期间，健康老龄化十年行动的愿景——所有人都能长寿和健康生活——以及利益攸关方的协作甚至更为重要。世界卫生组织提出，应借助十年行动这一平台，在COVID-19大流行的不同阶段（准备阶段、行动受限期间、恢复阶段）为应对疫情挑战做好准备①。

二、致力于应对和消除年龄歧视

年龄是我们在他人身上最先注意到的特征之一，当用年龄把人分类和分隔，导致伤害、不利境地和不公正并损害代际团结时，就会产生年龄歧视。世界卫生组织认为，年龄歧视不仅会损害我们的健康和福祉，还是妨碍健康老龄化颁布有效政策并采取行动的主要障碍。为此，世界卫生组织将与各合作伙伴一道，开启一场全球反对年龄歧视运动。

（一）深刻认识年龄歧视现象及其影响

年龄歧视指的是基于年龄而对人产生的刻板印象（我们如何思考）、偏见（我们如何感受）和歧视（我们如何行动），可能是制度性、人际的，也可能针对自身。制度性年龄歧视指因为年龄而不公正地限制个人机会并系统性地使其处于不利境地的机构法律、规则、社会规范、政策和做法。人际年龄歧视在两个或两个以上个人之间的互动中产生。针对自身的年龄歧视是将年龄歧视内化

---

① World Health Organization. Decade of healthy ageing connection series No. 1-COVID-19［R/OL］.（2020 - 09 - 30）［2022 - 11 - 06］. https：//www. who. int/publications/m/item/decade-connection-series-no1.

后对自身产生的歧视。年龄歧视通常与其他形式的刻板印象、偏见和歧视相互交织且相互作用，包括残障歧视、性别歧视和种族歧视。多种偏见相互交织会加重老年人等弱势群体的困境，并导致年龄歧视对个人健康和福祉的影响更加严重。

年龄歧视在许多机构和社会各行各业普遍存在，包括提供医疗和社会护理的场所、工作场所、媒体和法律制度。全球范围内，每两个人当中就有一人对老年人抱有年龄歧视。年龄歧视对人们的健康、福祉和人权有着严重而深远的影响。对老年人而言，年龄歧视与寿命缩短、身心健康状况变差、伤残恢复速度变慢以及认知能力下降有关。年龄歧视会降低老年人的生活质量，加重他们的社会隔绝和孤独感（两者都与严重的健康问题有关），限制他们表达性的能力，并有可能增加老年人遭受暴力和虐待的风险。对个人而言，年龄歧视会加剧老年贫困和使老年人缺乏保障。近期一项研究估计年龄歧视每年会耗费几十亿美元的社会资源。

（二）充分理解对老年人年龄歧视的决定因素

确认年龄歧视的两大决定因素，即风险因素和保护因素，是制定旨在减少年龄歧视战略的先决条件。前者指增加年龄歧视可能性的特征，后者指降低年龄歧视可能性或提供风险缓冲的特征。减少年龄歧视的战略要起作用，就必须着眼于导致年龄歧视的决定因素。

如表3-2所示，增加个体对老年人年龄歧视的风险因素包括：年纪更轻、男性、受教育程度低、对死亡的焦虑或恐惧较高等。减少个体对老年人年龄歧视的保护因素包括：具有特定个性特征、具有高质量的代际接触、对老龄化有更多的认识等。

表3-2 对老年人年龄歧视的决定因素

		决定因素类型	关联类型	
人际年龄歧视	个体层面的决定因素	实施者	年龄	年轻	年龄歧视更多（风险因素）
			性别	男性	年龄歧视更多（风险因素）
			教育	低	年龄歧视更多（风险因素）
			对死亡的焦虑或恐惧	较高	年龄歧视更多（风险因素）
			人格特征	随和、外向、尽责和集体主义倾向	年龄歧视更少（保护因素）

续表

		决定因素类型		关联类型
人际年龄歧视	个体层面的决定因素	实施者	与老年群体的接触，特别是接触质量，包括祖父母与孙辈接触和代际友谊	高质量的接触	年龄歧视更少（保护因素）
			对老龄化的认识	对老龄化有更多的认识	年龄歧视更少（保护因素）
		目标对象	年龄	老年	年龄歧视更多（风险因素）
			健康状况和护理依赖	健康状况更差，更依赖护理	年龄歧视更多（风险因素）
	环境层面的决定因素		全国老年人口比例	不详	
			全国健康预期寿命	低	年龄歧视更多（风险因素）
			专业和职业部门	一些专业和职业部门（例如高科技领域）	年龄歧视更多（风险因素）
			在模拟现实生活环境的实验研究中对老年人的陈述	有更多信息的正面陈述	年龄歧视更少（保护因素）
				与年轻人比较	年龄歧视更多（风险因素）
自我年龄歧视	个体层面的决定因素		身心健康	较差	年龄歧视更多（风险因素）
			与孙辈接触	接触更多	年龄歧视更少（保护因素）

资料来源：World Health Organization. Global report on ageism［R/OL］.（2021-03-18）［2022-11-06］. https://www.who.int/publications/i/item/9789240016866.

加剧个体成为年龄歧视对象的风险因素包括：个体因素——衰老或高龄、健康状况不佳和照料依赖；环境因素——国家健康预期寿命较低、从事某些专业或在某些职业工作，例如，就职于高科技行业等。

其中，性别规范等因素导致的老年期女性受到的歧视与不公平问题尤其应受到关注。由于性别歧视会对妇女在劳动力市场上的平等机会和待遇产生负面影响，包括较高的贫穷风险、难以获得高质量的医疗服务和社会服务、受虐待风险更高、健康状况不良以及获得养老金的机会减少等，因此老年女性的收入保障和获得缴费型养老金福利的情况比较糟糕。老年女性的基本养老金待遇水平通常较低，无法完全满足其基本需求。在许多地方，大多数无偿照料也是老年女性提供的，并且由于有关财产和土地继承的习惯法和成文法，老年女性也更容易陷入贫困和不利处境。老年人尤其是高龄老年人中，女性所占的比例往往大于男性，而老年女性往往较贫穷，储蓄和资产少于男性，这又进一步影响其身心健康，需要从多方面、根本上进行干预①。

有些人际年龄歧视的决定因素目前缺乏证据或尚无定论，包括社会经济地位和社会福利体系的存在。还应进一步调查针对自身的年龄歧视和制度性年龄歧视的决定因素，这方面目前几乎没有可用的证据。必须在收入水平不同的各个国家开展关于所有形式年龄歧视的决定因素的研究，以评估其是否因文化和环境而异。同样重要的是要开展研究以评估年龄歧视的不同决定因素的相对重要性和因果状况。

（三）开展针对年龄歧视的策略行动

有效减少年龄歧视的三个策略是：政策和法律、教育活动和代际接触干预。首先，政策和法律可减少针对任何年龄组的年龄歧视，包括应对年龄歧视和不平等的政策和立法以及人权法等。通过出台新政策、修订现有政策的形式，夯实反对年龄歧视的政策和法律基础，要求在国家和国际两级建立执行机制和监测机构，确保应对歧视、不平等和人权问题的政策和法律得到有效执行。其次，减少年龄歧视的教育干预应列入各级教育内容，包括从小学到大学的教育、正规和非正规教育。教育活动可以提供正确信息和打破刻板印象的案例，从而帮助增强同理心、消除对老龄的误解与偏见。最后，还应当促进代际接触干预，加强几代人之间的互动。这类接触也可以减少人群之间的偏见和刻板印象，是减少对老年人年龄歧视最有效的干预措施之一。

要落实上述策略，需要不同部门和行动者的参与，并针对具体情况作出动态调整：

第一，注重循证干预，应优先执行得到最佳证据支持的上述三项策略，并扩大其实施范围。在从未执行过此类干预措施的地区，可以先进行试点和调整，当其在新的环境下切实发挥作用后，再扩大执行范围。第二，增进数据获取和相关研究，应利用有效而可靠的年龄歧视量表，在所有国家特别是低收入和中等收入国家收集数据。第三，发起一场运动，以改变关于年龄和老龄化的叙述。所有人都能在挑战和消除老年歧视当中发挥自身作用，各国政府、民间社会组织、联合国各机构、学术和研究机构、企业和所有年龄层的人都可以加

---

① World Health Organization. Global report on ageism [R/OL]. (2021-03-18) [2022-11-06]. https://www.who.int/publications/i/item/9789240016866.

入到减少年龄歧视的运动中来。通过团结一致、广泛结盟,加强共同参与反对年龄歧视的不同利益攸关方之间的协作与沟通。

三、减少社会隔离和孤独

老年人的社会隔离和孤独感日益引起公众对公共卫生和公共政策的关注,COVID-19疫情和信息时代的数字鸿沟使这一问题更加突出。

(一)关注社会隔离和孤独现象及其危害

老年人的社会隔离和孤独感普遍存在。虽然目前尚无对遭受社会隔离和孤独的老年人比例的全球估计,但存在一些区域和国家的估计。例如,在中国、欧洲、拉丁美洲和美国,20%~34%的老年人是孤独的。一项针对美国的研究表明,在2018年和2019年间孤独的发生率增长了7个百分点。全球人口寿命的增加和老龄化可能导致更多的老年人感到社会隔离和孤独。

高质量的社会联系对人们的身心健康和幸福至关重要,因此社会隔离和孤独对长寿、健康和幸福具有严重后果。社会隔离和孤独一直被视为健康的社会决定因素,在一些国家,这些问题已开始被视为紧迫的公共政策和公共卫生问题。COVID-19疫情和随之而来的保持身体距离措施增加了这些话题的重要性。

如图3-2所示,有充分证据表明,社会隔离和孤独会增加老年人罹患心血管疾病和中风等身体健康疾病的风险,以及导致认知能力下降、痴呆、抑郁、焦虑,甚至产生自杀念头等问题的风险。社会隔离和孤独还降低了生存寿命和生活质量,导致死亡率上升。此外,社会隔离和孤独也是老年人遭受暴力和虐待的风险因素,这种情况在COVID-19大流行期间的美国有所增加[①]。关于社会隔离和孤独对健康的影响,有三种可能的因果机制:导致过度压力反应,导致生理修复和维持过程的不充分或低效,导致体育活动减少、饮食不佳、吸烟饮酒较多等行为风险。

社会隔离和孤独也给社会带来了沉重的财政负担,但人们对这种负担的程度了解尚存在不足。在美国,估计每年有67亿美元的联邦支出源于老年人社会隔离,英国平均每年因孤独而产生保健和护理的额外费用为每人782英镑。孤独的老年人更有可能为了和医生进行社交接触而去医院,因此增加了医疗成本。

---

① World Health Organization. Social isolation and loneliness among older people: advocacy brief [R/OL]. (2021-07-29) [2022-11-06]. https://www.who.int/publications/i/item/9789240030749.

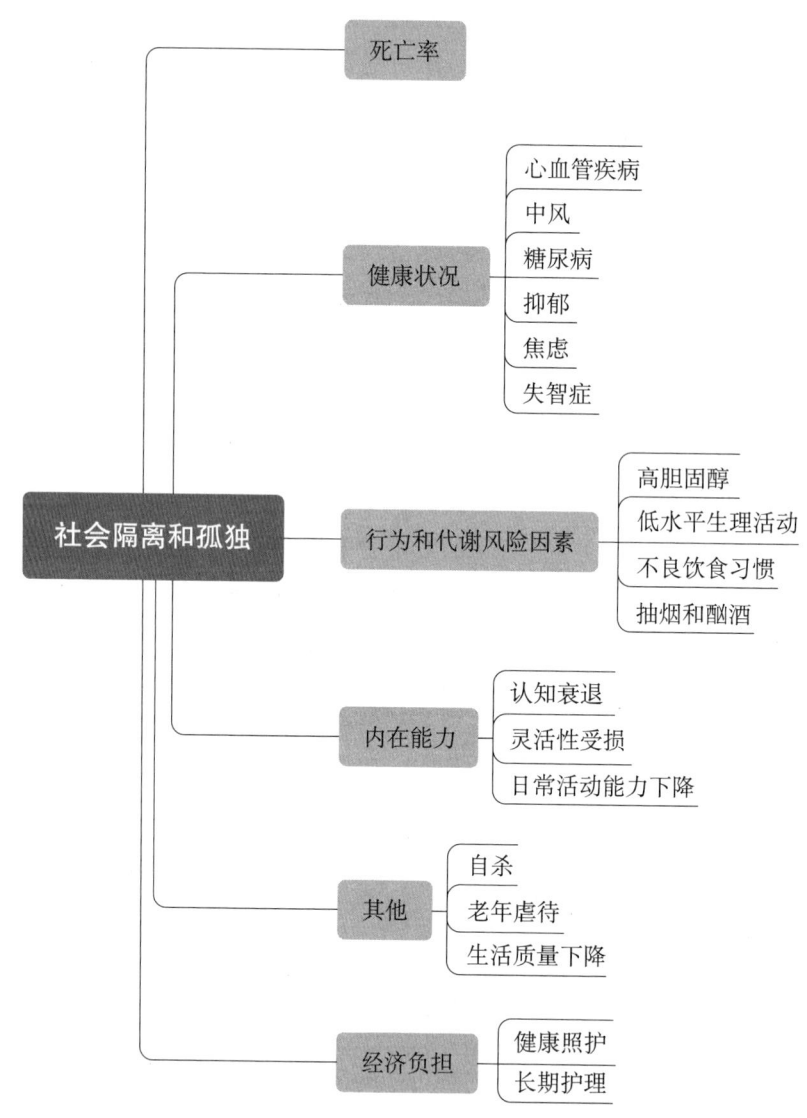

```
                            ┌─ 死亡率
                            │
                            │              ┌─ 心血管疾病
                            │              ├─ 中风
                            ├─ 健康状况 ───┼─ 糖尿病
                            │              ├─ 抑郁
                            │              ├─ 焦虑
                            │              └─ 失智症
                            │
                            │                      ┌─ 高胆固醇
                            │                      ├─ 低水平生理活动
【社会隔离和孤独】─────────┼─ 行为和代谢风险因素 ┼─ 不良饮食习惯
                            │                      └─ 抽烟和酗酒
                            │
                            │              ┌─ 认知衰退
                            ├─ 内在能力 ───┼─ 灵活性受损
                            │              └─ 日常活动能力下降
                            │
                            │              ┌─ 自杀
                            ├─ 其他 ───────┼─ 老年虐待
                            │              └─ 生活质量下降
                            │
                            └─ 经济负担 ───┬─ 健康照护
                                           └─ 长期护理
```

图 3-2 社会隔离和孤独的不良后果

资料来源：World Health Organization. Social isolation and loneliness among older people: advocacy brief [R/OL]. (2021-07-29) [2022-11-06]. https://www.who.int/publications/i/item/9789240030749.

（二）认清老年人社会隔离和孤独的影响因素

老年人社会隔离和孤独的风险源于个人、人际、社区和社会制度层面的多重复杂因素。在这些嵌套和相互作用的层次上确定风险因素，有助于理解针对这些风险因素的干预措施和策略，以减少社会隔离和孤独感。

在个人层面，心脏病、中风或癌症等身体问题会增加社会隔离和孤独的风险。内在能力的下降，如感觉障碍和听力丧失，会增加社会隔离和孤独的风险，抑郁、焦虑和痴呆等精神障碍也是如此。某些人格特征，如神经质、不随和、责任心低，也增加了感到孤独的风险，而这些部分是由基因决定的。

缺乏支持性的人际关系或对人际关系感到不满足会增加孤独感。生活转变和破坏性的生活事件，如退休和丧亲，会增加老年人社会隔离和孤独的风险。少数群体面临着更大的社会隔离风险，包括有身体和功能障碍、有长期健康问题的人及其照顾者，居住在护理院等机构的老年人，以及老年流动人口等。

在社区和社会一级，缺乏社会经济资源、教育有限、交通不足、无法获得数字技术、住房条件差、歧视老人、边缘化和偏远居住都可能导致老年人的社会隔离和孤独。

（三）综合施行针对老年人社会隔离和孤独的干预

国际、区域和国家已打开若干政策窗口，以改变应对社会隔离和孤独的方式，其中最突出的是联合国和世界卫生组织倡导的《2020—2030年健康老龄化行动十年》，从四个相互联系的领域对与健康相关的社会隔离和孤独等因素提出倡议。在人口层面对社会隔离和孤独施行干预时涉及各个部门，如卫生、社会工作、信息和通信技术、交通和住房等，政府、老年人、民间社会组织、学术界等必须在多个层面同时采取行动。而且，由于社会隔离和孤独可能发生在任何年龄，因此需要从更早开始采取干预措施和战略来解决这些问题。

基于个人和人际层面的干预包括三个方面——维持和改善老年个体的关系、支持老年人发展新的关系、改变老年人对他们的关系的思考和感受，可以借助面对面或者数字技术形式进行。其中，数字干预措施日益凸显，尤其是在COVID-19疫情期间的使用有所增加，其（特别是互联网、智能手机和社交媒体）在调解社会关系方面的价值日益上升。提高老年人数字素养的创新将有助于缩小代际数字鸿沟，改善信息共享和社会联系。数字干预措施包括互联网和计算机的使用培训、视频通信、消息服务、在线讨论组和论坛、电话交友、社交网站、聊天机器人和虚拟人工智能"同伴"。这些干预措施虽然有时有效，但结果往往是不确定的，这表明需着力解决老年人的数字不平等和数字鸿沟问题，规范包含潜在的侵犯隐私权以及知情同意权在内的数字伦理问题。

社区层面的干预涉及基础设施的改善，如交通、数字包容和建筑环境，以确保人们能够维持现有关系并形成新的关系。住房、公共空间、餐馆、商店以及图书馆和博物馆等文化机构的设计都可能影响老年人的社会隔离和孤独感。数字包容的挑战存在于年轻人和老年人之间、老年人群体之间（例如，60岁以上的人和80岁以上的人之间）、负担不起或缺乏使用数字技术能力的人和能够使用数字技术的人之间，以及高收入国家和低收入国家之间。各国政府和私营部门等相关方应使希望联网的老年人能够获得、负担得起信息和通信技术，并确保希望保持离线的老年人不会因此受到排斥。在与信息和通信技术有关的政策和方案中，应列入与数字信息、产品和服务有关的无障碍要求。同时应提供适当的数字知识和培训，使老年人能够采用新技术。此外，志愿服务、促进"老年人友好社区"建设等策略也可能缓解老年人社会隔离和孤独问题。

社会层面的战略包括制定解决年龄歧视和边缘化、社会经济不平等、数字鸿沟、社会凝聚力和代际团结问题等方面的法律与政策。例如，实施灵活性的就业政策，允许老年人在退休方式和时间上有更多选择，增加从工作到退休的过渡，并通过让退休老年工作者充当年轻工作者的导师的方式，促进代际支持。

第三节　国际社会应对人口老龄化的行动对北京的借鉴

一、积极参与国际合作和国际研讨

作为中国的首都，北京承担着国际交往中心的重要职能，自20世纪80年代中国实行全面对外开放的基本国策以来，北京始终以全球视野、国际眼光、开放的胸怀迈入世界城市的行列，在中国的对外开放中起着排头兵的作用。两次成功筹备和举办奥运会（残奥会），使北京成为历史上唯一一个"双奥之城"。北京的发展始终与世界发展的潮流和中国发展的伟大进程紧密联系在一起。《北京城市总体规划（2016年—2035年）》也提出了建设国际一流和谐宜居之都的目标。

从千年发展目标到2030年可持续发展议程，全球发展治理的理念、机制与模式经历了持续转型，联合国的领导作用日益凸显。在人口老龄化议题方面，从两届老龄问题世界大会再到全球健康老龄化行动十年计划，联合国和世界卫生组织发挥了突出的理念引领、机制构建和能力提升作用。中国积极应对人口老龄化需积极与联合国有关部门合作，实现资源、信息、技术共享，主动参与到有关老龄重点议题和国际行动计划的研讨中来，充分借鉴联合国和世界卫生组织等所倡导的化解老龄问题的经验。应注重利用联合国和世界卫生组织等的理念引领优势，内嵌式推广中国的发展倡议与理念，借助联合国和世界卫生组织等的机制权威优势增强中国的发展治理权力，利用联合国和世界卫生组织等的能力技术优势提升中国的发展治理参与水平。联合国及其发展议程可以成为新时期中国参与全球发展治理的重要路径和体现中国独特角色与大国担当的重要载体。应注重利用欧盟、日本等在老龄产品和服务上的技术优势和产业优势，运用好国际银发市场资源，积极参与全球银发产业分工。应注重加强与我国周边国家和"一带一路"沿线国家在银发领域的国际贸易往来，采取"引进来""走出去"等多种方式，积极开展国家交流与合作。

北京作为中国的首都和国际交往中心，是对外开放的前沿窗口和参与全球化的先锋力量，应当服从和服务于积极应对人口老龄化国家战略，在中国参与全球老龄化治理的进程中，发挥排头兵作用。要坚持理念先行，积极倡导积极老龄化、健康老龄化的国际共识。纵观世界城市的发展，比如伦敦、东京、新加坡等国际大都市都提出了构建人人平等、人人共享的老龄社会的目标，并制定具体行动计划。北京要率先更新对老年人的传统看法，重新界定健康老龄化的理念；应致力于应对和消除年龄歧视，致力于减少社会孤立和社会隔离；全方位构建老龄友好型、家庭友好型社会。要坚持广泛开展国际交流与合作，积极参与国际组织的全球积极老龄化、健康老龄化行动计划。要推动建立健全应对人口老龄化的多边合作机制，重点与老龄化程度较高、进入老龄化社会较早、老龄化应对经验丰富的国家，"一带一路"沿线国家以及相关的国际组织开展合作交流，吸引国际组织以及国际人才到北京落户。同时，积极举办国际老龄论坛、会议等学术交流和研讨活动，以及用品用具展览和交易博览会等活动，加强政策交流、项目对接、技术合作、产业投资，促进国际交往功能发挥以及国际影响力扩展，服务于我国积极应对人口老龄化的国家战略。

二、率先建成公平可及、综合连续的老年健康服务体系

党的二十大报告指出，中国深入贯彻以人民为中心的发展思想，"建成世界上规模最大的教育体系、社会保障体系、医疗卫生体系，……人民群众获得感、幸福感、安全感更加充实、更有保障、更可持续"。在新时代新征程上，满足老年人的健康和照护需求依旧是主要任务目标之一，也是实现所有人都能长寿和健康生活世界愿景的直接要求。在2016年全国卫生与健康大会上，习近平总书记提出了"将健康融入所有政策，人民共建共享"的新时期卫生与健

康工作方针,并明确了健康服务的内涵和目标,即"让广大人民群众享有公平可及、系统连续的预防、治疗、康复、健康促进等健康服务"①。党的二十大报告进一步强调,"推进健康中国建设……把保障人民健康放在优先发展的战略位置"。北京作为中国的首都,2021年人均地区生产总值为18.4万元(约合2.8万美元),已经率先全面建成小康社会,率先进入中等发达经济体的行列,到2035年北京基本实现现代化之时,北京也将进入超老龄社会。推进积极老龄观、健康老龄化理念在中国的本土化实践,就要坚持健康优先原则,北京有条件、有能力也应该率先建立公平可及、综合连续的老年健康服务体系,以适应高龄化社会发展的需要。

首先,树立大卫生、大健康观念,把以治病为中心转变为以人民健康为中心。促进医疗卫生服务系统从年轻型社会"以疾病为基础"的治疗模式向老龄化社会"以健康促进和功能维护为基础"的长期照护和综合关怀模式转变,通过加强健康教育、卫生保健、疾病预防、社区与家庭医疗、康复护理、长期照护、安宁疗护等工作,为老年人提供可及的、连续的、可负担的医疗卫生服务,所提供服务应适于老年人特点,并与老年人(并在必要且获得同意的情况下与其家庭及社区成员)保持密切沟通。借鉴世界卫生组织的"老年人综合护理"计划,包括以人的健康为本的综合护理的初级保健评估、行动指南等,完善健康北京战略及其行动计划。

其次,从健康投资的视角重新思考老年人口的疾病构成、健康行为、健康需求和健康服务。当代社会越来越多的老年阶段的疾病是伴随着人们共同生活习惯的改变而产生的新问题,如一些老年人的糖尿病与过度食用甜食等不健康饮食习惯有密切的关系。因此,公共卫生服务可以通过政府干预(如对不健康食品征以重税)来限制不健康的饮食习惯,开展加强初级保健、引导健康的饮食行动,从而改善国民的健康状况,降低老年阶段患病的风险和社会的卫生健康成本②。老年人口的疾病构成以慢性病为主,而营养不良(也包括不健康饮食导致的营养过剩)、缺乏锻炼以及抽烟等是导致老年人患病的重要风险因素,可以从健康保健和慢性病管理两方面着手。例如,依托社区卫生服务中心,设立健康保健咨询岗位,专门为老年人提供健康保健讲座与培训,支持老年人的自我保健;通过社区免费体检和家庭医生签约制度,为老年人建立健康档案,

---

① 全国卫生与健康大会19日至20日在京召开[EB/OL].(2016-08-20)[2022-11-06]. http://www.gov.cn/guowuyuan/2016-08/20/content_5101024.htm.
② 宋全成,温欣.论积极的健康老龄化的政策框架与行动方略[J].中州学刊,2022(8):69-78,2.

有效收集老年人的健康信息,为老年人制定长效卫生保健计划并付诸实施。

最后,北京是全国的文化中心,具有风向标和引领作用,北京的健康医疗资源在全国领先,具有辐射全国和着眼全球的能力,应在贯彻落实健康中国战略中走在全国前列,在推广国际社会积极老龄化和健康老龄化的最新理念的过程中,也要从中国传统文化(特别是中医药文化)中发掘有价值的养老养生、敬老尊老观念,注重老龄化国情市情教育、开展有针对性的健康教育活动和健康促进活动,以此促进生命全程中健康意识和健康习惯的养成,全面提高市民的健康素养和健康自我管理能力。同时,不断推进老年健康关键医疗技术的突破,在全球应对人口老龄化中占领技术的制高点。

三、加强应对人口老龄化的科技支撑和数字支持

据北京市统计局的数据,2021年北京数字经济增加值规模达1.6万亿元人民币,占全市GDP的40.4%,继续领跑全国。《北京市积极应对人口老龄化实施方案(2021年—2025年)》明确提出"加强应对人口老龄化的科技创新",其中重点强调了要提高老年服务信息化便利化水平。具体措施包括:一是建设全球数字经济标杆城市,推动全民健康信息平台建设,加快养老服务业数字赋能研发,推广老年健康大数据应用服务,发展互联网医院,支持在线疾病咨询、电子处方、远程诊疗、智慧康养等新模式。二是发展以主动健康技术为引领的信息化老年健康服务,强化涉老数据信息安全保障和数据信息安全保护机制建设,推动智慧养老院及智能养老社区建设,加快综合化智慧养老服务在社区层面落地。三是加强养老终端设备的适老化设计与开发,围绕老年人出行、就医、消费、文体娱乐、办事等高频事项和服务场景,切实解决老年人运用智能技术问题及数字鸿沟问题。

2021年联合国国际老年人日的主题是"所有年龄的数字平等",老年人需要进入数字世界并有意义地参与其中[①]。第四次工业革命以指数级增长的数字创新为特征,改变了社会,包括我们的生活、工作和彼此之间的关系。技术进步为加速实现可持续发展目标带来了巨大希望。然而,老年人比社会上其他群体更容易遭受数字不平等,他们要么无法获得技术,要么无法充分受益于技术进步所提供的机会和平台。与此同时,数字化带来的新的风险也凸显出来,例

---

① United Nations Department of Economic and Social Affairs Ageing. International day of older persons [A/OL]. [2022-11-06]. https://www.un.org/development/desa/ageing/international-day-of-older-persons-homepage/2022-2.html.

如，网络犯罪和虚假信息威胁到老年人的人权、隐私和安全，数字技术的发展速度已经超过了政策和治理的速度。为了应对这些挑战，应充分利用数字技术的最佳成果弥合老年人的数字不平等，通过科技创新为老年人共享社会发展成果提供支撑。为进一步落实好《实施方案》提出的任务目标，可以进一步做好以下工作：

首先，要通过数字赋能改变老年人的生活状态，提高其生活质量。要重点发展生物科学、照护服务、人工智能等方面的核心技术，培育具有独立自主知识产权的"AI+养老"、"机器人+养老"、远程医疗、无接触式医疗等涉老科技和核心技术，并将技术落地于老年人的日常生活和照料护理，以降低老年人的日常健康监测和保健成本，提升老年人保健的便捷性。要鼓励在公共卫生健康服务和综合护理中使用数字技术，以增加老年人获得优质卫生保健和社会服务的机会[1]。逐步扩大政府购买服务的涉老科技产品承接商范围，扶持重点产业和重点企业发展。加强关键技术领域的国际经验借鉴交流，既要"引进来"，又要"走出去"。引进国外先进技术经验以及与服务对接的产业模式，鼓励智慧养老服务机构及有关科研机构加强国际合作交流，积极参与国际标准和规则的制定，发挥专业行业协会等组织的作用[2]。

其次，要努力采取措施，让老年人有意愿、有能力、有途径使用信息技术。一方面，增强老年群体使用智能信息产品和服务的可支付性。对于特殊困难、失能失智老年群体，应将与基本安全需求相关的涉老智能产品（比如紧急救助）及服务纳入基本养老服务清单，采取政府购买服务等方式，保障其有能力支付和使用。要循序渐进探索将经济适用的智能化照护服务内容逐步纳入长期护理保险支付范围，明确保险资金支付的范围和比例。要按照分级分类的原则，为不同年龄、不同受教育程度、不同生活环境和生活习惯的老年人提供差异化的解决方案。另一方面，提升数字包容性，避免信息化发展过于极端而将部分人口排斥在数字社会之外。对于无能力无条件使用信息技术的老年群体，如残障老年人或高龄老年人，须保留传统的服务方式，比如，医院保留挂号窗口，方便高龄老年人就诊，使社会生活形态逐步向智能老龄社会发生转变。

再次，提高监管效能，让老年群体放心使用信息技术。加强对电信网络的安全监管，进一步明确监管主责部门，发挥好行业监管职能，加强各类医疗卫

---

[1] World Health Organization. Decade of healthy ageing 2021—2030 [R/OL]. (2020 - 12 - 14) [2022 - 11 - 06]. https://cdn.who.int/media/docs/default-source/decade-of-healthy-ageing/final-decade-proposal/decade-proposal-final-apr2020-en.pdf? sfvrsn=b4b75ebc_25&download=true.

[2] 纪竞垚. 强化应对人口老龄化的科技创新支撑 [J]. 老龄科学研究，2022，10 (2)：68 - 77.

生服务机构之间数据信息的互证互认,加强卫健、民政、医保和商业保险、街道(乡镇)属地等多部门之间数据资源的共建共管,打破数字孤岛,方便老年人群体看病就医,减少交易成本和制度成本。同时,形成多部门监管合力,调动基层组织反诈工作的积极性,真正打通反诈"最后一公里",切实保障老年人合法的数字权益[①]。

最后,应紧紧抓住北京建设全球数字经济标杆城市的发展机会和平台,强化涉老数字新基建。针对老龄化加速发展和高龄化社会带来的客观现实,要适度超前推动大数据、人工智能、第五代移动通信技术和智能硬件等在老年用品领域的深度应用。支持老年用品关键技术和产品研发,发展康养类辅助器具及智慧养老产品和服务,强化老年科技的成果转化。北京人口平均素质较高,应通过数字平台、提高信息可及性,积极开发老年人力资源,促进拥有专业知识、专业技能的老年人继续参与社会经济活动,为社会发展和科技创新贡献力量,也更好地关照到老年群体自身的数字需求和适应偏好。同时,通过倡导终身学习发展理念,鼓励老年人融入信息化的新时代,从而摆脱数字隔离和社会孤立的边缘地位。

四、健全应对人口老龄化的数据收集与监测体系

世界上四分之三的国家关于老龄化或老年人群的数据很少或几乎没有,从而导致老年人容易被忽视和排斥。联合国和世界卫生组织在《2020—2030年健康老龄化行动十年》《关于年龄歧视的全球报告》等多项有影响力的报告中都提到了数据收集和监测体系的重要性。

首先,应开发相应的计量、评估指标。据此评估计算相应的老龄化应对专项举措或综合行动所带来的价值和收益,或者反之,计算年龄歧视、社会隔离等不良现象所带来的社会经济负担。例如,开发健康老龄化计量、评估指标,及时把握老年人口的健康状况、需求及其满足情况,为采取更加有效推进健康老龄化的措施提供依据。将上述计量、评估指标与社会监测体系挂钩,建立信息发布制度,既提升全社会对此的认识,也促进研究和加强政策行动。政府应进行持续监测并评估后续相应的国家政策和法律对指标所衡量的健康不平等、年龄歧视、社会隔离等问题的影响和效度,评价其对健康老龄化和积极老龄化的影响轨迹,更直观地识别和调整干预措施。

---

① 任远. 智慧老龄社会的构建[J]. 晋阳学刊,2022(2):24-32.

其次，应加强老龄化数据治理的国际比较和交流。收集并借鉴国际组织、重点国家和世界城市（特别是伦敦、巴黎、东京等超大城市和首都城市）所提供的最新数据、研究和实践创新经验，将有助于加强和利用全球、区域、国家、世界城市的数据收集和分析进行知识传播和能力建设。同时，注重按年龄细化分类进行数据收集和监测。老年人不是一个人人相同的群体，所以必须对数据进行分类，以便更好地了解他们的健康状况、社会和经济贡献以及社会资本。过去，数据收集常常不包括对老年人或者特定年龄（例如60岁以上或65岁以上）人群的汇总数据。涵盖卫生、劳动、社会服务及其他方面的国家统计和监测系统应确保对数据收集、整理、分析和报告进行分类。在整个成年期，应始终按年龄和性别分类，并应尽可能考虑以每5年作为一个年龄段。其他方法也应当更多地包括老年人及其在性别、健康状况、城市或乡村居民、社会经济地位、教育水平、民族以及其他因素方面的多样性。

最后，在数据收集和监测的基础上，利用证据产生影响，加强人口老龄化的循证干预和研究能力，从而为完善相关社会政策、提升政府老龄化社会治理水平奠定坚实的基础。应充分发挥高校和科研机构的作用，通过新型协作创新，构建集数据收集、监测、管理、评估、应用于一体的研究平台，综合多学科方法与手段，将证据转化成基础性理论研究和对策性政策建议的新成果。其中，应注重与老年人共同研究，而非仅仅研究老年人。具体到北京市，应发挥数字治理工作基础较好的优势，围绕"七有""五性"需求，坚持首善标准，发挥首都的表率示范作用，进一步优化和完善积极应对人口老龄化的指标体系，完善信息公开制度，持续开展城乡老年人生活状况调查，定期发布老龄事业和产业发展统计公报，推进重要指标的月度、季度、年度统计，统筹社会层面关于老龄的民生数据资源，加强部门间涉老信息数据共享，建设包含公众需求、政策需求和市场需求的老龄数据资源体系，为政府、企业、社会组织和个人提供信息支持。

第四章
英国养老金制度改革和社区照顾服务及其借鉴

2022年10月20日，在位仅45天的英国首相特拉斯宣布辞职，减税改革失败，预期管理失控，引发英镑危机和英债危机，并危及英国养老金体系，特拉斯墙倒众人推。事实上，英国在20世纪30年代就进入了老龄化社会，英国老龄化具有开始时间早、历时长、程度深、进程缓慢的特点。英国的养老金制度经历了撒切尔夫人时期的私有化改革与政府责任转移、布莱尔时期对弱势群体的政府责任回归与持续私有化，以及卡梅伦时期的大社会新政与继续私有化改革等发展阶段。为了缓解政府支付养老金的压力，弥补养老金资金缺口，英国政府采取了"开源"——强制性职业养老金与"节流"——延迟退休年龄、延长养老金缴费年限、延迟养老金发放等方式。但随着老龄化加剧和经济持续低迷，养老金体系的可持续风险一直存在。借鉴英国经验，北京积极应对人口老龄化，一是采取多层次社会化养老金制度以及渐进式弹性退休方案，为养老金体系的可持续性运转"开源节流"；二是加快完善一体化整合照料服务体系，推动医疗与养老服务有机融合；三是建立多元共担的家庭支持政策体系，提高便捷化、专业化居家社区照护服务能力，实现"居家社区机构相协调、医养康养相结合"的发展格局。

第一节 英国人口老龄化发展特征

一、人口老龄化现状概览

英国是较早进入老龄化的国家之一，其老龄化具有开始时间早、历时长、程度深、进程缓慢的特点。

（一）进入人口老龄化早，人口老龄化程度深

早在1929年，英国65岁及以上老年人口的比例就已超过7%，标志着英国开始进入老龄化社会[①]。到1975年，这一比例达到14.1%，标志着英国开始进入老龄社会。到2020年，英国老龄化率达到18.6%，意味着将近每5个人中就有1人为65岁及以上的老年人，老龄化程度较深。但是，从英国开始进入老龄社会至2020年的45年中，其老龄化率仅上涨约4.5个百分点，即平均每年上涨约0.1个百分点，增速缓慢[②]（见图4-1）。

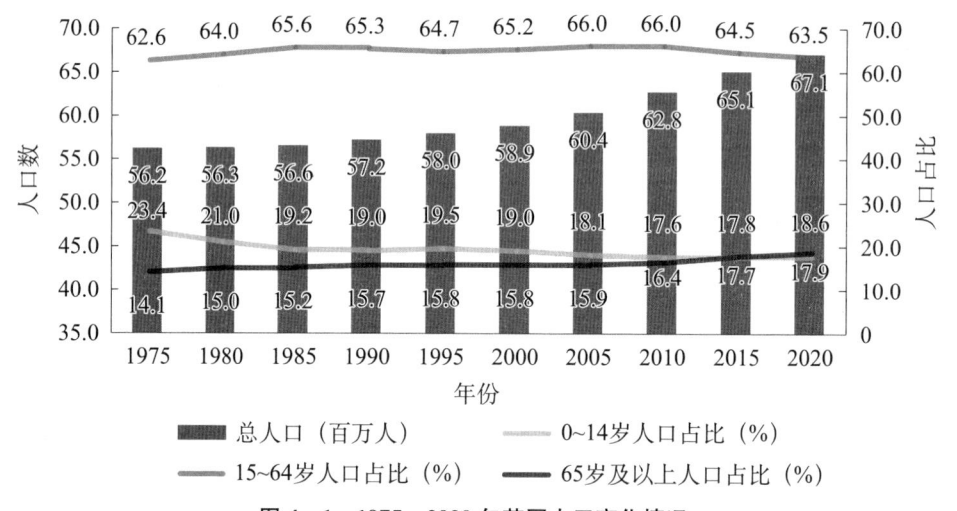

图4-1 1975—2020年英国人口变化情况

资料来源：根据英国国家统计局官方数据绘制。

（二）老年人口抚养比高，赡养压力大

自1975年英国开始步入老龄社会以来，其老年人口抚养比也随着老龄化率的升高而缓慢上升。受到第二次世界大战之后婴儿潮等因素的影响[③]，2010年前后其老年人口抚养比出现较为明显的拐点，由2009年的27.4%上涨至2021年的33.1%。意味着，在2021年，平均每3位劳动年龄人口就要赡养1

---

① 汪建强. 当代英国养老金制度改革简述[J]. 学海, 2005 (2): 146.
② Office for National Statistics. United Kingdom population mid-year estimate [DB/OL]. (2021 - 06 - 25) [2022 - 08 - 08]. https://www.ons.gov.uk/peoplepopulationandcommunity/populationandmigration/populationestimates/timeseries/ukpop/pop.
③ Office for National Statistics. Births in England and Wales: 2017 [R/OL]. (2018 - 07 - 18) [2022 - 08 - 08]. https://www.ons.gov.uk/peoplepopulationandcommunity/birthsdeathsandmarriages/livebirths/bulletins/birthsummarytablesenglandandwales/2017.

位 65 岁及以上的老年人，赡养压力较大（见图 4-2）。

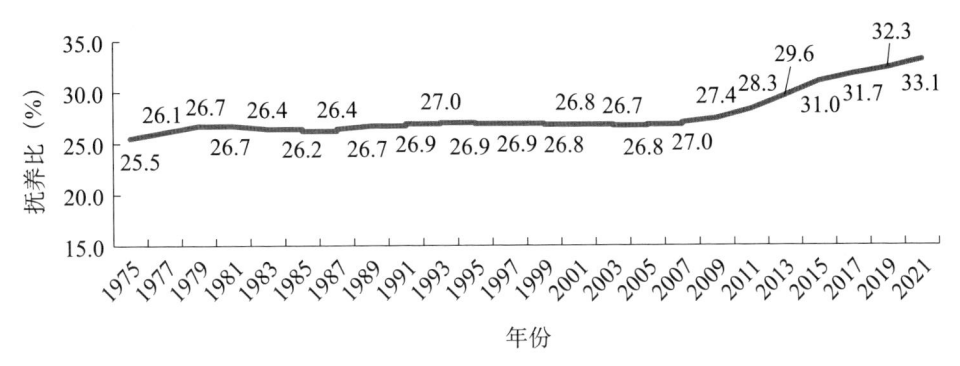

图 4-2　1975—2021 年英国老年人口抚养比

资料来源：根据 OECD 官方数据绘制。

（三）老龄化发展不平衡，首都都市圈"最年轻"

从 2020 年英国国家及地区人口的年龄结构来看，英国人口的年龄中位数为 40.4 岁，较 2019 年的 40.3 岁增加 0.1 岁[①]。其中，伦敦地区为全英国"最年轻"的地区，其年龄中位数仅为 35.8 岁，较英国整体的年龄中位数低了将近 5 岁。不仅如此，在 2020 年，伦敦地区 65 岁及以上人口比例仅达到 12.2%，85 岁及以上人口比例仅达到 1.7%，均处于英国各地区中的最低位，相较于英国整体水平分别低了 6.4 个百分点和 0.8 个百分点。伦敦作为首都同时是英国的经济中心，大伦敦都市圈持续吸引年轻人口流入，一定程度上延缓了该地区的老龄化进程。与此相对，西南英格兰地区是英国"最老"的地区，其年龄中位数（44.1 岁）高出英国整体约 4 岁；65 岁及以上人口比例（22.4%）和 85 岁及以上人口比例（3.1%）高出英国整体 3.8 个百分点和 0.6 个百分点（见表 4-1）。

表 4-1　2020 年英国国家及地区人口年龄结构

国家及地区	年龄中位数（岁）	65 岁及以上人口比例（%）	85 岁及以上人口比例（%）
英国	40.4	18.6	2.5

---

① Office for National Statistics. Population estimates for the UK，England and Wales，Scotland and Northern Ireland：mid-2020 [R/OL]. (2021-06-25) [2022-08-08]. https://www.ons.gov.uk/peoplepopulationandcommunity/populationandmigration/populationestimates/bulletins/annualmidyearpopulationestimates/mid2020.

续表

国家及地区	年龄中位数（岁）	65 岁及以上人口比例（%）	85 岁及以上人口比例（%）
英格兰	40.2	18.5	2.5
东北英格兰	41.7	20.1	2.5
西北英格兰	40.3	18.8	2.4
约克郡-亨伯	40.2	18.9	2.4
东米德兰	41.4	19.6	2.5
西米德兰	39.6	18.7	2.5
东英格兰	41.8	20.0	2.8
伦敦	35.8	12.2	1.7
东南英格兰	41.9	19.7	2.8
西南英格兰	44.1	22.4	3.1
威尔士	42.4	21.1	2.7
苏格兰	42.1	19.3	2.3
北爱尔兰	39.2	16.9	2.1

资料来源：英国国家统计局网站。

（四）超高龄老人比例继续增长，对长期照护体系的要求更高

随着英国超高龄老年人口的比例不断增长，对养老服务体系和老年健康支持体系提出更多特殊要求。在过去的 30 年里，英国 90 岁及以上超高龄老年人口增长了两倍以上，到 2020 年达到 61.0 万人。虽然受到第一次世界大战期间低出生人数的影响，这一人口规模在 2007 年和 2008 年出现了下降，但在之后的 2010 年至 2012 年期间又迅速增加。尽管在第一次世界大战后出现婴儿潮的出生高峰后，英国的出生人数稳步下降，但 90 岁及以上超高龄老年人口数量仍在继续增长（见图 4-3）。这是由于医疗技术的进步以及生活水平、公共卫生水平的提高等因素导致死亡率的降低所造成的，越来越多的人得以活到超高龄[1]。

从英国 90 岁及以上超高龄老年人口的年龄结构来看，90～94 岁人口占 90 岁及以上人口的大多数。在英国，2020 年，有超过四分之三（77.2%）的超高

---

[1] Office for National Statistics. Estimates of the very old, including centenarians, UK: 2002 to 2020 [R/OL]. (2021-09-23) [2022-08-08]. https://www.ons.gov.uk/peoplepopulationandcommunity/birthsdeathsandmarriages/ageing/bulletins/estimatesoftheveryoldincludingcentenarians/2002to2020.

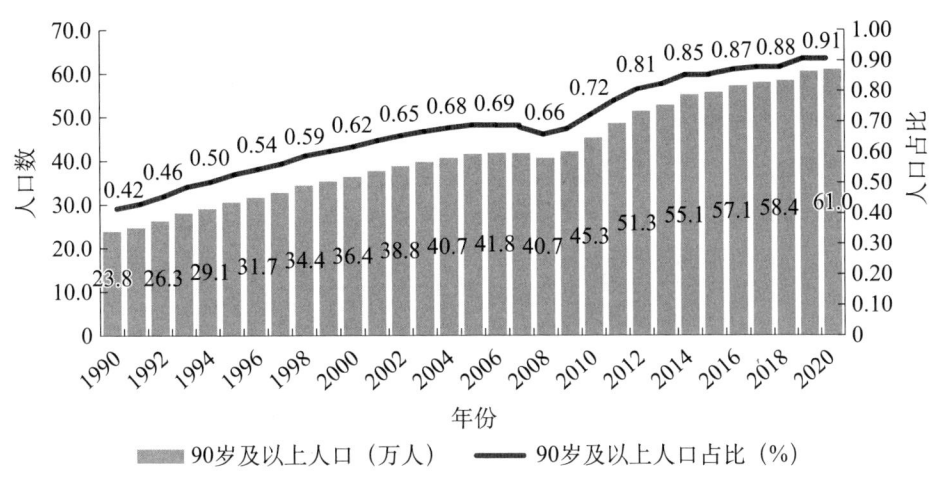

图 4-3 1990—2020 年英国 90 岁及以上老年人口变化情况

资料来源：根据英国国家统计局官方数据绘制。

龄老年人口的年龄在 90 岁到 94 岁之间；五分之一（20.3%）的年龄在 95 岁到 99 岁之间；2.5% 的年龄在 100 岁及以上。对比 2002 年同年龄组的数据（80.4%、17.6% 和 2.0%）可以看出，英国超高龄老年人群体内部也正在经历着"变老"的过程。

（五）女性寿命更长，须关注长期照护体系建设的性别差异

从英国 90 岁及以上超高龄老年人口的性别结构来看，由于女性平均寿命更长的缘故，其中女性人口多于男性人口，且随着年龄的增长，女性与男性的比例也不断上升（见图 4-4）。在 2020 年，英国 90 岁到 94 岁年龄组中女性与男性的比例为 1.9，95 岁至 99 岁年龄组的该比例为 2.8，到 100 岁及以上年龄组，该比例上升为 4.6。女性由于工作期相对较短，养老金水平普遍低于男性，且由于生理、心理因素的性别差异，给长期照护服务体系建设提出新的要求[1]。

随着时间的推移，英国超高龄男女人数之间的差距一直在缩小。主要是因为这几十年来男性预期寿命的增长速度要快于女性。而男性预期寿命增长速度更快的原因则是男性吸烟的比例相较于女性下降幅度更大，以及随着重工业的衰落工作条件有所改善等。

---

[1] Office for National Statistics. Estimates of the very old，including centenarians，UK：2002 to 2020 [R/OL].（2021-09-23）[2022-08-08］. https：//www.ons.gov.uk/peoplepopulationandcommunity/birthsdeathsandmarriages/ageing/bulletins/estimatesoftheveryoldincludingcentenarians/2002to2020.

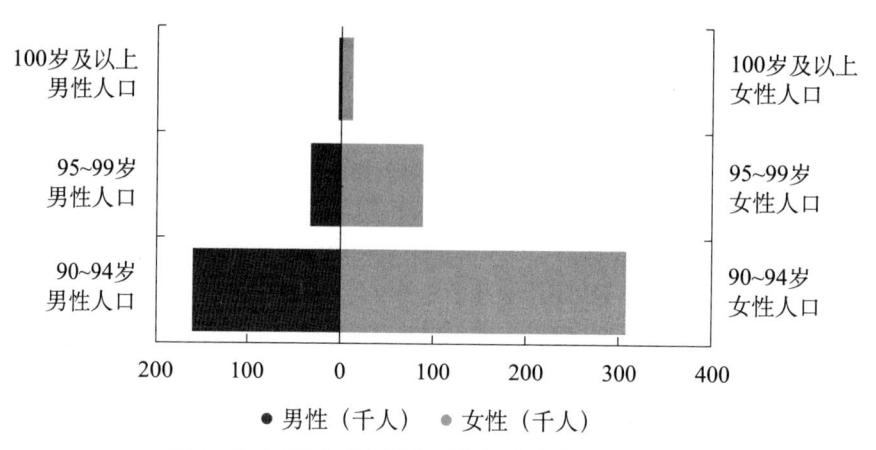

100岁及以上男性人口
100岁及以上女性人口
95~99岁男性人口
95~99岁女性人口
90~94岁男性人口
90~94岁女性人口

200 100 0 100 200 300 400

● 男性（千人）　● 女性（千人）

图 4-4　2020 年英国分年龄组超高龄老年人口数量

资料来源：英国国家统计局统计公报。

二、人口老龄化发展趋势

根据英国国家统计局公布的数据和简报可知，基于 2020 年中期数据进行预测，未来 10 年至 25 年间英国人口具有以下三个趋势：

（一）总人口继续增长，但不同地区增长率不同

预计未来 10 年至 25 年英国总人口将继续增长，但增长速度有所减缓。2020 年英国总人口约为 6 710 万人，预计到 2030 年，英国总人口将增加约 210 万人，增长至 6 920 万人（增长 3.2%）。相比之下，2010 年至 2020 年，英国总人口增加了约 430 万人（增长 6.9%）。与 2020 年相比，预计到 2045 年，英国总人口将再增长约 390 万人（增长 5.8%)[1]。然而在 1995 年至 2020 年，英国总人口增长了约 910 万人（增长 15.6%）（见图 4-5）。

在未来的 10 年至 25 年间，预计英国国内四个地区的人口增长速度各不相同。2020 年至 2030 年的 10 年间，英国总人口将增长 3.2%。其中，预计英格兰人口将增长最快，为 3.5%，威尔士为 2.6%，北爱尔兰为 2.0%，苏格兰的增长最慢，为 0.3%。2020 年至 2045 年的 25 年间，英国总人口将增长 5.8%。

---

[1]　Office for National Statistics. National population projections: 2020-based interim [R/OL]. (2022-01-12) [2022-08-08]. https://www.ons.gov.uk/peoplepopulationandcommunity/populationandmigration/populationprojections/bulletins/nationalpopulationprojections/2020basedinterim#national-population-projections-data.

图 4-5 基于 2020 年年中数据的英国人口预测

资料来源：根据英国国家统计局官方数据绘制。

其中，英格兰人口增长最快，为 6.7%，威尔士同期预计增长 4.2%，北爱尔兰为 2.3%。然而这段时间内，苏格兰人口将下降 1.5%[①]（见表 4-2）。

表 4-2 2020—2045 年英国国家及地区人口和人口预测　　　单位：百万人

国家及地区	2020 年	2025 年	2030 年	2035 年	2040 年	2045 年
英国	67.1	68.3	69.2	69.9	70.4	71.0
英格兰	56.6	57.7	58.5	59.2	59.8	60.3
威尔士	3.2	3.2	3.3	3.3	3.3	3.3
苏格兰	5.5	5.5	5.5	5.5	5.4	5.4
北爱尔兰	1.9	1.9	1.9	1.9	1.9	1.9

资料来源：英国国家统计局统计公报。

（二）出生时预期寿命将继续延长，老年人口抚养比将继续上升

预计到 2045 年，英国人口出生时预期寿命将继续延长，老年人口抚养比也将继续上升。英国男性的出生时预期寿命预计将从 2020 年的 78.4 岁增加到 2045 年的 82.2 岁；英国女性的出生时预期寿命将从 2020 年的 82.4 岁增加到 2045 年的 85.3 岁[②]（见图 4-6）。

从英国四个地区分别来看，到 2045 年，苏格兰地区男女出生时预期寿命

[①] Office for National Statistics. National population projections：2020-based interim［R/OL］.（2022-01-12）［2022-08-08］. https：//www.ons.gov.uk/peoplepopulationandcommunity/populationandmigration/populationprojections/bulletins/nationalpopulationprojections/2020basedinterim#national-population-projections-data.

[②] Office for National Statistics. National population projections, mortality assumptions：2020-based interim［R/OL］.（2022-01-12）［2022-08-08］. https：//www.ons.gov.uk/peoplepopulationandcommunity/populationandmigration/populationprojections/methodologies/nationalpopulationprojectionsmortalityassumptions2020basedinterim.

位居四地最低，不论男性还是女性都比英国整体的出生时预期寿命低将近 2 岁。与此相对应，出生时预期寿命最长的为英格兰地区，男性和女性的出生时预期寿命都略高于英国整体水平（见表 4-3）。

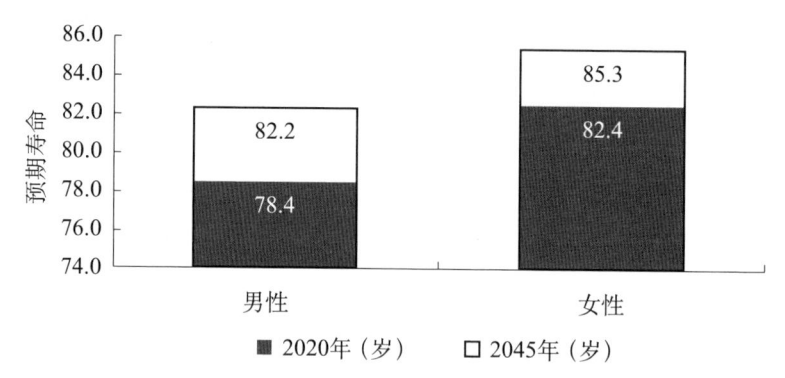

图 4-6　2020 年、2045 年英国人口出生时预期寿命

资料来源：根据英国国家统计局官方数据绘制。

表 4-3　2045 年英国国家及地区出生时和 65 岁时的预期寿命　　单位：岁

国家及地区	女性		男性	
	出生时预期寿命	65 岁时预期剩余寿命	出生时预期寿命	65 岁时预期剩余寿命
英国	82.17	20.62	85.34	22.74
英格兰	82.47	20.77	85.62	22.93
威尔士	81.43	20.18	84.75	22.37
苏格兰	80.14	19.71	83.42	21.51
北爱尔兰	81.68	20.32	84.92	22.45

资料来源：英国国家统计局统计公报。

（三）老龄化将持续加剧，养老金领取人口增长最快

从少年儿童人口、劳动力人口、可领取养老金的人口三个生命阶段分别来看 2020 年、2030 年以及 2045 年英国人口的变化状况。这里的少年儿童人口是指 0~15 岁的人口；可领取养老金的人口则是指英国现行立法所规定的国家养老金领取年龄所对应的人口。可以看出，到 2030 年英国少年儿童人口预计将减少 110 万人（降低 8.8%）。基于男女可领取退休金的年龄将调整到 67 岁的国家计划，到 2030 年预计可领取养老金的人口数量将增加 130 万人（增长 11.3%）。同时期，预计英国的劳动力人口将增加 190 万人（增长 4.5%），推迟可领取退休金的年龄可以在一定程度上减缓国家养老金支出的压力。到 2045

年，预计英国的少年儿童人口和劳动力人口的数量将与 2030 年的数量持平。但是，同时期可领取养老金的人口数量将大幅度增长，预计将增长至 1 520 万人左右，比 2020 年增长 28%①（见图 4-7）。

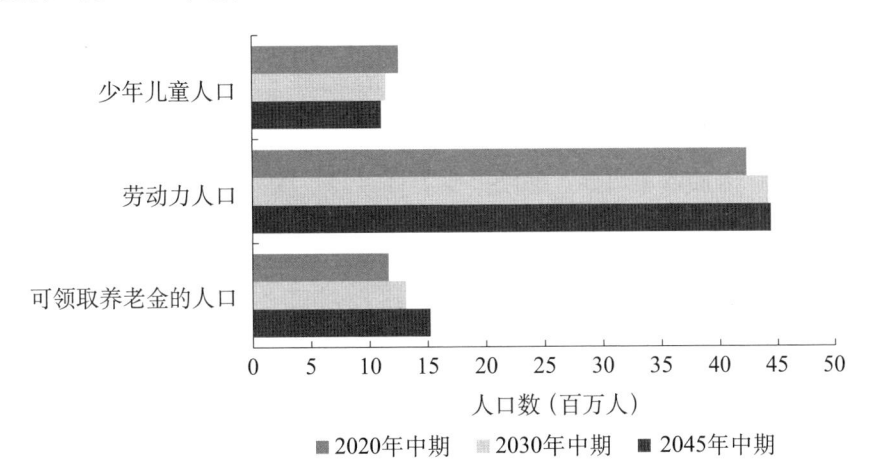

图 4-7　2020 年、2030 年、2045 年英国不同生命阶段人口

资料来源：英国国家统计局统计公报。

综上，英国作为较早进入老龄化的国家之一，自 1929 年老龄化率超过 7% 开始进入老龄化社会到 2020 年老龄化率达到 18.6%，91 年间老龄化率上涨近 12 个百分点，老龄化程度较深，但增长速度相对缓慢。在英国老龄化漫长的发展历程中，为了应对老年人口增长、家庭结构变化所带来的诸如养老金供给水平较低、家庭养老困难等社会问题，同时也为了给老年人提供良好的养老环境，让他们可以安心、安稳、安全地度过晚年生活，英国政府在不断的摸索中逐渐形成了一套独具特色的养老保障制度及养老服务体系。

相比而言，北京市在 1990 年时 60 岁及以上老年人口比例才突破 10%②，开始进入老龄化社会，与英国相比晚了近 60 年。但是到 2021 年底，北京市 65 岁及以上常住人口占常住总人口的比例已经达到 14.24%③，这标志着北京市已经进入老龄社会。作为"新兴"的老龄化城市，北京市在老龄化快速发展的

---

① Office for National Statistics. National population projections：2020-based interim [R/OL]. (2022-01-12) [2022-08-08]. https://www.ons.gov.uk/peoplepopulationandcommunity/populationandmigration/populationprojections/bulletins/nationalpopulationprojections/2020basedinterim#national-population-projections-data.
② 北京市统计局. 北京统计年鉴 2021 [M]. 北京：中国统计出版社，2021.
③ 北京市老龄事业发展报告（2021）[R/OL]. (2022-09-28) [2022-11-26]. http://wjw.beijing.gov.cn/wjwh/ztzl/lnr/lljkzc/lllnfzbg/202209/P020220928402196139821.pdf.

阶段，面对养老保障与服务不能满足需求的社会问题，有必要学习和借鉴英国的已有经验。

第二节　英国的养老金制度改革

英国是世界上最早建立现代化社会保障制度的国家之一。其公共养老金制度经历了三次大的改革历程，最终形成了目前的"三支柱"养老金体系。在这样的养老金体系下英国又推出延迟退休等政策来维持养老保障体系的可持续性，改革过程复杂而曲折，一些经验教训值得学习和借鉴。

一、养老金制度改革的政策历程

英国的养老金制度可追溯到 1601 年的《济贫法》[1]，据此法案，各教区负责向居民和房产所有者征收"济贫法税"，并用该税收收入给贫困者发放救济。《济贫法》在 1607 年、1782 年、1795 年、1834 年等年份进行了不同方面的修改[2]。但随着社会经济的发展，英国社会各界开始强烈要求有效的养老金制度。

《养老金法案 1908》[3] 规定，任何 70 岁以上的老人只要符合该法案规定的条件，都可以领取养老金，支付养老金所需的一切费用均来自政府拨款。《养老金法案 1908》确立的免费养老金制度，没有遵守权利与义务相结合的原则，给英国政府带来巨大的财政压力，使得养老金制度的待遇标准保持在较低水平，在养老保障的资金支持方面作用有限。《国民保险法案 1911》[4] 主要包括两部分，第一部分是健康保险，第二部分是失业保险，为英国国民奠定了健康保险的基础。

1942 年，英国社会保障服务委员会贝弗里奇爵士（William Beveridge）发布了著名的《社会保险及相关福利服务》（Social Insurance and Allied Services），制定战后英国社会保障计划的四大原则——普遍性原则、保障基本生活

---

[1]　The Health Foundation. The Poor Law 1601 [EB/OL]. (2002 - 11 - 12) [2022 - 11 - 28]. https://navigator.health.org.uk/theme/poor-law-1601.

[2]　Marjie Bloy. The 1601 Elizabethan Poor Law [EB/OL]. (2002 - 11 - 12) [2022 - 11 - 28]. https://victorianweb.org/history/poorlaw/elizpl.html.

[3]　Internet Archive. Old-age Pensions Act 1908 [EB/OL]. (2009 - 05 - 03) [2022 - 11 - 28]. https://archive.org/details/oldagepensionsa00britgoog/page/n4/mode/2up.

[4]　The Health Foundation. National Insurance Act 1911 [EB/OL]. [2022 - 11 - 28]. https://navigator.health.org.uk/theme/national-insurance-act-1911.

原则、政府统一管理原则、权利和义务对等原则,奠定了英国从"摇篮到坟墓"的综合社会保障模式①。

基于1942年的《社会保险及相关福利服务》,英国于1946年颁布实施《国民保险法案》②。该法案建立了公共养老保险制度——国家基本养老金制度,该制度提高了单身老年人以及老年夫妇的养老金待遇,并将国家基本养老金制度纳入整个国民社会保险制度成为综合社会保险的重要组成部分,由此奠定了"从摇篮到坟墓"的福利制度的基础。《国民健康服务法案1946》③ 用法律的形式规定所有人都可以获取免费医疗。《国家救助法案1948》④ 以法律的形式规定了成立养老院等是政府的义务。由于上述三部重要法案的保驾护航,英国国民的总体健康状况得到了很大改善,英国人民的生活水平显著提高,英国贫富差距有所缩小。1948年,英国首相艾德礼(Clement Richard Attlee)宣布英国已建成福利国家。因为福利有着只能加不能减的刚性特征,随着英国人口老龄化的加剧,英国的养老福利使财政压力越来越大。

(一)私有化改革与政府责任转移:1979—1997年

1979年撒切尔夫人开始执政,英国养老金制度进入激进改革时期,开始改变原来政府大包大揽的做法,尝试把以前国家承担的部分养老责任向社会的私人部门和个人转移,其首要目的是降低公共养老保险的财政支付压力,目标在于建立由国家、企业、个人三部分共同承担的养老保险金⑤。1986年英国政府出台《社会保障法案》⑥,对养老金制度进行了重大改革。该法案首先通过修订国家收入关联养老金计划,降低国家养老金支付水平,减轻政府负担;其次,改革职业养老金计划,允许雇主设立"缴费确定型"而非"待遇确定型"的职业养老金计划,减轻雇主设立职业养老金计划的财务压力;最后,引入"个人养老金计划",即由保险公司等金融机构负责设计并提供给个人

---

① UK Parliament. 1942 Beveridge report [EB/OL]. [2022-11-28]. https://www.parliament.uk/about/living-heritage/transformingsociety/livinglearning/coll-9-health1/coll-9-health.

② The Health Foundation. The National Insurance Act 1946 [EB/OL]. [2022-11-28]. https://navigator.health.org.uk/theme/national-insurance-act-1946.

③ The Health Foundation. National Health Service Act 1946 [EB/OL]. [2022-11-28]. https://navigator.health.org.uk/theme/national-health-service-act-1946.

④ The Health Foundation. The National Assistance Act 1948 [EB/OL]. [2022-11-28]. https://navigator.health.org.uk/theme/national-assistance-act-1948.

⑤ 王绍洪,黄天颖. 欧债危机背景下英国公共管理改革探析:以养老保险系统和医疗服务体系改革为例 [J]. 乐山师范学院学报, 2019, 34 (10): 81-87.

⑥ Social Security Act 1986 [EB/OL]. [2022-11-28]. https://www.legislation.gov.uk/ukpga/1986/50/contents.

选择的养老金计划。法律规定，没有为雇员提供职业年金计划的雇主必须与一家或多家保险公司达成协议，使其雇员能够参加个人养老金计划。个人也可不经雇主而直接参加保险公司提供的个人养老金计划。通过改革将养老金向私有部门挂靠，以减少政府的负担。这次改革虽然在一定程度上缓解了政府的财政压力，但是因为监管不力，有人趁机利用监管漏洞获利，反倒使整体养老水平下降。

（二）对弱势群体的政府责任回归与持续私有化：1997—2010 年

1997 年布莱尔上台执政后，针对自撒切尔夫人时期以来英国养老保险出现的问题进行了新的改革。布莱尔重新调整了国家、企业、个人三部分对养老金的支出比例，在一定程度上增加了政府对养老金的支出。《福利改革和养老金法案 1999》解决大部分老年人领取的养老金水平较低和监管乏力等问题，以确保国家的福利维持在合理范围内[1]。《养老金法案 2008》[2] 重新调整了国家、企业、个人三部分对养老金的支出比例，在一定程度上增加了政府对养老金的支出。经过撒切尔夫人和布莱尔政府的市场化改革后，英国的养老金"三支柱"体系已经基本形成[3]。

（三）大社会新政与继续私有化：2010 年至今

随着英国老龄化程度不断加深，加上人口寿命延长和提前退休等现象，导致英国养老保险资金储备严重缺损，对退休老年人的生活状况造成了进一步的影响[4]。因此，2010 年 5 月在卡梅伦出任首相后，英国政府采取了强制购买职业养老金的改革措施，体现在《养老金法案 2011》[5] 中，以缓解政府支付养老金的压力。

2012 年开始进一步深化改革，改革的主要内容是简化公共养老金，强制实施职业养老金，提高职业养老金的覆盖率和保障水平。有关养老金的法律不断

---

[1] Welfare Reform and Pensions Act 1999 [EB/OL]. [2022-11-28]. https://www.legislation.gov.uk/ukpga/1999/30/contents.

[2] Pensions Act 2008 [EB/OL]. [2022-11-28]. https://www.legislation.gov.uk/ukpga/2008/30/contents.

[3] 赵代博，程令伟，鄢盛明. 试析英国养老金私有化改革的中国启示：兼论贫困老年群体的政府责任 [J]. 西南石油大学学报（社会科学版），2017，19（1）：47-52.

[4] 赵立新. 英国养老保障制度 [J]. 中国人大，2018（21）：51-54.

[5] Pensions Act 2011 [EB/OL]. [2022-11-28]. https://www.legislation.gov.uk/ukpga/2011/19/contents.

修改完善，最终形成《养老金法案 2014》①，其中重要的修改有：强制性第二支柱养老金改革方案将原先雇员可以自愿申请加入职业养老金的规定改为达到特定收入标准的雇员自动加入该计划，并且其雇主也必须为其纳费，同时增加了雇主和雇员的缴费率。符合购买这种养老保险金要求的民众都将被自动涵盖到其中，并简化了以往的流程，从而拓宽了英国养老保险系统的覆盖人群，也极大地提高了职业养老金的参保率。由国家就业储蓄信托组织（National Employment Savings Trust，NEST）统一管理参保人缴纳的保险金并进行投资，以便为参保人提供更多的养老资金。总体而言，2021年有88%的符合条件的雇员加入了职业养老金。2012年以来，职业养老金参保率不断上涨并于2018年开始保持稳定，这是由私营部门职业养老金参保人数的上升所造成的。2009—2021年英国不同部门职业养老金参保率见图4-8。

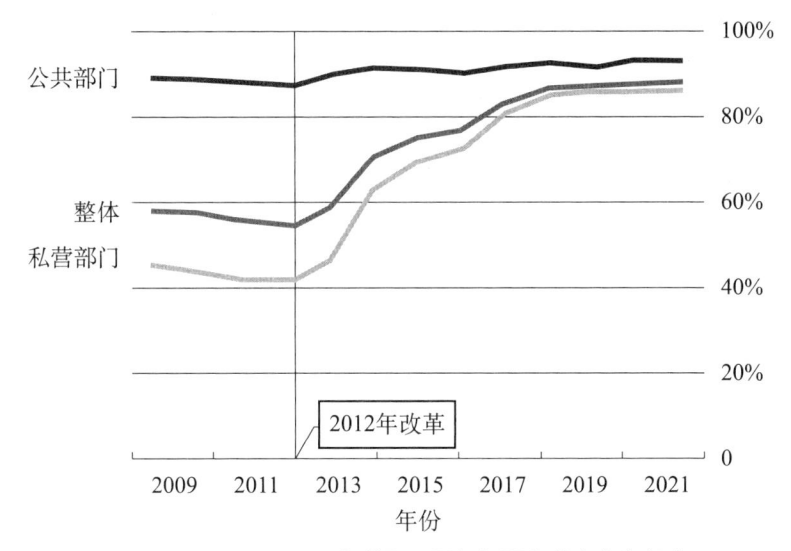

图 4-8 2009—2021 年英国不同部门职业养老金参保率

资料来源：Official Statistics：workplace pension participation and savings trends of eligible employees：2009 to 2021 [EB/OL]. (2022-06-28) [2022-11-28]. https：//www.gov.uk/government/statistics/workplace-pension-participation-and-savings-trends-2009-to-2021/workplace-pension-participation-and-savings-trends-of-eligible-employees-2009-to-2021.

注：私营部门指不隶属于政府，以营业为目的的部门，如酒店和餐饮业等；与私营部门相比，公共部门指由政府拥有、控制和资助的部门，如国家卫生服务体系（NHS）等；整体指私营部门和公共部门中全部符合条件的雇员。

---

① Pensions Act 2014 [EB/OL]. [2022-11-28]. https：//www.legislation.gov.uk/ukpga/2014/19/contents.

二、英国养老保险的"三支柱"体系

现阶段,英国形成了由第一支柱国家养老金(State Pension,SP)、第二支柱职业养老金(Workplace Pension,WP)和第三支柱个人养老金(Personal Pension,PP)组成的"三支柱"养老金体系(见图4-9)。在英国"三支柱"养老金体系中,国家养老金为公共养老金,职业养老金和个人养老金为私有养老金,公共养老金的目的在于提供基本退休收入保障,私有养老金则承担起了提高养老金替代率、提升退休生活质量的重要责任[①]。

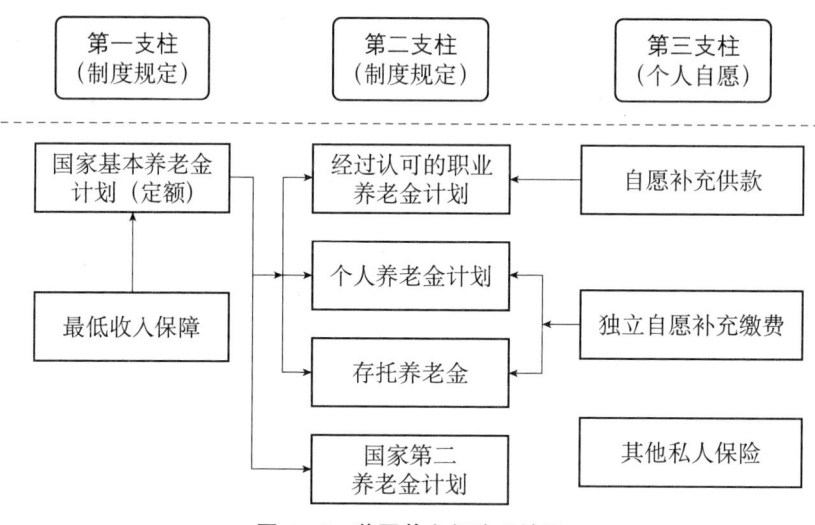

图4-9 英国养老保险系统图

(一)第一支柱:国家养老金

英国国家养老金的实施有新旧两种方案[②]。在2016年4月6日之前达到国家养老金年龄而有资格领取国家养老金的,适用旧方案,包括三种类型。一是基本国家养老金(Basic State Pension),金额取决于国家保险缴费或信用分数,每周最多141.85英镑(2022年数据,约合人民币1 241.4元)。二是附加国家养老金(Additional State Pension),需要高于一定收入或符合其他福利资格[③]。

---

① 马艺方,陈必果. 英国:三支柱养老金投资管理与资本市场[J]. 保险理论与实践,2021(7):126-148.
② The basic State Pension [EB/OL]. [2022-11-28]. https://www.gov.uk/state-pension.
③ Additional State Pension [EB/OL]. [2022-11-28]. https://www.gov.uk/additional-state-pension.

三是养老金补贴（Pension Credit），是面向低收入及困难人群的家计调查型救助[①]。

在 2016 年 4 月 6 日之后达到国家养老金年龄的，适用新方案，包括三种类型。一是新国家养老金（New State Pension），金额取决于国家保险缴费或信用分数，每周最多 185.15 英镑（2022 年数据，约合人民币 1 620.3 元）[②]。二是受保护的支付（Protected Payment），即之前为附加养老金缴纳的保费仍然计入其中。三是与改革前相同的养老金补贴。

（二）第二支柱：职业养老金

从缴费与给付方式来看，职业养老金有待遇确定型（defined benefit，DB）和缴费确定型（defined contribution，DC）两种。DB 型计划多为信托型基金，包括按退休前最终工资领取和按平均工资领取两种。DC 型计划分为信托型和契约型两种，信托型包括由单一雇主运营的单一信托以及向多个雇主开放的集合信托计划（Master Trust Schemes），而契约型一般指团体个人养老金计划（Group Personal Pension Schemes）。

（三）第三支柱：个人养老金

除了一般的个人养老金以外，还包括利益相关者养老金（Stakeholder Pension）和自投资个人养老金（Self-Invested Personal Pension），通常都属于 DC 型计划。利益相关者养老金的最低缴费限额、管理费用以及资金增长水平都比一般的个人养老金更低，而自投资个人养老金则相反，可以灵活选择多种资产类别进行投资，其风险、增长水平以及管理费用相对更高。

三、英国的延迟退休政策

退休年龄和养老金支出紧密相关，许多发达国家通过延迟退休年龄缓解社会养老金支付压力。英国作为典型的福利国家，伴随人口老龄化进程出台了延迟退休方案和公共养老金制度改革。为了削减福利支出，缓解政府财政压力，英国政府从宏观经济的角度推出分阶段延迟退休年龄计划。英国《养老金法案 2011》提出：延迟退休年龄的第一阶段是 2016 年 4 月至 2018 年 11 月，女性退

---

① Pension Credit [EB/OL]. [2022-11-28]. https：//www.gov.uk/pension-credit.
② The New State Pension [EB/OL]. [2022-11-28]. https：//www.gov.uk/new-state-pension.

休年龄推迟到65岁;第二阶段是2018年12月至2020年6月,所有劳动者退休年龄推迟至66岁①。英国政府还计划从2024年到2046年再将退休年龄调整到68岁。根据现行立法,英国法定的退休年龄将从66岁提高到67岁。2013—2035年英国不同性别的退休年龄详见表4-4。

表4-4 2013—2035年英国退休年龄　　　　　单位:岁

年份	男性		女性	
	目前及预计年龄	建议退休年龄	目前及预计年龄	建议退休年龄
2013	65	65	61.67	61.67
2026	66	66.17	66	66.17
2027	66	66.67	66	66.67
2028	66	67	66	67
2033	66	67	66	67
2034	66.17	67	66.17	67
2035	66.17	67	66.67	67

资料来源:Department for Work and Pensions. Long term State Pension sustainability:increasing the State Pension age to 67 [R/OL]. (2013-01-18) [2022-11-28]. https://www.gov.uk/government/publications/long-term-state-pension-sustainability-increasing-the-state-pension-age-to-67.

英国不仅仅延迟了退休年龄,还提出养老金缴费和领取的相关政策调整。2006年英国推出首份养老金白皮书《退休保障:朝向一个新的养老金制度》,提出:推迟退休年龄的同时推迟养老金领取年龄,并延长养老金缴费年限②。2018年前,男女领取养老金年龄从60岁逐渐升至65岁,2020年前从65岁逐渐升至66岁,2026年前从66岁逐渐升至67岁③。

四、英国养老金体系存在的突出问题

虽然英国政府通过强制性职业养老金的"开源"方式与延迟退休年龄、延长养老金缴费年限、延迟养老金发放的"节流"方式缓解政府支付养老金的压

---

① Pensions Act 2011 [EB/OL]. [2022-11-28]. https://www.legislation.gov.uk/ukpga/2011/19/contents.

② Department for Work and Pensions. Security in retirement:towards a new pensions system [R/OL]. (2006-05-25) [2022-11-28]. https://www.gov.uk/government/publications/security-in-retirement-towards-a-new-pensions-system.

③ Pensions at a glance 2013:OECD and G20 indicators [R/OL]. [2022-11-28]. http://dx.doi.org/10.1787/pension_glance-2013-en.

力，弥补养老金资金缺口，但是目前其养老金体系尚面临以下问题：

（一）国家养老金提供水平仍然较低，老年人贫困率仍然较高

新冠疫情之前，英国65岁及以上老年人口的平均收入约为总人口的81%。那些在职业生涯中已积累了足够收入的人，往往拥有私人住房并缴纳个人养老金。而那些不太幸运的人则几乎没有资源，主要依靠国家养老金维持生计。英国65岁及以上老年群体的收入不平等程度很高，基尼系数为0.33。虽然支付中的养老金受"三支柱"保障，但是对于仅能够获取国家养老金的人而言，这一福利水平也只能为他们提供较低的收入。目前，英国老年人的相对贫困率仍然很高。在75岁及以上人群中，有19.2%的人收入低于家庭可支配收入中位数的一半，其中大多数是妇女。这是由于妇女的就业时长不足，导致她们本身享有养老金权利的可能性较小。因此，她们只能依靠其伴侣的养老金补助或遗属补贴来生活。近年来，英国66岁以上老年人的相对贫困率有所下降，从2000年的22.7%下降到2018年的15.5%，而劳动年龄人口的贫困率却略有上升。鉴于国家养老金的逐步增加，预计老年贫困率将继续下降，到2051年，在新制度中缴款35年的人将达到旧制度的130%，并且，自愿缴纳个人养老金的有效性也有可能帮助降低老年人贫困率①。

（二）职业养老金参加人数和缴费率有所上涨，个人领取与支配养老金存在风险

从2012年开始，加入职业养老金的人数逐渐上涨，自动参保的覆盖率增加了一倍多，从2012年的40%增加到2019年的88%。尽管年收入低于10 000英镑（约合人民币80 673元）的员工和个体经营者不能自动参保，但是职业养老金的最低缴费率也从2012年的3%提高到了2019年的8%，其中雇主支付3%。对整个职业生涯作出贡献且能够拿到平均工资的工人，退休之后可以领取到的养老金相当于他之前实得工资的54%。对于仅仅能领到基本养老金的人来说，其养老金替代率为28%；对于低收入者来说，假如他们全额缴费，那么未来养老金替代率为72%。

目前，在英国从55岁开始就可以一次性取出所有的养老金，其中有25%可以免税。这一法定年龄预计将会随国家提高养老金领取年龄立法的颁布而不断提高。提前领取所有养老金的这一做法纵然会带来很大的自由度和灵活

---

① Pensions at a glance 2021：how does the United Kingdom compare？[R/OL]．[2022-11-28]． https：//www.oecd.org/unitedkingdom/PAG2021-GBR.pdf.

性，然而由于人们往往难以正确评估他们未来的需求，同时由于寿命的不确定性等因素，也给他们控制和支配其养老金资产带来了一定的风险。此外，这一做法更容易使中低收入人群陷入风险。比如，当面对短期的财务困难时，这些人更有可能被诱惑或者过早地将养老金作为一次性付款而消耗掉。

（三）缺乏对养老金的充分了解，很多家庭有资格但未获得养老金补助

最新数据显示，在英国有 140 万到 210 万养老金领取者生活在贫困中，但每年仍有约 24 亿英镑（约合人民币 193.8 亿元）的养老金补助和住房补贴无人领取。这意味着大约有三分之一的有资格的人错过了这项重要补助。人们获取不到应享权利的原因互有关联，包括：缺乏对养老金补助的认识，认为他们无权获得帮助，不知道如何提出申请，担心申请和领取过程过于复杂，不愿意提供个人信息，以及对接受补贴和寻求帮助态度消极等。针对这些问题，政府需要对养老金补助进行不断的宣传，将养老金信息带到老年人身旁，鼓励他们自主查验自己应享受的权利，并使他们获得适当的帮助；同时，在老年人获得养老金补助的过程中提供实际的帮助；政府也应该探讨如何通过改变制度来增加养老金接受率，通过数据来识别那些错过养老金补助的人，并帮助他们加入不同的福利体系[①]。

第三节 英国的社区照顾养老服务体系

一、社区照顾支持政策

英国是家庭和国家责任并重的国家。为满足老年人对家庭照顾的需求，降低照顾成本以及提高家庭照顾者的照护能力，英国政府通过立法、住房优惠、税收减免、照顾津贴、技能培训、服务支持等多种途径为老年人提供更多、更好的家庭照料资源。

（一）立法先行，国家通过立法促进发展社区照顾

自 20 世纪 70 年代起，英国发展社区照顾，并开始关注对家庭照顾者的支

---

① Age UK. Benefit take-up and older people［R/OL］.［2022-11-28］. https：//www.ageuk.org.uk/globalassets/age-uk/documents/reports-and-publications/reports-and-briefings/money-matters/benefit-take-up-and-older-people--july-2022.pdf.

持,以便为居家老年人提供更好的照顾。《照顾者（认可和服务）法案1995》首次完全承认家庭照顾者角色,赋予他们独立评估自己需求的权利①;《照顾者和残疾儿童法案2000》要求地方政府直接给照顾者提供服务,照顾者可以要求评估并获得服务②;《照顾者（机会平等）法案2004》颁布后,致力于给照顾生病或残疾亲属或伴侣的人提供支持,包括信息、工作机会、教育和终身学习等③;2006年颁布的照顾者支持的指导原则,提供了对照顾者支持的多种途径,包括心理教育、技能训练、支持群体、信息与支持网络系统等④。

（二）福利配套,国家通过加强福利促进发展社区照顾

除了立法支持外,英国政府也为符合条件的家庭照顾者提供一定数额的照顾者津贴,这是针对照顾提供者的主要福利。如果照顾者满足年满16岁,且为非全日制的在校生,每周收入少于132英镑（约合人民币1 065元）,具备在英国居住的条件,那么,如果他们每周可以为某个符合接受残疾福利资格的人提供超过35小时的照顾时间,则可有资格享受这项福利。2022—2023年,照顾者津贴每周支付69.70英镑（约合人民币562元）,每月支付302.03英镑（约合人民币2 437元）⑤。

二、社区照顾养老服务

英国是最早提出社区照顾理念的国家,其地方社会服务部门于20世纪70年代成立。与此同时,老年人的社会服务责任逐渐由中央健康单位转移到地方社会服务部门。

（一）根据人口老龄化程度,及时调整管理理念

为适应人口老龄化和慢性病盛行,保障老年人、残障人士和精神病患等依

---

① Carers (Recognition and Services) Act 1995 [EB/OL]. [2022-11-28]. https://www.legislation.gov.uk/ukpga/1995/12/contents.

② Carers and Disabled Children Act 2000 [EB/OL]. [2022-11-28]. https://www.legislation.gov.uk/ukpga/2000/16/enacted.

③ The Health Foundation. Carers (Equal Opportunities) Act 2004 [EB/OL]. (2004-07-22) [2022-11-28]. https://navigator.health.org.uk/theme/carers-equal-opportunities-act-2004.

④ National institute for health and care excellence [EB/OL]. [2022-11-28]. https://www.gov.uk/government/organisations/national-institute-for-clinical-excellence.

⑤ Carer's allowance [R/OL]. [2022-11-28]. https://www.carersuk.org/help-and-advice/financial-support/help-with-benefits/carers-allowance.

赖人口获得医疗照护的政治权利，并且基于"正常化"的理念，英国政府于1975年提出"未来之路"（the Way Forward）改革方案，以"资源下放到社区"作为卫生主管机关分配资源的指导方针，改革策略主要有：第一，以提供照护为主，而非以医疗为主；第二，改变国民健康服务制度（national health service，NHS）以疾病为基础的给付内容；第三，发布白皮书，针对不同族群，提出个别的照护方案，强调社区而非机构式的照护，并且加强地区卫生行政和社会服务行政单位的合作，共同制定社区照护计划；第四，强调心理健康照护服务。

（二）根据老年人口的需求和科技发展，不断改革完善立法

1989年，保守派的撒切尔夫人在执政时期，提出第三阶段的改革方案"针对患病者的改革"（Working for Patients，WFP），这次改革的目的有两个：一是为病人提供更多的选择和更好的健康服务；二是给健康服务人员更好的激励与回报[1]。1990年通过的《国家健康服务与社区照顾法案》于1991年4月开始实施，1993年4月推行社区改革，1994年改革NHS行政管理组织，由原来的垂直式管理构架（由卫生部和NHS管理部门统辖地区卫生局和NHS信托），转变为强化地方政府购买者和提供者的水平组合。这一阶段的改革策略，主要为引进市场竞争机制和企业管理精神，利用经济诱因提升医疗服务效率，使医疗提供体系由政府完全掌控转为以管理式医疗市场适度竞争为主的服务体系[2]。

由于人口老龄化及医疗科技的发展，英国医疗费用快速增长，且医疗资源不足问题随国民保健需求的增加越来越严重，医院设备老旧、病人等候时间过长，加之医疗失误频仍，媒体舆情也大加挞伐，英国卫生部遂于1998年起提出NHS现代化改革方案，包含年度改革目标、实施策略，有效评价实施成果，并加强与民众的沟通，以争取预算投资于医疗卫生照顾服务。2002年英国卫生部提出预算法案，以前所未有的增幅大量投资于国民健康服务的各项软硬件改革与更新，希望能通过改善社区医院设备、增加医护人力及加强医护卫生人员训练，缩短看病的等候时间，并增加民众就医的选择性。

2013年4月英国卫生部推出的新卫生保健体系（the health and care system，

---

[1] The Health Foundation. "Working for Patients" white paper [EB/OL]. (1989-01-31)[2022-11-28]. https://navigator.health.org.uk/theme/working-patients-white-paper.

[2] National Health Service and Community Care Act 1990 [EB/OL]. [2022-11-28]. https://www.legislation.gov.uk/ukpga/1990/19/contents.

HCS），进一步完善了英国的卫生服务体系[①]。从 2013 年 4 月开始，新卫生保健体系按照《健康与社会保健法案 2012》[②] 所列出的卫生服务实施运作。HCS 是以社区卫生服务为核心的层层合作、逐级嵌套的体系，地方卫生服务合作组织、国家卫生服务合作组织、监管与维护机构及国家各相关部门四层合作组织共同运行以确保社区卫生服务的有效供给。HCS 的改革不会直接影响社区居民对卫生服务的获取，社区居民依然按照原 NHS 的三级就医程序免费享受医疗卫生服务。不同之处在于，HCS 扩大了卫生服务提供者的范围，加大了卫生服务供给内部的市场化竞争和监管，促使社区尽可能提供最能反映当地卫生服务需求以及最好的卫生服务。

英国的《健康与保健法案 2022》（the Health and Care Act 2022）（2022 年 7 月 1 日生效）侧重于提高医疗和照顾服务，通过更好的健康和整合照料（better health and care integration）解决健康不平等问题，并通过立法的形式建立了整合照料系统（integrated care systems，ICSs）。整合照料系统以地区为基础（geographically based），根据当地人的需求和偏好，与当地政府、当地健康服务等部门共同计划、协调和提供健康与社会服务。

（三）合理分工，优化社区照顾资源配置

从职能划分上来看，英国卫生部主要担负老年人卫生服务体系、社会服务的政策和标准制定、监督与管理等职能；地方政府则主要承担着对老年人的服务评估、服务信息发布、养老资源配置、服务购买等具体工作，包括公正、合理地配置国家养老资源，建立需求评价体系，根据评估结果决定老年人享受的服务类型。

英国 NHS 社区照顾模式，透过社区的联合协商委员会（Joint Consultative Committees）整合相关各方财源与服务资源，包含门诊/住院服务、家庭医师、护理人员、心理医师、公共卫生护士、相关的医疗和社会服务工作人员、日间照护、社区图书和教育中心、私人和志愿者团体等，强化 NHS 的基层医疗照护网，稳固 NHS 制度。此种特色也是世界各国卫生当局观摩英国医疗制度的重点。

[①] Department of Health and Social Care. The health and care system explained [R/OL]. (2013-03-26) [2022-11-28]. https://www.gov.uk/government/publications/the-health-and-care-system-explained.

[②] Department of Health and Social Care. Health and Social Care Act 2012: fact sheets [R/OL]. (2012-06-15) [2022-11-28]. https://www.gov.uk/government/publications/health-and-social-care-act-2012-fact-sheets.

（四）完善配套，促进发展社区照顾

社区照顾的服务体系主要由经理人、主要工作人员和照顾人员组成：经理人为某一社区照顾的总负责人，主要掌管资金的分配、人员的聘用及工作监督；主要工作人员负责照顾社区内一定数量的老年人，为他们发放养老金，了解老年人的需要及解决一些重要问题；照顾人员是受雇直接从事老年人生活服务的人，多为老年人的亲人和邻居，政府给予他们一定的服务补贴。社区照顾为需要照顾和保护的人群，如老年人、残疾人、智力障碍者等提供各种家庭照顾、住所服务和支持性服务，比如：

（1）家庭服务。为家庭中的老年人提供起居生活照料，如帮助老年人做家务、购买物品、准备食物、读报纸等。对于上述服务费用的支付，65岁以上的老年人可获得弹性费率优待。

（2）饮食服务。社区内设立老年人饮食服务部，服务部按老年人的营养需要准备菜谱，老年人依据自己的爱好和口味预订，居家的老年人可以按时到服务部就餐，行动不便的由服务部送上门。

（3）社区内医疗服务与地方政府社区支持服务，如日间留院、日间照护中心等。针对居家的老年人提供短期照护，包括日托或者短时间的托养。也可以针对需要短期护理的术后老年人提供必要的康复护理服务[①]。

（4）住院服务。护理院/养老院：这类服务一般针对的是鳏寡孤独、生活自理能力较差、需要长期照护、缺乏家庭支持的老年人，通常有两种类型，一种是不包含医疗服务只提供日常生活照料的养老院，另一种是包含医疗服务可提供专业医疗、康复和护理服务的护理院。老人公寓：这是一种为生活基本能够自理、对他人依赖性不大，并且有人照护的老年人提供服务的设施，在英国较为常见。公寓内配有医疗、保卫人员，也配有紧急呼叫装置，有相对独立的个人隐私空间，也有公共的休息区域[②]。

（5）喘息服务。1990年颁布的《国家健康服务与社区照顾法案》将医院内喘息服务转移到社区、社会组织，喘息服务的提供支持场所逐步由医院过渡到社区日间照料中心、养老院及护理院。

（6）中期照护。2000年英国开展"国家病床调查"后，"中期照护"的概念首次被正式提出，并成为NHS的主要改革计划。英国卫生部颁发的"老年

---

① 柴化敏. 英国养老服务体系：经验和发展 [J]. 社会政策研究, 2018 (3)：79-96.
② 英国社会养老服务的基本情况及其经验借鉴 [J/OL]. (2021-06-12) [2022-11-28]. https://www.renrendoc.com/paper/133410196.html.

人国家健康服务架构"认定中期照护是老年人健康服务的重要基本点，而不仅仅是为了缩短急性医疗的住院日所安排的替代性方案。中期照护是英国老年人健康照护体系中一个崭新的概念，主要是通过各种可行且具备积极治疗意义的住院替代方案，让病患在急性疾病出院之后依然能够接受适当的治疗，以恢复其最佳的健康状况。

中期照护是各种健康照护服务模式的组合，以"尽量靠近家的照护"为理念，通过医疗服务的延伸，以社区为基础提供整合型健康照护。中期照护的两大主要目标是"促进自主"与"预防不必要住院"，并经由提供崭新且完整的服务构架，让病患避免在急性疾病出院后因为生活无法自理而入住养护机构，而是在出院前便妥善安排积极的身体功能恢复治疗，以便重新回到独立自主生活的状态。

中期照护在发展中又逐步确立了"医疗必须进入中期照护体系"的观念，以适当的临床技巧与训练提供临床照护指引。现在的中期照护基本上是医疗业务的延伸，并非仅是护理治疗，而且以医院为基础进行推动。这是英国健康照护体系一个崭新的改变，英国也计划要扩大培训老年人医学专科医师，以加快中期照护的政策推动。

总体而言，英国探索的社区照顾养老服务模式，整合了机构、组织、系统、模式之间的协同与合作，跨越初级卫生保健、医院服务、社区照顾服务的界限，推动与养老服务以及健康相关的各种服务的有效衔接与融合。

第四节　英国的老年健康服务体系

一、医疗保障体系

英国的医疗保障体系是以国家卫生服务体系（National Health System, NHS）为主导，辅以社会医疗救助商业健康保险。NHS是英国医疗核心的全民保健机制，是欧洲最大的医疗系统[1]，遵行救济贫民的选择性原则，并提倡普遍性原则。

---

[1] 徐芬，严洁萍，庄晓珊.英国国家医疗服务护理体系及对我国护理工作的启示[J].中国乡村医药，2021，28（9）：75-77.

（一）税收立法，保证全民医疗服务

英国国家卫生服务体系，即著名的国民健康服务制度（NHS）。1946年英国通过了《国民健康服务法案》，从法律上明确了所有人都免费获得医疗服务。1948年开始实行由政府税收统一支付的卫生服务体系，为全民提供免费的卫生服务。后来不断完善和修订《健康服务法案1980》[①]《健康法案2006》[②]《健康法案2009》[③]。最新出台的是《健康与保健法案2022》，已经于2022年7月1日生效。

（二）多渠道保障，确保全体居民的医疗需求得到满足

凡有收入的英国公民都必须参加社会保险，按统一的标准缴纳保险费，按统一的标准享受有关福利，而不问收入多少，福利系统由政府统一管理运行[④]。英国医疗保障体系中的制度名称、保障对象、资金来源与保障方式，详见表4-5。

表4-5　英国医疗保障体系

制度名称	保障对象	资金来源	保障方式
国家卫生服务体系	全体居民	税收和社会保险缴费	通过创办公立医院、雇用医生、向私立医院购买部分项目，向全民提供免费服务
社会医疗救助体系	特定人群	政府预算	提供家庭护理、上门保健服务以及优先服务
私人医疗保险	自愿投保人	雇主或个人缴费	私立医院提供的一些在国家医疗保障制度下要长期候诊的项目

资料来源：吉宏颖. 英国医疗保障的政府与市场定位［J］. 中国医疗保险，2014（1）：67-70.

（三）三级分诊，确保医疗资源得到最有效利用

英国的卫生服务主要由三级医疗服务机构来提供，实行分级制，基层医生首诊，双向转诊。英国国家卫生服务体系提供的医疗卫生服务大致可分为三个

[①] Health Services Act 1980 ［EB/OL］. ［2022-11-28］. https://www.legislation.gov.uk/ukpga/1980/53.

[②] Health Act 2006 ［EB/OL］. ［2022-11-28］. https://www.legislation.gov.uk/ukpga/2006/28/contents.

[③] Health Act 2009 ［EB/OL］. ［2022-11-28］. https://www.legislation.gov.uk/ukpga/2009/21/contents.

[④] 吉宏颖. 英国医疗保障的政府与市场定位［J］. 中国医疗保险，2014（1）：67-70.

层次[①]：

第一层次是初级卫生保健服务，是国家卫生服务体系的主体，约占其80%资金，主要由全科诊所提供。全科诊所一般由全科医生、护士和一般工作人员组成，条件较好的诊所还有注册助产士。一级医疗服务机构是为社区居民和个人提供初级诊疗、保健、预防等卫生服务的社区全科诊所，包括社区服务中心及部分私人诊疗机构，属于以社区为基础的初级卫生保健，每个英国公民可以就近选择全科诊所签约，并指定一名全科医生，负责自己日常的卫生保健。英国国家卫生服务体系为全民提供免费的卫生服务，同时也规定除急诊外，所有患者均必须先到社区全科诊所或家庭医生诊所进行初级诊疗（购买私人医疗保险的除外）。大多数病人都必须持有全科医生的转诊单才能转到二级医疗服务机构就诊。英国国家卫生服务体系将患者分流在了社区卫生服务体系，提高了社区卫生服务的利用率，约90%的患者在一级医疗服务机构（即社区全科诊所）进行诊断和治疗，有效缓解了对第二和第三层次医疗资源的挤兑，一级医疗服务机构起到了"守门人"的作用。

第二层次是以全科医院为主的医疗服务，包括急症、专科门诊和重大疾病手术治疗、住院护理等。医院的规模通常根据地区人口密度来确定，主要针对初级诊疗难以治愈的重、急症患者提供专业的医护和手术服务。

第三层次是临床某专业内用来解决特殊疑难、复杂问题的专家服务。提供三级医疗服务的主要是大型医学中心、教学医院或专科医院等。医院治疗或手术成功后，再转诊回一级医疗服务机构进行休养。

第二、三层次医疗服务机构的医生会根据基层医生的转诊单了解患者病情，在患者出院时再与基层医生进行对接，这个过程被称为"双向转诊"。

分级诊疗和双向转诊，从需求方看，确保病人得到了个性化治疗；从供给方看，确保医疗资源和照护资源得到了合理充分的利用。

（四）医药分离，从制度上保证了医生将病人的权益放在首位

英国实行医药分离制度，即病患在社区全科诊所看病，到国家认证的药店购买药品。医生有权开药但没权卖药，药剂师有权卖药但没权修改处方，政府机构严格监管，破除了"以药养医"的弊端。

---

① 李娜，马丽平，孙佳璐，等. 英国老年人养老与护理概况及对我国的启示与借鉴[J]. 护理研究，2019，33 (12)：2151-2154.

二、整合照料服务体系

（一）立法先行，将整合照料服务放在核心位置

《健康与社会保健法案2012》将整合照料服务放在核心位置。初级卫生保健信托和战略卫生局被全科医生主导的临床执业联盟（Clinical Commissioning Groups，CCGs）所取代[1]，并通过地方政府主导，由国家卫生服务体系、卫生及社会服务监督机构[2]等各方代表组成的健康与福利委员会共同促进社区卫生服务、医院服务、社会保健服务与公共卫生服务的整合。

其中，英国国家卫生服务体系与地方政府有史以来最雄心勃勃的计划之一是"更好的护理基金"（better care fund，BCF）计划[3]。这一计划的主要目的是支持地方系统成功地实现社会保健服务与公共卫生服务的整合，从而实现以人为本的可持续性的照料以及为公民和护理人员带来更好的结果。在此过程中，通过由临床执业联盟和地方政府共同组成的卫生福利委员会（National Survey of Health and Wellbeing Boards，HWBs）[4]来负责合并预算安排并制定综合支出计划。《社会服务和福利法案2014》[5]的制定和实施，实现了将所有与社会服务有关的事项统一由一部法案来管理的目的，这也为"更好的护理基金"计划提供了法律基础，使国家卫生服务体系预算可以包括整合基金。在此背景下，英国进行了医养结合先驱试点，2013年确定了14家试点地区，2015年又增加11家试点地区。政府对医养结合先驱试点给予一定的政策支持，分别给予第一批和第二批试点90 000英镑、20 000英镑的启动资金，此外参加项目还可以获得5年的专家支持。试点一般由地方涉及整合保健的所有机构共同参与，牵头单位一般是卫生和社会服务组织方（如临床执业联盟），而不是

---

[1] The King's Fund. The new NHS: clinical commissioning groups [EB/OL]. [2022-11-28]. https://www.kingsfund.org.uk/projects/new-nhs/clinical-commissioning-groups.

[2] Healthwatch. Your health and social care champion [EB/OL]. [2022-11-28]. https://www.healthwatch.co.uk/what-we-do.

[3] NHS. Better care fund [EB/OL]. [2022-11-28]. https://www.england.nhs.uk/ourwork/part-rel/transformation-fund/better-care-fund/.

[4] Local Government Association. National Survey of Health and Wellbeing Boards (HWBs) [EB/OL]. [2022-11-28]. https://www.local.gov.uk/national-survey-health-and-wellbeing-boards-hwbs.

[5] Social Services and Well-being (Wales) Act 2014 [EB/OL]. [2022-11-28]. https://www.legislation.gov.uk/anaw/2014/4/contents.

提供方，决策权则在卫生福利委员会①。

（二）合理规划，系统整合照料服务

整合照料服务的政策内容主要包括保健计划、加强护理和虚拟病房三个方面。

（1）保健计划。整合照料服务的保健计划包含两阶段的服务模型。第一阶段是服务对象确认阶段，包括确定服务对象和风险分层、个人目标设定、个人服务计划。第二阶段是服务对象支持阶段。围绕患者，由全科医生作为主要协调者，由多学科小组、服务协调、社会服务与支持、评估4方面组成。服务对象支持阶段大致包括4个步骤：第一，服务对象和全科医生一起开发一个个性化的保健计划，保健计划开发得成功与否采用自我陈述（i-statements）工具进行评估。第二，在保健计划被患者确认后就开始提供服务。服务由多学科小组提供，这个小组的成员由社会工作者、社区护士、全科医生和其他社区组织的代表组成。提供的服务包括：赋权患者进行自我检测、自我管理和自我照料；提供计划的健康服务和照料；在患者情况恶化时稳定患者状态；在患者出院时提供短期支持。第三，保健计划评估和调整。在患者情况恶化、发生非预期的情况或者到达预期的时间点时评估和调整保健计划。第四，持续改进。在全科医生诊所开展多学科小组的定期讨论，以及定期开展绩效评价和临床学习。

（2）加强护理。与临床执业联盟合作，全科医生诊所雇用高级实践护士，为在家的高入院风险患者提供快速和高水平的支持。

（3）虚拟病房。为了降低高入院风险患者的入院风险，建立一种依靠支持网的病例管理机制——虚拟病房。虚拟病房由具有专科方向兴趣的全科医生领导，并由多学科小组提供支持，多学科小组由社会工作者、老年医学顾问、心理医生、安宁医疗顾问、高级实践护士和社区护士组成。

第五节 英国老龄政策变革对北京的借鉴

"十四五"时期，北京市人口老龄化将加速发展，老龄人口不断增长，失能、半失能的高龄老年人口也将大幅增加，养老保障制度的可持续性以及老年人的健康和照护问题将成为人口老龄化进程中最为突出的问题，医疗卫生服务

---

① 李娜，等．医养结合，看看英国是怎么做的……［EB/OL］．(2019-05-09)［2022-11-28］．https://mp.weixin.qq.com/s7yzQBjIplTsVBz6LVuJbw.

需求和生活照料需求叠加的趋势将越来越显著。在这一背景下,面对目前养老金体系可持续性的困境、健康服务与养老服务融合的不充分性以及居家社区养老服务的不完善性,有必要学习和借鉴英国的已有经验。

一、大力发展多层次社会化养老金制度

从英国养老金制度改革的经验来看,在布莱尔政府改革之后,"三支柱"中的第一支柱主要面向贫困阶层的老年人,满足其最基本的生活需求,更多体现出济贫的特点,第二与第三支柱为有更高养老需求的人提供选择;卡梅伦时期的养老保障体系改革主要是在危机还未大规模显现时主动进行调整完善。虽然社会保障体系的改革是政府执政思想转变的产物,但是在不断改革的过程中保障了养老负担在国家、企业和个人之间进行比较合理的分配,减轻了国家的财政负担,同时也增强了该体系的可持续性。

与此同时,由于英国养老金投资管理的高度金融化,发达的金融业给英国养老金保值增值提供了花样繁多的投资品类和风险对冲工具,其中,利率互换协议(IRS)是最主要的金融杠杆。根据投资策略,英国养老金主要靠国债利率下行赚钱,同时通过IRS为利率上涨做好对冲。然而,但凡风险对冲,都是算计不到黑天鹅的。2022年特拉斯首相推出的激进减税方案,引发国债利率飙升,触发养老金大规模追加保证金,从而形成抛售国债的恶性循环,最终连累了本来流动性尚可的养老金。若非英格兰银行及时纾困,英国养老金难免走到"雷曼时刻",从而演变成金融危机。

我国的养老金体系也分为"三大支柱",第一是基本养老保险,第二是补充养老保险,第三是个人商业养老金。北京市也不例外。根据北京市财政局公布的2021年市级决算报告,2021年全市社会保险基金预算收入5 545.5亿元,社会保险基金预算支出4 675.5亿元,当年收支结余870亿元[①]。但随着老年人口的持续增加,"第一支柱"基本养老保险面临可持续性不足的困境。在世界经济增长放缓的宏观背景下,北京市将长期面临财政收入增长乏力的局面,而老年人口将呈现快速增长的趋势,预计2021—2025年北京市60岁及以上常住老年人口合计增长约87万人,明显超过"十三五"时期,2024年跨上500万

---

① 北京市财政局. 关于北京市2021年市级决算的报告[R/OL]. (2022-08-09)[2022-11-28]. http://czj.beijing.gov.cn/zwxx/czsj/czyjs/202208/t20220809_2789407.html.

人门槛，2025年末将达到近520万人，2035年将超过700万人①，因此，加快养老金第二、第三支柱的发展势在必行也迫在眉睫，要通过激发企业和家庭（个人）的作用，促进养老金规模的扩大，来降低政府财政负担，保证养老保障体系的可持续性。《北京市"十四五"时期老龄事业发展规划》明确指出，要完善养老保险制度体系，积极落实国家各项养老保险改革举措，促进企业年金发展，强化职业年金管理，探索引导参保人多缴费、长缴费的相关政策。在具体的操作模式上，可以充分参考英国的已有经验，也需要充分吸取英国的深刻教训。

一是要立足国内经济高质量发展，千方百计做大养老保险的"蛋糕"，扩大养老保障、社会救助、慈善捐赠等的资金来源。二是要明确界定政府的监管职责，通过政府监管实现养老保险的渐进式改进。三是要分散投资养老保险基金，建立多元化监督管理机制，分散养老保险基金投资风险。英国养老保险基金投资范围较为宽广，包括期限较长的政府债券、公司债券等。我国养老保险基金则主要投向较为安全但收益较低的政府债券及银行存款，在规避投资风险、保障最低收益的基础之上，也应优化投资结构、提高投资收益。四是要放眼全球，充分抓好北京高质量建设国际科技创新中心、全球数字经济标杆城市、国际消费中心城市的历史契机，大力引进外资金融保险机构，大力推进养老金融产品创新。五是实行多元化的监督体系，将各种中介机构以及基金收益者涵括到监督体系中，实现基金投资的安全性。总而言之，根据北京市的实际情况对养老保障水平进行定位，在保障老年人生活的同时也要注重经济发展的效率问题，不能顾此失彼。

二、加快推进渐进式弹性退休方案

《中华人民共和国国民经济和社会发展第十四个五年规划和2035年远景目标纲要》明确提出，"按照小步调整、弹性实施、分类推进、统筹兼顾等原则，逐步延迟法定退休年龄"②。截至2021年底，北京、湖南、江西等21个省份已

---

① 北京市老龄工作委员会关于印发《北京市"十四五"时期老龄事业发展规划》的通知［EB/OL］.（2021-11-26）［2022-08-10］. http://www.beijing.gov.cn/zhengce/zhengcefagui/202111/t20211126_2545746.html.

② 中华人民共和国国民经济和社会发展第十四个五年规划和2035年远景目标纲要［EB/OL］.（2021-03-31）［2022-08-10］. https://www.gov.cn/xinwen/2021-03/13/content_5592681.htm.

完成意见征求工作。延迟退休年龄的改革需要经历一个反复协商、相互妥协的过程。借鉴英国的经验，北京市的延迟退休政策可以在渐进式推迟退休年龄的基础上，提出配套的养老金领取、缴费标准调整方案。

一是设定一个可选择的弹性退休年龄区间。设置一套不同退休年龄对应不同养老金领取标准的措施，让老年人根据自身情况自愿选择。在正常退休年龄内退休，可以领取全额退休金；如果提前退休，养老金会打折发放；如果延迟退休，养老金会奖励性发放。这样做既可以填充社会养老金缺口，又可以兼顾不同劳动者的自身情况。

二是分批次分阶段延长不同人群养老金缴费年限，从而扩大养老金的来源并缓解养老金当期的支付压力。有关延迟退休意愿的调查表明，目前人们对延迟退休的态度不统一。例如，行业和职位对延长退休意愿影响更明确，职位级别高的人支持延迟退休，支持适当延长养老金缴纳年限；身体健康状况和性别对延迟退休意愿的影响不明确。所以，可以考虑参考英国的经验，根据行业和人群的差异，实行更为弹性的退休制度。

三是千方百计增加特定老年群体收入。延迟退休的岗位，更多设立在比如简单劳动、公共服务类，其目的是照顾一些受教育程度较低、缺乏工作技能，但经济条件又困难、孤寡无子女等特定群体。开发适合老年人的工作岗位，完善保障老年人劳动权益的相关法律。

三、建立健全多元共担的家庭支持政策体系

《北京市"十四五"时期老龄事业发展规划》明确提出，到2025年，老年人家庭赡养等制制度保障水平要进一步提升，支持家庭承担养老功能，完善家庭支持体系，增强家庭养老保障能力[①]。这方面，可以借鉴英国家庭支持政策的已有经验。

一是要统筹家庭支持政策与社会公共政策。首先，从家庭整体性需求出发，统筹促进家庭养老支持政策与经济、税收、就业、住房和公共服务等方面社会政策的协调和衔接，以覆盖所有家庭，贯穿家庭生活全周期，充分发挥不同政策资源的作用，尽可能产生更大的边际效益，提高政策可落地性和可持续

---

① 北京市老龄工作委员会关于印发《北京市"十四五"时期老龄事业发展规划》的通知［EB/OL］.（2021-11-26）［2022-08-10］. http://www.beijing.gov.cn/zhengce/zhengcefagui/202111/t20211126_2545746.html.

性。其次，以尊重家庭多样性为前提，确定不同家庭需求的"最大公约数"，并通过差异化的政策工具为不同类型家庭提供针对性支持，促进所有家庭的平等发展。

二是要重视对家庭照顾者个体的尊重与关怀。为鼓励居家养老而制定出台的支持性政策，除了为家庭照顾者提供津贴或者其他配套服务等，也要注意重视和评估家庭照顾者的需要。从家庭照顾者的立场出发，关注他们的心理与物质需求，切实为他们带来必要的支持。这样，才能更有效地推动家庭支持政策的落地与不断完善。

四、加快完善一体化整合照料服务体系

我国优质的医疗资源过分集中在超大城市和大城市，在城市内部则过分集中在中心城区，医疗卫生机构的布局在就近就便、公平可及方面矛盾凸显，资源下沉到社区和人民周边、身边尚待深入推进，医养结合存在困境。《北京市"十四五"时期老龄事业发展规划》明确提出，在"十四五"期间，要增加全市医养结合服务供给，统筹养老与医疗服务资源，鼓励医疗卫生机构、养老机构以多种形式开展合作，提供多样化、多层次的医养结合服务[①]。在此，可以借鉴英国医养结合的已有经验。

一是加快建立基于街道（乡镇）的跨部门一体化合作机制。充分发挥社区卫生服务中心与居家社区养老服务机构的主体作用，实现老年人在地化健康养老服务，改善当地居民的健康与福祉。在英国老年人养老与护理中，家庭和社区发挥了重要作用。当老年人健康状况出现问题时，首先通过社区的全科医生进行初步诊断，决定其是否前往专科医院或综合医院接受诊疗。对老年人而言，其出院后需要更多的养老照护服务，英国在医养结合工作中逐步将这方面的责任从医疗中心等正式机构转移到社区服务组织、个体诊所等非正式机构，这样做有利于调动社会志愿服务资源，提高服务的可及性，降低服务的成本，也避免资源过度集中在医疗机构，同时有利于充分发挥社区和家庭的主导作用，以实现医、养、护服务之间的有效衔接。

二是统筹政府公共医疗资源和社会服务资源。鼓励社会力量广泛参与，推进医养结合，扩大老年护理服务供给资源。充分借鉴英国发展整合照料服务的

---

① 北京市老龄工作委员会关于印发《北京市"十四五"时期老龄事业发展规划》的通知[EB/OL].（2021-11-26）[2022-08-10］. http://www.beijing.gov.cn/zhengce/zhengcefagui/202111/t20211126_2545746.html.

经验，建立健全北京市老年健康服务体系，根据老年人慢性病发病率高、躯体功能逐渐下降的特点，在制度设计中有效地将医疗服务与照料服务相结合。2016年北京市《关于推进医疗卫生与养老服务相结合的实施意见》的颁布对北京市医养结合服务模式起到了政策上的关键引导作用，整合的思维理念也将逐步深入到相关制度中。要进一步规范服务内容及标准，加强对护理服务提供方的监管，确保老年人获得高质量的护理服务。

三是千方百计扩大医养结合资金来源。英国2013年试点建立"更好的护理基金"计划，通过创建唯一风险池基金，将基金交由临床执业联盟和地方政府联合使用。通过这一方式加强了地方政府与当地临床执业联盟的合作，降低了行政管理成本，简化了服务流程，并使各种医疗和照顾服务有效衔接与融合，为老年人提供高质量的服务。对此，为了促进北京市医疗与养老服务的快速、深度融合，可以借鉴英国的方式，创建共同基金试点，用资金综合调配的手段推进医养结合。

五、提高便捷化、专业化居家社区照护服务能力

"十三五"期间，北京市初步形成了以居家服务为重点，统筹推进居家社区机构"三位一体"发展的养老服务格局和服务模式。《北京市"十四五"时期老龄事业发展规划》明确提出北京市促进养老服务高质量发展的目标是：健全以居家为基础、社区为依托、机构充分发展、医养有机结合的多层次养老服务体系，满足老年人多层次、多样化的养老服务需求。为了实现这一目标，可以借鉴英国社区照顾的已有经验，着力加强以下几个方面的工作：

首先，增强机构养老的专业支撑能力。加强养老机构规范化和标准化管理，重点从医养康养结合、能力综合评估、资金、设施、人才、信息化、质量建设等方面，引导养老机构提升服务质量，提升长期照护服务能力。探索在养老机构设置认知症照护专区，为认知症老年人提供专业性服务。

其次，激活社区养老的服务活力。一是提升社区养老服务驿站使用效率。强化驿站平台作用，实现社区居委会、养老驿站、专业运营商、老年人等主体的依法、有序、精准对接；设立驿站服务创新资助项目，鼓励自主探索，鼓励驿站运营商开设个性化和多样化服务项目，集中资源聚焦特色和品牌服务项目；鼓励驿站积极开展健康咨询、健身辅导、身体机能训练、慢性病运动干预等体养结合服务。建立驿站运营商退出机制，对于不能有效开展服务的运营商，及时提醒，必要时依法依规更换。二是构建多元化的老人就餐服务体系，

实现老年助餐全覆盖，打造一批优质老年餐桌品牌。支持养老服务机构供餐、国家机关和企事业单位开放内部食堂、餐饮企业设立老年人服务专区、开办老年餐桌等形式完善老年助餐体系，经各区备案的助餐机构视同社区养老服务驿站，享受服务流量补贴。三是探索开展"政府补助＋企业赞助＋志愿服务"的发展模式，通过结对资助助力城乡社区养老服务驿站、老年餐桌的可持续运营。

再次，推动居家养老扩容增效。一是以家庭养老照护床位为突破，推进机构社区服务辐射居家，以基本公共服务护卫开展家庭养老行动。二是巡视探访上台阶，实现巡视探访项目化推进和制度化管理，强化巡视探访服务效果监督与评估。到2023年底，特殊困难老年人探访率达到100%。三是试点探索"物业服务＋养老服务"新模式。支持物业服务企业开展老年供餐、定期巡访、便民居家养老服务等形式多样的养老服务。

最后，居家社区医养结合服务要坚持以人为本，从老年人的身心需求出发，无论硬件设施还是服务内涵都体现出人性化的关怀，体现以人为本的理念。对社区内的老年人身心健康进行定期评估，并创建老年人健康数据库；针对老年人不同的身心健康状况制定护理方案；从老年人的生活和心理需求出发设计人性化的建筑，在为老年人提供生活便利的同时，规避抑郁、焦虑等负面情绪的产生；开展丰富多彩的社区活动促进老年人身心健康。

第五章
瑞典居家医养结合养老服务及其借鉴

截至2021年末，瑞典65岁及以上老年人口占总人口的比例达到20.3%，老年人口抚养比达到32.6%。瑞典实施的是惠及全民的福利制度，其养老保险、养老服务以及医疗服务都是基于公民身份的普惠型福利，被认为是具有代表性的，提供普遍的、广泛的且平等的服务，这也给其国家财政带来极大的压力。为充分高效利用有限的养老与医疗资源，提供高质量的养老服务与医疗服务，瑞典形成了以居家为主导的医养结合服务体系。通过权力下放，给市镇政府自主权，使其可以根据当地特色合理调节区域内医疗与养老服务的供给，实现医养有机融合。这样的方式，给北京市构建"居家机构社区相协调、医养康养相结合"的养老服务体系提供了启发。借鉴瑞典的经验，首先，要将平等、尊重理念贯彻落实到老年健康服务体系建设的全过程，践行积极老龄观、健康老龄化理念；其次，要完善老年人综合能力评估制度，把好入口关；再次，要科学划分养老服务和服务的责任片区，明确基本养老服务对象主体和责任，快速回应养老与医疗服务需求，构建分级分类保障的社会服务体系；要加快建立长期护理保险制度，加快完善老年人住房权益保障制度等，充分利用社区公共资源和公共服务，充分利用基层社会治理制度优势，提高资源配置效率。

第一节 瑞典人口老龄化发展特征

一、人口老龄化现状概览

瑞典是继法国之后世界上第二个进入老龄化的国家，其人口老龄化进程具有开始较早、发展较缓慢、整体程度较深的特点。早在1887年，瑞典65岁及以上老年人口占总人口的比例已达到 7.0%，标志着瑞典开始进入老龄化社会。到 1971 年这一数字首次突破 14.1%，标志着瑞典老龄化程度进一步加深，开始进入老龄社会。截至 2021 年末，瑞典的人口老龄化率达到 20.3%，进入超老龄社会。平均每 5 位瑞典国民中就有 1 位年龄在 65 岁或以上。

（一）总人口增长缓慢，人口老龄化不断加深

1881—2021 年，瑞典人口整体呈逐年增长的趋势，总人口由 457.2 万人增长至 1 045.2 万人。其中，0～14 岁人口总数增长缓慢。1881 年瑞典 0～14 岁人口约为 148.3 万人，到 2021 年末仅增加到 183.9 万人。0～14 岁人口占总人口的比例呈逐年下降的趋势，由 1881 年的 32.4% 下降至 2021 年末的 17.6%。从劳动年龄人口来看，15～64 岁劳动年龄人口有所增长，但劳动年龄人口占总人口比例的变化幅度相对较小，整体趋势较为平稳。65 岁及以上老年人口的数量则逐年上涨，由 1881 年的 29.3 万人增长至 2021 年末的 211.9 万人。老年人口占总人口的比例也逐年上升，由 1881 年的 6.1% 增至 2021 年末的 20.3%[1]，人口老龄化程度不断加深。1881—2021 年瑞典人口年龄分布情况详见图 5-1。

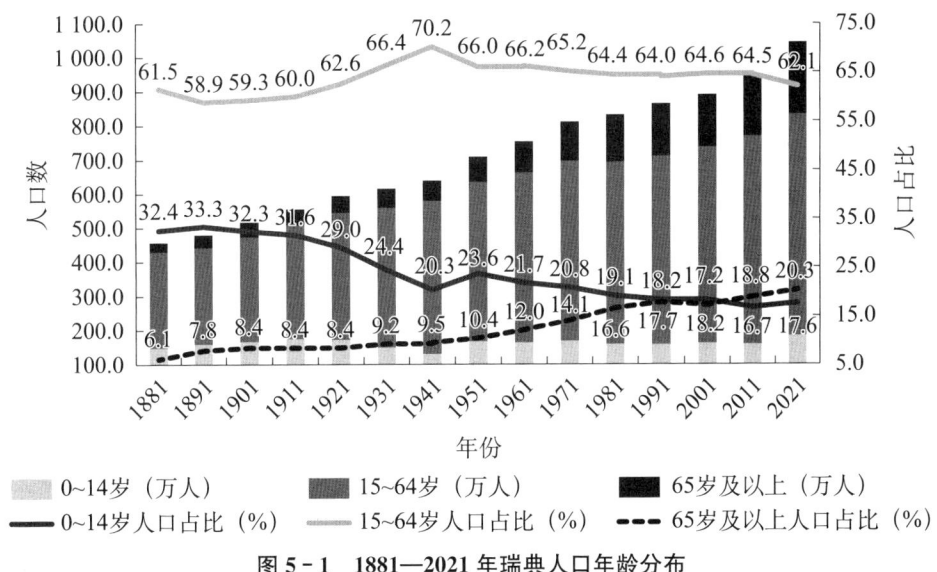

图 5-1　1881—2021 年瑞典人口年龄分布

资料来源：根据瑞典统计局官方数据绘制。

---

[1] Statistiska centralbyrån. Statistical database population by age and sex. Year 1860 - 2021 [DB/OL]. (2022 - 04 - 23) [2022 - 08 - 08]. https://www.statistikdatabasen.scb.se/pxweb/en/ssd.

（二）老年人口抚养比逐步上升，赡养压力增加

对于老年人口抚养比而言，由于 0~14 岁人口比例的逐年下降，加之老年人口的增长与老龄化率的上升，导致瑞典老年人口抚养比呈不断上升的趋势。1881 年瑞典老年人口抚养比仅为 9.8%，表示平均每 100 位劳动年龄人口需要赡养 9.8 位老年人，即平均每 1 位老年人可以得到近 10 位劳动年龄人口的赡养。但是，到 2021 年末，这一数字增长至 32.6%，相当于平均每 3.1 位劳动年龄人口就要赡养 1 位老年人，养老压力大大增加。1881—2021 年瑞典老年人口抚养比详见图 5-2。

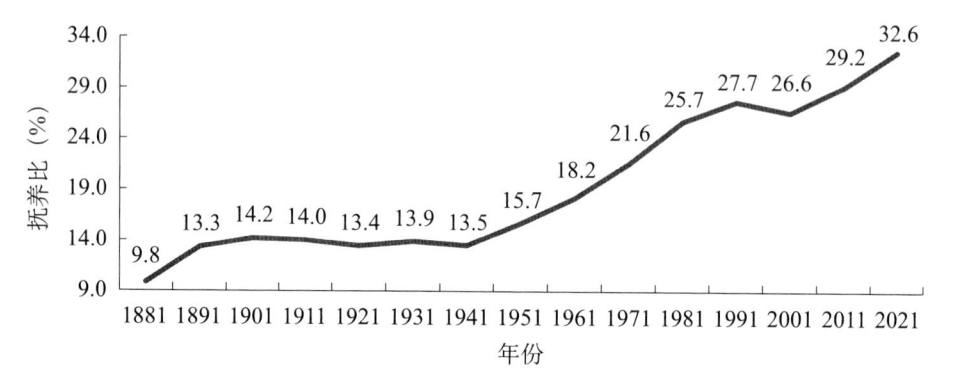

图 5-2　1881—2021 年瑞典老年人口抚养比

资料来源：根据瑞典统计局官方数据绘制。

（三）老年人口数量存在性别差异，女性老年人口多于男性

在瑞典，女性老年人口的数量始终超过男性老年人口的数量。随着总人口的增长，老年人口的性别差距也逐渐明显。1997 年前后，女性老年人口与男性老年人口数量的差值达到顶峰的 23.8 万人，随后便平稳下降。到 2021 年末，女性老年人口较男性老年人口多出 13.9 万人。1881—2021 年瑞典 65 岁及以上分性别老年人口数详见图 5-3。

不仅如此，从不同性别的老龄化率来看，瑞典女性老龄化率始终高于男性老龄化率，并且先于整体人口的老龄化程度。早在 1883 年，瑞典女性的老龄化率已达到 7.1%，相较于瑞典社会整体步入老龄化早了将近 4 年时间。1965 年，瑞典女性老龄化率达到 14.0%，然而瑞典总人口的老龄化率在 6 年后的 1971 年才首次突破 14.1%。到 2021 年末，瑞典女性老龄化率达到 21.7%，高出全国总体老龄化水平 1.4 个百分点，高于男性老龄化率（18.8%）2.9 个百分点。1881—2021 年瑞典老龄化率变化情况详见图 5-4。

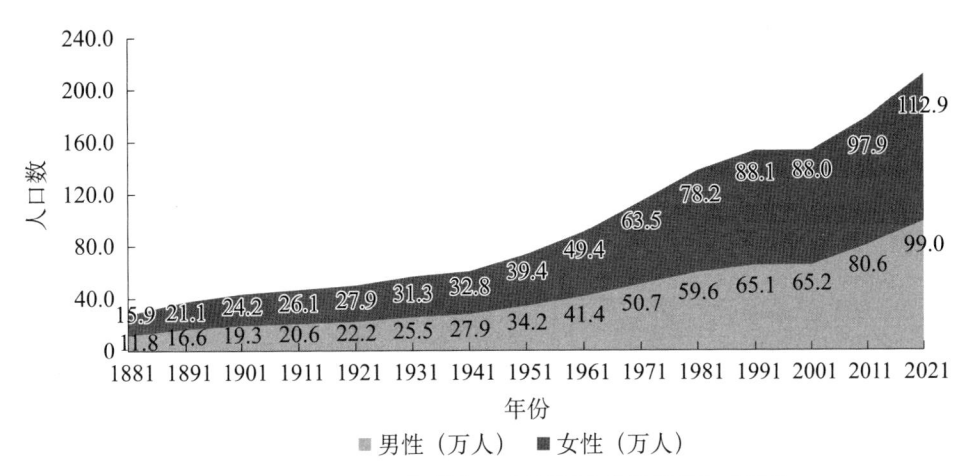

图 5-3　1881—2021 年瑞典 65 岁及以上分性别老年人口数

资料来源：根据瑞典统计局官方数据绘制。

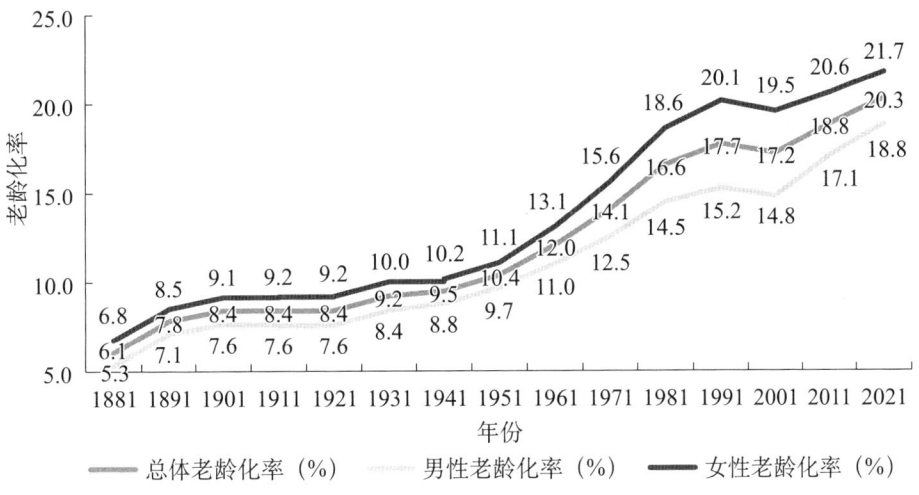

图 5-4　1881—2021 年瑞典老龄化率变化情况

资料来源：根据瑞典统计局官方数据绘制。

二、人口老龄化发展趋势

（一）人口将持续增长，但增速变缓

《世界人口展望 2022》显示，1970 年瑞典总人口 802.8 万人，2020 年瑞典总人口 1 036.9 万人，1970—2020 年的 50 年，瑞典总人口增长了 29.2%。2021 年瑞典总人口 1 046.7 万人，到 2030 年瑞典总人口预计将达到 1 098.2 万

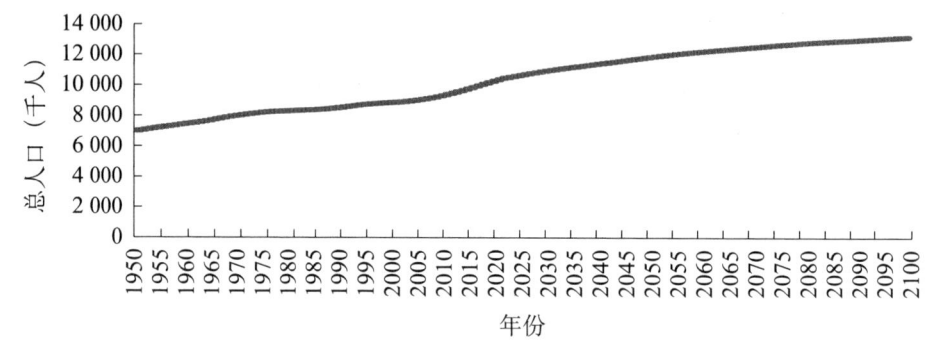

人，比2021年增加51.5万人，增长4.9%。到2040年，瑞典总人口预计将达到1 143.6万人。到2070年，瑞典总人口预计将达到1 252.9万人，比2021年增加206.2万人，2021—2070年的50年增长19.7%。换言之，瑞典未来50年的总人口增长速度要低于过去50年①（见图5-5）。

图5-5　1950—2100年瑞典总人口趋势图

资料来源：根据联合国《世界人口展望2022》数据绘制。

（二）各地区人口增长不均衡，大省人口增长快，农村地区人口下降

瑞典各省人口增长不均衡。预计大省人口增长最多，农村地区人口下降②。瑞典人口最多的省是斯德哥尔摩，到2040年，该省人口预计将增加约38万人，较2021年增长15.7%。从增幅来看，人口增速最快的是乌普萨拉省，增幅为16.6%。除此之外，预计哈兰省、斯科讷省和西约塔兰省的人口增速也将加快，增幅高于全国平均水平。预计到2040年，有7个省的人口将下降。预计降幅较大的是西诺尔兰省和北博滕省，分别为5.8%和5.1%。

瑞典各省人口增长的主要原因是国际移民。瑞典统计局公布的数据显示，2011—2020年间，国际移民对于瑞典各省人口的增长有较大的影响。未来几年，预计向瑞典移民的人数将有所减少，但国际移民将继续促进当地人口的增长。2021—2040年间，预计除斯德哥尔摩和哥得兰省以外，国际移民仍然是各省人口增长最大的因素。斯德哥尔摩人口的增长是由于出生率高于死亡率，哥得兰省则

---

① United Nations，Department of Economic and Social Affairs，Population Division. World population prospects 2022：summary of results [R]. UN DESA/POP/2022/TR/NO. 3.

② Statistiska centralbyrån. Statistics Sweden：population expected to increase unevenly across the country [EB/OL]. (2021-06-03) [2022-08-10]. https://www.scb.se/en/finding-statistics/statistics-by-subject-area/population/population-projections/population-projections/pong/statistical-news/regional-population-projection-2020-2030/.

主要是由于接纳国内移民[①]。2021—2040年瑞典各省人口变化情况详见表5-1。

表5-1 2021—2040年瑞典各省人口变化情况

省份	2021年人口（人）	2040年人口（人）	2021—2040年增加量（人）	2021—2040年增幅（%）
乌普萨拉省	395 000	460 700	65 700	16.6
斯德哥尔摩	2 415 100	2 793 700	378 600	15.7
哈兰省	340 200	380 200	40 000	11.8
斯科讷省	1 402 400	1 563 400	161 000	11.5
西约塔兰省	1 744 900	1 906 700	161 800	9.3
东约特兰省	469 700	506 300	36 600	7.8
西曼兰省	279 000	299 100	20 100	7.2
南曼兰省	301 800	322 300	20 500	6.8
哥得兰省	61 000	65 000	4 000	6.6
厄勒布鲁省	306 800	325 100	18 300	6.0
延雪平省	367 100	388 300	21 200	5.8
克鲁努贝里省	203 300	212 800	9 500	4.7
西博滕省	274 600	286 300	11 700	4.3
耶姆特兰省	132 100	132 300	200	0.2
达拉纳省	288 400	288 100	−300	−0.1
卡尔马省	247 200	246 000	−1 200	−0.5
韦姆兰省	283 200	281 000	−2 200	−0.8
耶夫勒堡省	287 800	284 300	−3 500	−1.2
布莱金厄省	158 900	156 100	−2 800	−1.8
北博滕省	249 700	237 100	−12 600	−5.1
西诺尔兰省	244 200	230 100	−14 100	−5.8
总体	10 452 400	11 364 900	912 500	8.7

资料来源：Statistiska centralbyrån. Statistics Sweden：more older people in all counties and municipalities by 2040 [EB/OL]. (2022-05-25) [2022-08-10]. https://www.scb.se/en/finding-statistics/statistics-by-subject-area/population/population-projections/population-projections/pong/statistical-news/the-future-population-in-counties-and-municipalities-of-sweden-20222040/.

注：2021—2040年瑞典各省人口增加量的具体数字根据瑞典统计局官方公报获得，由两个给定年份人口规模的差值计算得出，精确到百位。直接计算所得数字与官方给定数字间存在100左右的合理差距。

---

① Statistiska centralbyrån. Statistics Sweden：population expected to increase most in large counties [EB/OL]. (2021-06-03) [2022-08-10]. https://www.scb.se/en/finding-statistics/statistics-by-subject-area/population/population-projections/population-projections/pong/statistical-news/the-the-future-population-in-sweden-2021-2040-counties-and-municipalities/.

不同区域人口增长情况也存在较大的差异。根据瑞典统计局对瑞典区域进行的九层分类，预计到 2030 年，大城市、大城市周边的通勤城市以及中型城镇的人口将增长 11% 左右。这意味着将有 63% 的瑞典人口集中居住在这三类地区，与 2019 年的数据相比，高出 2 个百分点。与 2019 年相比，到 2030 年，预计农村地区将是唯一一个人口下降的区域，降幅约为 5.2%。2019—2030 年瑞典不同区域人口变化情况详见表 5-2。

表 5-2　2019—2030 年瑞典不同区域人口变化情况

区域类型	2019 年人口（人）	2030 年人口（人）	2019—2030 年增幅（%）
大城市	1 897 500	2 101 200	10.7
大城市周边的通勤城市	1 929 600	2 140 900	11.0
中型城镇	2 454 600	2 718 300	10.7
中型城镇周边的通勤城市	856 200	897 000	4.8
中型城镇周边通勤率低的城市	632 100	644 000	1.9
小城镇	1 311 200	1 360 200	3.7
小城镇周边的通勤城市	602 200	612 000	1.6
农村地区	493 200	467 700	−5.2
拥有旅游业的农村地区	150 900	152 800	1.3
瑞典整体	10 327 600	11 094 900	7.4

资料来源：Statistiska centralbyrån. Statistics Sweden：population expected to increase unevenly across the country [EB/OL].（2021-06-03）[2022-08-10]. https://www.scb.se/en/finding-statistics/statistics-by-subject-area/population/population-projections/population-projections/pong/statistical-news/regional-population-projection-2020-2030/.

（三）老年人口数量增长最多，老年人口比例越来越大

瑞典所有省 65 岁及以上老年人口及高龄老年人口数量都将上升。根据瑞典统计局 2022 年 5 月发布的人口简报，瑞典未来人口趋势的一个显著特点是老年人口在总人口中的比例越来越大。预计到 2040 年，瑞典所有省以及大多数城市 65 岁及以上老年人口的比例将超过 2021 年。所有省和城市 80 岁及以上的高龄老年人口比例也将高于 2021 年。从国家层面来看，预计到 2040 年，整体有 8% 的人口将达到 80 岁及以上，而在 2021 年，这一比例仅为 5%。这是由死亡率下降以及 1940 年出生的婴儿潮人口将在 2040 年达到 80 岁这一事实所造成的。到 2040 年，预计 80 岁及以上高龄老年人口比例最高的省为哥得兰省和卡尔马省，比例达到 11%。预计斯德哥尔摩高龄老年人口的比例最小，将略高

于6%。而在2021年，80岁及以上的高龄老年人口比例在哥得兰省、卡尔马省以及斯德哥尔摩分别为7%、7%和4%①。

（四）人口预期寿命延长，女性生育年龄推迟

由于65岁及以上老年人口死亡率不断下降，人口预期寿命稳步延长。根据瑞典统计局公布的数据，瑞典人口出生时的预期寿命和65岁时的预期寿命都将持续增加。1970—2021年间，女性出生时的预期寿命从略超过77岁增加到近85岁，男性则从略超过72岁增加到81岁以上。女性出生时预期寿命增加近8年，男性增加近9年。预计到2070年，女性出生时预期寿命将增加到89.8岁，男性将增加到87.7岁，分别增加约5岁和6.5岁②。

1970—2070年出生时及65岁时分性别人口预期寿命及预测情况详见图5-6。除此之外，2021年4月瑞典统计局发布的2021—2070年瑞典人口预测的简报也表示，预计未来瑞典女性生育年龄将推迟，且平均生育孩子的数量将减少。这也将进一步加剧瑞典人口老龄化的程度③。

第二节　瑞典的养老保障制度及其特征

瑞典以"高福利、高税收"的社会保障制度著称。社会保障制度提供了收入保障、医疗、教育、住房等福利，涉及老年、残疾等不同群体，其目标在于"对每个公民，从生到死的一切生活及危险，诸如疾病、灾害、老年、生育、死亡以及鳏、寡、孤、独、残疾人都给予社会安全保障"。其福利制度用一句话概括就是"上不用养老，下不用养小"。"上不用养老"主要是指儿女们不必为老人的生活费、医疗费、养老服务操心，老年人依托政府的养老服务支持体

---

① Statistiska centralbyrån. Statistics Sweden：more older people in all counties and municipalities by 2040 [EB/OL]. (2022-05-25) [2022-08-10]. https://www.scb.se/en/finding-statistics/statistics-by-subject-area/population/population-projections/population-projections/pong/statistical-news/the-future-population-in-counties-and-municipalities-of-sweden-20222040/.

② Statistiska centralbyrån. Statistics Sweden：life expectancy at birth and age 65 by sex 1970-2021 and projection 2022-2070 [EB/OL]. (2022-04-13) [2022-08-10]. https://www.scb.se/en/finding-statistics/statistics-by-subject-area/population/population-projections/population-projections/pong/tables-and-graphs/life-expectancy-at-birth-and-age-65-by-sex-and-projection/.

③ Statistiska centralbyrån. Statistics Sweden：just over 2 million more inhabitants in Sweden in 50 years [EB/OL]. (2021-04-28) [2022-08-10]. https://www.scb.se/en/finding-statistics/statistics-by-subject-area/population/population-projections/population-projections/pong/statistical-news/the-future-population-of-sweden-2021-2070/.

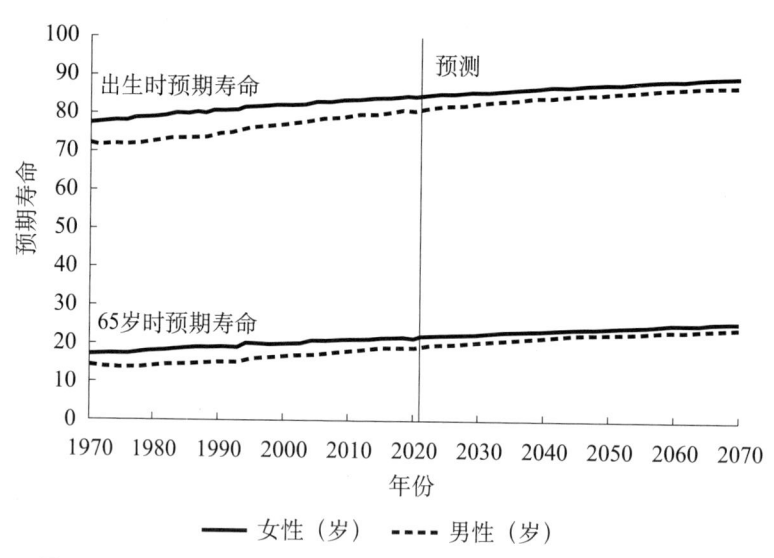

图 5-6　1970—2070 年出生时及 65 岁时分性别人口预期寿命及预测

资料来源：瑞典统计局统计新闻。

系，有自己的退休金和医疗保险，完全可以保证自己的生活。瑞典正在着力完善老年友好型社会，对老年人的健康护理与社会关怀，已成为瑞典福利政策的重要组成部分。"下不用养小"主要是指政府在养育孩子方面给予有孩子的家庭经济支持上、时间上、配套服务上全面的支持，让养育孩子没有后顾之忧。

一、养老金制度的构成

作为一个高福利国家，瑞典的养老金制度有很强的全民性，其养老金计划由两部分组成，一部分是全民基本养老金，每个达到法定年龄的瑞典公民都可以领取金额相同的全民基本养老金，与其以前的工作收入无关，目的在于满足每个老年人的基本生活保障。这一金额一般由社会保障委员会根据全国各阶层的收入状况确定，全民基本养老金的资金来源于雇主缴纳的保险费以及中央和地方的财政拨款。养老金计划的另一部分是附加养老金，它于 1960 年开始实施，与领取人的收入和工作年限挂钩，实行现收现付制。

瑞典养老金设立的目标与愿景旨在按照一定的标准，为没有养老金或因低收入而只能领取低养老金的公民提供基本保障。同时，也为老年丧夫或老年丧妻的人提供合理的经济支持，以帮助他们在失去配偶之后可以维持生活。瑞典的养老金制度主要以低成本和有利于养老金领取者与养老金储蓄者的方式进行管理。对于养老金领取者，强调终生收入对其未来养老金收入影响的重要性；对于养老金储蓄者，为其提供充分的信息以更好地评估未来养老金的水平及影响因素。

为了使基础养老金能够持续长久运行，并保证当代的年轻人在退休后可以领取到相应的退休金，瑞典的养老保险采取普遍性和强制性的方式，并形成了一套广泛的政策协议和可持续的财政体系[①]。目前，瑞典的养老金制度[②]主要由三个支柱构成：公共养老金（National Public Pension）、职业养老金（Occupational Pension）和个人养老储蓄（Personal Savings）。其中，第一支柱公共养老金是覆盖全民的基础养老金，由政府主导，目的是减少老年贫困，缩小老年贫富差距，实现社会公平；第二支柱职业养老金覆盖了大部分的职业人口，具有一定的收入替代性，由政府和私人机构进行管理；第三支柱个人养老储蓄是自愿性的储蓄型养老金，由个人自主选择、自主决定是否加入，具体见图 5-7。

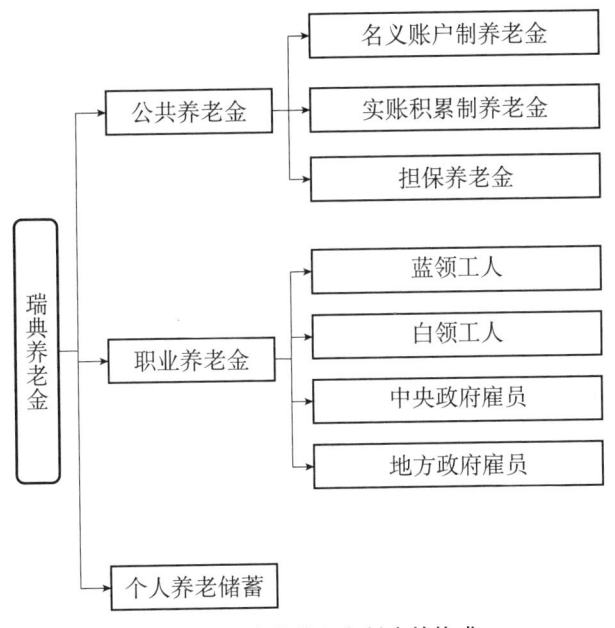

图 5-7 瑞典养老金制度的构成

---

① Government Offices of Sweden. Objectives and visions for social insurance [EB/OL]. (2015-03-04) [2022-08-10]. https://www.government.se/government-policy/social-insurance/objectives-for-social-insurance/.

② Pensions Myndigheten. The Swedish pension system [EB/OL]. (2021-04-04) [2022-08-10]. https://www.pensionsmyndigheten.se/other-languages/english-engelska/english-engelska/pension-system-in-sweden.

（一）第一支柱：公共养老金

公共养老金是养老金最主要的组成部分，是瑞典养老金局负责的国家养老金。瑞典的公共养老金制度是覆盖全民的强制性制度，由瑞典养老金机构管理，包含三个层次：名义账户制养老金、实账积累制养老金和担保养老金。

首先，名义账户制养老金和实账积累制养老金为收入关联型养老金，由雇主和雇员共同缴费，缴费率为个人缴费后收入的18.5%。其中16%进入名义账户，资金平均分配后由国家建立的五家专业养老基金投资管理公司进行市场化集中投资，剩余的2.5%进入实账积累制账户，允许雇员个人自主选择基金产品进行市场化投资，并由个人承担投资风险。未进行投资选择的个人对应基金纳入默认投资，由国家建立的专业养老基金投资管理公司AP7投资运营。担保养老金为家计调查养老金，向低收入人群提供，由中央政府通过一般税收筹资，不产生基金积累。除此之外，对于无收入或低收入群体，政府承担全部的资金，为其提供最低水平的养老金。在瑞典，符合一定条件且在瑞典居住满40年的公民可以全额领取到的最低养老金为每年70 000瑞典克朗（约合人民币4.5万元）。如果居住不满40年，则按照每年1/40的比例递减。当每年领取的公共养老金金额低于44 000瑞典克朗（约合人民币2.8万元）时，则可接受最低养老金的补助[①]。此外，如果直系家属去世，遗属还可以领取遗属退休金。

（二）第二支柱：职业养老金

瑞典的职业养老金制度具有准强制特征，由雇主和工会通过集体谈判产生，面向蓝领工人、白领工人、中央政府雇员和地方政府雇员四类群体形成四种不同的职业养老金计划。这四类职业养老金计划均采取确定缴费型完全积累模式，投资方式与积累型公共养老基金相似，均采取市场化投资，给予个人投资选择权，并由个人完全承担投资风险，最后将没有进行投资选择的个人纳入默认基金投资。

（三）第三支柱：个人养老储蓄

瑞典通过税收优惠激励个人进行个人养老储蓄，包括各种形式的养老储蓄

---

① 陈芸. 多层次养老保险改革的动力机制研究：基于瑞典、德国、美国、韩国养老保险改革实践的比较制度分析 [D]. 成都：西南财经大学，2016.

保险等。采取市场化投资方式，投资方式与积累型公共养老基金相似，也是个人拥有投资选择权，并完全承担投资风险。投资产品组合以权益类资产为主，投资收益率相对较高[1]。但是相比前两个支柱而言，个人养老储蓄的总体规模较小。

二、养老保险制度特征

瑞典所有公民都有权在退休之后领取国家公共养老金。他们可以选择从62岁开始领取养老金，也可以合法工作到68岁之后再开始领取。从2010年到2021年，年龄为65～74岁的工作人数增加了70%，2020年瑞典的平均退休年龄达到65岁[2]。2020年共有590万人获得公共养老金，2021年12月单月共有230万人领取公共养老金。2022年1月平均税前公共养老金为1.4万瑞典克朗（约合人民币9 237元），其中女性收取的平均税前公共养老金为1.26万瑞典克朗（约合人民币8 313元），男性为1.55万瑞典克朗（约合人民币10 227元）[3]。除了公共养老金，大多数瑞典的工作人员还会根据雇主的缴款获取职业养老金。为了增加安全性，许多公共养老金领取者也选择用个人养老储蓄来补充他们退休后的福利。从2021年瑞典养老保险制度的状况来看，主要体现出以下三个特点：

（一）养老金体系可有效地自动调整

瑞典的养老金体系具有有效的自动调整机制。名义账户制养老金的设计可以根据预期寿命的变化调整福利，并通过自动平衡机制补充名义账户制养老金，以确保其长期的偿付能力。除此之外，强制性的实账积累制养老金与准强制性的职业养老金由确定缴费型养老金资助，在获取养老金的时候自动调整福利，以适应预期寿命的变化。这也将长寿风险（养老金）转移到了没有缴纳养老保险的个人身上。

（二）通过养老金体系缓解老年人收入不平等

瑞典养老金政策作为社会福利政策的核心，在建立之初就实行以"普遍、

---

[1] 吴孝芹. 公共养老基金投资体制与资本市场发展：以瑞典经验为例 [J]. 辽宁大学学报（哲学社会科学版），2021, 49 (3): 54-66.
[2] Elderly care in Sweden: Sweden's elderly care system aims to help people live independent lives [EB/OL]. (2022-05-02) [2022-08-10]. https: //sweden. se/life/society/elderly-care-in-sweden.
[3] Pensions Myndigheten. Korta pensionsfakta [EB/OL]. (2022-05-22) [2022-08-10]. https: //www. pensionsmyndigheten. se/nyheter-och-press/pressrum/kortapensionsfakta.

统一、高水平"为特征的"福利型"养老金政策。在瑞典，2021年时，65岁及以上老年人的收入比瑞典总人口收入的平均数低14%，与20年前相比，老年人的收入下降了22%。老年人收入的不平等和相对收入的贫困率有所上升。20世纪90年代养老金改革之后的缴费激励机制使瑞典个人养老金水平与过去的缴纳款密切相关，这造成了老年人之间收入不平等的加剧①。不仅如此，收入超过平均工资时所缴纳的养老金主要贡献于职业养老金这一模块，也使得高收入者的养老金水平进一步提高。在过去的20年中，瑞典私人养老金（主要是职业养老金）在养老金总支出中的比例从20%提高到了30%。由此，瑞典于2021年推出了一项新的养老金补贴政策，由中央政府预算提供资金，将最低养老金提高了约7%，这有望在一定程度上缓解老年人之间收入的不平等。

（三）实施弹性退休年龄以缓解养老金支付压力

通过自动平衡机制的调节，寿命延长对养老金造成的影响可以通过工作寿命的延长来抵消。在过去的20年间，瑞典劳动力市场退出的平均年龄提高了3.4岁，到2021年达到65.8岁。为了应对工作寿命延长带来的影响，瑞典在2019年推出"目标退休年龄"计划，旨在通过在未来明确退休年龄来推动退休决策的制定。瑞典将退休年龄定为67岁，并于2026年开始生效。

据经合组织《养老金概览2021》显示，从2020年开始，瑞典将有资格领取名义账户制养老金的最低年龄从61岁提高到了62岁，且官方计划到2023年将此年龄进一步提高到63岁，到2026年提高到64岁。同时，担保养老金的领取资格也预计从2021年的65岁，到2023年提高到66岁，到2026年提高到67岁。在瑞典，工作时间越长意味着可以获得越多的养老金。据估计，一个在2020年进入劳动力市场并在整个职业生涯中赚取平均工资的人，如果在65岁、67岁和69岁退休，预计其养老金替代率可以分别达到56%、62%和69%②。

三、老年人社会救助制度

社会救助是为了保证公民的最低生活可以维持。具体到老年人，瑞典政府

---

① 丛春霞，邵大妞. 完善养老金个人账户：瑞典的经验及启示［J］. 社会保障研究，2018（5）：104-112.

② Organization for Economic Co-operation and Development Directorate for Employment, Labour and Social Affairs. Pensions at a glance 2021: how does Sweden compare? [R/OL]. (2021-12-31) [2022-08-10]. https://www.oecd.org/sweden/PAG2021-SWE.pdf.

为生活贫困的老年人提供社会经济救助[①]，包括直接救助与一般援助。直接救助帮助支付日常生活相关的费用，如衣服、租金、水电费等；一般援助帮助支付健康相关、医药和牙科保健等费用[②]。瑞典老年人相关的经济救助有老年补贴、失业救济金和低收入者的"安全网"计划等。

（一）尊重老人，维护老年人权利

公民权利可以分为三类：一是民事权利，包括公民自由权、财产权、法权；二是政治权利，包括选举、民主权利；三是社会权利，包括公民有资格享有基本标准的教育、医疗、社会照顾、住房和收入保证等。瑞典把福利当作公民的基本人权作出法律上的承诺，当公民应该享受的社会福利不能实现或受到侵犯时，可以向地方公共保险法院或高等公共保险法院申诉。政府从人权的角度出发，为老年人提供社会和福利上的政策支持。比如，老年人可向市政府申请拨款改造住房；出行不便的人士可获得瑞典社会保险署提供的汽车补贴。

（二）维护公平，社会财富再分配

瑞典"从摇篮到坟墓"的全民全面的高标准的福利制度以寻求社会公正为依归，政府通过再分配来达到收入的相对均等化，缩小了贫富差距，最大程度上保证了每个公民都能够有尊严地生活，增进了国民的安全感，从而缓和阶级对立，增强社会的凝聚力，为瑞典经济持续发展奠定了社会基础。

国家的社会福利制度都是再分配原则和保险原则的综合体现，一方面包括根据再分配原则制定的政策，另一方面包括非缴费性的社会救助计划，通常针对穷人或那些有特别需求的人群。由于瑞典具有"人人平等"的社会价值观念，社会福利制度就将再分配作为基石。在规定了基石的标准线之后，对于标准线以上的需求补充以"根据缴费额支付"的社会保险，对于标准线以下的额外需求，则以"根据财产调查"而实行的社会救助作为补充。瑞典福利模式的最主要特点是其所实施的普及性的公共福利资助计划将所有公民纳入福利体系，而不是针对某些特殊群体给予福利。国家从个人和雇主那里收取了高额所得税以后，向所有的公民，不论其生活状况、家庭财产、个人缴税情况如何，都提供同等水平的福利资金或服务，再分配的力度非常大。

[①] 蔡慧. 瑞典社会救助制度及对我国的启示［J］. 湖南财经高等专科学校学报，2009，25（3）：36-37.

[②] Socialstyrelsen. Statistics on financial assistance 2020［R/OL］.（2021-06-18）［2022-08-10］. https://www.socialstyrelsen.se/globalassets/sharepoint-dokument/artikelkatalog/statistik/2021-6-7469.pdf.

(三)尊重历史,延续传统

1763年,瑞典颁布《救济法》,规定各镇当局对贫困人口提供救济,可以征收济贫税,以保障救济所需的费用。1847年通过了《济贫法》,主要为无生活来源的老人和孤儿提供救济。1871年,瑞典颁布新《济贫法》,试图减少政府的社会救助责任,但由于新的社会保障制度不健全,社会问题层出不穷,于1918年进行修订,此时的救济制度多强调个人责任。1957年,瑞典颁布《社会福利和社会救助法》,认为国家对社会成员负有保证基本生活的责任。1969年开始实行房租补贴制度,并扩大了救助范围,领取养老金的退休人员,享受残疾抚恤金、遗孀抚恤金的人员和低收入家庭经过审查都可以得到政府提供的各种补助。1982年颁布了《社会服务法》,不仅涉及现金补贴,也涉及老年人、学前儿童、残疾人关怀等形式的救济和补助。1998年对《社会服务法》进行了修改。新修改的《社会服务法》规定,被服务的人无论其需求大小,都有权利在家中得到帮助服务。这个政策是瑞典特有的。

(四)兜底保障,形式多样

瑞典的社会救助体系是一个全面的保障制度,包含了每个人的全生命周期,包含了工作生活的不同方面。通过再分配达到实现社会公平的目的:一是从低风险群向高风险群的再分配;二是从高收入者向低收入者的再分配;三是人生不同阶段间的再分配。其形式多样,主要包括:

(1)老年补贴,经济实惠。老年补贴主要针对那些不具备领取国家基本养老金(65岁之前未缴纳过养老保险金或在瑞典居住不满3年)和职业养老金资格,养老津贴不能满足其基本生活需要的老年人,为他们提供一定的经济帮助。除此之外,对于年满60岁、结婚5年以上、未领取基本养老金和市政收入住房补贴的妇女也提供一定的补贴。

(2)失业救济金,雪中送炭。为没有加入养老保险或不够资格领取养老金的老年人提供一定的失业救济金。但是享受这份救济金必须要满足在瑞典居住满40年,且在65岁及以后退休这样的条件[①]。

(3)"安全网"计划,兜底保障。为了保证目前的养老保险制度不对个人名义账户和个人实际账户中基金都很少的低收入者产生负面影响,瑞典政府实施了"安全网"计划。主要针对单身的退休老年人,保证其每年可获得约9 000

---

① 蔡慧. 瑞典社会救助制度及对我国的启示[J]. 湖南财经高等专科学校学报,2009,25(3):36-37.

美元（约合人民币6万元）的养老金。对于退休夫妇，保证其每年可获得约16 000美元（约合人民币10.7万元）的养老金[①]。

第三节 瑞典的社会养老服务体系

自1887年进入老龄化社会以来，瑞典老龄化程度不断加深。在长期应对人口老龄化所带来的挑战，并为老年人提供更好社会福利的过程中，瑞典建立起有特色的且较为完善的社会养老服务体系，以保证公平可及的养老服务的高效送达。

需要注意的是，瑞典语中没有国际公认的"长期护理"的概念。瑞典在养老服务这一领域的政策定义为"老年人照顾"。老年人照顾、残疾人照顾与弱势个人/家庭照顾共同构成了瑞典社会服务的三个独立领域，并与医疗卫生护理形成了区分。老年人、残疾人、弱势个人/家庭这三个群体在各自的专项立法中被分别对待：65岁以下的残疾人能接受到的帮助与支援服务与65岁及以上老年人能接受到的社会服务大不相同[②]。基于此，本章中的养老服务主要偏向于由《社会服务法》监管的老年人照顾服务——由社会提供的面向老年人的包含基本养老服务、护理预防服务、生活便捷服务、无障碍社会构建等在内的支持与帮助。

在瑞典，老年人照顾即养老服务的主要目标包括：第一，让老年人能够过上积极、有活力的生活。使老年人可以融入社会，并对社会及老年人自己日常的生活产生一定的积极作用，造成一些良好影响。第二，使老年人可以在安全的环境中老去，并一直保持"人"的独立性。第三，让老年人被尊重地对待。第四，使老年人可以获取良好的、高质量的养老与护理服务。第五，使老年人可以获得公平且性别平等的养老服务[③]。

一、社会养老服务体系的历史沿革

瑞典养老服务体系的每一项努力都基于这样一种观念，即老年人是有价值

---

① 王倩，鲁丽萍. 瑞典医养结合的现状及思考［J］. 卫生职业教育，2019，37（15）：144-146.
② Peterson Elin. Eldercare in Sweden: an overview［J］. Revista Derecho Social y Empresa, 2018, 8（2）: 90-108.
③ Government Offices of Sweden. Objectives for social services including care for older people［EB/OL］.（2022-05-22）［2022-08-10］. https://www.government.se/government-policy/social-services-including-care-for-older-people/objectives-for-social-services-including-care-for-older-people/.

的人，老年人应当被尊重地对待，也应当保持人的独立性与完整性，就像社会上的任何其他人一样①。

瑞典养老服务经历了以家庭养老服务为主到以机构养老服务为主，再到以居家养老服务为主的转变。1918年以前，瑞典以家庭养老服务为主，政府只为贫困老年人提供养老服务；1918—1949年，以由"老年之家"为代表的机构养老服务为主，覆盖全体老年人；1950—1989年，居家养老服务成为瑞典最主要的养老服务方式；1990年至今，"消费者选择"提升了瑞典居家养老服务的质量，政府成为养老服务的唯一责任主体②。

目前，瑞典已拥有了法定的全民养老制度。在瑞典，即使老年人已经有了医疗与护理的需求，仍有94%的老年人继续住在自己的家中养老。对瑞典人而言，机构养老始终是最后的选择③。瑞典社会养老服务体系的演进详见图5-8。

养老服务方式	以个人和家庭责任为主；政府主要负责贫困老年人服务	以机构养老服务为主，如"老年之家"	以居家养老服务为主	机构与居家养老服务共同发展；营利性企业进入养老服务领域
解决的问题	致力于保障全部老年人的最低生活需求	实现机构养老服务全覆盖；服务对象由贫困老年人转向全部有需求的老年人	满足激增的养老服务需求，解决机构养老人才招募难、服务质量难保障的问题	应对养老服务价格上涨快、地方政府财政压力大、养老服务质量参差不齐问题
关键时点与进展	1918 新《济贫法》修订	1947 国会颁布"老年人之家"新指导原则	1950 乌普萨拉红十字会开始提供居家养老服务	1990 推行"消费者选择"方式，居家养老管理方式运行 / 1992 在养老服务改革中政府成为唯一主体

图5-8 瑞典社会养老服务体系的演进

---

① Symbiocare Health by Sweden. Elderly care: healthy and dignified ageing [EB/OL]. (2015-06-01) [2022-08-10]. https://www.symbiocare.org/healthy-and-dignified-ageing/.

② 杨政怡. 基于平等主义文化的瑞典养老服务体系的形成及其对中国的启示 [J]. 社会保障研究，2020（2）：89-96.

③ 同①.

为了实现保障老年人的尊严，实现大多数老年人都希望尽可能长时间待在家里的愿望，瑞典政府大力推行居家养老。为了实现这一目标，瑞典形成了先进的家政服务网络，例如市政当局都提供可以家庭自制的即食饭菜、规范的家政服务等。当老年人不能自理时，可以向市政资助的家庭服务机构申请护理援助；重病患者也可以在自己的家中得到健康和社会护理。互联网和远程监控为居家养老提供了便利。老年人可以通过互联网在家中实现丰富的社交生活。即使是不便出门和缺少家人照顾的老年人都可以安全、健康地选择居家养老。

二、社会养老服务体系的运作机制

（一）养老是国家的公共责任，不是子女的法定义务

在瑞典，主要由国家公共部门负责对老年人进行照料，老年人的配偶、子女和其他亲属并不具有赡养老年人的法定义务。在"老年人保持尊严很重要"的价值观念下，政府不仅承担税收再分配的角色，而且将工作细化到解决居家养老的实际问题，形成了较为全面、细化的社会养老服务体系。政府、社会以及个人有明确的责、权、利分工，为老年人拥有一个美好的晚年提供了制度支持。政府提供完善的托育政策和居家照顾服务，代际维持相对独立。市场、家庭和其他社会部门仅发挥养老服务的补充性作用。居家照护员受聘于市政府，福利好，职业训练好。居家服务和照顾的范围很广，从日常家务到轻度护理都包括在服务范围内。如果有需要，居家照护员一天可以多次拜访老人家。有了居家照护员的支持，大多数瑞典人能够居家养老。

（二）中央、省和地方政府各自承担相应的职责，全方位支持养老服务

从瑞典三层行政级别对养老服务承担的职责来看，市镇政府作为最基层的行政单位承担养老服务的最终责任，负责对老年人进行需求评估、直接提供养老服务，并为非正式养老服务提供支持和帮助等；省级委员会，为该省养老服务提供部分财政支持；中央政府的责任则是对整个国家的养老服务运作情况进行掌控和监督，也负责通过法律法规和财政调控的手段促进国家养老服务政策的实施[①]。

---

① 马骁. 当代瑞典养老服务体系研究［D］. 济南：山东大学，2016.

（三）遵循按需分配的原则，不是基于收入或购买能力

瑞典的公共养老服务遵循按需分配的原则，即养老服务的供给基于老年人的需要而非其收入或购买能力，公民具有享受公共养老服务的普遍权利。但老年人获得公共养老服务的一个先决条件是：对养老服务的需求经评估后确定，也就是公共养老服务的供给基于一个"单向准入系统"。

三、社会养老服务体系的具体内容

瑞典养老服务体系不仅包括居家、机构等提供的基本养老服务、护理预防服务等，也包括良好的住房提供、老年人生活便捷服务、对于家庭照顾人员的政策支持、对于无障碍社会构建的支持等。

（一）服务内容：丰富多样，供需匹配

2020年，瑞典市镇政府对于养老服务的支出合计1 353亿瑞典克朗（约合人民币896亿元）[1]。养老服务的支出主要由市镇政府的税收和中央政府的补助金承担。养老服务的自费比例由每个市镇政府根据其所提供的养老服务的水平、类型及个人收入等因素决定。

目前，基于《社会服务法》提供的养老服务项目有：安全警报、家庭帮助服务、专门住宅、食物配送、陪伴服务、短期居所、日间活动、居家救济服务、生活支持、监护人、除普通居家和专门住宅之外的其他住房形式的服务等[2]。根据瑞典统计局公布的数据，以2021年10月31日这天为例，65岁及以上老年人中有近20%的女性和略高于10%的男性接受了养老服务。在最高年龄组（95岁及以上）中，有86%的女性和75%的男性接受了某种养老服务。在所有的养老服务中，安全警报、家庭帮助服务和专门住宅使用人数最多。就瑞典居家养老服务而言，安全警报、家庭帮助服务、食物配送和陪伴服务是最受欢迎的服务项目[3]。有关2021年10月31日居家养老服务接受人数情况，详见图5-9。

---

[1] Elderly care in Sweden: Sweden's elderly care system aims to help people live independent lives [EB/OL]. (2022-05-02) [2022-08-10]. https://sweden.se/life/society/elderly-care-in-sweden.
[2] Socialstyrelsen. Statistics on the health and medical services of municipalities 2020 [R/OL]. (2021-05-31) [2022-08-10]. https://www.socialstyrelsen.se/globalassets/sharepoint-dokument/artikelkatalog/statistik/2021-5-7427.pdf.
[3] 马骁. 当代瑞典养老服务体系研究 [D]. 济南：山东大学，2016.

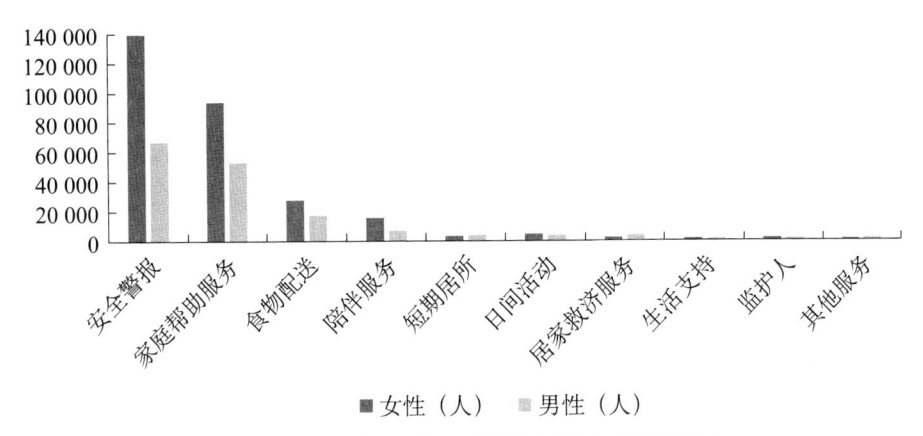

图 5-9 2021 年 10 月 31 日居家养老服务接受人数

资料来源：根据瑞典统计局官方数据绘制。

（二）居家养老服务：流程完善，监管精细

在瑞典，每个人都有权利在家里安心老去。即使不能自理，也不用仰赖子女、老伴照顾，享有老年的尊严。居家养老服务的内容主要有老年人健康照顾、预防保健照顾、康复治疗、直接保障老年人日常生活照顾等。每一位瑞典公民在有需要的时候，都有权利申请居家养老服务。但是他们不能自动获得服务，他们能否获得服务，取决于由市镇政府提供的专业的服务需求评估。居家养老服务主要由老年人生活社区的社区护理员和居家服务管理员组成的服务计划小组承担。必要的时候也会有负责该社区的其他专业人员如社会工作者、职业治疗师等一并加入到服务计划小组中，为老年人提供相应的服务[1]。

市政府根据老人的数量和基本服务的花费标准来决定用于养老支出的所得税数额，同时派专人评估老年人的需求，并根据实际情况提供相应的养老服务。老年人完全有权利选择由哪个护理公司来提供服务，在老年人居住地区注册的某家被选中的私营或公营家庭护理公司将根据要求提供服务。如果老年人不满意服务，可以重新选择养老服务公司或者护理机构。在护工认证监管与市场竞争机制的紧密结合下，护理公司在良性竞争中为瑞典老年人提供优质的入户服务，让老年人享受便利的"居家养老"。在政府的标准指导价格下，各公司的业务开展完全按照市场竞争来决定。

---

[1] Socialstyrelsen. Statistic on care and services for the elderly 2021 [R/OL]. (2022-04-28) [2022-08-10]. https://www.socialstyrelsen.se/globalassets/sharepoint-dokument/artikelkatalog/statistik/2022-4-7871.pdf.

居家养老服务供给的路径主要有三种：公共部门直接提供、服务外包以及自由选择。公共部门直接提供服务是瑞典传统的居家养老服务的供给方式，近年来，瑞典政府加大了对私营养老服务的支持力度，引入竞争机制，积极推进养老服务外包模式和自由选择机制。私营养老企业与公立养老机构在养老护理市场中享有同等的待遇和法律监管，私营投资进入养老服务护理领域这一举措受到了瑞典政府大力支持，只要居家养老的人有需要，就可以向当地主管部门提出申请，公立或者私营的护理服务公司都可提供服务，花费并无不同。私营护理服务公司的存在打破了公立护理服务公司在市场上的垄断局面，市场良性竞争使得公立养老机构不得不想办法提升服务品质以立足市场。

对于服务质量的监督与评估，从中央到地方各层级部门各司其职；从质量标准的制定到服务产出时对质量的监控，监督体系完善，覆盖面广；同时，服务利用者及家属、服务提供者都可以进行服务质量的监督，参与度高。瑞典居家养老服务体系运作流程详见图5-10。

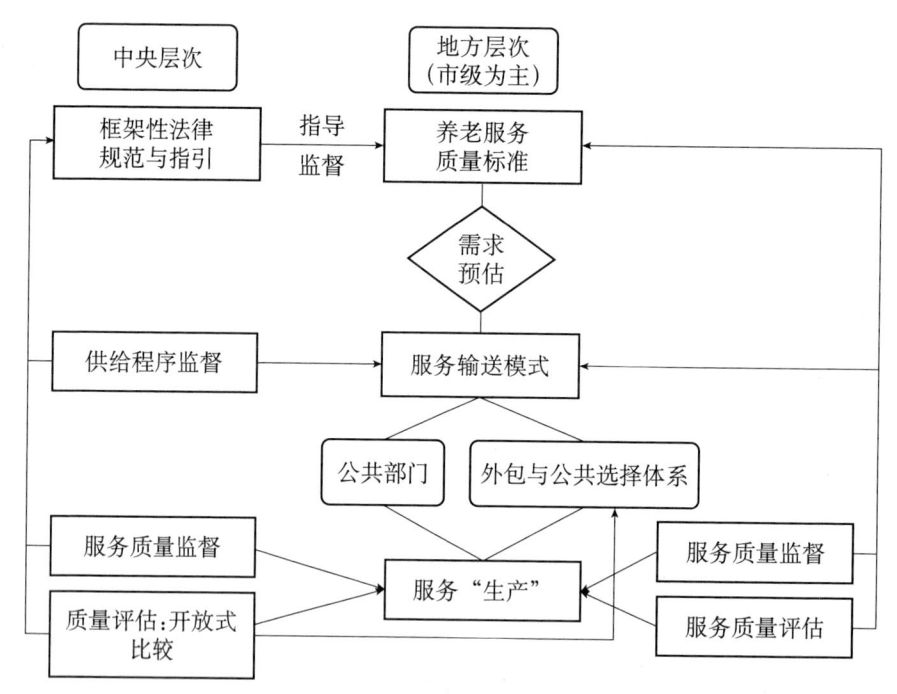

图5-10 瑞典居家养老服务体系运作流程

（三）机构养老：集体生活，连续照顾

当居家不能满足养老需求时，老年人可以选择住进由私人开设的"老年住房"或由政府运营的"专门住宅"获得养老服务。"老年住房"是由私人房东运营的、专门租给或卖给55～74岁活跃老年人居住的养老住房。"专门住宅"是瑞典官方专门为老年人、残疾人和弱势个人/家庭提供的特殊性住所的统称。在瑞典，约有三分之一的"专门住宅"是由"服务之家"或"服务式老年公寓"组成的，这两类住房的职能与私营"老年住房"相似，以满足老年人生活居住的需求为主，兼顾部分护理服务。而对于需要得到长期连续性照顾与护理的老年人，拥有更高集体居住水平的"老年之家"可以为他们提供服务。除此之外，对医疗护理要求极高的老年人，可以入住专门的"疗养院"；有认知障碍的老年人，可以入住"集体之家"，接受集体生活及护理照顾[①]。

（四）老年人护理预防服务：上门帮助，积极预防

意识到未来需要为越来越多的老年人提供更多的护理服务，近几年，瑞典引入了一些对于老年人护理预防较为有效的措施，并引起了越来越多的关注。比如说，医生在为老年人开处方时，加入某种身体活动类处方与药物治疗相结合，既用于预防的目的，也作为一种治疗方式，医生会检测结果；身体损伤是老年人主要的健康问题之一，为了减少跌倒等对老年人造成的伤害，市镇特殊的"修理工"会上门帮助老年人处理诸如挂窗帘和换灯泡等家务；音乐、电影、阅读、绘画等对于提高老年人幸福感起着重要作用，这样的文化活动越来越被养老机构所接受，很多机构服务利用者每天至少参与一次这样的活动。

（五）老年人生活便捷服务：不断创新，满足需求

瑞典用法律的形式规定住宅和居住小区设计必须满足老年人的需求，老年住宅内都有完整的无障碍设施。在瑞典，手杖、轮椅、康复设施等辅助器材在老年人接受了专业需求评估、确定有需要之后都可以免费获得[②]。无法乘坐公共交通工具的老年人也有资格享出租车或特殊改装车这样的交通服务，不过这项服务需要自费[③]。除此之外，为了深化现代化养老方式改革，瑞典也在适老化住房解决方案、老年辅具设备、老年通信与安全、老年病学等方面不断创新[④]。

[①] 马骁. 当代瑞典养老服务体系研究 [D]. 济南：山东大学，2016.
[②] 阎芳. 瑞典居家养老服务及其对中国的借鉴研究：基于积极老龄化的视角 [D]. 济南：山东大学，2013.
[③] Elderly care in Sweden：Sweden's elderly care system aims to help people live independent lives [EB/OL]. (2022-05-02) [2022-08-10]. https://sweden.se/life/society/elderly-care-in-sweden.
[④] Symbiocare Health by Sweden. Elderly care：healthy and dignified ageing [EB/OL]. (2015-06-01) [2022-08-10]. https://www.symbiocare.org/healthy-and-dignified-ageing/.

(六) 对于家庭照顾人员：经济支持，排忧解难

瑞典对于家庭照顾人员的支持政策主要有家庭照顾保险、现金补贴和被市政府雇用为照顾者这三项。家庭照顾保险创新性地将照顾假期的政策融入到社会保险系统中。被市政府雇用为照顾者，是指老年人的亲人如果每周能够为老年人提供超过20小时的照顾，在满足一定条件下即可获得一定报酬。

（七）互联网与养老的深度融合

互联网和远程监控推动居家养老方式为老年人提供更好的服务。通过安装远程监控装置，老年人可以在家中实现丰富的社交生活，和家人共享信息，把健康数据上传至各相关医疗机构。互联网与养老的深度融合使居家养老适用群体得到扩大，让不便出门和缺少家人照顾的老年人都可以安全、健康地选择居家养老。

第四节 瑞典的居家医养结合服务

1955年瑞典《国民健康保险法》颁布并实施，该法规定，16岁以上居民都要加入医疗保险，这标志着瑞典全民医疗保障制度的建立①。瑞典医疗保险的给付主要包含疾病津贴、医疗保健费用、药品费用补贴、牙科治疗补贴以及产妇津贴这五项②。瑞典公共卫生政策中健康与医疗政策的目标是：必须为公民提供适合其需求的有效、高质量的健康和医疗服务，且这样的卫生医疗护理必须是公平的、两性平等的和可获得的③。

一、三级分诊及双向转诊

瑞典的综合医院主要分为三个等级：初级卫生中心、省级医院和区域/大学医院。初级卫生中心是瑞典医疗卫生系统的基础，负责处理不需要专业医学技术和资源的患者，为他们提供治疗、康复、护理和预防保健服务。在初级卫

---

① 李三秀. 瑞典医疗保障制度体系及其经验借鉴 [J]. 财政科学, 2017 (11): 154-160.
② 李曼. 瑞典医疗保险制度的筹资模式及对我国医改的启示 [J]. 劳动保障世界, 2015 (S2): 207-210.
③ Government Offices of Sweden objectives for health and medical care policy [EB/OL]. (2022-05-22) [2022-08-10]. https://www.government.se/government-policy/public-health-and-medical-care/objectives/.

生中心无法提供治疗或诊断时，则会将患者转诊至省级医院接受专科护理。区域/大学医院则主要负责罕见和复杂疾病的高度专业化治疗，并进行研究与教学[1]。

从 2013 年开始，瑞典在全国范围内建立起随叫随到的电话或线上非急诊医疗服务，并配备专业护士。这项服务的主要目的是向来电的人提供护理建议或者帮助他们了解对他们而言正确且可利用的医疗卫生服务。目前，也有一些其他的利用网络信息技术来促进患者与医疗服务提供者之间联系的解决方案。

二、老年人护理服务的责任划分

在瑞典，老年人医疗护理主要受《健康与医疗服务法》的监管，部分受《社会服务法》的监管。瑞典的医疗卫生系统有三层行政级别：中央政府、省级委员会以及市镇政府。中央政府在医疗卫生系统中的作用主要是制定普遍性的医疗卫生政策；21 个省级委员会主要负责为该省所有居民提供医疗卫生服务，主要负责老年人基础护理服务、医疗服务等；290 个市镇政府则具体负责居家或特殊居所中老年人的护理工作，除此之外，它们的职责还包括对当地具有身体残疾和心理障碍的人提供照顾服务、为出院人员及学校的医疗卫生提供支持等。瑞典医疗卫生系统是一个高度权力下放的系统，省级委员会和市镇政府都有相当大的自主权来规定这一系统的具体运作。

1992 年瑞典"爱德鲁"改革（Ädelreformen）从根本上改变了老年人护理系统的管理和组织结构，增加了以居家护理为基础的养老服务。此次改革将以前由省级委员会承担的老年人医疗责任以及一部分权力下放到了市镇政府（省级委员会主要将老年人医疗服务中的居家护理和长期医疗护理服务的运营管理权下放至市镇政府，保留对于短期医疗及神经科医疗的管理运营权）。通过这样的方式，最终使得以支持老年人生活为目的的医疗护理服务与社会养老服务的统合在老年人生活的社区区域内得以实现。

通过"爱德鲁"改革，老年人护理服务成为市镇政府工作的一部分。如何让老年人在社区区域内高效灵活地利用护理和养老服务、如何在社区区域内整合护理与养老服务资源并提供符合地区特色的服务，成为市镇政府必要的责

---

[1] Symbiocare Health by Sweden. The Swedish health system: the Swedish model today [EB/OL]. (2015 - 06 - 01) [2022 - 08 - 10]. https://www.symbiocare.org/the-swedish-model-today/.

任①。从瑞典三层行政级别对养老服务和医疗服务所承担的职责来看，市镇政府作为最基层的行政单位承担养老服务的最终责任，负责对老年人直接提供养老服务等，在医疗服务上市镇政府主要负责居家或特殊居所中老年人的护理工作；省级委员会主要负责老年人的基础健康福利服务以及急性的身体、精神疾病的治疗；中央政府的责任则是通过政策、法律法规的手段，对整个国家的养老服务与医疗服务运作进行掌控、监督和调控。瑞典省级和市镇级对于老年人护理服务的责任分担情况详见图5-11。瑞典三层行政级别对养老服务和老年人医疗服务承担的职责情况详见表5-3。

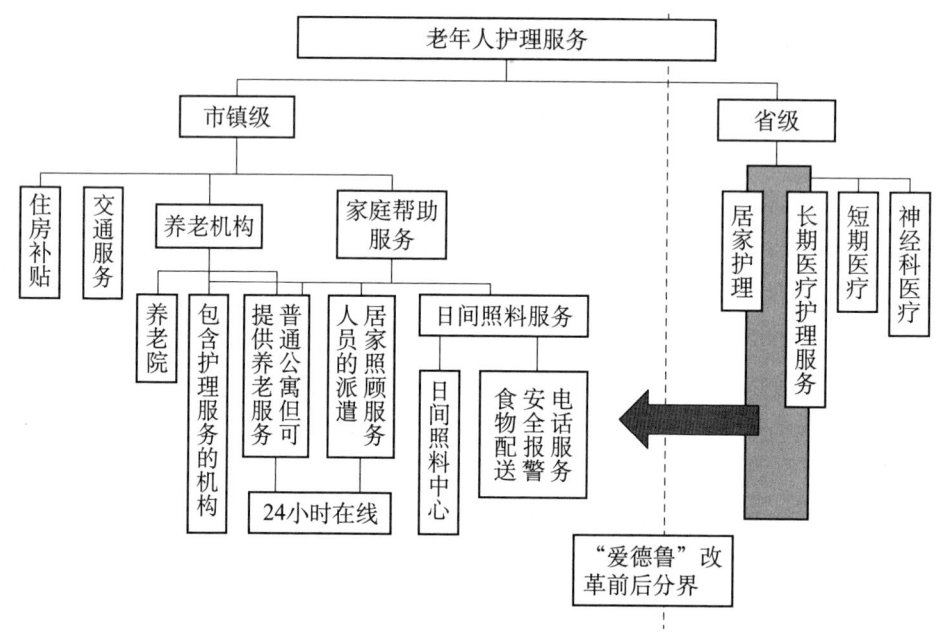

图 5-11　瑞典省级和市镇级对于老年人护理服务的责任分担

资料来源：根据《よくわかる社会福祉（第10版）》44～45页绘制。

表 5-3　瑞典三层行政级别对养老服务和老年人医疗服务承担的职责

行政级别	养老服务	老年人医疗服务
市镇政府	承担养老服务的最终责任，负责对老年人进行需求评估、直接提供养老服务，并为非正式养老服务提供支持和帮助等	具体负责居家或特殊居所中老年人的护理工作等

---

① 山縣文治，岡田忠克．よくわかる社会福祉：第10版［M］．京都市：ミネルヴァ書房，2014：44-45．

续表

行政级别	养老服务	老年人医疗服务
省级委员会	与市镇政府共同承担老年人疾病康复、技术辅助的责任，并提供部分财政支持	为该省所有居民提供医疗卫生服务，负责老年人基础护理服务、医疗服务等
中央政府	对整个国家的养老服务运作情况进行掌控和监督，也负责通过法律法规和财政调控的手段促进国家养老服务政策的实施	制定普遍性的医疗卫生政策等

三、老年人居家医养结合服务的利用情况

随着越来越多的老年人愿意尽可能长时间地继续住在自己的家中，市镇政府通过提供多种多样的居家护理服务和住房适老化改造等社会支持手段，让老年人可以居家养老并接受相应的医疗护理服务。除此之外，市镇政府还为老年人提供专门住宅，供急需护理服务的弱势老年人和残疾人使用。通过个人申请，居家或者住在机构的老年人也可以享受到专业的护理服务。

从市镇政府提供的具体医疗卫生服务的利用情况来看，2020年，有超过37.9万名患者接受了市镇政府提供的医疗卫生服务。其中，有近31万名患者的年龄在65岁及以上。在这些人中，61%是女性，39%是男性。女性老年人是瑞典接受市镇医疗卫生服务的最大人群[①]。2020年12月至少接受过一项医疗卫生服务的人口比例情况详见图5-12。

从市镇政府提供的居家护理服务和专门住宅护理服务的利用情况来看，2020年，有超过7.1万名女性和4.7万名男性在专门住宅中接受了医疗护理服务，分别占接受市镇政府提供医疗护理服务的女性人数的31%和男性人数的32%，即整体而言，有接近30%的人在专门住宅中接受了市镇政府提供的医疗护理服务，有接近70%的人选择居家接受医疗护理服务。从年龄结构来看，65~84岁的老年人中，男性在专门住宅中接受医疗护理服务的比例略高于女性或与女性比例持平。但是在85岁及以上的老年人中，女性在专门住宅中接受

---

① Socialstyrelsen. Statistics on the health and medical services of municipalities 2020 [R/OL]. (2021-05-31) [2022-08-10]. https://www.socialstyrelsen.se/globalassets/sharepoint-dokument/artikelkatalog/statistik/2021-5-7427.pdf.

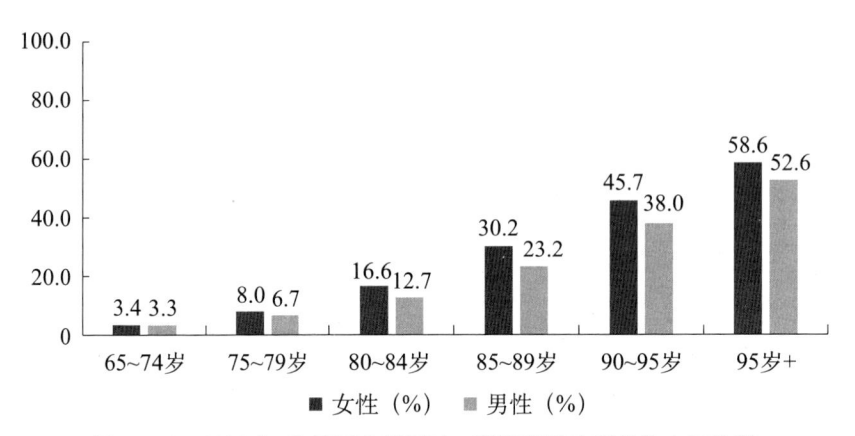

图 5-12　2020 年 12 月至少接受过一项医疗卫生服务的人口比例

资料来源：根据瑞典统计局官方数据绘制。

医疗护理服务的比例要远高于男性[①]。2020 年在专门住宅中接受医疗护理服务的人口比例情况详见图 5-13。

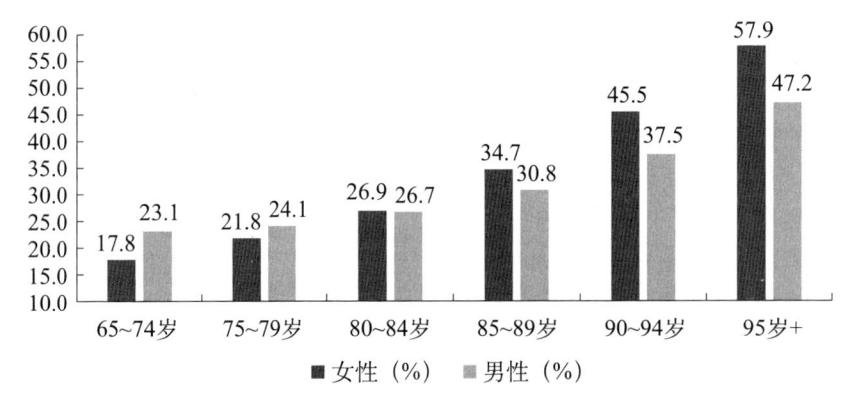

图 5-13　2020 年在专门住宅中接受医疗护理服务的人口比例

资料来源：根据瑞典统计局官方数据绘制。

随着年龄的增长，同时接受市镇政府提供的医疗服务与养老服务这两类服务的人口比例也不断提高。65 岁及以上老年人口中有一半以上的人同时接受两类服务[②]。2020 年同时接受医疗服务与养老服务的人口比例情况详见图 5-14。

[①] Socialstyrelsen. Statistics on the health and medical services of municipalities 2020 [R/OL]. (2021-05-31) [2022-08-10]. https://www.socialstyrelsen.se/globalassets/sharepoint-dokument/artikelkatalog/statistik/2021-5-7427.pdf.

[②] Socialstyrelsen. Statistics [EB/OL]. (2022-07-10) [2022-08-10]. https://www.socialstyrelsen.se/en/statistics-and-data/statistics/.

第五章
瑞典居家医养结合养老服务及其借鉴

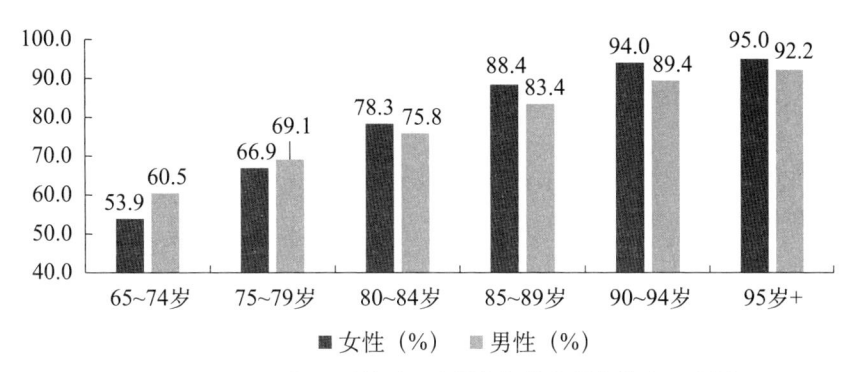

图 5-14　2020 年同时接受医疗服务与养老服务的人口比例

资料来源：根据瑞典统计局官方数据绘制。

近年来，为了提高老年人护理的质量，为老年人提供良好、安全、有保障的护理服务，瑞典政府推出了多项改革措施[①]。

（1）计划增加对护理人员职业培训资金的投入。让护理人员有机会接受带薪教育或职业培训，通过提升护理人员技能的方式来提高老年人护理的质量，从而让老年人及其亲属放心。该计划预计在 2020—2023 年期间共支出 72 亿瑞典克朗（约合人民币 47.6 亿元）。

（2）计划为所有接受居家护理服务的老年人提供一个专门的护理联络人，来帮助他们协调复杂专业的护理服务。

（3）计划在国家卫生和福利委员会下建立一个专门的国家级老年人护理中心。这一中心主要关注老年人护理方面的发展，确保从国家层面获取并把握各地方针对老年人提供护理的情况。政府计划每年向这个中心拨款 1 900 万瑞典克朗（约合人民币 1 256 万元）。

（4）从 2023 年 7 月 1 日起，"实习护士"将成为一项受保护的职称。这意味着需要持有证书才能在卫生和护理领域使用"实习护士"的头衔。

（5）为了提升老年人护理提供方的长期前景并明确其职责，制定《老年人护理法》，政府于 2020 年 12 月启动了一项以"提出老年人护理法案"为任务的调查。该调查于 2022 年 6 月 30 日提交最终报告。面对数字化转型的机遇，并争取为数字化转型提供更好的条件，目前政府已启动几项调查来支持相关立法，如"护理服务中未来的技术"等调查。

---

① Government Offices of Sweden. Initiatives to improve security in care of the elderly [EB/OL]. (2022-05-22) [2022-08-10]. https://www.government.se/articles/2021/12/initiatives-to-improve-security-in-care-of-the-elderly/.

第五节　瑞典居家医养结合养老服务对北京的借鉴

瑞典是世界上最早进入老龄化的国家之一，实施的是惠及全民的福利制度，其养老保险、养老服务以及医疗服务都是基于公民身份的普惠型福利[1]，被认为是具有代表性的，提供普遍的、广泛的且平等的服务[2]。为了充分高效地利用有限的养老与医疗资源，给老年人提供高质量的养老服务与医疗服务，瑞典形成了以居家养老为主导的养老服务体系。与此同时，通过权力下放的方式，给市镇政府自主权，使其可以根据当地特色合理调节区域内医疗与养老服务的供给，实现医养有机融合。这样的方式，给北京市养老保险制度的完善、养老服务体系的建设、医养结合、满足老年人需求等方面提供了一定的启发。

1990年北京市60岁及以上老年人口109万人[3]，占总人口的比例首次突破10%，标志着北京进入老龄化社会。到2021年，北京市60岁及以上常住人口441.6万人，占常住总人口的20.18%；其中65岁及以上常住人口311.6万人，占常住总人口的14.24%，北京已进入老龄社会，历时30余年。与瑞典相比，北京市具有老年人口基数大、老龄化进展迅速的特点。预计到2025年末，北京市60岁及以上老年人口将达到517万人，占总人口的比例将达到24%。预计到2035年，60岁及以上老年人口将接近700万人，占总人口的比例将超过30%。随着未来北京市人口老龄化进程进一步加深加快，在宏观经济发展进入新常态的背景下，如何提高养老和老年健康服务资源的使用效率，保障逐渐扩大的老年群体的基本生活，逐步提升老年人社会保障水平，确保养老保险金制度的可持续，都将成为下一步老龄工作的重点。同时，失能、半失能的高龄老年人也将大幅增加，老年人的健康和照护问题将成为最为突出的问题，医疗卫生服务需求和生活照料需求叠加的趋势将越来越显著。不仅如此，新时期的老年人渴望更加丰富多彩、有尊严的晚年生活，这也对发展多层次、精准化的养老保障体系和服务供给提出了更高要求[4]。

---

[1] 杨政怡.基于平等主义文化的瑞典养老服务体系的形成及其对中国的启示［J］.社会保障研究，2020（2）：89-96.

[2] Trydegard G B. Welfare services for the elderly in Sweden at the beginning of the 21st century: still in line with the Nordic Welfare State Model［J］. Social Policy as if People Matter，2004.

[3] 北京市统计局.北京统计年鉴2021［M］.北京：中国统计出版社，2021.

[4] 北京市老龄工作委员会关于印发《北京市"十四五"时期老龄事业发展规划》的通知［EB/OL］.（2021-11-26）［2022-08-10］. http://www.beijing.gov.cn/zhengce/zhengcefagui/202111/t20211126_2545746.html.

第五章
瑞典居家医养结合养老服务及其借鉴

一、重视老年人的自身价值与独立性

在瑞典，不管是国家层面还是地方层面，针对老年人服务的政策制定都强调平等、尊重、以人为本，并强调老年人自身的价值、尊严与独立性。对于养老服务的提供，瑞典政府主要的政策目标是：第一，让老年人能够过上积极、有活力的生活；第二，使老年人可以在安全的环境中老去，并一直保持"人"的独立性；第三，让老年人被尊重地对待；第四，使老年人可以获取良好的、高质量的养老与护理服务；第五，使老年人可以获得公平且性别平等的养老服务[1]。

自2011年1月以来，"尊严"已经成为瑞典养老服务的核心价值。这是因为，当时的《社会服务法》中，一项立法被修改为"获得有尊严的照顾和福利是老年人的权利"。瑞典官方对这一立法的解释为："对于老年人的照顾（养老服务）应当致力于为他们提供有尊严的生活和让他们感到幸福"。其中，从瑞典国家层面上看，"尊严"主要在以下四个指导主题中被定义：（1）高质量的照顾；（2）对于隐私和诚信的尊重；（3）自己决定、参与和影响以及个性化；（4）良好的照顾响应。"幸福"则被定义为安全和有意义。从瑞典地方层面上看，以上这些关于"尊严"的国家级价值观念，在地方上都被转化为"地方尊严保障"。制定这些保障措施时，必须坚定地强调老年人在养老服务方面的影响力；这些保障措施也涉及市镇政府作出的承诺，例如，老年人应该有一个联系人，并在一定时间内发布个人执行计划。这一道德规范与价值观念的引入，一方面是为了提高养老服务的质量，另一方面则是为了阐明人们的看法与观念，这些看法与观念应当用来指导日常生活中对于老年人的照顾[2]。

在北京市老年健康服务体系建立的过程中，对于老年人心理、精神的照顾与人文关怀越来越受到重视。一方面，根据国家卫生健康委要求，到2022年，80%以上的综合医院、康复医院、护理院和基层医疗卫生机构成为老年友善医

---

[1] Government Offices of Sweden. Objectives for social services including care for older people [EB/OL]. (2022-05-22)[2022-08-10]. https://www.government.se/government-policy/social-services-including-care-for-older-people/objectives-for-social-services-including-care-for-older-people/.

[2] Andersson K, Sjölund M. Swedish eldercare within home care services at night-time: perceptions and expressions of "good care" from the perspective of care workers and care unit managers [J]. Nordic Social Work Research, 2020(12): 1-14.

疗机构①。开展老年友善医疗机构建设成为更好适应老年人健康及医疗服务需求、提高服务质量和可及性、保障老年人权益的重要抓手。另一方面，《北京市"十四五"时期老龄事业发展规划》明确提出，在构建老年健康服务体系的过程中要加大安宁疗护——扩大安宁疗护服务供给、完善安宁疗护价格政策、推进安宁疗护规范化发展等②，提高终末期或老年患者临终前的生命质量，帮助他们舒适、安详、有尊严地离世。

在这个过程中，可以参考瑞典的经验，充分发挥北京作为全国文化中心的作用，将平等、尊重、以人为本的思想以及对于老年人自身的价值、尊严与独立性的重视作为指导，贯穿到老年健康服务体系建设的全过程和每一个环节，在相关养老政策等制定与出台的过程中，充分考虑老年人的尊严与独立性，将老年人人权放在首位，要加强老龄化国情、市情教育，发挥首都的文化引领和示范作用，营造全社会敬老、孝老、养老的文化氛围。

一要正确看待老龄社会。核心是要认识到老龄化不可逆转，重视老龄化带来的挑战，要看到老龄化是经济发展、社会进步、人民生活水平提高、医疗卫生条件改善的结果，是中国特色社会主义制度优越性的重要体现和社会文明进步的重要标志，从全局的、积极的视角来重新思考老龄社会治理的战略布局，主动以制度变革适应人口结构变化。

二要正确看待老年期。一方面，随着老年期的延长及老年人健康状况的普遍提升，老年期也是仍然可以有作为、有进步、有快乐的重要人生阶段。2021年北京市户籍居民平均期望寿命为 82.47 岁，其中，男性 80.01 岁，女性 85.02 岁③，北京已经进入长寿时代。另一方面，随着老年期的延长，还将进一步拉大老年群体的异质性，相对于其他社会群体，老年群体的异质性将更加突出和变得更加复杂。长寿时代的长寿风险（养老金）、高龄老年人的生活与社会政策支持都需要新的理论指导与实践探索。

三要正确看待老年群体与其他社会群体的关系。个体老龄化立足于人的全面发展，群体老龄化立足于社会的全面发展，人的全面发展和社会的全面发展是矛盾统一的。因此，老年人需要站在社会进步和全面发展的立场，正确看待

---

① 北京市老龄事业发展报告（2020）[R/OL].（2021-10-14）[2022-08-08］. http：//wjw. beijing. gov. cn/xwzx_20031/wnxw/202110/P020211014339342238728. pdf.

② 北京市老龄工作委员会关于印发《北京市"十四五"时期老龄事业发展规划》的通知［EB/OL］.（2021-11-26）[2022-08-10］. http：//www. beijing. gov. cn/zhengce/zhengcefagui/202111/t20211126_2545746. html.

③ 北京市老龄事业发展报告（2021）[R/OL].（2022-09-28）[2022-11-26］. http：//wjw. beijing. gov. cn/wjwh/ztzl/lnr/lljkzc/lllnfzbg/202209/P020220928402196139821. pdf.

社会，积极乐观看待自己，自尊、自重、自爱。社会政策要站在老年人的立场，既要让老年人成为社会发展的重要资源和重要力量，也要让老年人共享改革发展的成果，构建人人平等、人人共享的老龄化社会。要充分认识到老年群体的社会价值，完善政策体系，创造年龄友好的社会文化氛围。

四要完善相关政策营造年龄友好社会环境。要通过政府购买服务等方式，引导老年人终身学习，提高老年人自我管理、自我维护健康的意识和能力水平，树立老年人自尊、自重的社会文化氛围。通过老年人健康促进专项行动，全面提高老年人的健康素养，从源头上减少老年人照护需求。要以老年友好家庭和老年友好社区建设为载体，营造全社会敬老、孝老、养老的文化氛围，推动老年健康服务质量的整体提高，推进老年友好城市建设，以首善标准，打造人人平等、人人共享的老龄化社会，为建设国际一流的和谐宜居之都作出贡献。

二、提高居家医养结合服务的广度与深度

2015年北京市人民代表大会在全国率先制定《北京市居家养老服务条例》，第一次将养老服务的重点从机构转向居家，这是对老龄化加速背景下超大城市养老服务体系建设的客观规律的科学认知。随后，北京市政府制定实施细则，开展养老服务设施建设专项行动，连续实施多个三年行动计划；引导机构将专业化服务延伸到居家，发展社区嵌入式养老驿站；推进街乡镇社会治理改革，强化社区对居家养老的支撑作用，增强家庭养老的功能；鼓励运用互联网等新技术发展智慧养老服务；鼓励养老机构内设医务室，鼓励社区卫生服务中心与养老机构签约，发展社区护理站，多措并举增加医养结合服务供给。北京市居家养老服务体系的搭建实现了"从无到有"。

随着老年人口结构的变化和需求的变化，又出现了很多新现象、新问题。例如，机构延伸到居家的积极性不高，居家养老服务技术含量低、可持续经营困难，等等。北京市居家养老服务体系的搭建必须实现"从有到优"的突破。

为此，2022年《关于加强新时代首都老龄工作的实施意见》提出：要完善居家养老服务体系，依托养老照料中心和社区养老服务驿站，打造社区居家养老服务"信息岛"，发展好以居家为基础的多样化养老服务①。《北京市养老服务专项规划（2021年—2035年）》也作出了具体安排：一是社区养老服务驿站（农村幸福晚年驿站）要充分利用社区资源，就近提供居家养老服务。根据老

---

① 中共北京市委 北京市人民政府印发《关于加强新时代首都老龄工作的实施意见》的通知［J］．北京市人民政府公报，2022（31）：28-42.

年人口分布情况,将社区养老服务驿站建设与街乡镇养老照料中心协同建设,建设"十五分钟服务圈"。二是充实社区养老服务驿站(农村幸福晚年驿站)的服务内容,建立居家社区探访制度,使驿站持续良性运营,切实为老年人提供就近居家养老服务。精准对接老年人需求,把握不同程度的养老服务需求。三是全面实行老年人能力综合评估。落实《北京市老年人能力综合评估实施办法(试行)》,健全完善老年人能力综合评估工作机制,制定老年人能力综合评估规范,建立专业化的老年人能力综合评估机构和评估队伍。四是整合综合服务设施,覆盖养老服务需求。加强社区养老服务设施与社区综合服务设施整合利用。到2035年,实现以居委会、村委会为单位的社区养老服务设施全覆盖,满足老年人基本养老服务需求[1]。

居家养老是瑞典最常见的养老方式,瑞典政府和老年市民都希望能够尽可能地留在家中养老,并尽可能地延长居家养老的时间。为此,瑞典政府通过各种努力,让居家养老服务更加便捷、专业、安全且面面俱到[2]。北京市在建立完善居家社区养老服务体系的过程中,可适当借鉴瑞典的经验。

一要建立老年人综合评估和就近精准养老机制。明确就近精准养老、就近使用养老资源、就近入住养老机构的原则。在需求侧,参照保障性住房资格审查、轮值摇号等成熟的经验做法,在全市范围内建立统一的老年人信息平台,设定统一的评估方法,由专业团队评估老年人能力和条件,分级分类建立老年人需求台账。对需要入住养老机构的老年人,建立公办养老机构入住轮候制度,按照符合资质的申请者顺序排队入住。对于市场化养老服务需求,则充分尊重供需双方的意愿,由市场来双向选择。在供给侧,建立养老服务机构和设施台账,全面向社会公开信息,根据老年人需求,按照就近就便原则,由街道办事处(乡镇人民政府)及其民政部门组织实施,统筹对接养老服务供需资源,提高资源使用效率和老年人的满意度,解决"一床难求"与"高空置率"并存现象。

二要加快建立长期护理保险制度。"十四五"时期,要以北京市长期护理保险制度扩大试点为契机,加快建立统一规范的老年人综合能力和需求评估制度,按照分级分类保障的要求,把好入口关;要明确政府的责任,突出重点人群,聚焦失能、失智和特殊困难老年群体,开展兜底性长期照护服务;以做实

---

[1] 北京市民政局 北京市规划和自然资源委员会关于印发《北京市养老服务专项规划(2021年—2035年)》的通知[EB/OL]. (2021-09-30)[2022-08-10]. http://www.beijing.gov.cn/zhengce/zhengcefagui/202109/t20210930_2505867.html.

[2] Koutani I. Overcoming the barriers that elderly face in their local environment [D]. KTH Royal Institute of Technology 2019. http://www.diva-portal.org/smash/get/diva2:1356603/FULLTEXT01.pdf.

家庭养老照护床位、家庭病床为重要抓手，逐步提高家庭养老照护床位和家庭病床的覆盖率，逐步丰富服务内容。着眼长期和未来，要以积极老龄观、健康老龄化理念为统领，以全人群全生命周期健康为落脚点，在现有"以治病为主体"的国家基本药物制度和基本药品目录的基础上，探索研究制定老年健康管理、康复护理、安宁疗护等方面的服务目录、定价标准、报销比例等，根据经济发展状况，循序渐进逐步将其纳入医保报销范围，建立与长期照护需求相适应的老年健康服务目录，逐步扩大老年健康基本公共服务的内容。逐步构建符合首都市情的长期照护服务制度和服务体系，适应超老龄社会到来的需要。

三要加快完善与老龄化社会相适应的住房保障制度。北京是超大城市，房价地价高，近20年来房地产快速发展，房屋自有率高。瑞典的"老年住房"是由私人房东运营的、专门租给或卖给55~74岁有需求的活跃老年人居住的集中性养老住房。这样的方式既解决了老年人心理孤独的问题，又盘活了老年人的存量住房，北京市可以借鉴瑞典这一做法，通过专项补贴、税收优惠等方式，鼓励社会资本投资建设"老年住房"，供老年人集中养老。比如，鼓励利用闲置房地产进行适老化改造，建设集中式老年公寓等设施；鼓励社会资本在住宅小区内建设适应老年人需求的配套设施，通过政府补贴或政府购买服务的方式，鼓励残疾老人和高龄老人申请对住房进行适合其起居的改造；在保障性住房建设中，集中建设医养结合的适老化社区，优先考虑有住房保障需求的老年人群体。

四要充分应用社区公共资源和公共服务。运用社会治理手段，合理调配社区内与社区间的服务资源，通过向社区输入专业综合型服务人才、建立数字化信息共享平台等手段，形成有利于区域内养老服务合理调配的资源分布网络，从而提高居家社区养老服务提供的广度与深度；通过社会和政府的融合互动为居家老人提供个性化的服务，大力提倡利用社区养老福利设施发展养老事业。

五要发挥社会救助的兜底保障作用。社会救助是国家和社会应尽的责任和义务。针对老年人社会经济救济，在合理界定保障对象、建立门类齐全的救助制度框架的基础上，政府有义务整合所有社会资源，通过国民收入的再分配，对老年群体实施各项社会救助，最大限度地保护老年人的权利。法律是社会救助的根本保障，社会救助制度需要法律来规范、约束和保障。要加快研究修订《北京市老年人权益保障条例》，根据首都市情，将社会救助的对象、目标、内容、方式、资金保障等方面以法律条文形式确立下来，保证社会救助制度的权威性、稳定性。针对首都人口老龄化的发展趋势和特征，充分考虑到纯老年人家庭及特殊困难老年人家庭及独居、孤寡、高龄和超高龄老年人的需求特征，设计合理的救助标准和救助服务内容,既要坚持量力而行,也要坚持尽力而为,使社会救助制度真正能够保障人们的基本生存需要,真正起到对特殊老年群体的兜底保障作用。

三、构建居家社区医养结合自治体机制

《北京市"十四五"时期老龄事业发展规划》指出,"十四五"期间要加强养老服务与医疗服务结合,提升居家以及社区(村)医养结合服务能力,通过信息联通、设施共享、人员对接等手段,整合养老照料中心、社区养老服务驿站、社区卫生服务站等区域养老、医疗资源,将巡视探访、上门巡诊等居家医养服务有效衔接①。2022年《关于加强新时代首都老龄工作的实施意见》提出,要深入推进医养结合,强化医疗卫生健康与养老服务衔接。推进医养结合向居家老年人延伸,开展养老家庭照护床位建设。到2025年,在居家照护需求相对集中的城市社区,建设不少于1万张养老家庭照护床位②。

瑞典形成了以居家为主导的医养结合服务体系。通过权力下放,给市镇政府自主权,使其可以根据当地特色合理调节区域内医疗与养老服务的供给,实现医养有机融合。近年来,为提高老年人护理质量,瑞典政府实施了增加护理人员职业培训的资金投入、提供专门护理联络人、建立国家级老年人护理中心、设立"实习护士"职称等改革措施。这些都给北京提供了启发。北京市在推进区域医养结合联合体建设进程中,宜进一步强化以下工作:

一要给予街乡镇政府更多的自主权。2022年4月北京市下发《关于推进街道乡镇养老服务联合体建设的指导意见》,明确提出,到2022年底,在北京市基本建立起街道乡镇养老服务联合体的运行机制③。这种联合体是在街道党工委(乡镇党委)的领导下,聚焦辖区内老年人服务需求,建立健全议事协商、涉老信息整合等机制,统筹辖区内养老服务机构、社区卫生服务中心(站)及各类服务商等资源,为辖区内全体老年人提供就近精准养老服务的区域养老模式。要顺应人口老龄化的需要加快调整街道(乡镇)党委、政府的职能定位,

---

① 北京市老龄工作委员会关于印发《北京市"十四五"时期老龄事业发展规划》的通知[EB/OL].(2021-11-26)[2022-08-10]. http://www.beijing.gov.cn/zhengce/zhengcefagui/202111/t20211126_2545746.html.

② 中共北京市委 北京市人民政府印发《关于加强新时代首都老龄工作的实施意见》的通知[J].北京市人民政府公报,2022(31):28-42.

③ 中共北京市委办公厅 北京市人民政府办公厅印发《关于推进街道乡镇养老服务联合体建设的指导意见》的通知[J].北京市人民政府公报,2022(31):78-84.

明确街道办事处（乡镇人民政府）和社区居民委员会（村民委员会）在老龄事业发展中的责任清单和权力清单，明确区、街道（乡镇）、社区（村）老龄工作责任，统筹规划建设诸如养老照料中心、社区养老服务驿站、医疗机构等涉及老年人的服务设施，实现机构集中养老床位、社区养老服务驿站临时托养床位、养老家庭照护床位均衡布局、配比合理，辖区内医养康养资源有效结合。切实高效地加强统筹协调，推动涉老相关政策措施落实落细。

二要构建属地管理与职能部门之间有效的统筹机制。街道（乡镇）党委、政府的工作重点是基层社会综合治理，比如提供社区基本公共服务、动员居民、协调志愿服务、排查化解矛盾等等，与职能部门（卫健、民政、医保）在服务监管、纠纷解决上的责权划分不同。要建立街道（乡镇）老龄工作的评价机制，在此基础上，科学划分养老服务的责任片区，明确其基本养老服务对象主体、责任与服务。要普遍建立养老服务顾问（或养老服务管家）制度，快速响应老年人养老与医疗服务的需求。进一步完善街道（乡镇）、社区（村）与政府职能部门之间的有效协调机制，推进"街乡吹哨、部门报到"向社区深化，具体到老年人医养结合工作，街道（乡镇）党委、政府应当对辖区内医疗机构和养老机构运营管理提供资金、土地、房屋等支持，为其顺利开展医养签约服务保驾护航。要有效发挥社区业主委员会和物业服务企业在社区治理和为老服务中的作用。要强化驻地单位的社区责任，统筹协调驻地单位和社会各界融入老龄事业发展，实现精治、共治、法治，夯实社会长治久安的基础。

三要以"时间银行"丰富医养结合服务力量。坚持公益性、互助性、激励性、持续性原则，扩大社会参与，丰富养老服务力量，建设养老服务"时间银行"，聚焦助餐、助浴、助洁、助急、助医、助乐"六助"服务项目，搭建运行机制，制定服务标准体系，建立统一的时间银行信息管理平台。

四要以"三社"联动激活社区治理生态。加快发展社会工作者、社会心理服务和专业志愿者等专业社会服务群体，发挥好他们在社会治理中的专业特长和独特作用。在社区这个平台上，以社会组织为载体，以社会工作为专业支撑，"三社"资源有效整合与联动，共同服务老年人所需，不断创新基层健康养老服务新模式，积极开发老年人的潜能，让老年人成为社区建设的参与者，让老年人真正产生获得感。探索"社工＋义工"联动服务机制，提升志愿服务的专业性，开展京津冀社工人才互助融合能力提升计划。

五要完善综合性监督制约机制。在接受来自上级政府和相关机关绩效评估与监督的同时，广泛接受来自人民群众和合作单位的监督与意见，形成完整综合的监督体系，从而推动辖区内医养结合、联合体建设事业的发展。要充分发挥老年人组织的作用，在社区层面广泛建立老年人协会，鼓励老年人积极参与"社区共同体"建设，畅通老年人民主参与、民主决策、民主监督的渠道。将服务提供者和接受者、社区居民、工作人员等都纳入监督机制，形成多角度全方位的监督体系，从而促进居家医养服务的良性运行。

◀◀◀ 第六章 ▶▶▶

韩国老年人权益保障及其借鉴

韩国与我国同为亚洲国家，具有相似的传统与文化，又同样具有老龄化出现晚但发展速度快的特点。首尔都市圈与北京在老龄化进程、老龄化发展趋势和特征上极具可比性，在积极应对人口老龄化的进程中，韩国在老年人经济保障、健康保障、人身自由和权益保障方面的做法值得北京借鉴。一是通过综合施策保障老年人的就业权和社会参与权，既减缓劳动力不足的矛盾，又力图保障老年人晚年的收入；二是重视老年人健康权益保障，加强健康预防以及早期阿尔茨海默病的筛查；三是针对高龄和超高龄特殊老年群体的困难，出台专项保障政策；四是通过法律保护老年人远离危险，防止老年人由于身处弱势地位而被遗弃、受到经济剥削，或遭遇性暴力、忽视等身体及精神上的虐待；五是完善数字化时代老年人新型权益保障，立法明确政府保障老年人信息知情权的义务，畅通老年人网络话语权行使渠道，完善老年人虚拟财产的保护制度。

第一节 韩国人口老龄化发展特征

与欧美等具有悠久老龄化背景的国家相比，韩国人口老龄化具有开始晚但发展迅速的特点。2000年，韩国65岁及以上老年人口的占比达到7.2%[①]，标志着韩国进入老龄化社会。到2018年，这一比例达到14.3%，意味着韩国开始进入老龄社会，这一进程仅历时18年。与韩国相比，北京市1990年60岁及

[①] Statistics Korea. Projected population by age group (Korea) 1980-2020 [DB/OL]. (2021-12-09) [2022-07-22]. https://kosis.kr/statHtml/statHtml.do?orgId=101&tblId=DT_1BPA003&language=en&conn_path=I3.

以上老年人口比例突破10%①，开始进入老龄化社会。2021年底，60岁及以上常住人口441.6万人，占常住总人口的20.18%；其中65岁及以上常住人口311.6万人，占常住总人口的14.24%②，标志着北京进入老龄社会，这一进程历时31年。韩国与北京市几乎同步进入老龄社会，但韩国老龄化发展的速度更为迅速。

一、人口老龄化现状概览

（一）老年人口数量、占比以及老年人口抚养比持续、快速上涨

1980—2020年的40年间，韩国总人口持续上涨，从1980年的3 812.4万人上涨至2020年的5 183.6万人。虽然总人口不断上涨，但韩国0~14岁年龄组人口的数量和占比却连年下降。1980年，韩国0~14岁人口有1 295.1万人，占总人口的34.0%，处于较高水平。到2020年，韩国该年龄组的人口仅有630.6万人，比1980年减少了一半；在总人口中的占比下降到12.2%，仅相当于1980年水平的三分之一。受到人口惯性的影响，1980—2020年间，韩国15~64岁的劳动年龄人口在总人口中的占比有缓慢上升的趋势，近年来这个比例大体在73%上下浮动。对于65岁及以上的老年人口而言，1980年以来，这一年龄组的人口数量和占比都在持续、快速地上涨。2000年，韩国开始进入老龄化社会。2018年，韩国已步入老龄社会。到2020年，韩国65岁及以上老年人口数量达到815.2万人，占总人口的15.7%，分别是1980年水平（老年人口145.6万人，老龄化率3.8%）的5.6倍和4.1倍，是2000年水平（老年人口339.5万人，老龄化率7.2%）的2.4倍和2.2倍③。1980—2020年韩国人口变化情况详见图6-1。

随着老年人口数量和占比的逐年增加，1980年以来韩国老年人口抚养比也呈现出不断上升的趋势。2000年韩国刚刚步入老龄化社会时，老年人口抚养比为10.1%，相当于每10位劳动年龄人口要赡养1位老年人。到2020年，韩国

---

① 北京市统计局. 北京统计年鉴2021 [M]. 北京：中国统计出版社，2021.
② 北京市老龄事业发展报告（2021）[R/OL]. （2022-09-28）[2022-11-26]. http://wjw.beijing.gov.cn/wjwh/ztzl/lnr/lljkzc/lllnfzbg/202209/P020220928402196139821.pdf.
③ Statistics Korea. Projected population by age (Korea) 1980-2020 [DB/OL]. (2021-12-09) [2022-07-22]. https://kosis.kr/statHtml/statHtml.do?orgId=101&tblId=DT_1BPA001&language=en&conn_path=I3.

的老年人口抚养比上升至 21.8%，是 2000 年的 2.2 倍，相当于每 5 位劳动年龄人口要赡养 1 位老年人，意味着韩国劳动年龄人口赡养老年人的压力逐渐增大①。1980—2020 年韩国老年人口抚养比情况详见图 6-2。

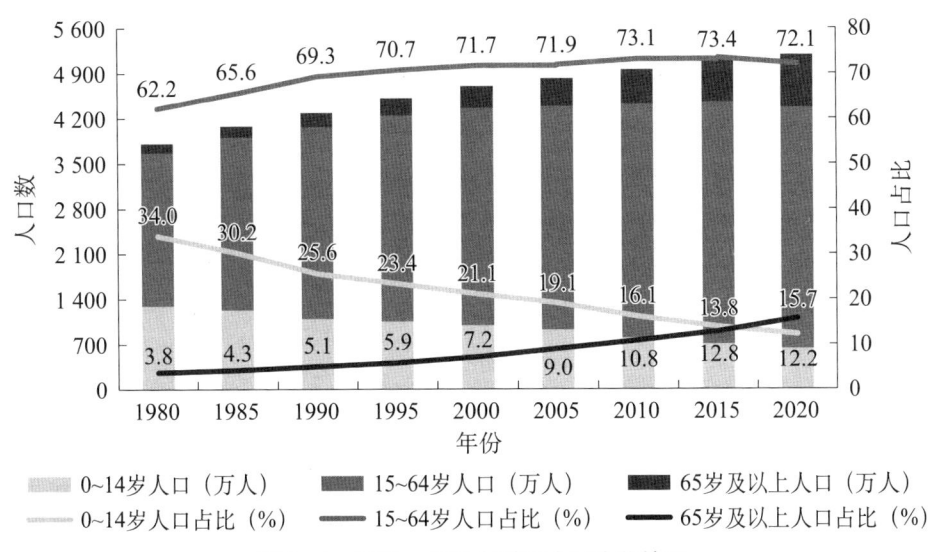

图 6-1 1980—2020 年韩国人口变化情况

资料来源：根据韩国统计局统计数据绘制。

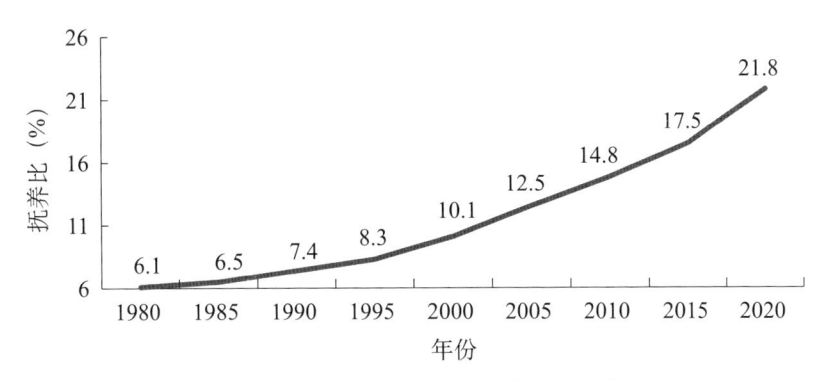

图 6-2 1980—2020 年韩国老年人口抚养比

资料来源：根据韩国统计局统计数据绘制。

---

① Statistics Korea. Population projections and summary indicators (Province) 1980-2050 [DB/OL]. (2021-12-09) [2022-07-22]. https：//kosis. kr/statHtml/statHtml. do? orgId = 101&tblId = DT_1BPA001&vw_cd = MT_ETITLE&list_id = A41_10&scrId = &language = en&seqNo = &lang_mode = en&obj_var_id = &itm_id = &conn_path = MT_ETITLE&path = %252Feng%252FstatisticsList%252FstatisticsListIndex. do.

（二）老年群体内部呈现出高龄化的特点

随着老龄化程度不断加深，75岁及以上高龄老年人口及其在老年人口中的占比不断上升。2000年，韩国高龄老年人口共109.1万人，在老年人群体中占32.2%。到2020年，韩国高龄老年人口达到349.1万人，与2000年相比增长约2.4倍，在老年人群体中的占比达到42.9%，比2000年增长约10.7个百分点。值得注意的是，由于医疗水平提高、公共卫生条件改善以及人口寿命延长等原因，自2005年起韩国75岁及以上高龄老年人口在老年人口中的占比呈现出明显的上升趋势。1980—2020年韩国中低龄、高龄老年人口变化情况详见图6-3。

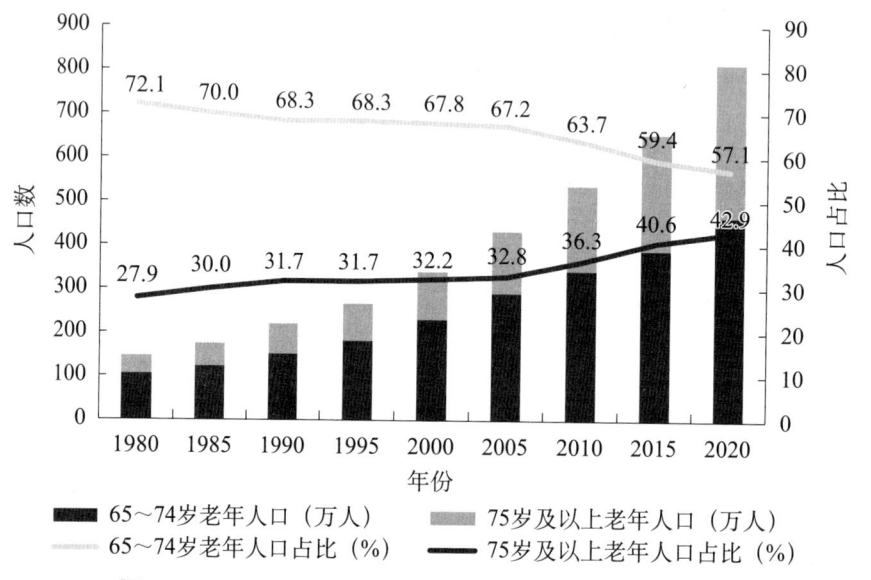

图6-3　1980—2020年韩国中低龄、高龄老年人口变化情况

资料来源：根据韩国统计局统计数据绘制。

（三）女性老年人口数量和占比始终高于男性

从老年人口的性别特征来看，由于女性寿命普遍长于男性的缘故，在韩国，女性老年人口占女性总人口的比例也始终高于男性人口的这一比例。2020年，韩国女性老年人口占女性总人口的17.9%，男性老年人口占男性总人口的比例则为13.6%。从不同性别、年龄组老年人口数量来看，2020年女性老年人有463.1万人，比男性老年人（352.1万人）多出111.0万人。其中，女性高龄老年人口的数量较多，达到218.7万人，已接近女性老年人口的一半。男性高龄老年人口的数量为131.2万人，占男性老年人口的37.3%①。1980—2020年韩国分性别老年人口比例变化情况详见图6-4。1980—2020年韩国分性别、年龄组老年人口变化情况详见图6-5。

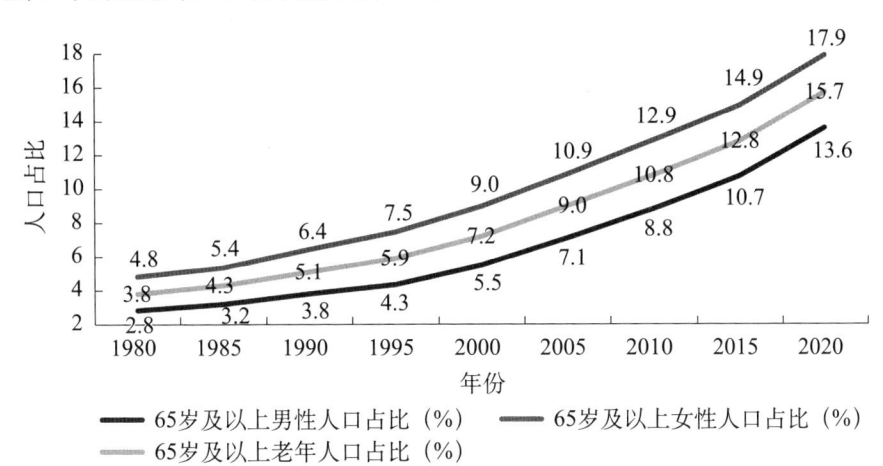

图6-4 1980—2020年韩国分性别老年人口比例变化情况

资料来源：根据韩国统计局统计数据绘制。

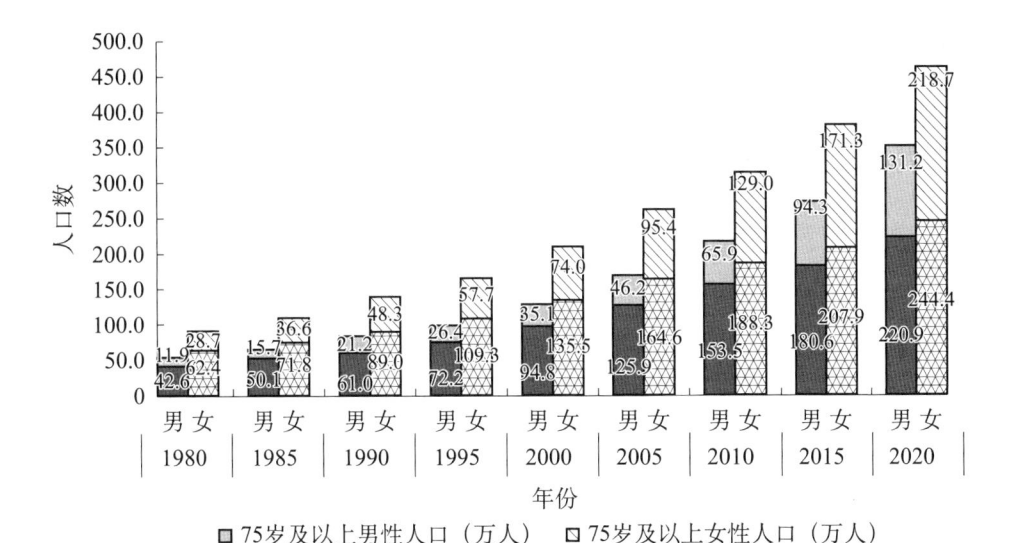

图6-5 1980—2020年韩国分性别、年龄组老年人口变化情况

资料来源：根据韩国统计局统计数据绘制。

① Statistics Korea. Projected population by age（Korea）1980-2020［DB/OL］.（2021-12-09）［2022-07-22］. https：//kosis. kr/statHtml/statHtml. do？orgId＝101&tblId＝DT_1BPA001&language＝en&conn_path＝I3.

(四) 首都都市圈老龄化程度相对较低

首尔、仁川、京畿道地区老龄化程度相对较低,其他老龄化程度较低的地区成点状分布在大面积老龄化程度较高的区域内。从2020年韩国各地区老年人口数量及占比情况来看,2020年,韩国老龄化率达到15.7%,处于中度老龄化阶段,首尔老龄化率为15.4%,与全国水平基本持平。但是,韩国老龄化率较高的四个地区——全罗南道(22.9%)、庆尚北道(20.8%)、全罗北道(20.6%)和江原道(20.0%)的老龄化率均超过20%,表示这些地区已进入重度老龄化阶段,老龄化程度要更深于韩国的整体水平。相比之下,韩国老龄化率较低的六个地区——世宗(9.2%)、蔚山(12.1%)、京畿道(12.8%)、仁川(13.5%)、大田(13.8%)、光州(13.8%)的老龄化率均在14%以下,表示这些地区仍未达到中度老龄化阶段,与韩国整体老龄化程度相比处于较低的水平[①]。2020年韩国各地区老年人口数量及占比详见表6-1。

表6-1 2020年韩国各地区老年人口数量及占比

地区	65岁及以上老年人口数量(千人)	75岁及以上老年人口数量(千人)	65岁及以上老年人口占比(%)	75岁及以上老年人口占比(%)
全罗南道	410	205	22.9	11.4
庆尚北道	551	259	20.8	9.8
全罗北道	372	177	20.6	9.8
江原道	304	144	20.0	9.5
釜山	628	249	18.7	7.4
忠清南道	390	188	17.9	8.6
忠清北道	277	129	17.0	7.9
庆尚南道	556	244	16.6	7.3
大邱	388	161	16.1	6.7
全国	8 152	3 499	15.7	6.8
首尔	1 477	580	15.4	6.0
济州道	101	46	15.1	6.9

---

① Statistics Korea. Population projections and summary indicators (Province) 1980 - 2050 [DB/OL]. (2021 - 12 - 09) [2022 - 07 - 22]. https://kosis.kr/statHtml/statHtml.do?orgId=101&tblId=DT_1BPA001&vw_cd=MT_ETITLE&list_id=A41_10&scrId=&language=en&seqNo=&lang_mode=en&obj_var_id=&itm_id=&conn_path=MT_ETITLE&path=%252Feng%252FstatisticsList%252FstatisticsListIndex.do.

续表

地区	65岁及以上老年人口数量（千人）	75岁及以上老年人口数量（千人）	65岁及以上老年人口占比（％）	75岁及以上老年人口占比（％）
光 州	204	87	13.8	5.9
大 田	206	86	13.8	5.8
仁 川	398	162	13.5	5.5
京畿道	1 720	721	12.8	5.4
蔚 山	138	49	12.1	4.3
世 宗	32	13	9.2	3.8

资料来源：韩国统计局网站。

从韩国65岁及以上老年人口分布的区位来看，韩国老龄化率较低的地区除了仁川、首尔与京畿道在西北部连成面之外，世宗、大田、蔚山和光州这些老龄化率较低的地区都成点状分布在韩国的中部、东部和南部，呈现出小范围老龄化程度低、大面积老龄化程度高的特点。

二、人口老龄化发展趋势

（一）老年人口数量、占比及老年人口抚养比仍将大幅上涨

根据预测数据，受到低总和生育率的影响，2020年以后韩国总人口呈下降的趋势。从不同年龄组人口变化的情况来看，0～14岁人口数量将继续减少，预计到2030年，韩国0～14岁人口仅有432.9万人；到2050年，这一年龄组人口将减少到416.6万人。预计2020年以后韩国15～64岁的劳动年龄人口也将不断下降，且下降速度较快。2020年，韩国15～64岁人口数量为3 737.9万人，占总人口的72.1％；到2030年，这一年龄组人口数量将下降到3 381.3万人，占总人口的66.0％[1]；到2050年，将继续下降至2 418.9万人，相当于2020年该年龄组人口的64.7％，占总人口的比例较2020年下降了21.0个百分点，达到51.1％[2]。2020—2050年韩国人口预测情况详见图6-6。

---

[1] Statistics Korea. Age-specific fertility rate (Province) 2020 - 2050 [DB/OL]. (2022 - 05 - 26) [2022 - 07 - 22]. https：//kosis.kr/statHtml/statHtml.do? orgId = 101&tblId = DT _ 1BPB101&language = en&conn _ path=I3.

[2] Statistics Korea. Population projections and summary indicators (Korea) 1980 - 2070 [DB/OL]. (2021 - 12 - 09) [2022 - 07 - 22]. https：//kosis.kr/statHtml/statHtml.do? orgId = 101&tblId = DT _ 1BPA002&language=en&conn _ path=I3.

图 6-6 2020—2050 年韩国人口预测

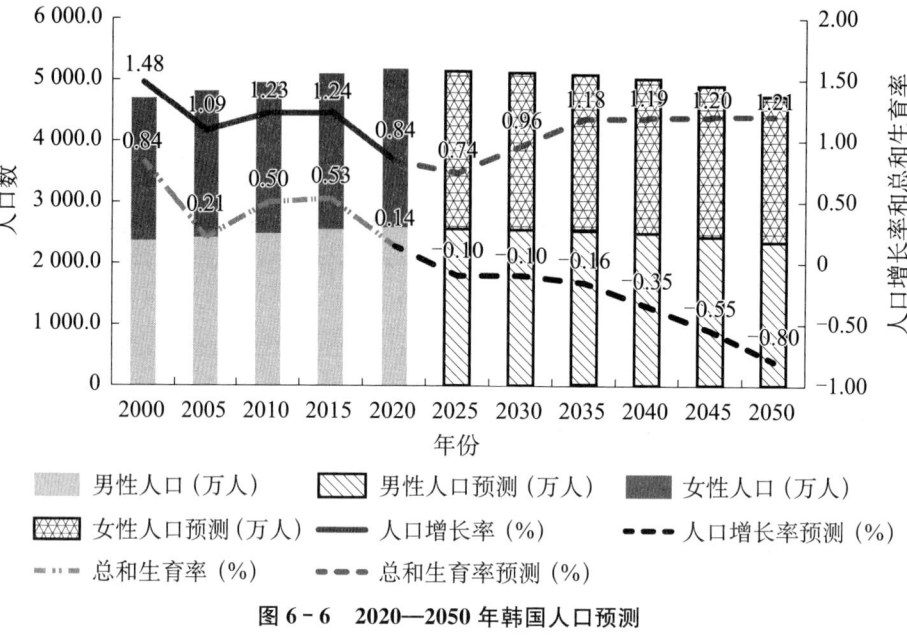

资料来源：根据韩国统计局统计数据绘制。

与此相对，未来 20 多年，韩国老年人口数量及占比将大幅度提高。2020 年，韩国 65 岁及以上的老年人口数量为 815.2 万人，占总人口的 15.7%；到 2030 年，该年龄组人口数量预计将上升至 1 305.6 万人，占总人口的比例达到 25.5%，相当于每 4 个韩国人中就有 1 个为 65 岁及以上的老年人；到 2050 年，预计韩国老年人口数量将达到 1 900.4 万人，是 2020 年的近 2.3 倍，老龄化率达到 40.1%，相当于每 5 个韩国人中就有 2 人为 65 岁及以上的老年人[1]。2020—2050 年韩国分年龄组人口变化趋势预测情况详见图 6-7。

伴随着 15~64 岁劳动年龄人口的下降以及 65 岁及以上老年人口的不断增多，到 2050 年，韩国老年人口扶养比也将大幅度上升。2020 年，韩国老年人口抚养比为 21.8%；到 2030 年，预计将上升至 38.6%，即 10 年间将上涨约 0.8 倍；到 2050 年，这一比例将达到 78.6%，相当于 2020 年的 3.6 倍[2]，即

---

[1] Statistics Korea. Population projections and summary indicators (Korea) 1980-2070 [DB/OL]. (2021-12-09) [2022-07-22]. https：//kosis. kr/statHtml/statHtml. do? orgId=101&tblId=DT_1BPA002&language=en&conn_path=I3.

[2] Statistics Korea. Population projections and summary indicators (Province) 1980-2050 [DB/OL]. (2021-12-09) [2022-07-22]. https：//kosis. kr/statHtml/statHtml. do? orgId=101&tblId=DT_1BPA001&vw_cd=MT_ETITLE&list_id=A41_10&scrId=&language=en&seqNo=&lang_mode=en&obj_var_id=&itm_id=&conn_path=MT_ETITLE&path=%252Feng%252FstatisticsList%252FstatisticsListIndex. do.

预计到2050年韩国每5个劳动年龄人口就要赡养将近4位65岁及以上的老年人口，赡养压力巨大。2020—2050年韩国老年人口抚养比预测详见图6-8。

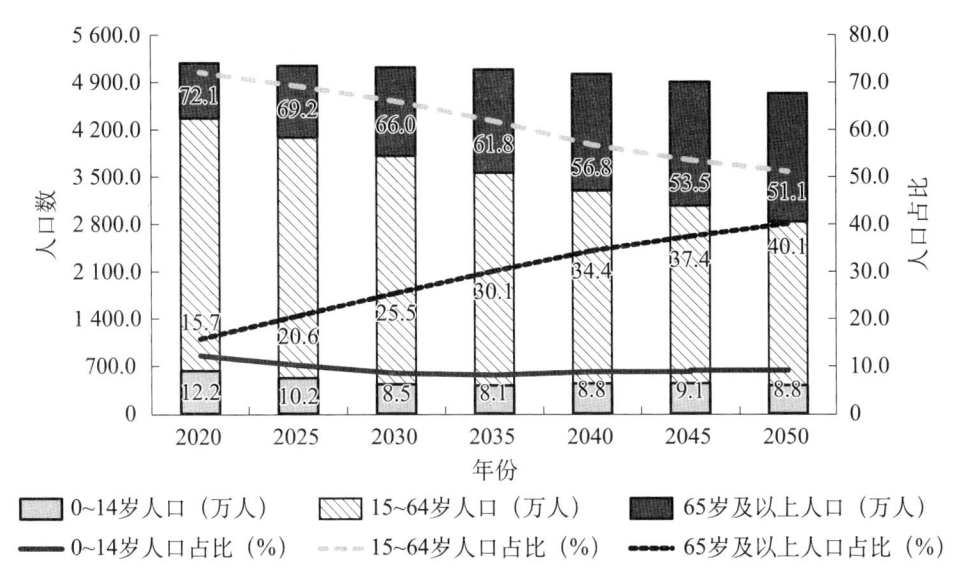

图6-7 2020—2050年韩国分年龄组人口变化趋势预测

资料来源：根据韩国统计局统计数据绘制。

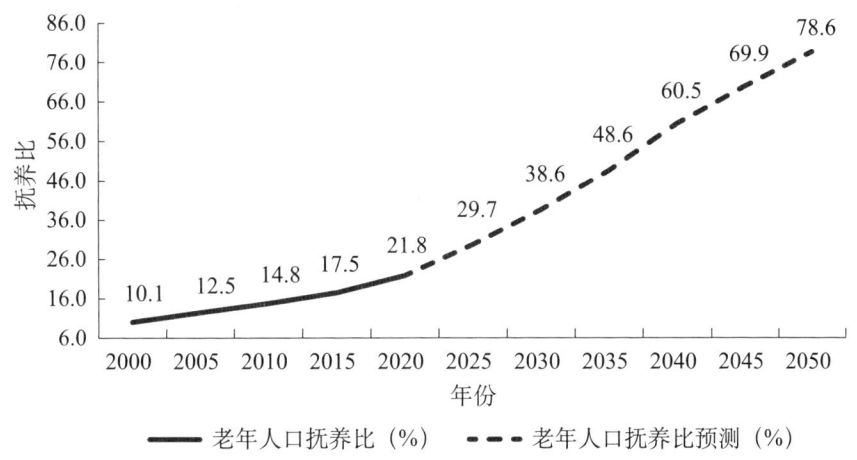

图6-8 2020—2050年韩国老年人口抚养比预测

资料来源：根据韩国统计局统计数据绘制。

（二）高龄老年人口数量及占比的上升速度快于全体老年人的整体水平

预计未来近30年，人口预期寿命将继续延长，男女预期寿命差距将缩小。从韩国老年人口内部结构的变化来看，首先，未来近30年，韩国高龄老年人口比例的上升速度将快于老年人口整体比例的上升速度。2020年，韩国75岁及以上高龄老年人口在总人口中的占比为6.8%；到2030年，预计将达到10.7%，约是2020年的1.6倍；到2050年，预计将达到24.7%，相当于每4个韩国人中就有1个是75岁及以上的高龄老年人，与2020年同年龄组人口的占比（6.8%）相比上升了近2.6倍[①]。2020—2050年韩国中低龄、高龄老年人口占比预测情况详见图6-9。

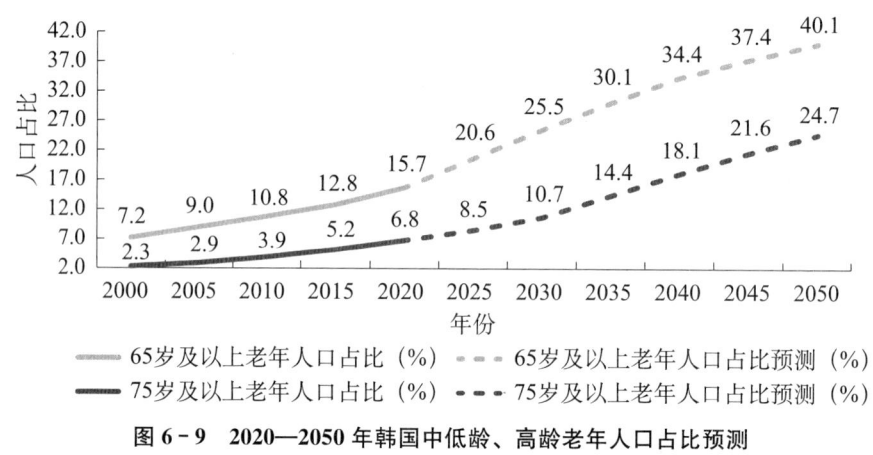

图6-9 2020—2050年韩国中低龄、高龄老年人口占比预测

资料来源：根据韩国统计局统计数据绘制。

（三）老年人中男性与女性预期寿命的差距将逐渐缩小

从不同性别人口出生时预期寿命来看，韩国人口出生时预期寿命将继续延长，其中男性与女性的预期寿命差距将缩小。2020年韩国人口出生时预期寿命为83.5岁，其中女性为86.5岁，男性为80.5岁；到2030年，韩国人口出生时预期寿命预计将增加2.2岁到85.7岁，其中女性将增加1.9岁到88.4岁，男性将增加2.5岁到83.0岁；到2050年，韩国人口出生时预期寿命预计将延长至88.9岁，与2020年相比增加6.4岁，其中，女性将增加4.4岁到90.9岁，男性将增加6.3岁到86.8岁。虽然女性出生时预期寿命始终高于男性，但由于男性出生时预期寿命延长的幅度更大，男性与女性预期寿命的差距将逐渐缩小。2020年，韩国男性与女性出生时预期寿命相差约6.0岁；到2030年，

---

① Statistics Korea. Population projections and summary indicators（Province）1970 – 2050 [DB/OL]. (2022 – 05 – 31) [2022 – 07 – 22]. https://kosis.kr/statHtml/statHtml.do? orgId = 101&tblId = DT_1BPA001&vw_cd = MT_ETITLE&list_id = A41_10&scrId = &language = en&seqNo = &lang_mode = en&obj_var_id = &itm_id = &conn_path = MT_ETITLE&path = %252Feng%252FstatisticsList%252FstatisticsListIndex.do.

这一差距将缩小到 5.3 岁；到 2050 年，将进一步缩小到 4.1 岁①。2020—2050 年韩国人口分性别出生时预期寿命预测情况详见图 6-10。2000—2050 年韩国人口出生时预期寿命的性别差距详见图 6-11。

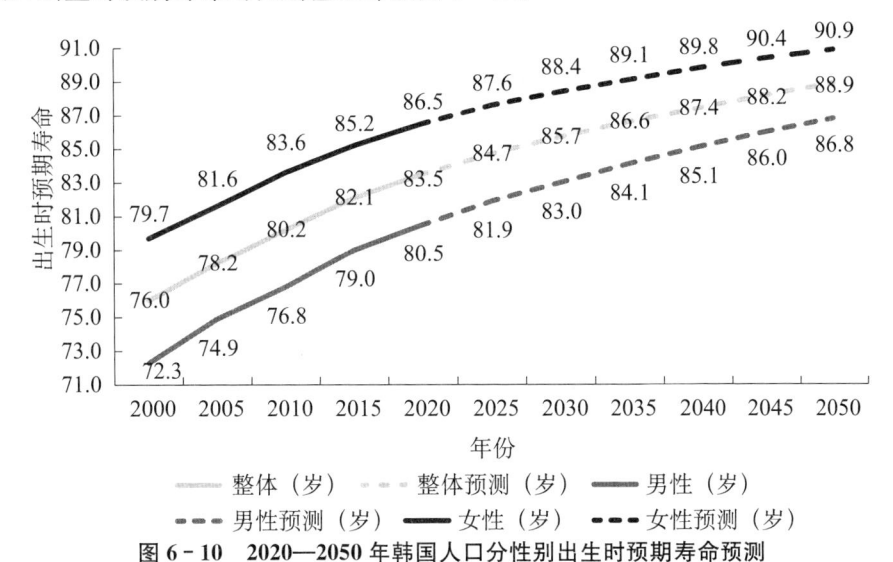

图 6-10　2020—2050 年韩国人口分性别出生时预期寿命预测

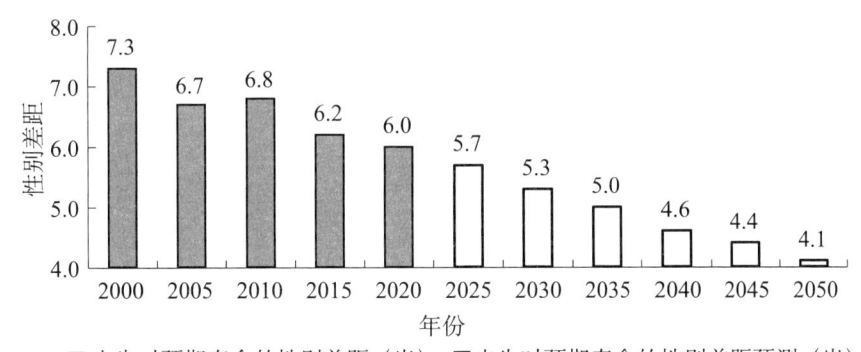

资料来源：根据韩国统计局统计数据绘制。

图 6-11　2000—2050 年韩国人口出生时预期寿命的性别差距

资料来源：根据韩国统计局统计数据绘制。

（四）超老龄社会背景下老年人家庭占比将大幅上涨

未来近 30 年韩国各地老龄化程度都将全面加深，即使是老龄化程度最低

---

① Statistics Korea. Life expectancy at birth (Korea) 1980-2070 [DB/OL]. (2021-12-09) [2022-07-22]. https：//kosis.kr/statHtml/statHtml.do? orgId=101&tblId=DT_1BPA201&language=en&conn_path=I3.

的地区也将进入高度老龄化阶段。2030年，韩国整体的老龄化率将达到25.5%。其中，老龄化率最低的地区世宗将达到14.6%，标志着该地区也进入中度老龄化阶段；而老龄化率次之的京畿道将达21.9%，标志着韩国除了世宗之外的所有地区都将进入高度老龄化阶段；届时首尔的老龄化率将达24.5%，居第十位，在全国各地区中属于老龄化程度相对较低的地区。这一时期，韩国老龄化率较高的三个地区分别为全罗南道（32.9%）、庆尚北道（32.2%）和江原道（31.6%），意味着到2030年，这些地区平均每3个人中就有将近1人的年龄在65岁或以上。2050年，预计韩国老龄化率将达到40.1%，韩国各地区都将进入高度老龄化阶段。其中，老龄化率最低的地区仍然为世宗（28.8%），其次为京畿道（36.4%），首尔排在第三位（37.0%）。韩国老龄化率较高的三个地区仍然为全罗南道（49.5%）、庆尚北道（48.9%）和江原道（47.2%），意味着到2050年，这些地区平均每2个人中就有将近1人的年龄在65岁或以上[①]。2020—2050年韩国各地区老年人口占比预测情况详见表6-2。

表6-2 2020—2050年韩国各地区老年人口占比预测

地区	65岁及以上老年人口占比（%）				75岁及以上老年人口占比（%）			
	2020年	2030年	2040年	2050年	2020年	2030年	2040年	2050年
全罗南道	22.9	32.9	43.2	49.5	11.4	15.2	23.3	31.1
庆尚北道	20.8	32.2	42.6	48.9	9.8	14.2	23.3	31.1
江原道	20.0	31.6	41.4	47.2	9.5	13.5	22.4	29.7
全罗北道	20.6	31.0	40.9	46.8	9.8	14.4	22.3	29.8
庆尚南道	16.6	28.2	39.1	46.0	7.3	11.7	20.7	28.4
釜　山	18.7	30.1	38.4	43.6	7.4	13.3	21.6	27.5
忠清南道	17.9	27.2	36.4	43.0	8.6	12.0	19.5	26.6
忠清北道	17.0	27.2	36.6	42.7	7.9	11.2	19.1	26.1
大　邱	16.1	27.0	36.7	42.1	6.7	11.5	19.7	26.7
蔚　山	12.1	24.4	35.6	41.9	4.3	8.8	18.0	25.3
全　国	15.7	25.5	34.4	40.1	6.8	10.7	18.1	24.7

---

① Statistics Korea. Population projections and summary indicators (Province) 1970 - 2050 [DB/OL]. (2022 - 05 - 31) [2022 - 07 - 22]. https：//kosis. kr/statHtml/statHtml.do? orgId = 101&tblId = DT_1BPA001&vw_cd = MT_ETITLE&list_id = A41_10&scrId = &language = en&seqNo = &lang_mode = en&obj_var_id = &itm_id = &conn_path = MT_ETITLE&path = %252Feng%252FstatisticsList%252FstatisticsListIndex. do.

续表

地区	65 岁及以上老年人口占比（%）				75 岁及以上老年人口占比（%）			
	2020 年	2030 年	2040 年	2050 年	2020 年	2030 年	2040 年	2050 年
仁　　川	13.5	24.1	33.2	39.3	5.5	9.4	17.3	23.9
济州道	15.1	23.1	31.9	38.3	6.9	10.0	16.3	23.2
光　　州	13.8	22.8	32.0	38.1	5.9	9.6	16.3	23.2
大　　田	13.8	23.6	32.3	37.8	5.8	9.9	17.0	23.4
首　　尔	15.4	24.5	31.9	37.0	6.0	10.6	17.2	23.0
京畿道	12.8	21.9	30.5	36.4	5.4	8.7	15.4	21.7
世　　宗	9.2	14.6	22.0	28.8	3.8	5.5	10.3	16.2

资料来源：韩国统计局网站。

（五）超老龄社会背景下一人家庭和独居老年人家庭占比将大幅上涨

从韩国未来家庭人口规模的预测来看，预计到 2050 年，除京畿道和世宗外的其他 15 个地区的平均家庭户人口都将低于 2 人，全国平均家庭户人口将从 2020 年的 2.37 人逐渐减少到 2050 年的 1.91 人。预计到 2050 年，一人家庭在所有家庭类型（以家庭人口规模划分）中的占比将是最高的，从 2020 年的 31.2% 上升至 39.6%。从一人家庭的户主年龄来看，2020 年，户主年龄在 39 岁及以下的一人家庭占比最高，为 36.7%，其次是户主年龄在 60 岁及以上的一人家庭，占比为 33.7%，最后是 40~59 岁年龄层的，占比为 29.6%。预计到 2050 年，户主年龄在 60 岁及以上的一人家庭占比将上升至 58.8%，在所有年龄层的一人家庭中占比最高[①]。换言之，预计到 2050 年，60 岁及以上的独居老年人家庭占比将达到 23%[②]，即每 5 个家庭中就有 1 个家庭为独居老年人家庭。2020 年、2050 年韩国不同地区一人家庭占比详见图 6-12。

再从韩国老年人家庭（指户主为 65 岁及以上老年人的家庭）的数量及占比变化来看，预计老年人家庭将从 2020 年的 464 万户增加至 2050 年的 1 137 万户，增长 1.5 倍。所占比例预计将从 2020 年的 22.4% 增长至 2050 年的 49.8%。2020 年、2050 年韩国不同地区老年人家庭占比详见图 6-13。从老年

---

① 사회통계국 인구동향과. 장래가구추계(시도편): 2020-2050 년 [R/OL]. (2022-10-20) [2022-11-10]. https://www.korea.kr/news/pressReleaseView.do? newsId=156531710.

② 独居老年人家庭占比＝一人家庭在所有家庭类型中的占比×户主年龄在 60 岁及以上的一人家庭在所有年龄层的一人家庭中的占比（39.6%×58.8%）。

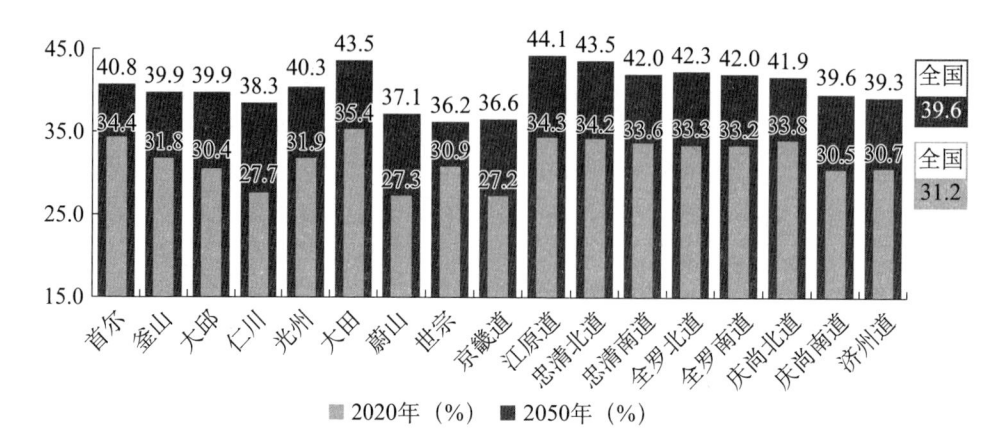

图 6-12 2020 年、2050 年韩国不同地区一人家庭占比

资料来源：사회통계국 인구동향과. 장래가구추계(시도편)：2020 - 2050 년 [R/OL]. (2022 - 10 - 20) [2022 - 11 - 10]. https：//www. korea. kr/news/pressReleaseView. do？newsId=156531710.

人家庭分布的区位来看，2020 年的分布特征与老年人口的分布特征大体一致，分布并不均衡。预计到 2050 年，韩国各地区老年人家庭的占比都将上涨，以首尔为中心的西北部地区虽占比相对较低，但其老年人家庭的增长率却高于以釜山为中心的东南部地区[①]。

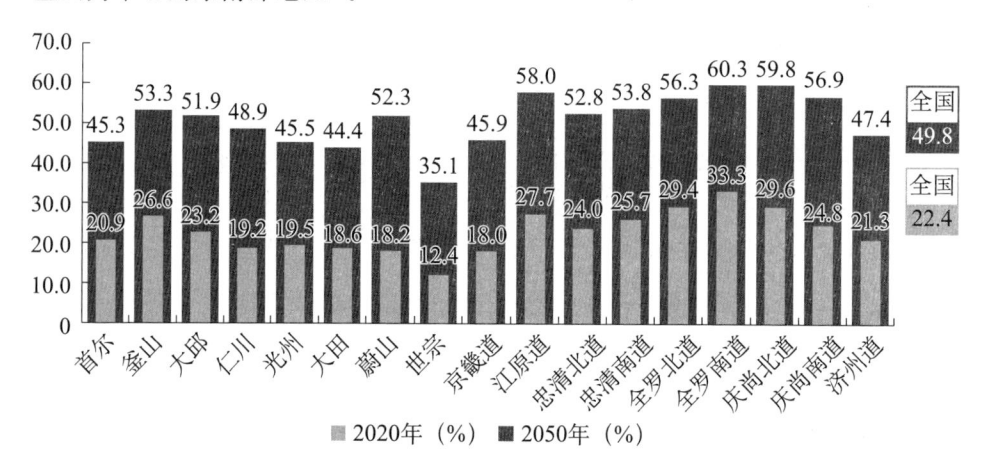

图 6-13 2020 年、2050 年韩国不同地区老年人家庭占比

资料来源：사회통계국 인구동향과. 장래가구추계(시도편)：2020 - 2050 년 [R/OL]. (2022 - 10 - 20) [2022 - 11 - 10]. https：//www. korea. kr/news/pressReleaseView. do？newsId=156531710.

综上，韩国所面对的老龄化发展迅速、老龄化程度不断加深以及高龄老年

---

① 사회통계국 인구동향과. 장래가구추계(시도편)：2020 - 2050 년 [R/OL]. (2022 - 10 - 20) [2022 - 11 - 10]. https：//www. korea. kr/news/pressReleaseView. do？newsId=156531710.

人口不断增加的问题，不仅正在给韩国劳动力的供给造成一定的困难，而且增加了整个社会的养老负担，老年人健康照顾的难度也不断提升。与此同时，由于低生育率、平均寿命的延长、社会文化、观念改变等因素，独居老年人家庭和高龄老年人家庭的数量和比例也将大幅增长，这也将对韩国老年人福利体系的公平可及提出更高的要求，对其良性运行带来巨大的挑战。此外，韩国老年人口的地区分布并不均衡，与韩国类似，北京市在快速老龄化和快速城市化的进程中，也出现了老年人口在空间分布上的不均衡现象，但从目前的文献和资料上看，对这一方面的研究还比较匮乏，需要进一步探究。

第二节 韩国老年人的社会福利体系

韩国老年人福利体系旨在支持老年人过上舒适且安全的退休生活。其主要对象是65岁及以上的老年人，也包含特定援助项目中规定的60岁及以上的特殊老年群体。韩国《老年人福利法》第2条第1款和第2款指出：老年人作为对于培养子孙后代和为国家社会发展作出贡献的人而受到尊重，他们享有获得健康稳定的生活保障的权利，同时也享有保障他们根据自己的能力从事适当工作和社会活动的机会的权利。该法第2条第3款也指出：老年人应自觉地意识到随着年龄增长而带来的身心变化，时刻保持身心健康，并努力利用自己的知识和经验为社会发展作出贡献。韩国老年人福利体系主要由收入保障体系、养老服务与老年健康服务体系、上报失踪和被虐待老年人举报制度三部分构成。韩国老年人福利体系构成框架详见图6-14。

一、收入保障体系

收入保障体系旨在通过经济帮助的手段，让老年人安度晚年。比如，为了安享晚年，生活困难的老年人可以根据《基础年金法》每月领取一定数额的养老金；因高龄或老年疾病（阿尔茨海默病、心脑血管病等）而难以独自进行日常活动的老年人可以根据《老年人长期护理保险法》获取护理补助；根据《国民基本生活保障法》，低收入的老年人在通过评估之后，可以成为基本生活保障的受助者，获得相应补贴；对于想通过工作赚钱或想要继续参与社会经济生活的老年人，可以通过政府开展的老年人专项就业援助项目获得相应的就业帮助[①]。

[①] 대한민국 법제처. "노인복지"란? [EB/OL]. (2022-06-15) [2022-08-10]. https://easy-law.go.kr/CSP/CnpClsMain.laf? popMenu=ov&csmSeq=673&ccfNo=1&cciNo=1&cnpClsNo=1&search_put=.

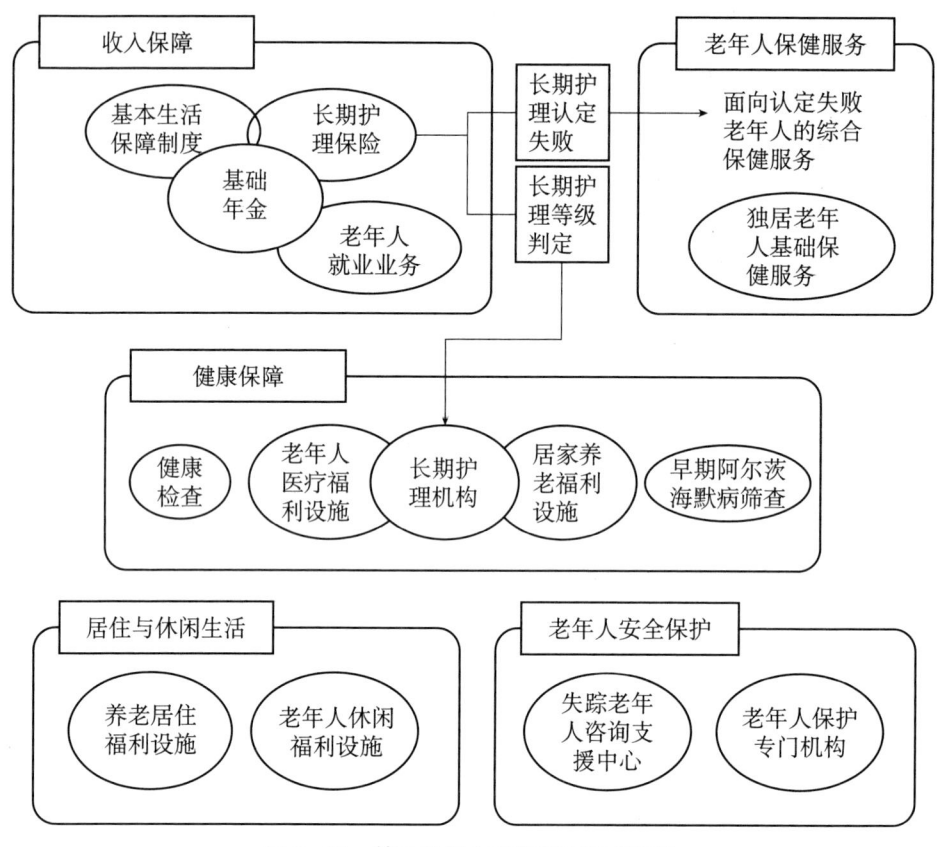

```
┌─ 收入保障 ──────────────┐        ┌─ 长期护 ─┐   ┌─ 老年人保健服务 ──┐
│  ┌───────┐  ┌───────┐  │        │ 理认定 │   │ ┌──────────────┐ │
│  │基本生活│  │长期护 │  │───────▶│ 失败   │──▶│ │面向认定失败  │ │
│  │保障制度│  │理保险 │  │        └────────┘   │ │老年人的综合  │ │
│  └───────┘  └───────┘  │        ┌─ 长期护 ─┐   │ │保健服务      │ │
│     ┌───────┐          │        │ 理等级 │   │ └──────────────┘ │
│     │基础   │          │───────▶│ 判定   │   │  ┌────────────┐ │
│     │年金   │          │        └────────┘   │  │独居老年    │ │
│     └───────┘          │             │       │  │人基础保    │ │
│        ┌───────┐       │             │       │  │健服务      │ │
│        │老年人 │       │             │       │  └────────────┘ │
│        │就业业务│      │             │       └─────────────────┘
│        └───────┘       │             │
└────────────────────────┘             │
                                       ▼
┌─ 健康保障 ───────────────────────────────────────────────┐
│  ┌─────┐  ┌───────┐  ┌───────┐  ┌───────┐  ┌─────────┐  │
│  │健康 │  │老年人 │  │长期护 │  │居家养 │  │早期阿尔茨│  │
│  │检查 │  │医疗福 │  │理机构 │  │老福利 │  │海默病筛查│  │
│  │     │  │利设施 │  │       │  │设施   │  │         │  │
│  └─────┘  └───────┘  └───────┘  └───────┘  └─────────┘  │
└──────────────────────────────────────────────────────────┘

┌─ 居住与休闲生活 ───────┐    ┌─ 老年人安全保护 ──────┐
│  ┌───────┐  ┌───────┐ │    │  ┌───────┐  ┌───────┐│
│  │养老居住│  │老年人 │ │    │  │失踪老年│  │老年人 ││
│  │福利设施│  │休闲   │ │    │  │人咨询支│  │保护   ││
│  │        │  │福利设施│ │    │  │援中心 │  │专门机构││
│  └───────┘  └───────┘ │    │  └───────┘  └───────┘│
└────────────────────────┘    └───────────────────────┘
```

图 6-14 韩国老年人福利体系构成框架

资料来源：韩国立法处网站。

除此之外，在韩国，65 岁及以上的老年人也可以享受免费或以折扣的价格乘坐公共交通和使用公共设施（如公园、博物馆等）等福利①。

二、养老服务与老年健康服务体系

为了保障老年人福利体系的良性运行，在《老年人福利法》的指导下，韩国也配套建立了各种老年人福利设施。根据《老年人福利法》第 31 条的规定，韩国老年人可以使用的老年人福利设施有：老年人医疗福利设施、居家养老福利设施、养老居住福利设施、老年人休闲福利设施、老年人保护专门机构、老

---

① 대한민국 법제처. 노인은 다양한 할인을 받을 수 있어요 [EB/OL]. (2022-06-15) [2022-08-10]. https://easylaw.go.kr/CSP/CnpClsMain.laf?popMenu=ov&csmSeq=673&ccfNo=2&cciNo=4&cnpClsNo=1&search_put=.

年人就业援助机构以及受虐老年人收容所等。

养老服务体系主要指养老服务的供给。韩国老年人可以在老年人医疗福利设施、居家养老福利设施、养老居住福利设施、老年人休闲福利设施中享受相应的养老服务。老年健康服务,一方面旨在让老年人通过健康检查的方式来保护自己的健康,通过早期治疗过上健康的老年生活(《老年人福利法》第27条);另一方面旨在通过阿尔茨海默病筛查尽早发现并管理疾病,接受阿尔茨海默病治疗的老年人可以获得相应的医疗费用补贴(《阿尔茨海默病管理法》第6条和第12条)。此外,除上述福利设施所提供的各项养老服务及健康服务外,对于那些无法独立生活的独居老年人,或者几乎享受不到任何养老福利的弱势老年人等,韩国政府也出台了专项的老年人定制化保健服务政策,对目前的养老服务和老年健康服务保障体系进行了兜底性的补充。

三、上报失踪和被虐待老年人举报制度

上报失踪和被虐待老年人举报制度是韩国老年人福利体系的必要环节。为了让老年人得以安全地度过晚年,并尽快找到失踪的老年人,韩国建立了失踪老年人上报制度。这一制度通过法律的方式来保护老年人远离危险,保障他们安全地度过晚年,防止老年人由于身处弱势地位而被遗弃、受到经济剥削,或遭遇性暴力、忽视等身体及精神上的虐待。

这一制度强制性地规定:当任何人发现失踪老年人时,都必须向警察局或当地政府负责人上报。根据《老年人福利法》第39-10条第1款的规定,任何人不得在没有正当理由时,在没有向警察局或当地政府负责人上报的情况下收留因意外事故或阿尔茨海默病而与监护人走失的老年人。违反此规定的人将处以3年以下有期徒刑或30 000 000韩元(约合人民币156 000元)以下的罚款(《老年人福利法》第55-4条第1-2项)。《老年人福利法》第31条也规定,老年人福利设施的负责人或其工作人员在工作期间知悉老年人为失踪者时,应立即填写老年人身份卡,并将其提交给当地政府负责人和运营失踪老年人数据库的机构负责人。对于不遵守此项规定的人,将处以750 000韩元(约合人民币3 900元)以下的罚款(《老年人福利法》第61-2条第4款第2项)①。

除了失踪老年人上报制度,韩国同时也建立了被虐待老年人举报制度,即

---

① 대한민국 법제처. 실종된 노인을 찾기 위해 노력하고 있어요[EB/OL]. (2022-06-15)[2022-08-10]. https://easylaw.go.kr/CSP/CnpClsMain.laf?popMenu=ov&csmSeq=673&ccfNo=6&cciNo=1&cnpClsNo=2&search_put=.

在知悉老年人受到虐待时,任何人有义务向老年人保护专门机构或相关调查机关举报。除此之外,为了防止虐待老年人事件的发生,保护老年人的基本权利,韩国政府根据《老年人福利法》第39-5条的规定设立老年人保护专门机构,主要负责防止虐待老年人以及及时发现、保护和治疗被虐待老年人的业务。截至2021年7月,韩国共在35个地区设立了老年人保护专门机构,并由中央老年人保护专门机构建立起地区联动机制,以防止虐待老年人事件的发生[1]。

第三节 韩国老年人的收入保障

一、基础年金

根据《基础年金法》第1条,基础年金是指:考虑到老年人为子孙后代和为国家、社会发展所作出的贡献,为了使那些生活困难的老年人能够稳定地生活并促进老年人的福利,而为他们支付的基本养老金。目前,韩国年满65岁且确认年收入低于180万韩元(约合人民币9 360元)的一人家庭,或确认年收入低于288万韩元(约合人民币1.5万元)的夫妇家庭的老年人可以领取基础年金[2]。2021年,韩国基础年金的金额为每月307 500韩元(约合人民币1 600元)[3]。

二、长期护理补助

根据《老年人长期护理保险法》第2条第2项,长期护理补助是指对老年人的身体活动及其家务劳动提供支持或护理等服务,有时也采取现金替代的方式。这里的老年人特指65岁及以上或65岁以下患有阿尔茨海默病和心脑血管

---

[1] 대한민국 법제처.노인학대, 참지 말고 도움을 요청하세요 [EB/OL]. (2022-06-15)[2022-08-10]. https://easylaw.go.kr/CSP/CnpClsMain.laf?popMenu=ov&csmSeq=673&ccfNo=6&cciNo=1&cnpClsNo=1&search_put=.

[2] 대한민국 법제처.기초연금을 신청하세요 [EB/OL]. (2022-06-15)[2022-08-10]. https://easylaw.go.kr/CSP/CnpClsMain.laf?popMenu=ov&csmSeq=673&ccfNo=2&cciNo=1&cnpClsNo=1&search_put=.

[3] 대한민국 법제처.내가 받을 수 있는 연금액은? [EB/OL]. (2022-06-15)[2022-08-10]. https://easylaw.go.kr/CSP/CnpClsMain.laf?popMenu=ov&csmSeq=673&ccfNo=2&cciNo=1&cnpClsNo=2&search_put=.

病等老年病的人①。只有加入长期护理保险且通过了长期护理认定和评级的人才能够享受长期护理补助②。长期护理补助获取流程详见图6-15。

| 申请长期护理及进行认定调查 | → | 提交医生意见书 | → | 长期护理认定和评级 | → | 长期护理认定结果通知 | → | 使用长期护理补助 |

图6-15 长期护理补助获取流程

资料来源：韩国立法处网站。

目前长期护理补助的给付对象有三种：居家补助、设施补助、特别现金补助。其中，居家部分长期护理补助的受益人仅承担长期护理成本的15%，每月补助（福祉用具除外）的限额如表6-3所示；设施部分长期护理补助的受益人自己承担的费用占成本费用的比例为20%，比居家部分高出5个百分点。设施补助每月的限额是通过将每月使用设施的天数乘以每天的长期护理成本计算而来。不同认定等级每日设施补助的限额情况详见表6-4。

表6-3 不同认定等级每月居家补助限额（自2022年1月1日起）

等级	1级	2级	3级	4级	5级	认知支持
每月限额	1 672 700韩元（约合人民币8 698元）	1 486 800韩元（约合人民币7 731元）	1 350 800韩元（约合人民币7 024元）	1 244 900韩元（约合人民币6 473元）	1 068 500韩元（约合人民币5 556元）	597 600韩元（约合人民币3 108元）

资料来源：韩国立法处网站。

注：认知支持仅限于老年病对应的阿尔茨海默病和长期护理识别分数低于45分的人。长期护理1级：因身心障碍而在日常生活中需要他人帮助且长期护理识别分数为95分及以上的人；2级：分数在75分及以上95分以下；3级：分数在60分及以上75分以下；4级：分数在51分及以上60分以下；5级：老年病对应的阿尔茨海默病患者且分数在45分及以上51分以下。

表6-4 不同认定等级每日设施补助的限额

分类		金额
老年人护理设施	长期护理1级	74 850韩元（约合人民币389元）
	长期护理2级	69 450韩元（约合人民币361元）
	长期护理3～5级	64 040韩元（约合人民币333元）

---

① 대한민국 법제처. 장기요양보험에 가입하세요 [EB/OL]. (2022-06-15) [2022-08-10]. https://easylaw.go.kr/CSP/CnpClsMain.laf? popMenu＝ov&csmSeq＝673&ccfNo＝2&cciNo＝2&cnpClsNo＝1&search_put＝.

② 대한민국 법제처. 장기요양인정을 받아야 해요 [EB/OL]. (2022-06-15) [2022-08-10]. https://easylaw.go.kr/CSP/CnpClsMain.laf? popMenu＝ov&csmSeq＝673&ccfNo＝2&cciNo＝2&cnpClsNo＝2&search_put＝.

续表

分类		金额
包含护理的老年人共同生活之家	长期护理1级	65 750韩元（约合人民币342元）
	长期护理2级	61 010韩元（约合人民币317元）
	长期护理3~5级	56 240韩元（约合人民币292元）

资料来源：韩国立法处网站。

三、老年人基本生活保障制度

根据《国民基本生活保障法》第1条，基本生活保障制度是指通过给付与援助的方式为生活困难的人提供最低生活保障，帮助他们自力更生[①]。目前，韩国困难老年人可以享受的基本生活保障情况详见表6-5。

表6-5 韩国困难老年人可以享受的基本生活保障（部分）

种类	内容
生活补贴	向受助人给付衣、食、燃料和其他基本生活必需品
住房补贴	向受助人给付房租、维修维护费用以及其他维持住房稳定所需的物资等
医疗补贴	向受助人给付疾病、受伤等时需要的全部或部分医疗费用
丧葬费	当领取生活补贴、住房补贴、医疗补贴这三项中至少一项的受助人死亡时，对其尸体进行检查、运送、火化、埋葬等安葬措施
援助受助人自力更生	向受助人支付或出借自力更生所需要的金钱和物资；帮助受助人提高自力更生所需要的工作能力和技能；向受助人提供就业信息；为受助人提供工作机会等

资料来源：韩国立法处网站。

在韩国，贫困人口主要集中在老年人群[②]。虽然，韩国已经构建了涵盖基础年金、长期护理补助、老年人基本生活保障制度等内容的老年人收入保障框架，但由于其"广覆盖、低水平"的特点，至今尚未有效解决老年人脱贫的问题。为了降低老年人贫困率，缩小贫困差距，韩国政府大力开发老年人力再就业事业，通过这样的方式使老年人实现真正的老有所为、老有所依。

---

① 대한민국 법제처.기초생활보장제도가 있으니 안심하세요［EB/OL］.（2022-06-15）［2022-08-10］. https：//easylaw. go. kr/CSP/CnpClsMain. laf? popMenu＝ov＆csmSeq＝673＆ccfNo＝2＆cciNo＝3＆cnpClsNo＝1＆search_put＝.

② 史光浩，冯相昭.韩国养老保险制度及对我国的启示［J］.保险理论与实践，2017（5）：96-107.

第四节 韩国老年人的就业保障

近年来,面对劳动人口减少、养老金来源受到冲击等问题,为了开发人力资源,韩国就业政策的调整主要围绕三个方面展开:一是延迟退休年龄;二是让老年人重新进入劳动力市场,参与就业;三是保证女性就业权。2013 年,韩国修订《禁止雇佣年龄歧视与促进高龄者就业法》,规定从 2016 年开始韩国所有的公有企业和大型企业都必须将员工的退休年龄延迟到 60 岁。预计未来,韩国有可能进一步通过法律延迟法定退休年龄到 65 岁。不仅如此,为了更好地开发老年人力资源,让他们重新进入就业市场,从而增加劳动力供给、实现国家财政平衡、提高老年人自身收入,从 20 世纪 90 年代开始,韩国相继出台和修订了《禁止雇佣年龄歧视与促进高龄者就业法》《雇佣政策基本法》等法律,从制度上保障老年人参与就业[①]。

一、老年人就业保障的立法

在韩国,老年人就业保障的主要目的是通过支持老年人就业和参与社会活动,来帮助他们过上充满活力且健康的老年生活,从而为改善老年人福利作出贡献。目前,韩国的《老年人福利法》与《低生育率和老龄社会基本法》等法律法规对此类保障项目的开展作出了方向性规定。

首先,为了支持老年人参与社会,韩国《老年人福利法》第 23 条第 1 款规定,国家或地方政府应当制定和拓宽适合老年人职业发展的政策,扩大老年人的社会参与,争取优先为有工作能力的老年人提供工作机会。其次,对于设立、运营负责老年人就业的机构,《老年人福利法》第 23 - 2 条规定,国家或地方政府可以设立、运营专门负责老年人就业的机构,也可以将全部或部分业务委托给法人、团体等。不仅如此,《老年人福利法》第 23 条第 2 款也规定,为了促进老年人就业,国家或地方政府可以对老年人就业介绍所等老年人福利机构提供必要的支持。再次,国家或地方政府可以委派具有社会信誉及经验,并愿意从事社区服务的老年人担任社区服务指导员[②]。

---

① 钟惟东,黄善英. 韩国人口老龄化趋势、应对措施及启示 [J]. 韩国研究论丛,2020 (2):215 - 234.

② 대한민국 보건복지부. 2021년 노인일자리 및 사회활동 지원사업 운영안내 [R/OL]. (2021 - 01 - 13) [2022 - 08 - 10]. http://www.mohw.go.kr/react/jb/sjb030301vw.jsp? PAR_MENU_ID=03&MENU_ID=0320&CONT_SEQ=363044.

《低生育率和老龄社会基本法》第 11 条对老年人就业与收入保障进行了规定：国家和地方政府应创造有利环境，使有工作积极性和工作能力的老年人能够最大限度地工作；国家和地方政府应当采取必要措施，建立基础年金制度等老年人收入保障体系，为老年人创造适宜的就业机会，使他们过上经济稳定的老年生活。该法也鼓励老年人参与休闲、文化和社会活动，比如，国家和地方政府应当鼓励和促进老年人开展休闲文化活动，并为此奠定基础；国家和地方政府应当建立社会基础，促进老年人参与志愿服务等社会活动①。

二、老年人就业保障的内容

根据上述法律规定，在韩国，为了确保老年人的收入以及拓展他们参与社会的机会，符合一定条件的老年人都可以接受由国家或地方政府提供的老年人就业支持相关服务。目前，韩国致力于专业、系统地开展适合老年人能力与资质的就业支持项目的机构主要有以下三类：老年人力资源开发机构——负责老年人就业援助、老年人才开发研究等业务；老年人就业支持机构——直接负责当地老年人的就业扶持、老年人创业等业务；老年人就业安排机构——为当地老年人提供就业咨询和就业资讯，或为他们直接安排就业岗位等。2021 年韩国老年人就业业务的工作类型详见表 6-6。

表 6-6 2021 年韩国老年人就业业务的工作类型

分类	类型	说明	参与者状态
公共事业	公益活动	老年人通过自愿参与此类型的活动来提高自我成就感与满足感，并且促进当地社区的公益事业的发展。如：公共设施的志愿服务等	志愿者（社会贡献）
	专业人才共享活动	有专业才能的老年人通过参与各种志愿活动来提高自我成就感与满足感，并且促进当地社区的公益事业的发展。如：学习指导、文化艺术指导等	
社会服务型	社会服务型	利用老年人的经验和活动能力，为需要社会帮助的领域（社区保健、社区安全相关等）提供服务。如：家庭和代际服务、面向弱势群体的专业服务等	提供专业性社会服务

---

① 대한민국 보건복지부. 2021년 노인일자리 및 사회활동 지원사업 운영안내 [R/OL]. (2021-01-13) [2022-08-10]. http://www.mohw.go.kr/react/jb/sjb030301vw.jsp?PAR_MENU_ID=03&MENU_ID=0320&CONT_SEQ=363044.

续表

分类	类型	说明	参与者状态
民间营利	市场型事业群	在适合老年人工作的行业中，通过大型行业与小型商店和专业商业团队等共同经营的方式给老年人创造就业机会。在一定时期内对业务费用和劳动力成本进行部分补贴，老年人劳动者创造的业务收入作为额外业务收入来运作。如：食品制造业与销售公司的联合、工业产品制造业与销售团队的联合等	工作/劳动
	工作安置型	应需求方要求，将完成相应培训或具备相关工作技能的老年人与需求方挂钩，使他们可以在工作期间获得一定的报酬	
	老龄实习	通过向企业提供劳动力成本补贴的方式，引导老年人持续就业，从而促进60岁及以上老年人的就业	
	老年人友好型企业	协助创办老年人友好型企业，并支持这些企业雇用大量老年人从事适合他们的且具有竞争力的职业	

资料来源：韩国立法处网站。

三、老年人就业保障的支持政策

韩国面向中老年人的就业支持政策主要有以下三种类型：针对在职劳动者稳定就业的政策、针对中老年人再就业的政策以及针对退休老年人的社区服务工作岗位支持政策。

（一）针对在职劳动者稳定就业的政策

一是高龄者继续就业补助金。设置高龄者继续就业补助金的主要目的是对引进退休人员继续雇佣制度的企业进行支持，从而使高龄劳动者即使是退休之后也能在其主要的工作岗位上继续工作。所谓的继续雇佣制度是指，正在实行退休制度的企业根据自身情况选择性实施下列三种做法之一：（1）延长退休年龄；（2）废除退休年龄限制；（3）将6个月内重新聘用达到退休年龄的劳动者的制度设置在就业规则中。对于符合条件的高龄劳动者，每人（不同行业和企业获得补助金的高龄劳动者人数有不同限额）每月可获得300 000韩元（约合人民币1 594元）的补助金，最长可获得为期两年的补助①。

---

① 대한민국 고용노동부. 신중년, 고령사회에 대응한 신중년 고용안정과 재취업 지원［EB/OL］.（2022 - 06 - 15）［2022 - 11 - 16］. https：//www.moel.go.kr/policy/policyinfo/aged/list.do.

二是高龄者雇佣支持金。其目的是为了促进60岁及以上高龄者的就业，对与过去相比增加的雇佣高龄者人数给予支持金鼓励。获得此项支持金的条件有：(1) 从雇佣保险成立之日起至首次申请高龄者雇佣支持金的季度开始日的前一天，企业运营时间超过1年；(2) 企业内高龄者人数有所增加，即在首次申请高龄者雇佣支持金的季度，该季度月平均高龄者人数[①]比申请该津贴季度之前的3年间月平均高龄者人数有所增加。对于每季度增加的高龄者，每人（不同行业和企业获得补助金的高龄劳动者人数有不同限额）最多可获得300 000韩元（约合人民币1 594元）的津贴，最长可获得为期两年的津贴[②]。

（二）针对中老年人再就业的政策

韩国通过设立中老年就业希望中心及高龄者人才银行的方式帮助支持中老年再就业的实现。

中老年就业希望中心的设立目的是，为从主要工作岗位退休（将要退休）的40岁及以上中老年人提供职业规划、再就业及创业、社会参与机会等就业支持服务，从而促进中老年人群的稳定雇佣及就业。其支援对象是40岁及以上的中老年人群。主要的服务内容有以下三个方面：一是职业规划。以经历经验、未来规划为基础，提供系统的、积极的、有针对性的职业管理服务。二是为在职者提供一对一的咨询，如转职和职业发展咨询、就业能力诊断，提供就业创业信息等。三是为求职者提供再就业支持服务，如提供再就业教育培训等。

所谓高龄者人才银行，指的是韩国政府将民间开展免费职业介绍工作的非营利性法人或公益团体指定为高龄者人才银行，为50岁及以上人群提供再就业支持。其主要的支持内容有：高龄者就业登记、就业指导和就业安置，为期望工作的高龄者提供就业或再就业咨询，对需要提升就业能力的在册求职者提供一定时长的再就业培训等。

（三）针对退休老年人的社区服务工作岗位支持政策

这一政策旨在为50岁及以上70岁及以下具有3年及以上相关领域经验或专业资格的高龄人才提供相应的社区服务工作岗位，并为他们支付最低工资以上的劳务费及休假津贴等，从而帮助应对老龄化问题。

---

① 月平均高龄者人数＝在职1年以上的60岁及以上者＋签订1年以上劳动合同后新聘用的60岁及以上者。

② 대한민국 고용노동부. 신중년, 고령사회에 대응한 신중년 고용안정과 재취업 지원 [EB/OL]. (2022-06-15) [2022-11-16]. https://www.moel.go.kr/policy/policyinfo/aged/list.do.

综上，在立法指导和政策支持下，韩国形成了较为完善的老年人就业保障体系，从多方面支持老年人就业，开发老年人力资源，从而积极应对人口老龄化带来的劳动力不足及老年人贫困等问题，为老年人晚年收入增加了最基本、最坚实的保障。

第五节 韩国老年人的养老服务保障

在韩国，为老年人提供具体养老服务的福利设施主要有以下四类：老年人医疗福利设施、居家养老福利设施、养老居住福利设施、老年人休闲福利设施。

一、老年人医疗福利设施及相关服务

老年人医疗福利设施指为患有阿尔茨海默病、中风等老年疾病而身心严重残疾需要就医的 65 岁及以上老年人提供日常就餐、医疗等便利的设施。根据《老年人福利法》第 34 条第 1 款，老年人医疗福利设施主要分为老年人护理设施和包含护理的老年人共同生活之家两种类型。其中，前者是为老年人提供日常就餐、医疗等便利的设施；后者是为老年人提供如家庭般的住房环境以及日常就餐、医疗等便利的设施[①]。韩国老年人医疗福利设施的入住人群及费用支付详见表 6-7。

表 6-7 韩国老年人医疗福利设施的入住人群及费用支付

入住人群	费用支付
《老年人长期护理保险法》第 15 条规定的受助人	老年人长期护理保险补助
年满 65 周岁，领取《国民基本生活保障法》第 7 条第 1 款第 1 项规定的生活补贴或者第 7 条第 1 款第 3 项规定的医疗补贴的人	国家和地方政府全额支付
65 岁及以上，但没有从义务赡养人那里获得足够支持的人	国家和地方政府全额支付
其他 60 岁及以上的老年人	入住者全额自费

资料来源：韩国立法处网站。

二、居家养老福利设施及相关服务

居家养老福利设施是指为 65 岁及以上（或 60 岁及以上）因精神或身体的原

---

① 대한민국 법제처. 노인의료복지시설에서 건강을 지키세요 [EB/OL]. (2022-06-15) [2022-08-10]. https://easylaw.go.kr/CSP/CnpClsMain.laf?popMenu=ov&csmSeq=673&ccfNo=4&cciNo=2&cnpClsNo=1&search_put=.

因无法独立完成日常生活活动的老年人及赡养他的家庭提供各项所需服务的设施。根据《老年人福利法》第38条第1款和《老年人福利法实施细则》第26-2条的规定，居家养老福利设施主要提供以下服务：（1）上门养老服务。为在家中养老的老年人（以下称"居家老年人"）提供日常生活中的各种便利，使他们可以在家中、在当地社区过上健康、稳定的晚年生活。（2）日/夜间照料服务。为因某些不可避免的原因而无法在家庭中接受照料的体弱老年人和残疾老年人提供所需要的各种日/夜间照料服务，以维持他们稳定的生活，改善他们的身心健康，同时也减轻其赡养家庭家庭成员的身心负担。（3）短期照料服务。为因某些不可避免的原因而无法在家庭中接受照料的体弱老年人和残疾老年人提供短期入住的照料服务，以促进老年人及其赡养家庭的福利。（4）上门洗浴服务。为家中配备洗浴设备的老年人提供上门洗浴的服务。（5）居家老年人援助服务。为居家老年人提供生活和身体方面的咨询，为老年人及其家属提供相关培训以及其他援助服务，使居家老年人可以在当地社区过上健康、稳定的晚年生活。（6）上门护理服务。护士等根据医生的指示，到老年人家中提供看护护理、医疗协助、康复咨询或口腔卫生护理等服务。（7）福祉用具援助服务。长期护理机构提供或者借出福祉用具以支持老年人日常生活和身体活动，以及维持和改善他们的认知功能的服务[1]。韩国居家养老福利设施的使用对象及费用支付详见表6-8。

表6-8 韩国居家养老福利设施的使用对象及费用支付

使用对象	费用支付
《老年人长期护理保险法》第15条规定的受助人	老年人长期护理保险补助
使用以下任意一项服务的65岁及以上体弱老年人和残疾老年人*： （1）上门养老服务：一天内的一段时间内需要在家中接受居家照料的人 （2）日/夜间照料服务：日间或夜间需要接受照料的人	生活补贴或医疗补贴的受助者：国家和地方政府全额支付
（3）短期照料服务：每月需要接受1～15天短期照料的人 （4）上门洗浴服务：需要在家洗浴的人 （5）居家老年人援助服务：除上述（1）到（4）项服务外需要咨询、培训和各种援助服务的人 （6）上门护理服务：需要居家进行看护护理、医疗协助、康复咨询或口腔卫生护理的人	65岁及以上，但没有从义务赡养人那里获得足够支持的人：国家和地方政府全额支付
（7）福祉用具援助服务：需要福祉用具的人	不属于上述任何一项的人：使用者全额自费

资料来源：韩国立法处网站。

*对于使用者全额自费的情况，年龄限制放宽到60岁及以上。

---

[1] 대한민국 법제처. 재가노인복지시설에 도움을 요청하세요 [EB/OL]. (2022-06-15)[2022-08-10]. https://easylaw.go.kr/CSP/CnpClsMain.laf? popMenu=ov&csmSeq=673&ccfNo=4&cciNo=4&cnpClsNo=1&search_put=.

三、养老居住福利设施及相关服务

根据《老年人福利法》第 32 条和《老年人福利法实施细则》第 14 条第 1 款，养老居住福利设施是指为 65 岁及以上领取生活补贴、医疗补贴或没有赡养费的老年人，以及为 60 岁及以上能够独立生活且可以全额自付入住费/使用费的老年人在类似家庭的居住空间里提供日常生活所需便利的设施。根据《老年人福利法》第 32 条第 1 款，养老居住福利设施主要有养老院、老年人共同生活之家和老年人福利住房三种类型。其中，养老院是为老年人提供就餐和其他日常生活所需便利的设施；老年人共同生活之家是为老年人提供如家庭般的住房环境以及就餐等其他日常生活所需便利的设施；老年人福利住房是指通过向老年人出租住宅的方式来为他们提供住房便利、生活指导、咨询与安全管理等日常生活所需便利的设施，其使用对象是 60 岁及以上能够独立生活的老年人，需要入住者全额自费①。韩国养老居住福利设施的入住人群及费用支付详见表 6-9。

表 6-9　韩国养老居住福利设施的入住人群及费用支付

入住人群	费用支付
年满 65 周岁，领取《国民基本生活保障法》第 7 条第 1 款第 1 项规定的生活补贴或者第 7 条第 1 款第 3 项规定的医疗补贴的人	国家和地方政府全额支付
65 岁及以上，但没有从义务赡养人那里获得足够支持的人	国家和地方政府全额支付
65 岁及以上，共同生活的家庭的人均收入水平低于《统计法》第 17 条第 3 款规定水平的人	入住者部分自费
其他 60 岁及以上的老年人	入住者全额自费

资料来源：韩国立法处网站。

四、老年人休闲福利设施及相关服务

老年人休闲福利设施主要是为 60 岁或 65 岁及以上的老年人提供的可以休闲娱乐、进行社交和培养兴趣爱好的设施。根据《老年人福利法》第 36 条第 1 款，老年人休闲福利设施主要有老年人福利中心、敬老院和老年学堂三种类

---

① 대한민국 법제처. 노인주거복지시설에서 새로운 가족을 만나세요 [EB/OL]. (2022-06-15) [2022-08-10]. https://easylaw.go.kr/CSP/CnpClsMain.laf?popMenu=ov&csmSeq=673&ccfNo=4&cciNo=1&cnpClsNo=1&search_put=.

型。其中，老年人福利中心是为当地老年人提供有关文化教养、兴趣爱好、社会参与活动等信息以及提供健康促进、疾病预防、收入保障、居家福利和其他提高老年人福利服务的设施；敬老院是指为当地老年人提供的可以让他们自主开展社交、培养兴趣爱好、协作工作、交换信息及其他休闲活动的场所；老年学堂则是指为了满足老年人参与社会活动的需求而设立的以提供爱好培养、健康维护、收入保障及其他与日常生活相关的老年人学习项目为目的的设施[1]。韩国老年人休闲福利设施的适用对象详见表6-10。

表6-10 韩国老年人休闲福利设施的适用对象

设施类型	适用对象
老年人福利中心	60岁及以上老年人
敬老院	65岁及以上老年人
老年学堂	60岁及以上老年人

资料来源：韩国立法处网站。

注：虽有以上年龄限制，但是对于老年人福利中心和老年学堂这两种设施的适用人，若其配偶未满60岁，亦可以与适用人一起使用设施及服务。

综上，四类养老服务设施的设置，一方面给老年人的医疗、居家养老、居住以及休闲娱乐带来了便利，另一方面也给老年人福利体系的良性运行提供了基础且有力的硬件支持。

第六节 韩国老年人的健康保障

韩国老年人健康服务体系主要由老年人健康检查与健康保障、阿尔茨海默病早期筛查及综合管理、针对特定老年人群体的专项定制化保健服务三部分内容构成。

一、老年人健康检查与健康保障

根据韩国《老年人福利法》第27条第1款、《老年人福利法执行令》第20条以及《老年人福利法实施细则》第8条，在韩国，65岁及以上符合一定条件的老年人可以在特定机构至少每两年接受一次老年人健康检查。在健康检查中被确诊患有某种疾病的老年人，将可通过公共卫生中心的登记管理与公共医疗

---

[1] 대한민국 법제처. 노인여가복지시설에서 여가를 즐기세요 [EB/OL]. (2022-06-15) [2022-08-10]. https://easylaw.go.kr/CSP/CnpClsMain.laf?popMenu=ov&csmSeq=673&ccfNo=4&cciNo=3&cnpClsNo=1&search_put=.

机构对接，系统地接受相关就诊保健与医疗服务。而在健康检查中疑似患有阿尔茨海默病的老年人，则可以进一步免费接受阿尔茨海默病早期筛查①。

韩国的国民健康保险主要管理医院（诊所）和药房提供的服务，如疾病诊断（如阿尔茨海默病、中风等）、住院、门诊治疗、康复等。长期护理保险则通过老年人医疗福利设施或居家养老福利设施，为因阿尔茨海默病、中风或其他老年疾病而难以自理的老年人提供身体活动或家务活动的支援服务②，侧重于机构护理和居家护理。如果老年人需要接受治疗和护理，则可以获得国民健康保险和长期护理保险的双重给付。国民健康保险与长期护理保险的结合，共同为老年人晚年健康的维护提供经济支持与保障。

二、阿尔茨海默病早期筛查及综合管理

为了使阿尔茨海默病高危人群可以接受病症检查并及早发现和管理病症，韩国政府根据《阿尔茨海默病防治法》第6条第1款、第11条第1款和《阿尔茨海默病防治法执行令》第8条第3款的规定，制定了阿尔茨海默病管理综合计划③。根据该计划，60岁及以上的老年人要在每两年或更短的时间进行一次阿尔茨海默病筛查，以实现对于该病症的早发现早治疗。对于接受医疗补贴或低收入的人群，政府会补贴他们全部或者部分的阿尔茨海默病检查费用。目前，有两类人可以获得阿尔茨海默病治疗方面的医疗费、治疗处方药保险补贴。第一类人是健康保险承保人本人或其家属（被扶养人）为阿尔茨海默病患者；第二类人是作为医疗给付对象的阿尔茨海默病患者。当这两类人的收入低于或等于标准中位数收入的120%时，即可每月获得最高 30 000 韩元（约合人民币 156 元）、每年最高 360 000 韩元（约合人民币 1 872 元）的保险补贴④。首尔阿尔茨海默病综合管理流程详见图 6-16。

---

① 대한민국 법제처. 건강검진을 받아보세요 [EB/OL]. (2022-06-15) [2022-08-10]. https：//easylaw. go. kr/CSP/CnpClsMain. laf? popMenu＝ov&csmSeq＝673&ccfNo＝5&cciNo＝1&cnpClsNo＝1&search _ put＝.

② Long-term Care Insurance. Difference with Health Insurance System and Previous Elderly Benefit Service [EB/OL]. (2010-01-01) [2022-11-26]. https：//www. longtermcare. or. kr/npbs/e/e/100/htmlView? pgmId＝npee201m06s&desc＝DifferenceWithHealthInsuranceSystemAndPreviousElderlyBenefitService.

③ 서울특별시 광역치매센터. 치매조기검진사업 [EB/OL]. (2018-01-01) [2022-11-26]. http：//www. seouldementia. or. kr/business/checkup. asp.

④ 대한민국 법제처. 치매도 미리 예방할 수 있어요 [EB/OL]. (2022-06-15) [2022-08-10]. https：//easylaw. go. kr/CSP/CnpClsMain. laf? popMenu ＝ ov&csmSeq＝673&ccfNo＝5&cciNo＝1&cnpClsNo＝2&search _ put＝.

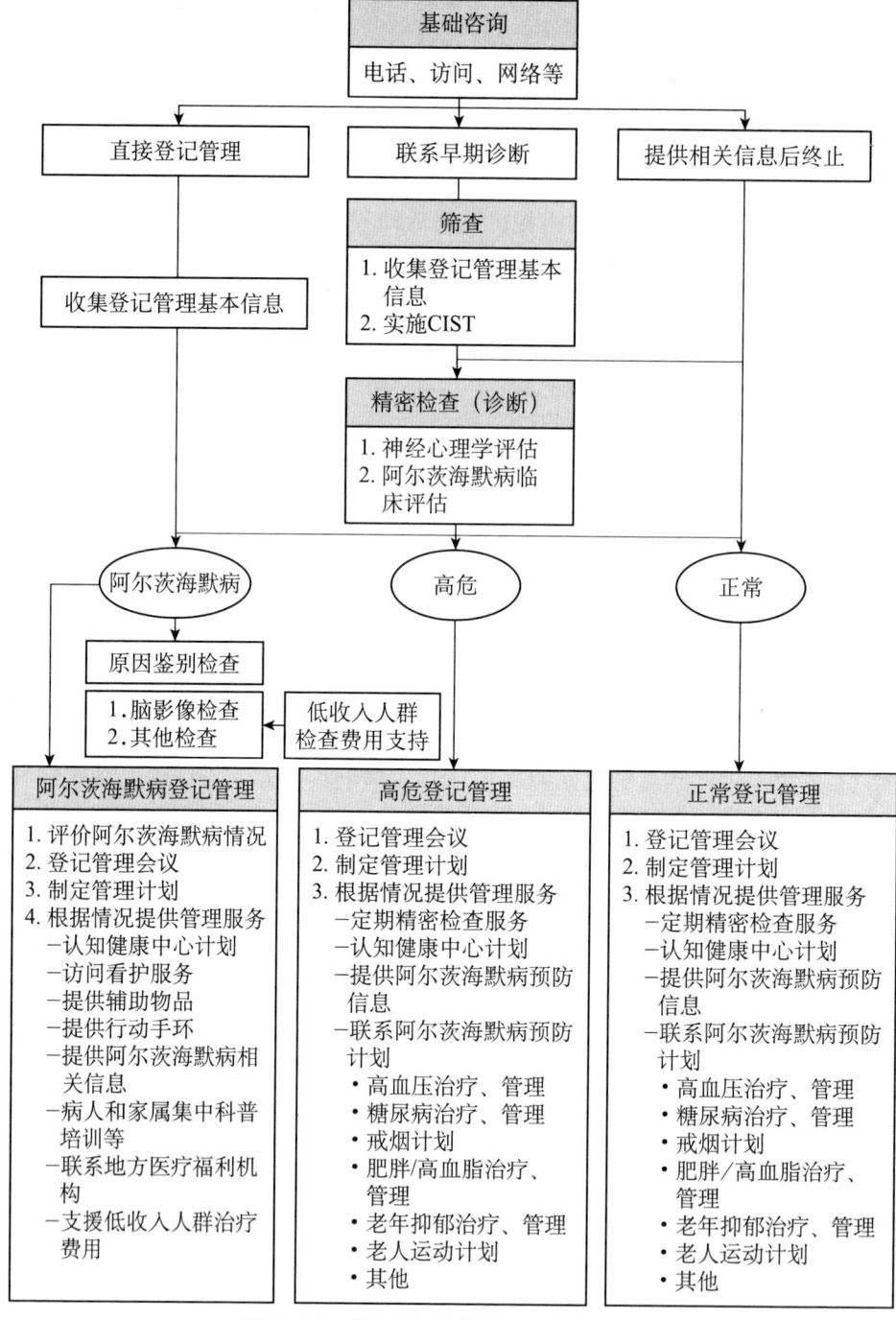

```
                        ┌─────────────────┐
                        │    基础咨询      │
                        │ 电话、访问、网络等│
                        └────────┬────────┘
                                 │
         ┌───────────────────────┼───────────────────────┐
         ▼                       ▼                       ▼
   ┌──────────┐           ┌──────────┐         ┌──────────────────┐
   │直接登记管理│           │联系早期诊断│         │提供相关信息后终止│
   └─────┬────┘           └─────┬────┘         └──────────────────┘
         │                      ▼
         │              ┌────────────────┐
         │              │      筛查       │
         │              │1. 收集登记管理基本│
         │              │   信息          │
         │              │2. 实施CIST      │
         │              └────────┬───────┘
         ▼                       ▼
 ┌──────────────┐        ┌─────────────────┐
 │收集登记管理基本│        │ 精密检查（诊断） │
 │     信息      │        │1. 神经心理学评估 │
 └──────────────┘        │2. 阿尔茨海默病临 │
                         │   床评估         │
                         └────────┬────────┘
```

流程分支：阿尔茨海默病 / 高危 / 正常

阿尔茨海默病登记管理
1. 评价阿尔茨海默病情况
2. 登记管理会议
3. 制定管理计划
4. 根据情况提供管理服务
   - 认知健康中心计划
   - 访问看护服务
   - 提供辅助物品
   - 提供行动手环
   - 提供阿尔茨海默病相关信息
   - 病人和家属集中科普培训等
   - 联系地方医疗福利机构
   - 支援低收入人群治疗费用

原因鉴别检查
1. 脑影像检查
2. 其他检查

低收入人群检查费用支持

高危登记管理
1. 登记管理会议
2. 制定管理计划
3. 根据情况提供管理服务
   - 定期精密检查服务
   - 认知健康中心计划
   - 提供阿尔茨海默病预防信息
   - 联系阿尔茨海默病预防计划
   • 高血压治疗、管理
   • 糖尿病治疗、管理
   • 戒烟计划
   • 肥胖/高血脂治疗、管理
   • 老年抑郁治疗、管理
   • 老人运动计划
   • 其他

正常登记管理
1. 登记管理会议
2. 制定管理计划
3. 根据情况提供管理服务
   - 定期精密检查服务
   - 认知健康中心计划
   - 提供阿尔茨海默病预防信息
   - 联系阿尔茨海默病预防计划
   • 高血压治疗、管理
   • 糖尿病治疗、管理
   • 戒烟计划
   • 肥胖/高血脂治疗、管理
   • 老年抑郁治疗、管理
   • 老人运动计划
   • 其他

图 6-16 首尔阿尔茨海默病综合管理流程

资料来源：首尔阿尔茨海默病中心网站。

注：CIST 为韩国阿尔茨海默病筛查工具。

三、针对特定老年人群体的专项定制化保健服务

对于没有享受到其他健康和老年人福利服务的人,韩国政府为其提供老年人专项定制化保健服务,根据其个人的照顾需求、必要程度决定服务的内容、提供时间、提供周期等,旨在为其提供最低限度的社会保障服务。目前,能够享受老年人专项定制化保健服务的人有:独居老年人家庭、隔代家庭、纯老家庭等中需要接受照料的老年人;因身体机能衰退或精神障碍(如阿尔茨海默病、抑郁症等)而需要接受照料的老年人;孤独和自杀风险高的老年人。这些人中已经接受基础年金、长期护理补助、基本生活保障补贴等支撑的人,将不再有资格接受专项定制化保健服务①。韩国老年人专项定制化保健服务的服务对象及对应服务内容详见表6-11。

表6-11 韩国老年人专项定制化保健服务的服务对象及对应服务内容

分类	服务对象及对应服务内容
重点保健对象	■ 由于身体机能限制而需要日常生活援助的人 ■ 每月提供16~40小时的直接服务,并定期提供家务援助服务
一般保健对象	■ 因与社会脱节和日常生活困难而需要保健的人 ■ 每月提供16小时以下的直接服务,不提供定期的家务援助服务 ■ 特殊情况下(手术、骨折等)可提供临时的家务援助服务
特殊服务对象	■ 因与社会脱节、抑郁症等需要密集提供服务的人
后续管理对象	■ 服务结束后重点保健组和普通保健组中需要继续进行后续管理的人

资料来源:韩国立法处网站。

针对独居老年人,《老年人福利法》第27-2条第1款明确规定:国家或者地方政府必须对其采取保护措施,例如为他们提供上门护理、照料、安全确认等服务。同时,该法第27-3条规定:保健福利部可设立和经营(也可委托给专业法人或团体运营)独居老年人综合支援中心,以推行与独居老年人相关的工作,如独居老年人相关政策研究与方案制定,独居老年人状况调查与管理,独居老年人护理业务人员培训,独居老年人照护项目的推进及相关教材的制作与发放,对独居老年人照护项目执行机构进行支持与评估,建立与相关机构的合作体系,等等。

---

① 대한민국 법제처. 대한민국 법제처 홀로 사는 노인은 특별한 돌봄을 받을 수 있어요 [EB/OL]. (2022-06-15) [2022-08-10]. https://easylaw.go.kr/CSP/CnpClsMain.laf? popMenu=ov&csmSeq=673&ccfNo=4&cciNo=5&cnpClsNo=1&search_put=.

综上，韩国老年人健康服务体系具有如下特征：首先，国民健康保险与长期护理保险为老年人健康维护提供相对全面的经济保障。其次，在健康检查与阿尔茨海默病筛查的制度下，对老年疾病做到早预防、早发现、早治疗。并且，针对阿尔茨海默病这一老年期特殊疾病的特点，建立起一套完善的综合管理系统。一方面可以对阿尔茨海默病患者及家庭提供及时有效的支持，另一方面也有利于提高老年人健康医疗资源的利用效率。再次，通过针对特定老年人提供专项定制化保健服务的方式，根据弱势老年人个人的具体需求，为其身心健康提供必要的支援。最后，面对老龄化社会进程中独居老年人口不断增长的社会问题，针对这一特殊人群，由专门机构提供相应的综合支援。

第七节　韩国老年人权益保障对北京的借鉴

韩国与中国同为亚洲国家，具有相似的传统与文化，又同样具有老龄化出现晚但发展速度快的特点。首尔都市圈有 2 600 万人，包括首尔、京畿道、仁川，土地面积约 1.1 万平方公里[1]，比北京少约 5 000 平方公里。首尔都市圈仅占韩国 11.8% 的土地，却集中着韩国半数人口与经济总量。从韩国各地区老年人口数量及占比情况来看，2020 年韩国老龄化率达到 15.7%，处于中度老龄化阶段，首尔老龄化率为 15.4%，与全国水平基本持平。从未来的发展趋势和特征看，韩国的很多情况与北京极具可比性，在积极应对人口老龄化的进程中，韩国的老龄政策特别是韩国在保障老年人权益方面的很多做法值得北京学习和借鉴。

一、积极为老年人就业及社会参与提供法制保障

当前，北京市 70 岁以下的低龄老年人占 60%，且受教育程度普遍较高，拥有高中及以上文化水平的占 39.2%，远高于全国平均水平（13.9%）[2]。由此，完善政策制度，积极支持老年人就业创业，积极开发老年人力资源，为老年人社会参与创造条件与环境，既是贯彻积极老龄观、健康老龄化理念，促进老年人老有所为、老有所乐的必然要求，也是充分认识老年人的社会价值，盘活社会资源，促进经济社会高质量发展的必然要求。

---

[1] 世界最发达的 30 个都市圈：美国 12 个，中国 6 个，日本 3 个 [EB/OL]. (2020-11-11) [2022-11-26]. https://baijiahao.baidu.com/s?id=16829205769983431278&wfr=spider&for=pc.
[2] 北京市统计局. 北京统计年鉴 2021 [M]. 北京：中国统计出版社，2021.

第六章
韩国老年人权益保障及其借鉴

《北京市"十四五"时期老龄事业发展规划》明确提出,鼓励老年人参与社会发展,引导老年人树立终身发展理念,营造老有所为、老有所学、老有所乐的社会氛围。强调要积极开发老龄人力资源、支持老年志愿服务,也要丰富老年人精神文化生活,促进老年教育事业发展[1]。《关于加强新时代首都老龄工作的实施意见》强调,要大力促进老年人社会参与。积极开发老年人力资源,建立老年人才信息库。针对老年人就业需求和特点,为有劳动意愿的老年人提供就业、创业和技能培训,提升政策咨询、职业指导、职业介绍等服务水平。培育和发展基层老年协会,建立激励机制,推进基层老年社会组织规范化建设。发挥北京老科学技术工作者总会作用,开发退休科技工作者、专业技术人员等老年人力资源参与社会服务[2]。

落实上述战略规划和政策措施,尚需要一些配套的工作机制和制度安排,韩国的有关经验值得借鉴。

一要发挥立法对改革的引领保障作用。要完善老年人就业与社会参与的法制建设。要适时修订《北京市老年人权益保障条例》,健全老年人力资源开发的制度建设,促进农村地区和特定行业的老年人就业权益保障。韩国通过立法形式对企业在招聘员工时设定年龄限制等年龄歧视问题进行了禁止;同时,也以立法形式推迟了法定退休年龄,保障了老年人的就业权益。"十四五"期间,北京市可以在地方性立法方面先行先试。目前北京市还未形成配套的老年人力资源就业服务体系,可以先通过试点的方式,在社区设立老年人就业咨询机构、在社区服务站增加老年人就业援助服务项目等,加快建立专业化、规范化的老年人就业服务标准;完善老年人就业供求信息,拓宽渠道,保证信息资源的畅通,让政府成为支持老年人就业与社会参与的"领路人"和"保障人"。

二要充分保障老年女性的就业权利。由于女性老年人往往具有更长的寿命,韩国女性老年人口数量始终超过男性,女性老龄化率也始终高于男性,这一特征在北京市也比较明显。韩国在开发女性老年人的就业岗位、保障女性老年人劳动权益方面的做法值得北京研究与借鉴,北京市现行的政策规定中男女退休年龄存在较大差异,需要综合研究、适时调整。

三要拓展老年人就业参与的机会与边界。在韩国,老年人不仅可以作为志愿者、社会工作者参与社会活动,也可以作为劳动者参与营利性质的就业活

---

[1] 北京市老龄工作委员会关于印发《北京市"十四五"时期老龄事业发展规划》的通知[EB/OL].(2021-11-26)[2022-08-10]. http://www.beijing.gov.cn/zhengce/zhengcefagui/202111/t20211126_2545746.html.

[2] 中共北京市委 北京市人民政府印发《关于加强新时代首都老龄工作的实施意见》的通知[J]. 北京市人民政府公报,2022(31):28-42.

动。为此，北京市应加快完善志愿服务和"时间银行"等机制，为老年人参与当地社区的志愿活动、社会工作提供适当机会。此外，要完善支持政策，通过提供资金支持、劳动力成本补贴、税收优惠等手段吸引有需求有资源的企事业单位、社会组织团体积极为老年人提供就业的岗位和机会。

二、强化老年人身心健康权益的保障

健康权是老年人的基本人权。阿尔茨海默病作为多发于老年人群体的神经退行性疾病，具有起病隐匿且进行性发展的特点，病程长且照料难度大。《北京市"十四五"时期老龄事业发展规划》指出，树立个人是健康第一责任人的理念，建立健全老年健康危险因素干预、疾病早发现早诊断早治疗、失能预防三级预防体系。开展脑健康筛查以及阿尔茨海默病、帕金森病等神经退行性疾病的早期筛查和健康指导[①]。《关于加强新时代首都老龄工作的实施意见》也指出，要健全疾病预防体系，开展老年人重点慢性病、重大疾病的早期筛查与干预，开展脑健康体检和失能预防，减少、延缓老年人失能失智发生[②]。目前，北京市已建立起老年人预防保健的相关服务规范，老年人可以在社区内享受到免费的健康体检，并建立健康档案，但在阿尔茨海默病早期筛查、阿尔茨海默病预防以及阿尔茨海默病综合管理方面尚未建立相应的服务体系。韩国《阿尔茨海默病管理法》中对于阿尔茨海默病综合管理计划的制定、实施等提出了明确的要求，目前，首尔在阿尔茨海默病综合管理方面已有实践经验可供参考。

一要完善阿尔茨海默病早期诊断工作。通过对居住在社区的全体老年人进行阿尔茨海默病早期筛查，提早发现阿尔茨海默病及高危老人，使其能够接受系统的治疗和管理，为预防病症及防止病情恶化作出贡献。第一阶段：基础咨询。通过电话、访问、网络等方式进行基础咨询及预约。第二阶段：筛查。利用阿尔茨海默病筛查工具（CIST）确认认知下降与否。第三阶段：精密检查（诊断）。筛查结果被分类为"认知低下"的对象，进行神经心理学评估及阿尔茨海默病临床评估，根据临床评估的结果，诊断为"阿尔茨海默病"、"（阿尔茨海默病）高危"以及"正常"三种类型。精密检查结果诊断为"阿尔茨海默病"的对象，通过与当地阿尔茨海默病安心中心（机构）和受托医院（或社区

---

① 北京市老龄工作委员会关于印发《北京市"十四五"时期老龄事业发展规划》的通知 [EB/OL]. (2021-11-26) [2022-08-10]. http://www.beijing.gov.cn/zhengce/zhengcefagui/202111/t20211126_2545746.html.

② 中共北京市委 北京市人民政府印发《关于加强新时代首都老龄工作的实施意见》的通知 [J]. 北京市人民政府公报，2022 (31): 28-42.

内医院）联系，进行脑影像检查及其他诊断医学检查。最后，根据检查结果开展预防登记管理工作。

二要加强预防阿尔茨海默病的登记管理工作。一是持续为社区阿尔茨海默病患者提供多种形态的管理服务，提高患者的生活质量，减轻其家属的赡养负担；二是通过对社区阿尔茨海默病高危及正常老年人的持续预防管理服务，减少或延缓阿尔茨海默病发生，减轻老年人本人及其家人乃至整个社会的负担。第一阶段：基础咨询。通过电话、访问、网络等方式进行初次咨询，为第一次接触阿尔茨海默病安心中心（机构）的人提供相关信息或服务联系及介绍。第二阶段：深度咨询。以完成基础咨询且同意进行深度咨询的人为对象，掌握其主要信息后录入阿尔茨海默病安心综合管理系统。第三阶段：以登记对象的诊断分类及掌握的个人信息为基础，计划并提供适当管理服务。为阿尔茨海默病患者提供的管理服务有访问看护服务、提供辅助物品、为可行动的阿尔茨海默病患者提供可进行 GPS 定位的手环、指纹登记等；为阿尔茨海默病高危人群提供的管理服务有提供阿尔茨海默病预防信息、精密检查服务等；为正常人群提供的管理服务有定期筛查服务等。

三要强化社区资源的整合工作。通过与阿尔茨海默病相关的社区人力、物力资源的联系，构建有效的阿尔茨海默病综合管理系统，从而提高阿尔茨海默病患者及家庭的生活质量。首先，就社区现状进行分析，对社区资源进行调查；其次，培养及运营社区内防治阿尔茨海默病的志愿活动团体；再次，构建和运营社区资源间联系体系，推进阿尔茨海默病综合管理体系发展。此外，要强化阿尔茨海默病信息系统的共建共享。通过构建并运营在线阿尔茨海默病综合管理信息系统，最大限度地提高阿尔茨海默病管理工作的效率，为工作参与者、设施从业人员、阿尔茨海默病患者及家属以及普通市民提供与阿尔茨海默病相关的知识、设施信息、人力及服务信息①。

四要强化对阿尔茨海默病家庭的综合支持。首先，积极运用媒体及社区的教育手段，加大阿尔茨海默病预防的宣传与教育，通过定期开展社区讲堂等方式向家庭及个人普及阿尔茨海默病相关知识与预防方法，引导正确认识阿尔茨海默病，增强阿尔茨海默病可预防可治疗的社会认知，促进老年人积极参与到阿尔茨海默病管理工作中。其次，建立健全阿尔茨海默病早期筛查的相关规范，确定符合筛查资格的人群，明确相关补贴标准，尽量放低筛查门槛并逐步扩大筛查范围。从为 65 岁及以上老年人群提供筛查服务到争取为 60 岁及以上

---

① 서울특별시 광역치매센터. 치매조기검진사업［EB/OL］.（2018－01－01）［2022－11－26］. http：//www.seouldementia.or.kr/business/checkup.asp.

满足条件的老年人提供定期的筛查服务,做到阿尔茨海默病早筛查、早发现。最后,对于已经确诊的阿尔茨海默病患者及家庭进行专项的医疗费用及服务费用补贴,减轻其经济负担。同时,也为经济困难的老年人或其家庭进行一定限额的阿尔茨海默病的治疗费用特殊补贴,让这些老年人可以平稳地度过晚年。

三、进一步完善特殊老年群体的专项保障

随着长寿时代和高龄化的到来,高龄和超高龄老年人的生活与社会政策支持都需要新的理论指导与实践探索。随着老年期的延长,相对于其他社会群体,老年群体的异质性将更加突出和变得更加复杂。为此,在韩国,针对高龄化所带来的特殊困难老年群体和其他弱势老年人,政府出台了专项保障政策,对他们给予特殊的照顾,旨在通过"打补丁"的方式,弥补目前最低限度的社会保障中存在的服务漏洞。2021 年北京市户籍居民平均期望寿命为 82.47 岁,其中,男性 80.01 岁,女性 85.02 岁[①],北京已经进入长寿时代,针对高龄化可能带来的一系列新问题,北京市应进一步完善相关政策,进一步织密社会保障的网底。

首先,对不同的需要特殊帮助的老年人群进行精准的帮扶定位。以社区及街乡镇为单位,对区域内的特殊弱势老年人进行精准摸底排查,建立信息统计档案,设计针对性帮扶方案并定期回访。其次,通过分别制定针对不同特殊老年人群的专项保障政策与专项服务政策,将这些极弱势老年人群体分层分类地纳入社会养老保障的范畴。法律与政策先行,通过强制性手段,保障特殊弱势老年人的基本生活,同时也对现有的养老服务体系进行兜底性补充。再次,对人口老龄化加剧、家庭结构变化所带来的诸如独居老年人增多、纯老家庭增多、高龄老年人增多等社会问题进行实时监测与关注,适时出台相关保障服务政策,从而对特殊人群提供相应的社会支持与保障。最后,通过立法的方式建立失踪老年人上报制度及被虐待老年人举报制度,通过法律保护老年人远离危险,防止老年人由于身处弱势地位而被遗弃、受到经济剥削,或遭遇性暴力、忽视等身体及精神上的虐待,为老年人安全地度过晚年生活提供保障。以首善标准,确保每一个人都能够共享经济社会发展的成果,建设人人平等、人人共享的老龄化社会。

---

① 北京市老龄事业发展报告(2021)[R/OL].(2022-09-28)[2022-11-26]. http://wjw.beijing.gov.cn/wjwh/ztzl/lnr/lljkzc/lllnfzbg/202209/P020220928402196139821.pdf.

四、重视数字时代老年人的新型权益保障

随着老年人使用互联网的普及,数字时代老年人新型权益保障问题逐步凸显。作为全国文化中心以及全球数字经济标杆城市,北京市应率先在消除老年人数字鸿沟,加强老年人新型权益保障中探索完善相关制度设计。

一要明确政府保障老年人信息知情权的义务。为消除阻碍老年人使用互联网的门槛,应鼓励承担老年人权益保障义务的政府部门,针对老年人的特点开发老年人专用网络系统,推送符合老年人特色的内容,及时发布老年人权益保障的资源信息,扩宽老年人的信息获取渠道,简化老年人获取信息的程序,切实保障老年人的知情权。应设立建言献策绿色通道,征求老年人对本地经济、社会发展的意见,通过互联网使老年人积极参与到社会建设中,促进老年人群体与开放的社会系统衔接。

二要畅通老年人网络话语权行使渠道。网络话语权形成过程,既是社会大众平等反映利益诉求、自主表达个人观点、直接参与政治生活、积极行使监督权利的过程,也是公共权力机关听取民意、关注民生、贴近群众、执政为民的过程。应充分尊重老年人网络话语权,建立起以政府为中心的多元化监管体制,统筹协调网络信息,让老年人具有直接向公共权力机关行使自由表达权利的空间场域。政府还应利用网页、微信、群发短信等多种形式发布权威信息,增强与老年公众的信息沟通,实现更具效率的公众参与。在制定与老年人相关的法律政策时,应保障老年人能有效地参与公共政策制定的过程,不仅要有让公众获知相关信息的渠道,还必须保证公众对相关政策信息的知情权。同时,立法应加强对媒体和互联网安全环境的监管,改善老年人的消费和生活环境。

三要完善老年人虚拟财产的保护制度。明确规定老年人虚拟财产属于个人财产的范围,明确老年人对虚拟财产的占有、使用、收益、处分的权利。考虑到网络虚拟财产的复杂性,应对网络虚拟财产进行具体分类,对于主要体现为财产性的网络虚拟财产,如数字货币、网络游戏装备等,老年人应拥有与物质财产相同的权利。对于一般人格性的网络虚拟财产,如博客、邮箱、电子相册等,应按照老年人的自由意志来处理。对于具有完全人格属性和身份属性的网络虚拟财产,如论坛版主身份、微信公众号作者等,则不应该纳入被继承的范围,法律可以规定由网络服务提供商依特定程序予以删除。总之,要分类施策,切实保护老年人的虚拟财产。

第七章
新加坡构建活力老龄社会及其借鉴

新加坡是亚洲较早步入老龄化社会的地区之一，老龄化进程时间短，发展速度快。在积极老龄化理念指引下，新加坡政府通过系列政策构建活力老龄社会。从全生命周期视角进行干预，加强老年人的疾病预防和健康教育，打造健康生态圈，保障老年人的身心健康。通过提升老年人工作技能、开展"乐龄教育"、鼓励老年人参与志愿服务等多项措施鼓励老年人继续为社会作贡献，实现老有所为。通过构建无障碍交通体系、住房适老化建设等，不断完善老年友好宜居环境建设，构建老年友好型城市。参考新加坡的经验，北京要将健康老龄化放在首要位置，通过健全疾病预防体系、加强健康教育等措施完善公平可及、综合连续的老年健康服务体系；要积极开展多样化的老年教育，推动建立终身教育体系，为构建活力社会夯实基础；要提升老年人的就业技能，畅通老年人就业通道，完善老年人志愿服务参与制度，促进老年人多样化社会参与，在老有所为中实现老有所乐；要推动老年友好宜居环境建设，率先建成国际一流的和谐宜居之都。

第一节　新加坡人口老龄化发展特征

新加坡是人口老龄化程度较高的国家，也是亚洲较早进入老龄化社会的地区之一。2000年，新加坡65岁及以上老年人口的比例达到7.2%，步入了老龄化社会。根据联合国的预测，2000—2050年，新加坡的老龄化程度将快速上升，到2030年，将有22.5%的人为老年人口，到21世纪中叶，老年人口将达到1/3。

一、人口老龄化现状概览

《新加坡人口趋势（2021）》数据显示，截至2021年6月底，新加坡总人口数为 545 万人①，较 2020 年下降 4.1%，这也是新加坡人口连续第二年下降。其中，新加坡居民减少至 399 万人，较上年减少 1.4%；公民人口比前一年下降 0.7%，为 350 万人；常住居民 49 万人，比上一年下降 6.2%。常住人口下降主要是由新冠疫情期间的旅行限制所致，这导致很多居民在海外停留了 12 个月或更长时间，这些人被排除在常住人口之外②。

新加坡的居民人口也呈现出持续老龄化的特征。截至 2021 年 6 月底，常住人口的年龄中位数从 2020 年的 41.5 岁上升到 41.8 岁。同时，65 岁及以上居民的比例由 15.2% 上升至 16.0%，以 65 岁及以上居民数与 15~64 岁居民数之比计算的老年人口抚养比达 23.06%。

新加坡 65 岁及以上居民为 639 008 人，其中，男性为 293 526 人，女性为 345 482 人。分年龄段来看，在 65 岁及以上居民中，65~74 岁居民为 416 717 人（男性 201 932 人，女性 214 785 人），占总居民数的 10.5%；75 岁及以上居民为 222 291 人（男性 91 594 人，女性 130 697 人），占总居民数的 5.6%。具体情况如表 7-1 所示。

表 7-1 新加坡人口数量及构成情况（截至 2021 年 6 月底）

人口数量/人口构成		总数（人）	男性（人）	女性（人）
人口数量	总居民数	3 986 842	1 953 114	2 033 728
	15 岁以下	577 188	295 135	282 053
	15~64 岁	2 770 646	1 364 453	1 406 193
	65 岁及以上	639 008	293 526	345 482
	其中：65~74 岁	416 717	201 932	214 785
	75 岁及以上	222 291	91 594	130 697
人口构成（%）	15 岁以下	14.5	15.1	13.9
	15~64 岁	69.5	69.9	69.1
	65 岁及以上	16.0	15.0	17.0
	其中：65~74 岁	10.5	10.3	10.6
	75 岁及以上	5.6	4.7	6.4

资料来源：Department of Statistics Singapore. Population trends 2021 [R/OL]. [2022-08-26]. https://www.singstat.gov.sg/-/media/files/publications/population/population2021.ashx.

---

① 总人口包括新加坡居民和非居民。居民包括新加坡公民和常住居民；非居民是指在新加坡工作、学习、生活但没有获得永久居留权的外国人，不包括游客。

② Department of Statistics Singapore. Population trends 2021 [R/OL]. [2022-08-26]. https://www.singstat.gov.sg/-/media/files/publications/population/population2021.ashx.

随着人口持续老龄化，总死亡人数从2019年的21 446人上升到2020年的22 054人。同期，居民粗死亡率上升至每千名居民死亡5.2人。新加坡的居民总生育率（TFR）也在2020年跌至历史最低水平，每名女性平均生育1.10个孩子。与2010年相比，2020年新加坡居民的预期寿命也有所延长，十年间，居民出生时预期寿命持续稳步提高，从2010年的81.7岁提高到83.9岁。女性的预期寿命继续高于男性，到2020年，男女之间的预期寿命差距为4.6岁。

此外，新加坡居民的受教育水平持续提升，在25岁及以上的居民中，58.3%的人获得了大专及以上学历，高于2010年的水平（46.5%）。这主要是由于大学毕业生比例的增加，该比例从2010年的23.7%上升到2020年的33.0%。随着更高比例的居民获得更高水平的学历，居民的平均受教育年限从2010年的10.1年上升到2020年的11.3年。

从人口分布情况来看，在新加坡55个规划区域中，有超过一半（52.5%）的居民集中在9个规划区域。其中有3个超过25万居民的规划区域，分别是勿洛北、淡滨尼和裕廊西。欧南园、梧槽、宏茂桥、武吉美拉和加冷等规划区域内65岁及以上居民的比例高于其他规划区域。在这些地区，至少1/5的居民年龄在65岁及以上。

二、人口老龄化发展趋势

据《世界人口展望（2019）》预测，到2030年和2050年，新加坡人口数将分别达到626万和640万，在人口总量增长的同时，老年人口数量也将持续增长，预计到2030年新加坡65岁及以上的老年人口数将达到140万，老年人口占比为22.5%，到21世纪中叶，新加坡老年人口数将达到213万，约1/3的人口为老年人口。同时，预计到2030年老年人口抚养比即65岁及以上老年人口与15~64岁劳动力人口的比值为34.51%，2050年老年人口抚养比将提高至58.83%[①]。具体情况如表7-2所示。

表7-2　2030—2100年新加坡人口预测

	2030年	2050年	2075年	2100年
总人口（千人）	6 264	6 408	5 998	5 733
年龄中位数（岁）	46.8	53.4	53.2	52.3

---

① United Nations. World population prospects 2019 [R/OL]. (2019-06-17) [2022-08-26]. https：//population.un.org/wpp/Publications/Files/WPP2019_Volume-II-Demographic-Profiles.pdf.

续表

	2030 年	2050 年	2075 年	2100 年
15 岁以下（千人）	772	652	650	656
15～24 岁（千人）	518	544	512	491
25～64 岁（千人）	3 565	3 080	2 677	2 563
65 岁及以上（千人）	1 409	2 132	2 159	2 023
65 岁及以上人口占比（%）	22.5	33.3	36.0	35.3
老年人口抚养比（%）	34.51	58.83	67.70	66.24
预期寿命（岁）	86.8	89.1	92.0	94.9

资料来源：Nations. World population prospects 2019 [R/OL]. (2019 - 06 - 17) [2022 - 08 - 26]. https：//population. un. org/wpp/Publications/Files/WPP2019 _ Volume-II-Demographic-Profiles. pdf.

世界卫生组织于 2002 年提出"积极老龄化"的概念，并成为世界各国政府规划和应对老年问题的重要理念。积极老龄化是指在老年时为了提高生活质量，使健康、参与、保障的机会能够发挥最大效用和收益的过程①。其中，"健康"是指老年人能够维持良好的身体、心理以及社会交往状态，是实现积极老龄化的先决条件；"参与"是指老年人可以根据自我能力与兴趣，参与到文化、娱乐、经济等社会生活中，实现老有所为，是积极老龄化的核心内涵；"保障"则是指老年人在部分或完全丧失自理能力时，能够得到足够的照护支持，以此满足老年人在身心、经济及社会等层面的需求，是积极老龄化的必要条件②。

自 2000 年进入老龄化社会以来，新加坡老龄化程度不断加深，呈现出老龄化进程时间短且速度快的特点，对新加坡社会文化体系、经济发展体系以及社会保障体系均带来巨大挑战。面对严峻的老龄化形势，新加坡不断加强相关政策进行应对，是首批将老龄化作为人口问题来应对的国家之一③。新加坡卫生部早在 2002 年就发布了《健康状况报告》，提出增加社区医院和疗养院床位④以及开发初级保健总体规划的要求⑤。2004 年，新加坡卫生部成立了老龄事务委员会

---

① 世界卫生组织. 积极老龄化政策框架 [M]. 中国老龄协会，译. 北京：华龄出版社，2003：9 - 10.
② 李宏洁，张艳，杜灿灿，等. 积极老龄化理论的国内外研究进展 [J]. 中国老年学杂志，2022，42 (5)：1222 - 1226.
③ Rozario P A, Pizzo M. Political discourse and aging in a neoliberal Singapore：models of citizenship，older adults and policy initiatives [J]. Journal of Aging & Social Policy，2022，34 (1)：5872.
④ Ministry of Health Singapore. State of health 2001：the report of the director of medical services [R/OL]. (2002 - 03 - 01) [2022 - 08 - 27]. https：//www. moh. gov. sg/docs/librariesprovider5/resources-statistics/reports/health _ rpt. pdf.
⑤ Ministry of Health Singapore. State of health：report of the director of medical services 2003 - 2012 [R/OL]. (2013 - 10 - 30) [2022 - 08 - 27]. https：//www. moh. gov. sg/docs/librariesprovider5/resources-statistics/reports/report-of-the-director-of-medical-services. pdf.

(Committee on Ageing Issues，CAI)，提出做好应对社会老龄化的准备。在积极老龄化理念的指导下，2015年新加坡又推出了"成功老龄化行动计划"[①]，涵盖健康、学习、就业、住房、交通等12个领域的70多项计划，旨在创新社会化养老理念，全方位满足老年人需求，建立老年友好型社会，让人们可以幸福安享晚年。老龄化部长级委员会（MCA）还于2021年对此计划进行了更新，更加重视老年人的照护、贡献以及联系，以实现通过预防性保健方案和对精神健康的支持，延缓慢性病的发病，提高老年人的生活质量，鼓励老年人利用专业知识和生活经验继续为社会作贡献，以及增强老年人与亲人、社区的广泛联系的目标[②]。

第二节　新加坡老年人的健康服务

健康的行为和生活方式是实现积极老龄化的基础，新加坡将健康促进放在构建活力老龄社会的首要位置，通过实行多种措施积极倡导和践行健康的生活理念和行为模式，通过前期的疾病预防到构建完善的医疗服务体系以及在日常生活中推动一系列健康促进方案的实施等途径，从全生命周期视角进行干预，打造健康生态圈，保障老年人的身心健康，以此提升老年人的生活质量。

一、疾病预防和健康教育

新加坡卫生部与保健促进局在社区推出乐龄健康教育工作坊，帮助老年人学习营养、运动、精神健康、慢性病管理等健康知识。2008年，新加坡人民协会推出了健康计划，鼓励老年人定期进行慢性病的健康检查，并通过快步走和太极等活动保持身体健康。2010年，健康促进委员会推行了社区功能筛查计划，为60岁及以上的老年人提供早期功能衰退的检查，帮助老年人尽早发现身体问题，让他们接受适当的治疗，并改变生活方式，保持独立和积极。该计划包括一系列测试和问卷，涵盖以下几个方面：自制力、情绪、身体功能、口腔健康、听力和视力。

2013年，综合护理机构开始与社区组织合作，成立社区资源、参与和支持团队（CREST），向可能患有阿尔茨海默病或抑郁症的老年人提供帮助。

---

① Ministry of Health Singapore. Action plan for successful ageing [R/OL]. [2022-09-02]. https://sustainabledevelopment.un.org/content/documents/1525Action_Plan_for_Successful_Aging.pdf.

② Ministry of Health Singapore. Striving for better health for all [EB/OL]. [2022-09-02]. https://www.moh.gov.sg/docs/librariesprovider5/cos-2021/cos2021-media-factsheet---striving-for-better-health-for-all.pdf.

CREST 向公众宣传阿尔茨海默病和抑郁症的可能迹象，以提高人们对这些情况的认识，便于为有阿尔茨海默病/抑郁症风险或患有阿尔茨海默病/抑郁症的个人提供更及时的支持和干预。同时，新加坡卫生部也启动了一系列的国家老年人健康计划，系统地促进老年人健康教育和预防性健康服务。该系列健康计划就与年龄有关的关键健康问题对老年人进行教育，例如有关阿尔茨海默病、预防跌倒、健康饮食的相关教育项目，以此鼓励老年人养成健康的生活习惯，并将预防性保健服务带到老年人家门口①。

二、医疗服务体系

新加坡的医疗卫生服务由公立与私立医疗机构共同提供②。公立医院由于接受政府的补贴，价格较低，是非营利性的机构。而私立医院由私人或社会资本投入创办，为营利性机构。新加坡设有两级医疗网，底层是社区医院和一般诊所，上层为综合性或专科性的大医院，前者负责基础性保健服务，也承担部分公共卫生的职责，后者负责综合性或专科性的医疗服务。对于大多数患者而言，就医流程是先进入社区诊所就诊，完成一般的治疗，如果是患有专科疾病或社区诊所无法进行治疗的患者，再转入大医院，急症患者可由急救部门直接转入大医院。

为了有效发挥社区医院的作用，减少医疗资源的闲置，新加坡政府规定，除急诊外，患者原则上优先选择到步行路程 15 分钟以内的社区医院或私人诊所就诊。新加坡政府对于经社区医院转入公立医院的患者给予 10%～20% 的医院报销优惠，而首诊到公立医院的患者的诊疗费用则相对较高③。患者在公立医院得到治疗病情平稳后，可以适时转回社区医院，同时也鼓励患者到社区医院康复，以此提升医疗资源的整体效益。

三、健康促进计划

新加坡政府积极推动将健康的生活方式融入到日常生活中，通过相关政策

---

① Ministry of Health Singapore. Action plan for successful ageing [R/OL]. [2022-09-02]. https://sustainabledevelopment.un.org/content/documents/1525Action_Plan_for_Successful_Aging.pdf.

② 陈昱方，林婕，张亮. 新加坡卫生服务体制对我国卫生服务体制改革的启示 [J]. 医学与社会，2012（1）：71-73.

③ 李韶鉴，孟佳沛，李家昂. 新加坡医疗保障体系的经验及启示 [J]. 中国卫生经济，2021，40（12）：118-120.

对个体的行为进行干预。例如，新加坡政府自1970年就开始禁烟，通过提高烟草税、禁止香烟广告以及在室内、餐厅全面禁烟和禁止电子烟产品等相关措施来进行控烟。同时还积极宣传健康饮食，新加坡于2017年就开展了"健康食材开发计划"，该计划由保健促进局出资鼓励食品制造商创新和开发更多种类、更健康的食材和产品，以供新加坡的食品服务部门使用。该计划涵盖了食用油和主食（主要是大米和面条），以及各类加糖饮料、酱汁、甜点、全麦产品和食盐等[1]。此外，新加坡政府还积极推广肢体运动，新加坡卫生部于2015年推出了"全国乐龄健康计划"[2]，由相关部门专业人士合作研发椅上健身操来强化力量、平衡度和敏捷度，鼓励全民为老龄做好准备，保持健康的体魄。

第三节 新加坡老年人的社会参与

新加坡政府提倡老年人与周围环境的和谐发展，关注老年人的社会成员属性，维持老年人与社会的联系[3]。在新加坡，"乐龄"是对60岁及以上年龄段的别称，体现了活跃和健康老化的态度。新加坡政府一直强调养老靠自己的理念，通过提高受雇年龄、消除年龄歧视、提升老年人工作技能等多项措施来鼓励老年人继续为社会作贡献，实现自我价值。此外，新加坡还发展出了较有特色的乐龄教育，帮助老年人获取有关老龄化的知识和生活技能，为即将或正在进行的"乐龄"生活做准备或做补充。

一、老年人就业参与

（一）提高受雇年龄

1999年之前，新加坡法定退休年龄是60岁。1999年，政府将法定退休年龄提高到62岁，允许雇主为年满60岁员工减薪10%。2012年，新加坡政府颁布《退休与重新雇佣法案》，规定年满62岁法定退休年龄的员工，只要健康状

---

[1] Health Promotion Board. Healthier ingredient development scheme [EB/OL]. (2017-07-01) [2022-09-03]. https://www.hpb.gov.sg/healthy-living/food-beverage/healthier-ingredient-schemes/about-the-healthier-ingredient-development-scheme.

[2] Health Promotion Board. National seniors' health programme [EB/OL]. [2022-09-03]. https://www.moh.gov.sg/ifeelyoungsg/how-can-i-age-actively/stay-healthy.

[3] 于兰亦，赵凯利，王敏. 新加坡健康老龄化政策及对我国的启示 [J]. 中华预防医学杂志，2022，56（6）：884-890.

况和工作表现良好,雇主就有法律义务为他们提供重新受雇的机会,直到他们65岁。2017年,新加坡政府又颁布《退休与重新雇用(修正)法案》,宣布于2017年7月1日起,将重新受雇年龄顶限从65岁调高到67岁,这意味着雇主将有法律义务为2017年7月1日之后满65岁的本地员工提供重新雇佣到67岁的选择,同时取消允许雇主为年满60岁员工减薪的法律规定[①]。2021年新加坡政府宣布从2022年7月起将重新受雇年龄顶限提升至68岁,充分保障年长人士继续工作的灵活性。

(二) 消除年龄歧视

2006年新加坡成立了公平和就业实践三方联盟(Tripartite Alliance for Fair & Progressive Employment Practice,TAFEP)。该联盟鼓励雇主、雇员和公众更积极地看待年长员工,扩大招聘员工的年龄范围,旨在推广公平、负责及进取的雇佣措施,使雇员能充分发挥潜能[②]。2011年修订的《公平就业做法三方准则》规定雇主在招聘时不应限制员工的年龄、种族、性别、宗教和婚姻状况等,要根据员工的优势和需求,为他们提供平等的培训和发展机会,帮助他们充分发挥自己的潜力。同时,在招聘广告中雇主不应使用暗示优先选择某一年龄段的求职者的词语,但为了增加老年人的就业机会,雇主可以在其招聘广告中声明该工作适合老年人[③]。2013年政府开展了WorkPro计划,在WorkPro项目下,政府通过各种各样的拨款支持雇主重新设计他们的工作场所、实践流程和工作,并为企业推出重新设计工作的工具指南,通过一系列政策有效地消除了大众的年龄歧视,营造了有利于老年人就业的社会氛围。

(三) 提升老年人工作技能

新加坡社会发展委员会建立了"金色人力资源中心"。该中心联合人力资源部为老年人提供工作相关信息以及培训计划,提出继续教育训练(continuing education and training,CET)、工作福利训练方案(workfare training scheme,WTS)等项目,帮助年长者提高工作技能,保持活跃状态。为了加强

---

① 赵晓芳. 新加坡的"积极老龄化":理念与行动 [J]. 社会福利(理论版),2019 (3):19-24,63.

② Tripartite Alliance for Fair & Progressive Employment Practice. About TAFEP [EB/OL]. [2022-09-23]. https://www.tal.sg/tafep/about-us.

③ Tripartite Alliance for Fair & Progressive Employment Practice. Tripartite guidelines on fair employment practices [EB/OL]. [2022-09-06]. https://www.tal.sg/tafep/-/media/tal/tafep/getting-started/files/tripartite-guidelines.ashx.

老年员工的能力建设，公平和就业实践三方联盟也与新加坡高等教育学院合作，进一步开发针对新加坡老年员工管理的培训计划。该方案涵盖的主题包括人力资源管理、老龄社会学、工作场所安全和健康以及工作重新设计。为了充分利用现有高等院校、教育培训中心的资源优势，新加坡教育部还发布了《联合技能方案》（SGUnited Skills），该方案包括一系列丰富且专业的培训课程，这些课程由包括新加坡国立大学、新加坡工艺教育学院、新加坡理工大学等高等院校在内的继续教育培训中心提供，培训期间政府还为每人每月提供1 200美元的培训津贴[1]。

二、乐龄教育

新加坡的"乐龄教育"始于40岁，目的是使相关人士通过教育了解有关老龄化的知识或生活技能等，为即将或正在进行的"乐龄"生活做准备或做补充[2]。乐龄教育主要由新加坡社区发展、青年及体育部（Ministry of Community Development, Youth & Sports, MCYS）和活跃乐龄理事会（C3A）两个机构来推动。MCYS从1999年开始引入有关活跃乐龄的全年公共教育计划（public education programmes），以此来提升人们要提早为老年生活做准备的意识，从而继续保持积极的生活方式以及继续为家庭和社区贡献力量。C3A的主要职责是创办和协助一些有创意的乐龄活动，向国民推广和传达活跃乐龄理念和相关信息。从2007年10月开始，C3A通过活跃乐龄公共教育合作项目（public education on active ageing partnership programme, PEA）开展乐龄公共教育，并管理公共教育基金，专注于终身学习、老年志愿服务和积极老龄化[3]。

为了使乐龄人士在经济上有一定的保障，确保他们有更多的精力参与学习活动，年龄在50岁及以上的人还可获得课程费用减免50%的资助（每门课程最高500美元，约合人民币3 539元）。对于社区组织开办的短期课程，50岁及以上人士可获得高达80%的课程费用补贴[4]，解决了其后顾之忧。在课程设

---

[1] 俞会新，吕龙风. 新加坡提升老年人就业机会的政策及其对中国的启示[J]. 老龄科学研究，2022, 10(6): 65-78.

[2] 王冰，谷峪. 新加坡乐龄教育：策略与启示[J]. 河北师范大学学报（教育科学版），2012(2): 19-23.

[3] Council for Third Age. About us [EB/OL]. [2022-09-08]. https://www.c3a.org.sg/about-us.

[4] Council for Third Age. Frequently asked questions [EB/OL]. [2022-09-08]. https://www.c3a.org.sg/faq.

置方面，新加坡乐龄教育的课程以实用性和趣味性为主，如活跃乐龄理事会推出的"乐龄优学堂"主要是为50岁以上人士提供短期课程，目的在于提升乐龄人士的生活技能和对文化艺术的欣赏能力，涉及保健、激励、理财、工作、安全、美食、旅行、怀旧、文化、了解新加坡这十大领域，每个领域还包含不同的分支。同时，由于在新加坡华人所占比例较高，因此课程设置还颇具东方特色，如设有中国水墨画、折纸、剪纸、京剧、气功、中国书法等，课程几乎涵盖乐龄人士衣食住行的各个层面[①]。

新加坡也采取了多样的组织形式实施乐龄教育，包括以私人形式开展乐龄教育，例如被认为是新加坡终身学习的先行者的新加坡老年书法大学，其目的就是为乐龄人士提供优质的文艺生活。同时，新加坡还依托各类项目创设乐龄教育机构，如2005年由新加坡东南社区马林百列家庭服务中心创设的快乐学堂，就是本着"知识改变命运"的信念，创造、推广以及实现年长者的学习机会，并促使他们能拥有积极的晚年，课程设计包括基础知识与实用技能两个方面，涉及的主题有老年学、信息技术与社会参与等。学堂的教学形式以小组活动、专题讨论与实践为主[②]。

此外，通过乐龄教育，老年人也能够进入专业的大学学习，并取得相应的证书、文凭或学士学位。C3A于2007年与新加坡新跃大学共同制定了"通识学习计划"（general studies programme，GSP）合作项目，提供多学科的高等教育课程。学生可根据个人学习需要及经济能力从人文学科、科学学科、艺术欣赏、人力资源管理以及设计思维等课程中进行选择，当学分达到130分时即可获得学士学位。中老年人还可享受通识课程的特惠学费，50～59岁人士可以获得课程学费减免10%的优惠，而60岁及以上的乐龄人士则可获得减免20%的优惠[③]。新加坡还依托社区，分别于2008年和2010年创办了飞跃乐龄学院与黄金乐龄学院，不同学院招生的对象要求也有所差异。

伴随着新加坡信息计划的高速发展，为了进一步提升老年人的数字化技能，帮助公众全面适应后疫情时代的全新社交和经济环境，新加坡数码转型办事处（SG Digital Office）推出了"数码乐龄计划"[④]，由政府组织免费向公众提供数字化技能培训。在2020年6月底之前招募了1 000名数码大使走入社区

---

① 王冰.新加坡乐龄教育发展新动态及其启示[J].鞍山师范学院学报，2016，18（5）：91-93.
② YAH!.About YAH![EB/OL].[2022-09-10].https：//www.yah.org.sg/about-us/.
③ Singapore University of Social Sciences. Bachelor of general studies[EB/OL].[2022-09-23]. https：//www.suss.edu.sg/programmes/detail/bachelor-of-general-studies-gsp#career-prospects.
④ SG Digital Office. Seniors go digital[EB/OL].（2022-03-03）[2022-11-25］.https：//www.imda.gov.sg/zh/seniorsgodigital/.

帮助年长者掌握数码科技。由全职工作人员和义工组成的数码大使团队，也将会在未来几年与企业、社区团体和公众持续开展合作，向年长者展开数字化技能宣传指导工作。老年人可以到邻近的数码转型社区援助站寻求一对一指导，也可以到指定的俱乐部、公共图书馆、居民委员会等处参与专为年长者设计的定制课程，课程包括线上交易、使用电子政务、与亲友在线联系以及预防网络诈骗等不同层级的内容，让年长者可以以轻松好玩的方式掌握数字化技能。在课程之外，新加坡还在门户网站上为年长者设计了"数码乐龄计划活动包"，包含生活中各类数字化使用的快捷简易技能指南，年长者可以通过在线方式自行学习。同时，为了帮扶由于经济能力问题无法使用信息化设备的老年人，新加坡还专门推出了数码乐龄手机配套优惠政策，为有使用信息化设备需求但无力负担的低收入老年人提供补贴。此外，活跃乐龄理事会（C3A）还开展了跨代学习计划（ILP），将青年学生与老年学习者配对，共同学习信息技术。该计划为老年人提供了一个终身学习的平台，并通过年轻人和老年人之间的知识和经验分享，在提升老年人信息化素养的同时加强了代际联系①。

三、老年人的志愿服务参与

志愿服务常被作为衡量现代社会文明和个人道德素养的重要标志，在新加坡，志愿者的身影几乎遍布于社会的各个领域，不仅具有组织化、常态化和规范化的特点，还近乎形成了一个全民参与的体系②。早在 1985 年新加坡就颁布了国家公益慈善事业的基本法——《慈善法》，综合规定了包括志愿服务团体在内的各类公益慈善组织制度，为公益慈善组织提供法律保障。为了提升公众对志愿服务的关注度，新加坡规定每年 1 月的第一个星期为"乐捐周"、4 月为"关怀与分享月"、7 月为"志愿服务月"，通过新闻媒体的宣传引导在社会上营造志愿服务的环境。同时，新加坡还设立了"关怀与分享基金"资助慈善团体的志愿服务，对于优质高效的志愿服务给予资金支持。此外，其还建立了完善的志愿服务评估和激励机制，对于有杰出贡献的志愿者，政府会在社会服务与福利、就业、子女就学等多方面给予优先考虑，基层组织也会对志愿服务者提供各类生活方面的优惠待遇，切实将志愿服务与公众的自身利益相结合③。根

---

① Ministry of Health Singapore. Action plan for successful ageing [R/OL]. [2022-09-02]. https://sustainabledevelopment.un.org/content/documents/1 525Action_Plan_for_Successful_Aging.pdf.
② 张春龙. 新加坡"义工"体系的制度支撑 [J]. 群众，2020（6）：67-68.
③ 李义勤. 新加坡的志愿服务制度 [J]. 中国社会组织，2017（8）：52-55.

据志愿服务时长和绩效还会颁发不同层级和类别的勋章,最高级别的勋章会在每年国庆日由总统或总理颁发。

为了进一步促进老年人志愿服务的参与度,新加坡还专门启动了一项全国性的老年人志愿服务运动,以便老年人可以贡献他们的才能和经验。国家志愿者和慈善中心(NVPC)设立一项目标规模为4 000万美元(约合人民币28 634万元)的乐龄义工基金(其中50%由政府资助,50%由公众捐赠),协助社区机构更好地招募及培养老年义工。同时还专门开发了针对老年志愿参与的门户网站,通过使用这个网站,老年人可以根据他们的兴趣、技能、可用性或首选的志愿地点搜索志愿机会。

第四节 新加坡老年人的生活保障

作为世界上卫生支出较低且健康绩效较好的发达国家之一,新加坡形成了较具特色的医疗保障制度,保障了老年人医疗服务的可及性。同时为满足老年人的实际生活需求,新加坡也积极推动老年友好环境建设,取得了显著成效。

一、医疗保障制度

随着新加坡人口老龄化程度不断加深,医疗供需关系日益紧张。对此,新加坡形成了以市场为基础、基于个人责任与政府支持的混合出资模式,将纵向自我积累与横向社会共济相整合①,通过3Ms医疗保障框架以及一系列医疗补贴项目(见表7-3),提供了"高质量低成本"的医疗服务。

(一)医疗储蓄(Medisave)

1983年,新加坡为提高医疗费用的可负担性,颁布了首个综合性《国民健康计划》(National Health Plan),实施全面医疗发展策略。《国民健康计划》宣布在个人中央公积金(central provident fund,CPF)中开设一个强制性医疗储蓄账户Medisave。医疗储蓄是一项国家医疗储蓄计划,帮助个人留出一部分收入,用于支付其个人或经批准的家属的住院、日间手术和某些门诊费用,以及保障他们老年的医疗需求,取款限额一般足以支付在有补贴的住院病房和门诊治疗中产生的大部分费用。

---

① 赵晓芳. 新加坡的"积极老龄化":理念与行动 [J]. 社会福利(理论版),2019 (3):19-24,63.

雇主和雇员按照规定的工资比例进行缴费，缴费比例视员工的年龄而定，一般为工资的 7%～9.5%。2006 年，新加坡卫生部启动了慢性病管理计划（chronic disease management programme，CDMP），该计划允许使用 Medisave 账户资金支付普通慢性病的门诊治疗费用，包括糖尿病、高血压、哮喘、精神分裂症、重度抑郁症、阿尔茨海默病等。2012 年，新加坡政府还通过消费税券计划（GST Voucher Scheme），每年向 65 岁及以上老年人的 Medisave 账户提供额外补贴。随着人口和医疗环境以及民众需求的变化，Medisave 账户的支出范围也在不断扩大，以此确保医疗服务的可及性。

（二）终身健保计划（Medishield）

Medishield 是一项基本医疗保险计划，旨在保护所有新加坡公民和永久居民，无论其年龄或健康状况如何，终身不受高额医疗费用的影响。它帮助支付高额的住院费用和昂贵的门诊治疗费用，例如癌症的透析和化疗，从而可以让病人在面对医院的大额账单时支付更少的医疗储蓄金或现金。

自 1990 年设立以来，Medishield 随环境变化也在不断调整。Medishield 保费因年龄而不同，付费方式是从 Medisave 账户中扣除。覆盖范围包括致死性慢性病和需要长期照护的疾病，可以用于支付医院照护、外科手术和移植手术的费用，也可以用于支付门诊肾透析、癌症化疗和放射治疗费用。每年最高报销限额为 10 万新元，终身保障没有限额。Medishield 作为政府主导的终身健保计划，提供的是基本医疗，公民如果需要更高级别的医疗服务，可以自费购买 Medisave 中批准的私人保险计划——综合保障计划（Integrated Shield Plans），也可以购买商业保险。

（三）保健基金（Medifund）

保健基金主要是针对穷人的政府保障基金，它为那些在接受政府补贴和使用其他支付方式（Medisave、Medishield、现金）后因剩余账单而面临经济困难的病人提供安全网。Medisave 中余额很低或者没有余额的老年患者拥有享有保健基金的优先权。其主要贡献在于保障患者不会因为支付大额医疗费用而破产。

Medifund 的救济条件是：（1）被救济者是新加坡公民；（2）接受的治疗是有补贴的；（3）在经过 Medifund 批准的医疗机构接受治疗；（4）患者在接受政府补贴、使用 Medisave 和 Medishield 账户资金后，仍然无法支付医疗费用。Medifund 的运作流程是：卫生部每年向经过保健基金批准的相关机构付费，患者在有资质的机构的医务社工指导下申请资助。每家机构都有一个由政府任命的保健基金委员会,负责对提出的申请进行审核、批准或者驳回。给予患者的救济金额取决于患者及其家庭的收入、医疗条件和医疗费用,有效地保障患者不会因为支付大额医疗费用而破产[①]。

表7-3 新加坡主要医疗保健计划及补贴项目

名称	性质	主要用途
政府资助的中长期护理补贴（Subsidies for Government-Funded Intermediate and Long Term Care Services）	急性病出院后护理及治疗	为公立医院的急症住院治疗提供补贴
医疗储蓄（Medisave）	国家基本医疗保险	帮助个人留出一部分收入,用于支付其个人或经批准的家属的住院、日间手术和某些门诊费用,以及保障他们老年的医疗需求
终身健保计划（Medishield）	大病医疗保险	帮助支付大额医疗费用和指定的门诊治疗费用,对象包括老年人和已患有疾病的人
保健基金（Medifund）	政府设立的捐赠基金	为那些在接受政府补贴和使用其他支付方式（Medisave、Medishield、现金）后因剩余账单而面临经济困难的病人提供安全网
乐龄健保计划（Eldershield Life）	长期护理保险	为需要长期护理,特别是需要老年护理的人提供基本财务保障
终身护保计划（Careshield Life）	长期护理保险	参保人群扩大到30岁及以上,取消了退出保险的选项,将均衡保费制改为浮动保费制,提高了给付金额,对最严重人群终身给付
社区健康援助计划（community health assistance scheme, CHAS）	初级保健政府补贴	为所有新加坡公民参与的全科医生诊疗以及牙科诊治、护理提供补贴
社区医院亚急性和康复护理补贴（Subsidies for Sub-Acute & Rehabilitative Care at Community Hospitals）	康复护理补贴	为亚急性住院病人和在政府资助的社区医院进行的康复护理提供补贴,以确保病人能够获得负担得起的护理

---

① Ministry of Health Singapore. Healthcare schemes and subsidies [EB/OL]. [2022-09-05]. https://www.moh.gov.sg/healthcare-schemes-subsidies.

续表

名称	性质	主要用途
老年残疾援助临时计划（interim disability assistance program for the elderly，IDAPE）	政府援助	向有需要和残疾的新加坡老年人提供财政帮助
外籍家庭佣工（外籍家政工人）照顾老年人和残疾人优惠税（Foreign Domestic Worker Levy Concession for Persons with Disabilities）	老年人家庭护理补贴	向需要雇用外籍劳工照顾长者或残疾人士的家庭提供支持。符合资格的家庭以每月60新元（约合人民币299元）支付较低的优惠税率
护理人员培训补助金（caregivers training grant，CTG）	老年人护理补贴	保障照顾长者及残疾人士的家庭成员及外籍家庭佣工具备照顾受助者身心需要的必要技能
家庭护理补助金（home caregiving grant，HCG）	家庭护理补贴	支付照顾费用，例如社区中老年人护理费用和照护者服务费用、雇用外籍家庭佣工的费用。
建国一代一揽子计划（Pioneer Generation Package）	医疗保健	保障建国一代老年人（出生于1949年12月31日或之前，以及于1986年12月31日或之前成为新加坡公民）的终身医疗保健
独立一代一揽子计划（merdeka generation package，MGP）	医疗补贴	保障建国一代后的老年人（出生于1950年1月1日至1959年12月31日，以及于1996年12月31日或之前成为新加坡公民）的医疗补贴

资料来源：Ministry of Health Singapore. Healthcare schemes and subsidies [EB/OL]. [2022-09-05]. https://www.moh.gov.sg/healthcare-schemes-subsidies.

二、长期护理保障制度

人口老龄化带来的平均预期寿命的增加也使得老年期失能风险大大提高，而这部分群体对于专业照护的需求较大，所需的医疗卫生资源较多，同时耗费时间较长，使得新加坡的医疗卫生支出逐渐产生了赤字现象。此外，失能照护也给家庭带来巨大压力，由于家庭照护者专业性较低，并不能够完全满足失能者的需求。因此，为了缓解老年人的照护问题，新加坡开始探索实行公私合作模式的长期护理保障制度，在强制性个人储蓄、缴纳保费的基础上，又推出了商业保险进行补充，满足了多层次多类型失能群体的需求。

2002年新加坡推出"乐龄健保计划"，为40~69岁新加坡公民提供了长期护理保险服务①；2002年6月，"乐龄健保300计划"出台，给伤残病提供60个月的补助，每月300新元（约合人民币1 497元）②；考虑到基本护理保障程度较低，保障限期较短，新加坡卫生部于2007年对计划进行改革，推出"乐龄健保400计划"，每月赔付额从300新元提高到400新元（约合人民币1 997元），赔付年限从5年提高到6年。同时还推出了"乐龄健保补充保险计划"，将保险范围扩展至拥有新加坡保健储蓄账户的永久居民。2020年，实施"终身护保计划"，将参保人群年龄扩大到30岁及以上，实行强制参保，不能选择退保；提高了保障水平，对符合条件的重度失能受保者终身给付，对弱势群体提供多个项目的财政补贴③。

新加坡长期护理保障制度包括基本乐龄健保计划、补充保障计划和暂时性/短期援助计划三部分。基本乐龄健保计划、补充保障计划主要针对40~65岁新加坡公民及拥有保健储蓄账户的永久居民，暂时性/短期援助计划针对不符合以上条件的在新加坡境内居住的个体。

长期护理保险的主要筹资来源为强制储蓄型的中央保障金制度，核心是参保人缴纳的保费。根据申请保险者的年龄、性别、健康程度确定不同的保费，按期缴纳即可享有终身保障。在评定方面，主要使用日常活动能力量表（ADL）对长期护理保险的申请者进行评判，6项日常活动包括进食、梳妆、洗漱、洗澡、如厕、穿衣等，如果其中有3项及以上无法完成，则判定为重度失能，即可获取相应的索赔金额。具体评估工作由保险公司所指定的合作医院专业医护工作者完成。在完成评估三个月后申请者将拿到第一笔赔付金，最多可连续获得72个月的保险赔付金。除此之外，个体还可以申请多种商业补充性长期护理保险，这种保险没有时间限制，投保成功后即可终身领取。

长期护理服务的内容主要包括三种，分别是居家照护、社区日间照料和机构全日制照护。政府津贴最多可覆盖居家照护和社区日间照料80%的费用，以及机构全日制照护75%的费用。这也体现出新加坡政府倡导参保人更多接受居家照护和社区日间照料的倾向。居家与社区服务内容种类繁多，如咨询、陪

---

① Ministry of Health Singapore. Healthcare schemes and subsidies [EB/OL]. [2022-09-05]. https://www.moh.gov.sg/healthcare-schemes-subsidies.
② 万琬婷. 长期护理保险制度的国际比较[J]. 劳动保障世界，2018（30）：30-31.
③ 同①.

聊、家务帮助、外出陪同、喘息服务等。机构服务主要包括专业医疗、康复、护理和临终关怀等。

三、老年友好宜居环境建设

由于新加坡婴儿潮后期出生的人受教育程度高，经济条件更好，因此他们在步入老年阶段后大多数选择不与子女同住。为了保障老年人独立生活的安全和便捷性，新加坡不断完善老年人宜居环境建设的相关政策，保障无论是居家社区养老的老年人还是机构养老的老年人，都能够保持与社会相关联，满足老年人的生活需求。

（一）无障碍公共交通

2015年，新加坡政府出台"老年友好型城市行动计划"①，侧重于为老年人提供更加友好的城市公共交通体系。新加坡公共交通委员会和陆地交通管理局（LTA）一直在采取措施以使老年人通过公共交通出行更加经济和方便②。首先，老年人可持优惠卡享受优惠票价，折扣高达60%。自2015年7月起，如果老年人在非高峰时段出行更多，他们还可以选择购买非高峰通行证，享受无限制的基本巴士和地铁出行。这些计划都旨在降低老年人乘坐公共交通工具的成本。

此外，为确保老年人出行环境的安全与便利，政府部门也采取了一系列措施，例如：实现所有地铁站、巴士转换站和综合交通中心均采用无障碍设计，为老年人、孕妇及行动不便者提供优先候车场所，并优先乘车；在连接老年人常去活动的场地诸如养老院、公交站点和医疗卫生机构等的道路上安装栏杆；在行人高架桥、医院和综合诊所及附近天桥上安装电梯；在有遮蔽的人行道每隔50米处建造座位，以便老年人在步行前往目的地时可以休息；改善地下通道照明；为所有巴士配备无障碍轮椅，方便老年人公交出行；延长非高峰时段巴士及地铁的停靠时间，为老年人提供更多上下车时间；增大交通信息显示字体尺寸，方便老年人阅读。预计到2023年，新加坡还将设

---

① Ministry of Health Singapore. Creating senior friendly communities：tips and tools from the city for all ages project [R/OL]. (2014 - 10 - 12) [2022 - 09 - 05]. https://www.moh.gov.sg/docs/librariesprovider5/resources-statistics/educational-resources/moh-cfaa-guidebook-(final).pdf.

② Ministry of Health Singapore. Action plan for successful ageing [R/OL]. [2022 - 09 - 02]. https://sustainabledevelopment.un.org/content/documents/1525Action_Plan_for_Successful_Aging.pdf.

置50个"乐龄安全区"（sliver zone），在此区域内不仅最高车速需降至40km/h，还通过在道路上印制三维标记，在视觉上制造出路障效果，促使驾驶者减速或停车①。据统计，在乐龄安全区内涉及老年行人的道路交通事故数量下降了约80%②。

（二）住房适老化

2011年新加坡全国老年人调查报告显示，新加坡平均家庭规模稳步下降，从1995年的4.4人下降到2011年的3.3人，更多的老年人生活在一人家庭。这表明，越来越多的独居老人需要以社区和家庭为基础的养老服务以及基础设施和社会支持③。新加坡的老年人住房可大致分为三类：（1）一般住房，即满足一般公众需求的住房；（2）专门为老年人建造的住房，即为满足老年人需求而配置和建造的住房；（3）长期养老院，即将医疗或日常帮助服务与住宿联系起来的住房。

在传统华人"孝文化"的影响下，新加坡最初养老户型设计的原则为围绕已婚子女安置。在此期间，新加坡政府推出了"多代家庭房屋计划""长者优先配屋计划""多代优先计划"等政策。建屋发展局同步推出了"双钥匙公寓""三代同堂住宅"等住宅形式。随着组屋④居住形式的发展以及适老化政策的优化，老年人不再被限制于与子女共住一个户型单元或同一组屋住宅单元，而是把条件放宽到老年人可以就地安置，或在已婚子女附近安置住所、公寓。在此期间推出了"原地养老优先计划""两室灵活计划"等政策，在这些政策背景下，"两室灵活住宅""工作室式公寓"等老年住宅类型应运而生。同时，伴随欧美和日本等国家养老中心项目的盛行，像"退休社区"一类主题的老年住宅也迅速发展起来⑤。新加坡组屋适老化住宅的演变情况详见表7-4。

---

① 刘萌，刘雪丽，李泽新. 适合老年人出行的城市交通经验及启示：以中国台湾地区、新加坡和日本为例[J]. 西部人居环境学刊，2021（6）：57-65.

② Land Transport & Authority. 50 silver zones by 2023 to enhance road safety for senior pedestrians [EB/OL]. [2022-09-25]. https://www.lta.gov.sg/content/ltagov/en/newsroom/2020/3/news releases/50 silver zones by 2023 to enhance road safety for senior pedest.html.

③ Belinda Yuen, Emily Soh. Housing for older people in Singapore: an annotated bibliography [M]. Springer, 2017.

④ 组屋是由新加坡建屋发展局开发建造的廉价公共住房。

⑤ 姚小虹，曲涛. 新加坡与北京住房适老化发展对比研究[J]. 住宅产业，2021（9）：51-55，84.

表7-4 新加坡组屋适老化住宅的演变

户型	房屋产权	类型	特征	申请资格
公寓式住宅（1998年）	公共住房	1～35m² 2～45m²	老年友好设施包括：杠杆式水龙头、适应轮椅通过的更宽的门、摇臂开关、防滑瓷砖、拉杆报警器、放大猫眼查看器等	申请人必须是55岁以上的新加坡公民。所有申请人的家庭平均月总收入不得超过10 000新元
双钥匙公寓（2009年）	私人房屋及行政公寓（公私混合）	主要公寓邻接一间单身公寓，普通户型为81～107m²和127～144m²	两个单元并临或通过独立通道连接，允许多代家庭彼此靠近但又保持各自的隐私	没有硬性标准，倾向于已婚夫妇与父母/祖父母，未婚的同居者与父母/祖父母，丧偶、离异的单亲家庭与父母/祖父母
老年住房（2012年）	公共住房（志愿者服务协会运营）	在一层租赁组屋共设有5～8个单元，每个单元可容纳2～3名居民居住	提供跟公寓式住宅相似的老年友好设施	60岁以上的新加坡公民，居民评估等级达到高2类，得分为16～24分。由医生证明适合社区生活和参加社会活动
三代同堂住宅（2013年）	公共住房	115～120m²	为多代同堂的家庭设计，支持需求额外卧室和洗浴间的更大结构家庭的需要	组成结构必须为：已婚夫妇与他们的父母，未婚的同居者与他们的父母，丧偶、离异的单亲家庭与他们的父母。家庭平均月总收入不得超过10 000新元
两室灵活住宅（2015年）	公共住房	1～36m² 2～45m²	该项目将逐渐替代公寓式住宅	55岁以上老年人可根据年龄、需求和偏好灵活选择两室公寓的租期，短租家庭月收入不高于12 000新元；在99年的租约中，家庭平均月总收入不得超过6 000新元

续表

户型	房屋产权	类型	特征	申请资格
退休社区（2016年）	私人住宅	没有硬性标准	多样化的设施，如老年俱乐部、游泳池和电影院；24小时门卫；包括家庭照料、医疗服务等特别服务；综合社区服务及商店	没有硬性标准

资料来源：Belinda Yuen, Emily Soh. Housing for older people in Singapore: an annotated bibliography [M]. Springer, 2017.

新加坡建屋发展局不仅通过新建适老化住宅来应对人口老龄化，也对既有住宅的适老化改造进行了大量尝试。1985年，新加坡建屋发展局开始针对老年人进行无障碍环境建设，范围涉及住宅、步行区和公寓，包括连接所有建筑物与公共交通设施、公交站点、停车场的通道。2001年，对普通居民楼进行"电梯化"改造，实现"层层有电梯"，在设计中要求电梯设置低位按钮，在电梯内部周围加设扶手，规定电梯门的宽度可以进出轮椅等。2012年，建屋发展局启动了"乐龄易计划"，使住宅更适合老年人居住，减少老年人在家中跌倒的风险。要求受助人必须是新加坡公民，拥有所居住的组屋，且有家庭成员年龄超过65岁，或者有家庭成员年龄为60~65岁但经评估存在日常生活能力的困难[①]。主要包括地面防滑、扶手和斜坡过渡三个部分，例如为厕所地砖做防滑处理、在厕所内安装扶手和轮椅坡道、在屋内和主卫安装8~10个扶手、在户内安装不超过5个解决高差的斜坡、为警报系统装上拉绳及安装防火探测器等。为了使更多住户参与到改造工作中，政府还对房屋改造服务提供了补贴，根据不同房型实行不同等级的补贴，老年人在进行房屋改造时最高可享受95%的补贴。

新加坡建屋发展局还推出了一系列政策鼓励家庭成员共同居住。例如"多代优先计划"鼓励家庭成员就近居住；"已婚子女优先计划"鼓励已婚子女与父母同住（在同一屋苑或邻近屋苑居住），以促进他们的相互照顾和加强家庭关系；"长者优先配屋计划"让符合资格的老年人优先在其已婚子女居住的同一屋苑或附近购买两室灵活公寓。基于此，新加坡政府还发放了邻近住房津贴，给予共同或临近居住的家庭成员经济支持。与父母/已婚子女一起或在其附近购买二手房组屋的家庭，可获得20 000美元（约合人民币143 170元）的住房补贴。购买二手房与父母同住的单身人士也可以获得1万美元（约合人民

---

① 姚栋，徐蜀辰，李华. 住宅适老化改造的目标与内容：国际经验与上海实践 [J]. 城市建筑，2017（14）：9-13.

币71 585元）的补助。此外，新加坡还将在大约10个新的组屋住宅开发项目中设立老年人护理和托儿设施，通过组合各类设施并尝试共享空间来为代际联系创造更多的机会。卫生部还将鼓励现有的老年人护理机构引入创新项目，加强年轻人和老年人之间的互动①。

第五节 新加坡构建活力老龄社会对北京的借鉴

北京市于1990年就进入了人口老龄化社会，比新加坡（2000年）早10年。2021年北京市65岁及以上常住人口311.6万人，占常住总人口的14.24%（新加坡为16.0%），预计到2035年前后，北京市60岁及以上老年人口将接近700万人，占总人口的比例将超过30%，迈入超老龄社会。而根据联合国的预测，到2030年新加坡65岁及以上老年人口占比将达到22.5%；到21世纪中叶，约1/3的新加坡人口为老年人口。由此可见，北京与新加坡迈入老龄化社会的时间较为相近，发展趋势也较为一致，都面临着因老龄化快速发展所带来的养老压力和社会活力减弱等挑战。

新加坡是一个多元文化的移民国家，由于华人比例较高（占比约74%），其具有西方文化和东方文化融合的特征。相较于西方发达国家，中国和新加坡具有许多的文化和教育相似性。作为一个典型的城市形态国家，新加坡人口高度集中，在城市发展、社会治理等方面与北京作为超大城市有很多相似之处，因此新加坡已经采取的一系列具有创新性的老龄政策对于推动北京市积极应对人口老龄化、构建活力奔涌的老龄社会具有很强的借鉴意义。

健康是包括老年人在内的所有人最重要的目标和最迫切的需求，是构建活力奔涌的老龄社会的基础条件。老年人的社会参与是老年人日益增长的客观需要，随着社会保障水平的不断提高，老年人从注重物质生活逐步发展到更加注重精神文化生活，社会参与是实现老有所为和老有所乐的必然要求，是构建活力老龄社会的重要内容和主要手段，而营造年龄友好型社会文化环境是构建活力老龄社会的重要支撑。

一、通过支付改革完善分级诊疗制度

首先，新加坡建立了包括医疗储蓄、终身健保计划、保健基金在内的多层

---

① Ministry of Health Singapore. Action plan for successful ageing [R/OL]. [2022-09-02]. https://sustainabledevelopment.un.org/content/documents/1525Action_Plan_for_Successful_Aging.pdf.

次医疗保障制度，不同保障计划的支付标准和支付范围做到了有机衔接。其中，医疗储蓄防止就医时个人自付负担过重，大额医疗费用主要由终身健保计划支付，贫困人口和支付医疗费用较为困难的群体则由保健基金支付，取得了较好的健康绩效。北京市可借鉴新加坡的经验，进一步加强城镇职工基本医疗保险制度、城乡居民基本医疗保险制度等保险制度之间的衔接，有效发挥不同医疗保险制度的功能。

其次，新加坡政府通过有限的投入引导居民在基层、低级别医院就医，针对不同等级的医疗机构，医保基金支付比例也有所差别，进而有效推动患者合理利用医疗服务。北京市也要进一步细化和明确不同医疗机构的功能定位和诊疗范围，鼓励部分医疗机构向康复护理型医疗机构转型，增加安宁疗护床位数量，以完善医疗服务链，建立优势互补、分工协作的服务机制。通过支付方式的改革①，促进分级诊疗制度的建设，引导居民合理就医，充分发挥社区医院的功能，从而提高医疗资源利用的效率。同时，也要加大长期护理保险试点力度，尽快在全市范围内铺开，构建适合北京市情的长期照护服务体系，真正实现从"以治病为中心"向"以健康为中心"的转变。

二、强化健康教育与疾病预防

要突出健康教育和疾病预防，尽可能做到"关口前移"。《北京市"十四五"时期老龄事业发展规划》提出，要促进老年人养成良好的卫生习惯和健康生活方式。统筹开展健康教育活动。将健康教育纳入老年大学及社区老年教育课程内容。建立健全老年健康危险因素干预、疾病早发现早诊断早治疗、失能预防三级预防体系。开展脑健康筛查以及阿尔茨海默病、帕金森病等神经退行性疾病的早期筛查和健康指导。持续提升老年人健康管理服务率和服务质量。

具体而言，在实施过程中可参考新加坡经验，各级政府要真正把健康教育作为一项政府经常性工作纳入社会发展规划，明确各级健康教育机构的职能和任务；要多渠道筹措资金，加大对健康教育领域的专项投入；要在政府的引导、监督和管理下，发现、扶持和储备一批老年健康教育专业服务队伍，健康教育工作者自身也要正视健康教育工作，自觉地提高自己的业务水平。要积极利用多种媒介，以线上线下相结合的方式在社区活动中心、社区养老服务驿站、老年大学等场所为老年人举办相关讲座，开发老年健康教育教材，普及有

---

① 丁一磊. 新加坡健康保障制度演变的特点及启示 [J]. 中国卫生政策研究，2018，11 (10)：34-42.

关老年人健康营养、疾病防控、运动、心理健康的相关知识，将健康教育融入到老年人的日常生活中去。鼓励老年人养成健康的生活习惯，保持健康体魄。

预防保健在医疗卫生服务体系中处于基础地位，对防范疾病发生具有重要作用。应借鉴新加坡的经验，继续加强对预防保健服务体系的政策扶持，进一步扩大医保报销范围，将更多的疾病防治、保健养生类项目纳入医保的支付范围；加强"治未病"预防保健服务重点项目建设，重点针对慢性病、身心亚健康等进行临床诊疗，推广普及体检项目，为市民提供体质辨识、健康调养、养生技术等咨询，提供更加丰富、更加便捷的预防保健项目。同时，也要广泛利用医院、村和社区卫生服务站、卫生防疫站、疾病预防控制中心、药店等网点，免费或低价格提供测血压、测心率、测血糖、测血脂、检查颈椎腰椎等检测服务，定期开展老年人综合评估，实现"治未病"预防保健服务范围"家门口"全覆盖，打通健康保障"最后一公里"，通过早期健康管理将疾病预防和干预窗口前移，以增强老年人生命后期的健康储备[1]。

三、推动建立老有所乐的终身教育体系

根据《北京市老龄事业发展报告（2020）》，"十三五"时期北京通过加大宣传引导、积极搭建平台等手段，多措并举，支持老年人发挥余热、参与社会治理，提高老年人的社会参与度。例如，推动老年人积极参与基层治理工作、开展系列文体活动和健身服务、开展助老志愿活动、继续发挥离退休党员干部先锋模范作用和加快发展线上老年教育。但目前老年教育的普及程度依然较低，同时部分老年人由于设备、知识、技术或身体、心理的局限还未能使用智能手机，因此发展线上老年教育也存在阻碍。

为此，应借鉴新加坡"乐龄教育"经验，进一步加大老年教育的宣传力度，形成"活到老、学到老"的良好文化氛围，营造广泛支持老有所学的社会环境，消除社会对老年人的刻板印象，并使老年人充分认识到终身教育的意义，鼓励老年人继续为家庭和社会作贡献，实现自我价值。推动各类高校、职业院校向老年学习者开放，根据老年人身体情况和学历水平提供不同层次多类型、多学制、多学科的老年教育，重视教育的实用性。对于本身参与意愿不强的老年人，可以以提供预防保健、书法、绘画等生活技能和闲暇教育为主；而对于参与意愿较强且有一定专业知识的老年人，可以提供相应的专业技能培

---

[1] 北京市统计局. 北京统计年鉴2021 [M]. 北京：中国统计出版社，2021.

训，提高老年教育的质量和水准。

同时，也要充分整合政府、企业、院校、社区资源，为老年学习者提供实践平台。新加坡的乐龄学员在经过培训后大多会选择利用学到的专业知识为社区需要帮助的人提供服务。因此，北京市要鼓励老年人参与社区事务，开发适合老年人工作安排的岗位，通过经费资助、精神鼓励等多种手段推动老年人到社区、养老机构等场所开展服务，保障学习资源与社会实践相连接，消除社会成员接受教育的年龄限制，推动建立终身教育体系，为老年人的社会参与奠定基础。

此外，近些年使用数字化设备的重要性日益凸显，针对目前老年人数字素养仍然较低的问题，北京市可以借鉴新加坡的经验帮助老年人更好地适应后疫情时代全新的社交和经济环境。以线上线下相结合的方式加强老年人数字技能培训，支持社区、学校和非营利组织提供相关技能培训。在课程设计方面要充分尊重老年人的需求，针对老年人特点设计不同层级和类别的课程内容，增加与老年人的互动交流。可考虑在培训中适当添加一些代际互动的项目，以提高老年人的参与度。充分利用朋辈群体的示范与带头作用，激发老年群体参与学习的主观能动性。

四、切实保障老年人的就业参与

首先，要强化理念引导。北京市政府及其相关部门可以依托各类媒体改变社会上潜在的就业年龄歧视认知，在全社会树立科学老龄观，弘扬老年人的社会价值，营造有利于老年人就业的社会氛围，纠正"老挤青"的就业观[①]。

其次，要完善相关法律法规。对老年人就业所受到的年龄歧视要进行明确的约束和说明，不得将年龄作为工作岗位的准入门槛，对于有老年劳动者歧视的单位和企业要进行惩处，通过一定的优惠政策鼓励企业积极招聘老年员工，在发布招聘广告时可以对适合老年人的工作岗位加以强调说明，不得在招聘信息中出现有关年龄歧视的词语。

再次，要千方百计提高老年人的就业技能。新加坡政府通过与用人单位、高等院校等组织合作，由高等院校开设专门的理论培训课程，用人单位负责实践操作，提高中老年求职者的就业技能，且在培训期间还由政府提供培训津贴，有效推动了老年教育的职业化发展。为此，北京市政府及其相关部门要积

---

① 俞会新，吕龙风. 新加坡提升老年人就业机会的政策及其对中国的启示 [J]. 老龄科学研究，2022，10（6）：65-78.

极开展与高校、社会组织等团体的合作,为老年人提供就业培训,重视技能型课程的设置,使老年人尤其是低龄健康老年人具备现代社会工作岗位所要求的能力和素养,促进其继续发挥余热①。在此过程中,政府可以给予一定的教育补贴,减轻老年人接受培训的经济压力。

此外,政府也要拓宽老年人就业渠道,强化就业服务。新加坡还出台了延迟退休的政策,逐步推迟法定退休年龄。在法律法规层面明确规定禁止对老年劳动者的歧视,对于聘用老年劳动者的单位还会给予财政支持。同时还专门设计了针对老年人就业的门户网站(https://silverjobs.sg),致力于为老年人寻找有酬工作的机会,有效地推动了老年就业率的提升,充分开发了老年人力资源。北京市政府及其相关部门要鼓励老年人灵活自主就业,加强与新型信息传播平台合作,开发专门为老年劳动者设计的人力资源信息管理系统,整合职业培训、招聘信息、就业指导、法律援助等多元模块,为老年人的就业做好保障②。

五、完善老年人志愿服务制度

为进一步提升老年人的志愿服务参与度,帮助老年人更好地实现老有所为,北京市可借鉴新加坡的相关经验,从营造老年志愿服务参与的社会环境、构建志愿服务支持体系以及完善志愿服务评估和激励机制这三方面来进行实践。

首先,应大力培育积极老龄观,习近平总书记指出:"要积极看待老龄社会,积极看待老年人和老年生活"③。这不仅要求我们乐观积极地审视老年人多方面的价值,还要把老年期当作人的一生中仍然可以有作为、有进步、有快乐的重要人生阶段。可以借助新闻媒体等多种手段对老年志愿服务的模范案例进行宣传介绍,强化社会对老年人作为社会资源的认知和理解,激发老年人参与志愿服务的意识④,为老年人实现老有所为奠定基础。

其次,要完善老年人参与志愿服务的支持体系,引导老年人家庭正确看待

---

① 王雪辉,宋靓珺,彭希哲.退而不休:我国低龄老年人力资源特征及其开发利用的政策应对[J].老龄科学研究,2019,7(12):35-47.
② 雷晓康,王炫文,雷悦橙.城市低龄老年人再就业意愿的影响因素研究:基于西安市的个案访谈[J].西安财经大学学报,2020,33(6):102-109.
③ 习近平在中共中央政治局第三十二次集体学习时强调 党委领导政府主导社会参与全民行动 推动老龄事业全面协调可持续发展[N].人民日报,2016-05-29(1).
④ 李磊,丛宏彬.中国老年志愿服务的理论逻辑、实践样态与发展政策[J].中国志愿服务研究,2022,3(1):31-49,205.

老年人志愿服务参与，帮助老年人化解家庭参与与社会角色转换的矛盾。充分挖掘社区资源，为老年人参与志愿服务提供相关平台，同时政府也要加大对相关志愿服务项目的经济支持力度，为老年人参与志愿服务营造良好的外部条件。

最后，要完善老年人参与志愿服务的相关激励机制，基于街道（乡镇）完善时间银行机制，实现就近就便的志愿服务，采取物质与精神激励相结合、远期激励与近期激励相结合等方式，提升老年人参与志愿服务的获得感和成就感。

六、打造国际一流老年友好宜居环境

"十三五"时期北京市持续推进老旧小区综合整治，增加适老化改造等内容，加大老楼加装电梯工作推进力度，着力推动公共场所的无障碍设施。2020年北京市发布的《住宅设计规范》细化了对新建住宅无障碍设计与适老化设计的要求。2021年5月，北京市发布《关于老旧小区综合整治实施适老化改造和无障碍环境建设的指导意见》，提出"十四五"期间老旧小区适老化改造目标，对实施综合整治的老旧小区，因地制宜逐个明确小区适老化改造和无障碍环境建设内容，实现通行无障碍；支持有条件的既有多层住宅加装电梯，引导有需求的老年人家庭开展居家适老化改造。具体改造内容采用"菜单式"服务分为基础类、完善类和提升类。在此基础上，全方位、系统性推动老年友好宜居环境建设向纵深发展。

首先，倡导全龄化住宅规划建设理念。在老年住宅方面，新加坡依托组屋的公共住宅政策进行了许多尝试，构建了完善的老年住房体系，专门设计和提供能满足全生命周期，或者多代居需求的住房，从功能分区、通风、采光等方面，细分老年群体，精细化考虑其需求，在住房中加入通用性设计，并将适老化措施全面推向城市普通居住区。参考新加坡的做法，北京市可以适当增加老年住宅的多样性，创新公共租赁住房和共有产权房制度，增加公租房的适老套型多样性，适度增加二代居、多代居住宅的比例[1]。通过住房设计和分配政策鼓励子女与父母同住，对于不能和父母同住的子女，政府可以通过给予住房补贴的方式鼓励他们与父母就近居住。结合老年人的空间分布特征，可以在不同区域大型保障房社区规划建设一定量的老年住宅，满足不同年龄段的老年人居住需求[2]。在老年住宅区内，要有适合居家养老的硬件环境和设施，规划建设

---

[1] 姚小虹，曲涛．新加坡与北京住房适老化发展对比研究［J］．住宅产业，2021（9）：51-55，84．
[2] 王方兵，吴瑞君，桂世勋．老龄化背景下国外老年人住房发展及经验对上海的启示［J］．兰州学刊，2014（11）：116-125．

老年人需要的医疗卫生、康复护理、生活服务等基础设施,实现居住的舒适性和社区服务可及性的有机结合。

其次,大力推进既有住宅和社区的适老化改造。在进行既有住宅适老化改造项目中,政府要尽可能利用各类媒介向老年人积极推广宣传适老化改造的理念与知识,以提升老年人改造的意愿[①]。应完善适老化改造的相关政策法规,明确各级主管部门在适老化改造中的责任,设立适老化改造专项资金,开发多元化的融资渠道,加强对适老化项目改造资金的统筹,通过税收优惠鼓励企事业单位及社会组织等参与居家适老化改造。同时,要完善居家适老化需求的评估体系,确定老年人的自理能力、居住环境以及辅助设施的具体考量标准[②],相关改造项目及标准应以满足老年居民最迫切的居住需要为中心。对包括住宅楼道、住区道路、活动场地等相关配套设施进行无障碍改造,在道路和活动场地补充完善座椅、无障碍厕所、照明等便利设施;完善老年住宅的标识和安防系统[③]。针对老旧小区普遍存在的用地紧张、增配困难的问题,可以采用联合或分散设置、公共资金租赁非公房舍的方式解决。

此外,在打造无障碍交通体系方面,应提升公交、地铁、高铁等公共交通工具的老年友好服务,缝合老年人出行的全过程;进行交通系统规划设计时应着重考虑老年行人安全问题,结合老年人的身体机能、出行特征与需求、出行感受等进行公共交通设施的更新与服务提升。如增设交通安全岛,延长红绿灯时长,定期检查人行天桥、地下通道等步行设施的升降电梯、坡道等,保障老年人出行的便利和安全,加快建立老年友好型城市。

---

① 王春彧,周燕珉.发达国家住宅适老化改造的资金支持政策与实践概要[J/OL].国际城市规划,2022:1-22.
② 周五四,陈社英.比较视野下适老化改造的国际经验与中国路径[J].浙江工商大学学报,2022(2):125-136.
③ 张震.社区居家养老背景下基于需求导向的既有住区适老化更新改造思路[J].住宅产业,2021(9):13-16.

第八章
谱写首都北京积极应对人口老龄化新篇章

党的二十大以"中国式现代化"为总纲，为新时代新征程擘画了新蓝图。"中国式现代化是人口规模巨大的现代化，是全体人民共同富裕的现代化，是物质文明和精神文明相协调的现代化，是人与自然和谐共生的现代化，是走和平发展道路的现代化"，其中每一个关键词都与人口老龄化密切相关。北京作为中国的首都，各方面工作具有代表性、指向性。中国共产党北京市第十三次代表大会明确提出，新征程上的根本任务就是要大力推动新时代首都发展。新时代首都发展，本质上是首都功能的发展；根本要求是高质量发展；出发点和落脚点是要让人民生活幸福。新时代首都发展，标准就是首善。新时代首都发展对积极应对人口老龄化提出了更新、更高的要求。如何在党的二十大精神指引下，在新时代老龄事业发展总体政策方针、基本原则、任务目标的框架下，围绕最核心的议题和最突出的矛盾，进一步优化发展路径，确保顶层设计的落地、落细、落实，是本章期望解决的问题。

第一节　完善积极应对人口老龄化评价体系

北京市积极应对人口老龄化评价指标体系的构建，要在满足国家政策提出的基线要求之上，立足北京实际，抓住超大城市阶段性发展特征和发展中的主要矛盾，突出北京特色，融合民生和发展的二元张力，建立政府、社会、家庭与个人等多元主体的责任共担机制，促进解决老龄问题与推动经济社会高质量发展的有机统一，实现老龄化背景下超大城市治理体系和治理能力的现代化。为此，我们从优化指标设置、完善实施机制等方面提出建议。

一、优化现行指标体系

在执行《北京市积极应对人口老龄化实施方案（2021年—2025年）》的基础上，有必要未雨绸缪，超前谋划，提出更综合、更具前瞻性的指标。一是要体现与国际接轨，方便国际交流、对话与协作。既便于进行国际比较，查找差距，吸收世界各国的成功经验，也便于在全球话语体系中发出中国声音，体现中国和北京的特色，向全球输出中国和北京的经验和智慧。二是要更准确、全面、系统地反映人口老龄化发展状况、趋势特征和积极应对人口老龄化的工作状况、支撑能力、发展水平和评价效果。特别是适应人民群众对健康老龄化的需求，从整体上进一步突出对健康因素的考量。三是可以在"十四五"时期指标的基础上，将时间周期拉长到2035年，甚至到21世纪中叶，提出更长远、更综合、更具有前瞻性和包容性的指标。

（一）增加指标维度

（1）在现行7个类别基础上，增加"产业发展"类别，并设立"养老产业（老龄产业）总产出""养老产业（老龄产业）增加值"2个指标。国家统计局发布了《养老产业统计分类（2020）》，以国民经济行业分类为基础确定了符合养老产业（老龄产业）特征相关活动的行业小类具体范围，明确界定了养老产业的概念、统计范围，为开展养老产业（老龄产业）统计分析研究奠定了基础。对于其他城市和地区而言，北京养老产业（老龄产业）的规模、在产业结构中的地位和作用更为突出和重要，因此增加"养老产业（老龄产业）"的指标。

（2）在现行7个类别基础上，增加"发展效果指标"类别，突出人民群众对积极应对人口老龄化工作的效果评价，体现以人民为中心的发展思想，反映老年人的诉求，回应老年人的关切，真正实现将老年人的需求作为应对人口老龄化工作的落脚点和出发点，真正使老年人成为老龄社会建设的积极参与者与实践者，切实提高老年人的获得感、幸福感、安全感。

（二）丰富指标内涵

（1）强化科技支撑作用。到2035年北京将建成国际科技创新中心，老龄科技是国际科技创新中心建设的重要内容，因此，在"科技支撑"类别指标中，增加6个具体指标，分别从创新投入（设老龄科技企业占比、老龄科技人员占老龄产业全部从业人员的比例、老龄科技企业研究与试验发展经费投入强度 3 项指标)、创新产出(设老龄科技三种专利申请授权数、老龄科技成果转化率 2 项指标)、创新环境(设老年人互联网普及率 1 项指标)三个方面进行评价。这样做可以更为全面、准确、系统地反映科技在积极应对人口老龄化中的第一支撑作用。

(2) 强化人力资源建设能力。在老年人力资源指标中加入 2 项指标(老年就业和志愿服务参与率、每万名老年人口中老龄专职工作人员)。一方面,针对"十四五"时期北京市老年人口队列更替,60~79 岁活力健康老人成为老年人群体的主体的特点,完善政策鼓励老年人的广泛社会参与;另一方面,老龄工作重心在基层,关键在基层,基于当前实际工作情况,可用每万名老年人口中老龄工作专职人员数来进行工作队伍建设评价。

二、具体指标的释义

(一) 老龄科技指标

老龄科技涉及诸多领域,链条长、门类多、细分领域异质性特征突出,很难有类似于工业制造业创新评价的各项常规性、固定性指标。目前我国老龄科技企业的规模较小,创新研发投入规模尚没有完整准确的统计,基于技术内容的细分企业类型也较难以准确分类,因此需要结合我国老龄科技行业现状,重点从老龄科技主体的创新投入与创新产出方面加以衡量。总体而言,北京市老龄科技的创新能力评价可以从老龄科技创新投入指标、创新产出指标、创新环境指标三个方面描述。

(1) 老龄科技创新投入指标。老龄科技企业占比,指的是老龄科技企业数量占北京高新技术企业数量的比重,旨在反映北京高新技术企业中独具特色的老龄科技企业的市场分布和占有情况。人才是科技创新的根本,老龄科技人员占老龄产业全部从业人员的比重一定程度上可以反映出老龄科技企业的实力。老龄科技企业研究与试验发展经费投入强度,指的是老龄科技企业研究与试验发展经费投入占地区国民经济生产总值的比重,国际上通常采用研究与试验发展活动的规模和强度指标反映一国的科技实力和核心竞争力。

(2) 老龄科技创新产出指标。老龄科技三种专利申请授权数是老龄科技创新的重要知识性要素维度,我国涉老创新企业少,专利竞争力与发达国家差距明显,可以主要以老龄科技三种专利的申请授权数量情况来反映老龄科技创新的知识性内涵。科技成果转化率是衡量科技创新成果转化为商业开发产品的指数,老龄科技成果转化率一定程度上反映了老龄科技行业的整体实力。

(3) 老龄科技创新环境指标。老年人互联网普及程度是老龄产品和服务使用的关键性和基础性环节，以老年人互联网普及率作为老龄科技创新环境的评估指标，可以反映出老龄科技发展的技术创新性环境内涵。中国互联网络信息中心第50次《中国互联网络发展状况统计报告》显示，截至2022年6月，我国网民规模达到10.51亿，互联网普及率为74.4%，城乡数字鸿沟显著缩小，城乡互联网普及率差异为24.1个百分点。其中50岁及以上网民占比提升到25.8%，60岁及以上网民占比也达到了11.3%。网民仍以中青年群体为主，但在加快持续向中高龄人群渗透。

综上，基于目前老龄科技数据较难以获取的实际状况，可以主要选取宏观性、原则性指标加以衡量，用以反映老龄科技发展水平的整体状况，实现对老龄科技研发能力、老龄科技发展的产业化水平以及老龄科技社会基础进行整体性评价，以期形成对老龄科技产业发展的引导性建议。未来阶段，需进一步丰富和完善老龄科技创新能力评价的综合性因素、环境性因素等内容方面的指标构建，在评价对象的针对性方面，细分行业的内容涵盖方面，经济效应、绿色效应、社会性效应的评价等方面也需要进一步深入和完善。

（二）养老产业（老龄产业）指标

当前养老产业（老龄产业）的发展关键在于培育和丰富市场主体，可从考察养老产业（老龄产业）核心法人单位的数量及发展情况（包括从业人员数量、收入合计和资产总计）入手。养老产业（老龄产业）核心法人单位是指以老年人为主要生产经营服务对象的法人单位①。核心法人单位收入合计为企业法人营业收入和非企业法人单位收入之和。养老产业（老龄产业）总产出，指一定时期内一个地区生产的所有养老产品和服务的价值，反映常住单位从事养老生产活动的总规模。养老产业（老龄产业）增加值，指一定时期内一个地区进行养老产业（老龄产业）生产活动的最终成果。可以依据国家统计局确定的相关核算分类和核算方法进行核算。

（三）发展效果指标

积极应对人口老龄化工作发展效果，可用老年人的主观感受和满意度评价来衡量。老年人的主观感受包括老年人获得感、幸福感、安全感；老年人的满意度评价

---

① 养老产业（老龄产业）核心法人单位仅是构成养老产业的重要组成部分，并非全部。如："老年医疗卫生服务"中仅包括专业从事老年卫生保健和健康咨询服务的法人单位情况，综合医院中为老年人提供的医疗卫生服务活动不包括在内。

包括老年人社会保障满意度、老年人健康服务满意度、老年社会参与满意度三个维度。在具体操作中，还可以从老年人收入满意度、养老服务满意度、老年人宜居环境满意度、老年人权益保障满意度、老年人生活满意度等多个方面展开。

三、完善实施机制

北京市已经推动形成具有首都特色的"党委领导、政府主导、社会参与、全民行动"的老龄事业治理格局，并且根据工作发展需要，不断扩大老龄委成员单位范围，老龄委成员单位数量达到50多个，通过每年召开老龄委成员单位全体会议等形式，综合协调、督促指导、组织推进老龄工作发展。应结合现有老龄委运行机制，以评价指标体系为指挥棒，发挥市老龄委对各成员单位、各区积极应对人口老龄化工作的统筹领导作用，实现对于全市积极应对人口老龄化工作的监测评价。要将积极应对人口老龄化评价工作纳入年度老龄委全体会议的重要议程，成立工作专班，明确各成员单位的具体工作要求，保障评价指标体系组织实施。要发挥老龄委专家委员会作用，根据年度重点工作任务和情况变化，结合分析评估结果，进行动态调整。可以委托第三方专业机构，开展评价指标体系数据整合和分析工作，提出专题评估报告供决策参考。

（一）夯实指标体系的数据基础

应完善和更新原有的年度老年人口以及老龄事业发展统计报表制度，按照规范化评价指标来编制全市、各区以及街乡镇的年度老龄工作统计报表，为全面、客观地掌握、评价和分析全市及各区积极应对人口老龄化发展状况提供最基本的数据来源，并进行纵向和横向比较与管理。依托北京市大数据行动计划，对现有涉老数据进行统一收集、记录、整理、分析，建设全市积极应对人口老龄化的基础数据库，推进大数据应用，实现涉老信息互联互通共享互用。逐步建立分领域专项数据库，包括老年人基本信息数据库、老年人社会参与数据库、养老服务数据库、老年健康服务数据库、老龄科技数据库、老年宜居环境数据库、京津冀协同发展数据库等；同步建立数据库维护保障机制，提高数据库服务系统的安全性和可用性。

（二）建立评估督促机制

从评估督促对象来看，包括对全部市级老龄委成员单位的部门评估和对16个区政府的综合评估两个层面。评价方法包括单因素评价和多因素综合评价，评价结果可以通过可视化方法展示。具体参与评价单位和评价时间可以根据实际情况进行调整。评估督促内容主要包括履职评估和效果评估两部分。履职评估主要对市政府相关职能部门、各区人民政府工作落实情况、经验做法、存在问题等进行评估。效果评估重点对工作效果和人民群众的满意度进行评估，全面系统反映现状，总结亮点经验，分析关键性问题，明确下一步工作方向。要建立评估反馈和工作督促年度会议机制，形成影响大、效果好、长效化的协调决策和督促奖励制度。

（三）形成信息发布机制

聚焦北京市人口老龄化动态和重大老龄化议题，对积极应对人口老龄化工作状况、支撑能力以及实施效果进行动态追踪研究，并基于研究成果编制和发布北京市积极应对人口老龄化年度报告，展现北京市积极应对人口老龄化的最新政策、工作进展和总体发展情况，并在与全球具有影响力的世界城市、中国国内超大城市的比较中发现存在的问题，借鉴成功经验，展望未来发展趋势。要结合评价指标体系，回应社会关切，开展分领域的深度研究，分季度发布积极应对人口老龄化的专题报告，比如积极应对人口老龄化的经济基础、保障体系、服务体系、科技创新、社会治理、区域协同等方面的内容。要通过报告发布，明确社会预期，带动社会各界的广泛参与，建立高端学术论坛及品牌活动平台，强化老龄化国情市情教育，推动形成全民参与积极应对人口老龄化的社会文化氛围。

第二节　着力促进老年人口空间分布优化

人口均衡发展包含人口内部均衡发展与人口外部均衡两个主要方面。人口内部均衡发展指人口在规模、结构、素质三个要素及要素之间达到均衡稳定的发展状态；人口外部均衡指人口系统与经济系统、社会系统、资源环境系统的均衡发展状态，具体指人口规模及其增长率维持在资源环境的承载力之内，人口规模及其增长率、人口结构、人口素质与经济发展和社会进步达到均衡发展的状态。人口均衡是相对于人口失衡而言的，实际的人口发展总是呈现从非均衡到均衡再到新的非均衡的动态演进状态，是人口均衡状态和失衡状态之间的转化和演变[1]。

---

[1] 李建民．为什么要建设"人口均衡型社会"？：论人口均衡发展的概念与要义［J］．人口研究，2010（3）：45-47．

第八章
谱写首都北京积极应对人口老龄化新篇章

北京市人口长期均衡发展的目标是，既要守住人口总量"红线"，避免人口过快增长的反弹，又要避免人口总量过快下降，使人口总体规模保持在合理区间。人口发展要与经济社会发展水平相协调、与资源环境承载能力相适应，这是人口外部均衡的核心要义，同时，还要求人口系统内部各个要素之间协调平衡。在人口老龄化叠加经济社会发展深刻转型的进程中，人口均衡发展必须充分考虑积极老龄化、健康老龄化的理念框架，系统认识老年人口在系统内部与外部诸要素相互作用过程中的影响及其演化规律。

一、辩证认识超大城市人口老龄化的进程

以西方最早进入老龄化的国家之一英国为例，2020年，伦敦地区年龄中位数为35.8岁，较英国整体的年龄中位数低了将近5岁；65岁及以上老年人口的比例仅达到12.2%，85岁及以上老年人口的比例仅达到1.7%，均处于英国各地区中的最低位，相较于英国整体水平分别低了6.4个百分点和0.8个百分点。伦敦地区为全英国"最年轻"的地区。伦敦作为首都，同时是英国的经济中心，大伦敦都市圈持续吸引年轻人口流入，一定程度上延缓了该地区的老龄化进程。

再从东亚国家来看，韩国人口老龄化的进程具有开始晚、发展迅速的特点。2000年，韩国65岁及以上老年人口的占比达到7.2%，标志着韩国进入老龄化社会，比北京进入老龄化社会晚10年。但到2018年，这一比例达到14.3%，意味着韩国进入老龄社会，这一进程比北京早4年。韩国从开始进入老龄化社会到步入老龄社会仅历时18年，老龄化发展速度更为迅速。但从2020年韩国各地区老年人口数量及占比情况来看，韩国各地区老龄化程度并不均衡。2020年韩国总体老龄化率达到15.7%，首都首尔地区的老龄化率为15.4%，与全国水平基本持平。韩国老龄化率较高的四个地区——全罗南道（22.9%）、庆尚北道（20.8%）、全罗北道（20.6%）和江原道（20.0%）的老龄化率均超过20%，老龄化程度要更深于韩国的整体水平。相比之下，韩国老龄化率较低的六个地区——世宗（9.2%）、蔚山（12.1%）、京畿道（12.8%）、仁川（13.5%）、大田（13.8%）、光州（13.8%）的老龄化率均在14%以下，与韩国整体老龄化程度相比，处于较低的水平。

日本从1970年进入老龄化社会，到1995年进入老龄社会，其间东京都的老龄化程度始终低于全国水平，但老龄化发展速度要快于全国。2015年日本进入超老龄社会以后，东京都的老龄化程度仍然低于全国水平，并且差距越来越大，东

京都比日本全国"越来越年轻"。同时,在从老龄化社会向超老龄社会过渡的进程中,东京都的老龄化程度始终高于周边县(埼玉、千叶、神奈川),但差距在不断缩小,到2010年前后(也就是东京地区整体进入超老龄社会以后),周边县的老龄化程度逐渐超过东京都,东京都反而成为东京地区最"年轻"的区域,并且老龄化程度的差异一直保持在一个稳定的区间,如图8-1所示。

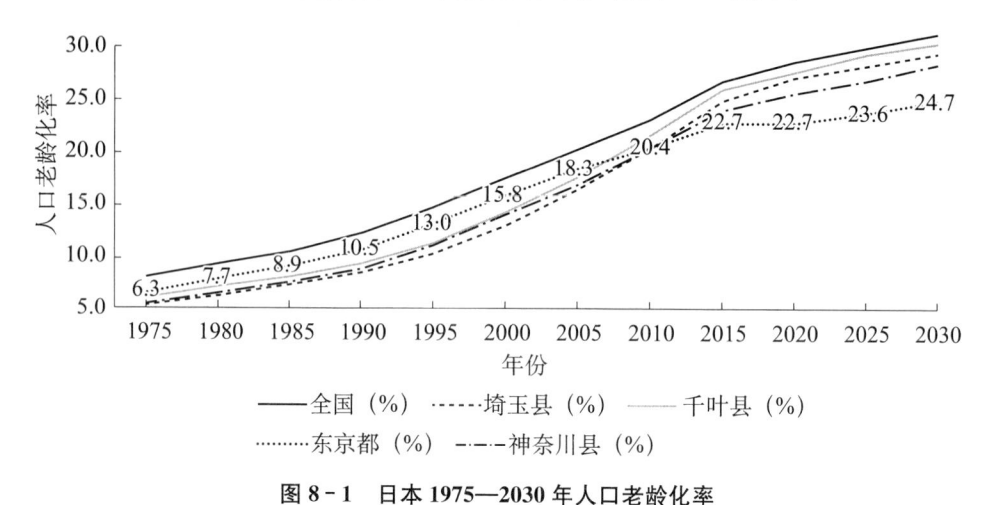

图8-1 日本1975—2030年人口老龄化率

资料来源:1975—2020年数据来源于日本总务省统计局网站国势调查数据,见https://www.stat.go.jp/data/kokusei/2020/index.html;2025—2030年数据来源于日本国立社会保障·人口问题研究所人口预测数据,见https://www.ipss.go.jp/pp-shicyoson/j/shicyoson18/3kekka/Municipalities.asp。

综上,首都地区、大都市圈地区的中心城市,由于经济发展、社会稳定,对年轻人具有持续的吸引力,老龄化程度均低于其周边地区。因此,北京完全有条件通过政策引导,适当减缓人口老龄化的进程,保持人口老龄化程度低于全国平均水平、低于周边地区,保持城市人口竞争力,保持城市活力。

二、准确把握老年人口流动的影响因素及其机制

北京市老年人口的空间分布及其演变是老年人口的自然增长和机械增长(人口迁移)综合作用的结果。从自然增长角度看,北京市老年人口数量的增加,主要是由老年人口自然增长造成的。老年人口的总体死亡率下降趋势明显,同时,平均预期寿命延长。从迁移角度看,京籍人口在本市各区之间的迁移,京籍老年人口向外省市的迁移,以及非京籍老年人口迁入北京市常住,对北京市老龄化发展及其空间分布产生不同的影响。2010—2020年间,北京市外来流入人口集中分布在四环到六环区域内,呈现"环中心"的分布趋势,带来

随迁老年人数量增加，而生态涵养区由于大量青壮年劳动力外流，使得老龄化的程度上升，出现"城乡倒挂"现象。

（一）老年人口的空间分布是经济要素集聚力和离散力相互作用的结果

新经济地理学的"中心—外围"模型主要探讨经济要素的空间流动及空间集聚格局变化的内在推力。从2010—2020年北京市老年人口空间演化看，各区经济发展水平的差异对人口空间聚集与扩散格局产生重要影响。首先，中心城区经济发展领先于其他区域，后工业发展阶段的劳动力市场高端化与服务化趋势，吸引了大量高素质劳动力和服务性劳动力的集聚，甚至对老年就业产生深刻影响，因此，中心城区老年人口集聚效应仍然突出。其次，随着非首都功能疏解和产业转移，城市发展新区劳动密集型产业、资本和技术密集型产业快速发展，对老年人口及劳动力的吸纳能力虽然弱于中心城区，但也逐步呈现出推动力和吸引力。再次，东城、西城作为首都功能核心区，长久以来拥有一流的医疗资源、教育资源及其他生活工作资源，在吸引老年人定居方面具有巨大的推动力，老年人也缺少扩散到其他地区的意愿。但老年人口集聚也带来一系列问题，如交通拥堵、老城区适老化水平较低、房价居高不下等，对老年人产生一定的离散力。此外，生态涵养区由于人口密度低、环境条件好，在一定程度上吸引着老年人前往休闲旅游，但由于医疗卫生配套设施不完善等原因，制约了老年人长期居留、养生养老。

（二）老年人口的空间分布受到城市空间发展政策的重要制约

城市空间发展政策通过对城市功能定位及空间发展方向的调控，形成功能分区，引导人口居住区位的选择，从而通过迁移和流动对老年人口的空间分布发生作用。《北京城市总体规划（2016年—2035年）》提出了分区域差别化的人口调控策略，以实现城六区人口规模减量与其他区人口规模增量控制相衔接。首先，城市公共基础设施和居住设施的改善等可以导致老年人口集聚格局的重大变化，交通设施布局与人口集聚格局之间存在密切的正相关关系[①]。经济发达、医疗水平提高、交通便利等因素对老年人口集聚和迁移具有强有力的推动作用。健康状况、受教育程度、流入地的社会网络关系、新环境中能够获得的社会支持、社会交往与社会参与状况等也有助于老年人口在流入地的生活和定居。财政支出能力和经济发展水平对于养老机构和设施的建设至关重要，

---

① White K J C. Sending or receiving stations? the dual influence of railroads in early 20th-century great plains settlement [J]. Population Research and Policy Review，2008，27（1）：89-115.

并在很大程度上影响老年人口的迁移决策。其次，为方便京籍老年人异地养老、候鸟式养老，北京市采取"政策随人走"原则，在津冀地区选定试点养老机构试行享受北京市养老床位运营补贴、机构综合责任保险、医保政策互联互通等政策，这些政策顺应老年人自主选择养老地点的现实需求，为老年人提供了更多的选择空间。再次，城市功能拓展区、城市发展新区和生态涵养区供应了大量的新建商品房和保障房，价格相对较低且环境品质相对较高，吸引了首都功能核心区人口疏解和随迁老年人口迁入，导致这些地区的老龄化程度开始增长。此外，常住人口积分落户制度的建立，很大程度上促进了随迁老人进入城市养老，并选择在养老服务和医疗资源性价比更好的区域居住。

（三）老年人口的空间分布与养老服务资源配置政策交互影响

2010—2020年间，特别是党的十八大以来，北京市推进养老服务供给侧结构性改革，遵循超大城市社会治理的特点，按照不同的行政治理层级，加快构建"三边四级"就近精准养老服务体系。2015年在全国率先制定并实施《北京市居家养老服务条例》，2018年出台加强养老照料中心和社区养老服务驿站的三年行动计划，按照"政府无偿提供设施、运营商低偿运营"的支持方向，要求在每个街乡镇保证建有一家养老照料中心，建成社区养老服务驿站1 000家。2020年5月出台《关于加快推进养老服务发展的实施方案》，明确界定了基本养老服务对象，进一步指出：完善分类保障，构建多层次基本养老服务体系；坚持就近精准，构建完善的居家社区养老服务体系，加快推进老年友好社区建设。同时，在街道乡镇层面探索建立养老服务联合体，以解决养老服务"最后一公里"的供需精准对接。

为进一步提高养老服务资源配置与老年人口分布的协调性，2021年出台的《北京市养老服务专项规划（2021年—2035年）》对养老服务资源布局的总体依据、空间分布原则、空间分布结构、各功能区布局的引导、设施配置规范、规划实施工作机制与保障等进行了规定。在资源布局协同方面，《规划》明确：支持中心城区和外围地区之间建立"1+1"城郊养老服务协作体；推广东城区利用怀柔区地块，养老需求"外扩"的做法和经验；推动中心城区养老机构在多点地区和生态涵养区外扩和落地；把需要大范围空间资源的服务项目建设在生态涵养区；以北京城市副中心建设与廊坊北三县一体规划、协同发展为契机，推动北京养老项目向天津武清、廊坊、保定，特别是北三县延伸布局。

然而，目前首都功能核心区和城市功能拓展区对老年人口的集聚力仍然大于离散力，对其他区的虹吸效应仍然强劲。由于经济发展水平的差异，首都功能核心区和城市功能拓展区的投资力度和能力仍然优于城市发展新区和生态涵养区。从资源配置与老年人口流动的交互作用上看，养老资源的集聚效应大于老年人口的集聚效应，养老资源的优劣变动作用决定着匹配度差异，老年人口变动处于从属地位。因此，在促进老年人口空间分布与养老资源均衡发展方面，需要打破传统的按照老年人口分布被动配置养老服务资源的单向思维，主动引导、适度超前配置养老服务资源，通过资源配置优化促进老年人口有序流动，形成资源配置与人口变动的更高层次的动态均衡发展。

（四）京籍与非京籍老年人口的迁移决策机制存在差异化特征

社会融合程度、社会发展水平、经济发展水平、流动时间、城市区位、就业特征、社会保险情况、家庭收入和财富等因素对于流动人口迁移决策的正向影响作用要大于流动人口自身因素[1]。区域经济发达、就业机会多是吸引人口流动、改变人口集聚格局的重要影响因素[2]。而在一个区域内部，各影响因素的影响力大小和方向不同，不同区域之间各正负影响因素的作用力也存在差异[3]。

影响京籍老年人市内迁移的"推力"主要是中心城区的高地价与老年公寓、养老服务机构的高昂费用，以及旧城区适老化社会环境与社区建设的改造困境，旧城区保护与适应老年人特点改善居住环境和住宅质量的需要之间矛盾突出[4]。同时，随着纯老年型家庭的增多，中心城区高龄化、空巢化老年人数量增长迅速，对健康和照护的需求增长，而中心城区的医疗保障能力、文化精神生活氛围、社会化服务等优于偏远郊区，出于安全性和稳定性的考虑，老年人也不愿意或者无力迁往市郊其他地区。老年人健康状况是影响其养老方式选择的重要因素，活力健康老人更偏向选择居家养老，即便是异地养老也更多采取"候鸟式"或"旅居式"。影响京籍老年人迁移至市内郊区养老的"拉力"主要是大型养老服务资源特别是医养结合机构的建设情况。

对于非京籍老年人而言，一方面，年轻化的外来人口大量迁入近郊区，随之促进了随迁老年人的增长，其迁移"拉力"主要在于产业吸引及劳动力就业

---

[1] 孙铁山，李国平，卢明华. 京津冀都市圈人口集聚与扩散及其影响因素：基于区域密度函数的实证研究[J]. 地理学报，2009，64(8)：956-966.

[2] 田盼盼，朱宇，林李月，等. 省际与省内流动人口空间分布及其影响因素的差异：以福建省为例[J]. 人口学刊，2015(6)：56-67.

[3] 张耀军，张振. 京津冀区域人口空间分布影响因素研究[J]. 人口与发展，2015(3)：2-9.

[4] 张纯，曹广忠. 北京市人口老龄化的空间特征及影响因素[J]. 城市发展研究，2007，14(2)：56-61.

拉力。同时，随着核心家庭在流入地的不断稳定，以养老及照护晚辈为目的的老年人口规模日益增长。总体上北京流动老人以非农业户籍为主，流入地选择有"就近"倾向，主要是周边地区跨省流动，照护晚辈、养老和务工经商是主要的流动原因。2015年国家卫生计生委流动老人健康服务专题调查显示，流动老人占流动人口总量的7.2%，照护晚辈、养老与就业构成老人流动的三大原因，超过五分之一的流动老人因务工经商而流动，表明在流入城市的老年流动人口中，还存在着一个以经济活动为目的群体。因而，能够促进老年人口就业的区域对于非京籍老年人的迁移吸引力十分明显。户籍类型对于老年人流动也带来明显差异，非农业户籍老人更为主要的流动原因是养老，而农业户籍老人更为主要的流动原因在于务工经商和治病[1]。此外，随着北京市基本公共服务体系的不断完善与均等化发展，面向常住老年人的公共服务及社会福利供给较良好的地区，对于老年人的迁移吸引力将进一步增强。

三、多措并举引导老年人口合理有序流动

综上，不论是从疏解非首都功能的角度，还是从保持城市活力、避免街区衰败的角度，完善支持政策、推动北京市首都功能核心区老年人口向外疏解都势在必行。这既是改善首都功能核心区老年人生活品质、缓解养老服务资源不足、增强首都功能的必然要求，也是城市发展新区和生态涵养区提升养老服务能力和品质、发展养老产业的必然要求。要充分考虑人口老龄化对人口均衡发展带来的影响，建立老龄人口大数据系统，完善老龄人口变动监测预测体系，完善老年人口的信息治理机制。要充分考虑人口迁移和流动水平与模式对于北京市未来人口老龄化的重要影响作用，完善政策支持，通过项目牵引、存量盘活、增量提质和机制创新，合理引导老年人口流动，完善人口均衡发展政策体系，促进人口均衡发展。

（一）统筹各功能区资源对接，带动老年人口合理流动

一是针对城六区（特别是首都功能核心区）老年人口密度大、老龄化程度高的现状，引导其向城市发展新区和生态涵养区流动。二是针对城市发展新区老龄化程度还比较低、有接纳空间和余地的有利条件，加大公共配套设施、保障性住房和老年友好社区建设力度，促进京籍老年人合理迁移，进一步落实常

---

[1] 李升，黄造玉.超大城市流动老人的流动与生活特征分析：基于对北上广深流动家庭的调查[J].调研世界，2018（2）：3-9.

住人口差异化积分落户制度，促进非京籍随迁老人在地化融入。三是针对生态涵养区老龄化"城乡倒挂"，加大养老服务设施建设力度，扩大养老服务用工需求，吸引年轻劳动力回流，提高养老服务的质量和水平。四是对迁移到首都发展新区和生态涵养区落户的老年人，适当放宽住房限购条件，在价格、抵押贷款条件以及就地落户、公共服务等方面进行配套支持，吸引老年人长期居住。在人户分离背景下或者过渡阶段，做好"政策随人走"以及迁入地各项政策衔接与转移接续服务保障。五是北京行政机构迁移到副中心后，要防止退休后"养老回溯"问题。未雨绸缪，提前布局与这部分群体的受教育程度、经济水平和家庭结构情况等相匹配的高质量、高品质、高性价比、多样化养老服务体系。

（二）统筹增量提质与存量盘活，带动老年人口合理流动

一是针对居家养老方式，在《北京市养老服务专项规划（2021年—2035年）》确定的基本指标基础上，将活力健康老年人和选择居家养老方式的老年人作为重点，在城市发展新区、生态涵养区建设一批集中式居家养老社区，带动居家养老服务体系向城市发展新区和生态涵养区延展。二是针对社区养老方式，在《北京市养老服务专项规划（2021年—2035年）》确定的养老服务驿站总体布局的基础上，突出服务内容和服务质量的提升，提高社区养老服务驿站的可持续发展能力。三是针对机构养老方式，以国有企事业单位的培训、疗养机构改革为契机，以盘活存量资产为重点，集中兴建和改造一批普惠型养老服务设施，服务失能、失智和选择机构养老方式的老年人，既缓解中心城区养老服务设施不足的矛盾，又有效解决远郊区养老机构空置率居高不下的困局。

（三）统筹城市更新和乡村振兴，带动老年人口合理流动

一是以中心城区城市更新带动集中成片老龄化程度过高的街道（社区）的疏解。二是支持农村养老综合改革先行先试，通过城市养老服务向农村延伸等供给改革，完善农村养老保障和服务补贴制度等需求改革，做好基本公共服务的均等化及其公共服务政策的转移接续。进一步完善长期护理保险与养老家庭照护床位相关政策的评估互认机制等，大力发展邻里互助和家庭养老，着力加强农村养老服务体系建设，强化农村老年健康服务体系建设。三是通过盘活存量房源满足在城市就业的新市民群体的住房租赁需求，提升城中村、老旧小区租赁住房和商品住房品质，提高住宅适老化程度，打造全龄化住宅，提升城乡结合部服务老年人口的能力。四是针对生态涵养区老龄化"城乡倒挂"，把需

要大尺度空间资源的服务项目建设在生态涵养区，重点发展健康养护、森林康养等新兴业态，大力发展类型多样、功能复合的新型养老综合服务机构、新型养老社区。

（四）统筹养老事业和养老产业，带动老年人口合理流动

一是统一全市补贴政策，建立养老服务统一大市场。当前，由于各区财政实力并不平衡，各区政策以本辖区户籍且在此居住的老年人为对象，服务商为跨区的老年人提供服务则无法享受政策补贴，或者程序复杂、申领成本高、时间跨度长，现有政策导向并不利于资源的跨区域配置，因此需要市级层面统一养老服务补贴政策，最大限度激发服务提供方跨区经营的活力，推进品牌化、连锁化、规模化、专业化。二是以养老产业转型升级服务老年人口流动。在城市发展新区打造一批特色养老产业园区，发展都市型养老制造产业，丰富养老产品和服务内容，带动新型养老消费能力的释放，以产业发展带动就业，以就业带动人口流动，进而整体性实现北京市养老产业的转型升级。

（五）统筹人口管理和服务，推动迁入老年人口在地化融入

坚持"双导向"均衡发展思路，既推进老年人口的在地化，也推动养老资源配置的均等化。一是按照常住老年人口数量和空间分布来配置养老服务资源，建设养老服务体系。如果只是按照户籍老年人口来配置资源，客观上就减少了养老服务资源供给，造成供需矛盾。二是以居住地而非户籍地作为老年人享受各项养老服务资源和福利政策的准入条件，促进基本养老服务的资格均等和机会均等，切实促进"附近异区"养老、候鸟式异地养老。三是强化街道（乡镇）、社区（村）对迁入本辖区的老年人口的服务，大力发展老年教育和老年职业培训，广泛改善老年人的工作和生活环境，多种机制发展老年人社会组织，广泛拓宽老有所为渠道，促进在地化融入。四是依法保障老年人的劳动和就业权益，挖掘老年人力资源红利，积极发展"时间银行"、邻里互助等形式，引导和鼓励其社会参与，扩大参与范围和渠道，特别是参与社区共同体建设，减少异地养老、"老漂族"等社会融入过程中的驱离感和剥夺感。

（六）统筹政策和公共服务资源，引导老年人口在都市圈内合理流动

从京津冀都市圈范围内流动情况来看，要形成经济协同与公共服务协同的同频共振。一是着眼于产业功能区之间的配套完善，重点在曹妃甸地区、天津滨海—中关村科技园、保定中关村数字经济产业园等功能区，建设配套生活

区,加强养老服务体系的对接,推动北京市随迁到河北、天津的老年人的在地化融入,吸引老年人随子女迁移至河北和天津,从而改善职住平衡、职教平衡。二是在现有政策基础上,优化"政策随人走、补贴跟着机构走"的政策,扩大津冀地区试点养老机构享受北京市养老床位运营补贴、机构综合责任保险、医保政策互联互通等政策的覆盖范围,以政策配套和养老服务标准协同,引导老年人自主选择养老地点和养老方式,为老年人提供更多的选择空间。三是以北京城市副中心与北三县一体规划、协同发展为契机,推动北京养老项目向北三县延伸布局,布局一批重大养老社区项目;依托京津冀城际高铁和快速公路网,与廊坊、固安、涿州、高碑店等地市合作,布局一批集中式居家养老社区,通过重大房地产项目带动老年人口合理流动。四是在环京地区与河北、天津合作,优化改造现有大型综合性居住区,按照合理的服务半径,适当增加社区嵌入式养老服务机构,完善老年健康服务设施和社区卫生服务站点建设,开展老年友好宜居环境综合改造,引导和鼓励北京市活力健康老人赴京外异地养老、旅居养老,达到既盘活环京地区房地产市场,又服务北京市老年人养老的双赢局面,形成居住环境改善带动老年人口合理流动的格局。

此外,在更大范围内,广泛开展跨域养老服务综合体、医养结合综合体建设,推动北京市实力养老企业进行品牌化、连锁化、规模化经营,大力发展养老服务产业,积极发展包括康养服务、度假休闲、配套基本服务在内的宜居疗养服务等产业,形成产业带动和就业带动。比如,西城区依托国有企业在四川省攀枝花市合作建设北京老年人康养机构和康养社区。

第三节 着力完善就近精准的养老服务体系

超大城市老年人口众多,城乡老年群体、残健老年群体、不同经济条件的老年群体的需求和实际支付能力存在显著的异质性。老年人及其家庭普遍反映对应当采用何种养老方式,以及能够享受政府提供的哪些养老服务政策支持并不完全清楚,预期也不清晰,从而产生群体性社会焦虑。实行分级分类保障是世界各国的通行做法。经过多年的摸索,北京市分类保障、多层次养老服务体系已具雏形。

一、多元化、多渠道养老供给方式的形成

早在"十一五"时期北京市就提出"9064"养老服务模式,即:大部分老

年人通过居家方式（约占90%）解决养老问题；一小部分老年人通过社区支持（比如日托、短期照料等方式，约占6%）解决养老问题；有集中供养意愿的托底保障群体[①]，以及失能、失智和高龄老年人及残疾人等困难群体需要通过专业养老服务机构（约占4%）解决养老问题。"十二五"期间北京市将养老服务的重点聚焦在托底保障人群的集中供养上，将养老机构床位建设作为发展重点。随着老年人口的不断增加，特别是活力健康老年人口的增加，家庭的进一步小型化，以及积极老龄化理念的引导，绝大部分老年人还是愿意以居家方式养老，除非是在万不得已情况下才选择入住机构养老，于是居家老年人的生活照料和健康照护需求快速增加。为此，2015年北京市颁布并实施《北京市居家养老服务条例》，将养老服务的重点转向构建社区公共服务支持下的居家养老服务体系，加大社区养老服务设施的建设力度，到2022年底建成社区养老服务驿站1380家；并大力支持和发展提供上门服务的专业化居家养老服务，发展家庭养老照护床位。"十三五"期间初步构建了"三边四级"养老服务体系，初步实现了养老服务体系的城乡全覆盖。

为发挥市场在配置资源方面的决定性作用，2016年底国务院办公厅下发了《关于全面放开养老服务市场提升养老服务质量的若干意见》，全面推进养老服务供给侧结构性改革，推进养老服务业"放管服"。北京市全面放开养老服务市场，鼓励社会资本对养老服务产业的投资，形成多元化、多层次养老服务供给格局。包括泰康燕园、乐成养老在内的一批高端化、市场化养老服务机构快速发展，包括智慧养老、老龄金融服务、老年旅游服务等养老服务新业态迅速发展，养老服务业呈现出蓬勃发展的格局。

然而，在一手抓兜底保障，一手放开养老服务市场的同时，我国养老服务市场普遍呈现出两端宽、中间窄的"沙漏型"分布，一面是条件好但价格昂贵的养老公寓等高端形态大量涌现，另一面是价格低廉、兜底保障群体的养老需求达到较好满足，对于兜底保障对象，北京市已基本实现"应保尽保"。但面对广大主要依靠养老金作为经济来源的普通老年人群体，却出现了养老服务价格与养老服务成本倒挂的现象，经济实惠的普惠型中端养老服务供给严重不足，老年人的客观需要不能有效激发和转化为现实需求。这一现象在大城市尤为突出。

为此，我国支持普惠型养老服务的政策陆续出台。2019年国家发展改革委会同多部门先后出台了多项政策，包括《加大力度推动社会领域公共服务补短

---

① 托底保障群体指具有本市户籍的城市特困人员（原城市"三无"人员）和农村特困人员（原农村五保供养对象）等城乡特困老年人。

板强弱项提质量 促进形成强大国内市场的行动方案》、"普惠养老城企联动专项行动"、《普惠养老城企联动专项行动实施方案》。民政部出台《民政部关于进一步扩大养老服务供给 促进养老服务消费的实施意见》。这一阶段政策的主要特征是：

从政策目标看，重点是在做好"保基本、兜底线"的基础上，持续扩大普惠型养老服务有效供给；从政策手段看，重点是发挥中央预算内投资示范带动作用和地方政府引导作用，进一步激发社会资本参与养老服务积极性；从支持的方向上看，重点是加强养老服务基础设施和公共平台的建设；从支持的内容上看，有关文件列举了地方政府应该支持的16个必选项，包括土地、规划和报批建设、财税补贴、医养、消防及其他支持政策，以及地方政府可以支持的27个自选项，包括金融支持和对养老服务人力资源开发方面的支持等。总体上看，文件是从供给侧结构性改革视角入手，通过政府支持，引导撬动社会力量参与，千方百计增加养老服务有效供给，通过供给增加改善供求关系，降低养老服务成本，以实现普惠的目的。北京市坚决贯彻国家政策，也加大了对普惠型养老服务的支持。

为进一步明确国家与家庭的责任关系，形成"多元主体责任共担、老龄化风险梯次应对、老龄事业人人参与"的格局，2020年5月，北京市人民政府办公厅下发《关于加快推进养老服务发展的实施方案》，明确提出"完善分类保障，构建多层次基本养老服务体系"，并划分以下三类人群为基本养老服务对象：一是城乡特困老年人等托底保障群体；二是低保或低收入家庭失能、失智、高龄老年人等困境保障群体；三是失能、失智、重度残疾、计划生育特殊家庭老年人等重点保障群体。强调要制定基本养老服务对象服务清单、保障标准，建立数据动态管理机制。这一文件成为北京市构建多层次、多渠道养老服务体系的基本遵循。在此基础上，2021年北京市发布了《北京市养老服务专项规划（2021年—2035年）》。2021年12月北京市民政局和财政局联合发布《北京市基本养老服务清单（2021年版）》，明确建立年度动态更新机制，每年10月到11月向社会公布本年度基本养老服务清单，以明确政府的职责。

至此，北京市多层次、多渠道养老服务供给体系已初露端倪。包括三个层次：一是基本型养老服务，发挥着兜底保障作用，涵盖基本养老服务对象；二是普惠型养老服务，发挥着主体保障作用，养老服务标准高于基本型，低于市场型，需有政府支持才能享受价格惠民的养老服务；三是市场型养老服务，发挥着补充作用，空间大且相对自由，交由市场主体负责，满足少数老年人的多样化、高端养老服务需求。在"市场＋普惠＋基本"养老服务供给体系中，市场型、普惠型、基本型养老服务三者关系并列，互为补充，互相转化。高端需求由市场型养老服务供给，中端需求由普惠型养老服务供给，保障性需求由基本型养老服务供给。

二、养老服务体系建设的路径优化

总结北京市多元化、多渠道养老服务体系的发展历程，相对于快速发展的老龄化形势，目前多元化、多渠道养老服务体系存在一些突出的问题：一是对分级分类保障的对象界定没有覆盖全体老年人，基本型、普惠型、市场型服务对象的边界并不明确、清晰、精准；二是基本养老服务对象的界定过于复杂，一些困难群体没有有效覆盖；三是相对于基本型养老服务政策体系，普惠型养老服务政策体系明显滞后，还有很多政策空白地带。"十四五"时期，北京市养老服务体系建设的重点是全面激发体系化的效能，全面提高养老服务体系建设的质量和效率，实现"从有到优"，实现既满足老年人的基本养老服务需求，又满足多元化、多样化的养老服务需求。基于此，推动北京市养老服务体系高质量发展，要着力优化和完善"四项基本制度"。

（一）完善老年人综合能力和需求评估制度

通过老年人综合能力和需求评估，分级分类建立老年人需求台账，不仅可以精确获悉老年人需求，也是为其提供后续服务及其享受不同的政府资源和福利待遇的前提，老年人综合能力和需求评估是养老服务体系公平性、可及性、可持续性的前提和保证。

当前，北京市老年人综合能力和需求评估的基本思路是，根据老年人功能状态以及收入水平来划分不同服务层级。首先，开展综合能力评估，确定健康等级，以《长期护理失能等级评估标准（试行）》、《老年人能力评估》（MZ/T 039—2013）或本地相关标准为评估工具，划分老年人能力等级（功能完好、失能、失智）。然后，对老年人及其家庭的经济状况进行评估，确定其享受的政策支持类型，包括重度失能老年人是否纳入长期护理保险范畴（目前仅限于石景山区），是否符合设立家庭养老照护床位的要求，以及入住养老机构的补贴标准等。在坚持这一政策基本方向和原则的基础上，可以进一步优化的措施包括：

（1）将基本型养老服务对象的收入标准扩大到覆盖低收入老年人，并减少现行政策对老年人类别的划分。只要是失能、失智和高龄的老年人口，不论其家庭收入状况如何全部纳入基本型养老服务的范畴。这样做可以减少资格认定和行政监管的环节，降低行政监管成本，使基本养老服务制度更易于操作。在收入水平层级划分上，由于缺乏有关老年人群收入等级的数据，可以家庭收入代替老年人收入，参考国家统计局收入等级划分方法，将收入等级划分为低收入、中等偏下收入、中等收入、中等偏上收入、高收入。

(2) 结合老年人综合能力状况、收入水平，选择相应的养老服务类型（选择路径见图8-2）。失能、失智和高龄老年人以及低收入老年人对应以政府主导提供的基本型养老服务，起到兜底保障的作用，做到"应保尽保"；能力完好的高收入老年人对应市场型养老服务，由市场机制提供；能力完好的中等收入（含中等偏上收入、中等收入以及中等偏下收入）老年人对应由政府支持的普惠型养老服务。从而实现兜底保障、普惠型保障、市场化保障的多层次养老服务保障体系，实现"基本养老有兜底，普惠养老有支持，个性化养老有市场"的目标。

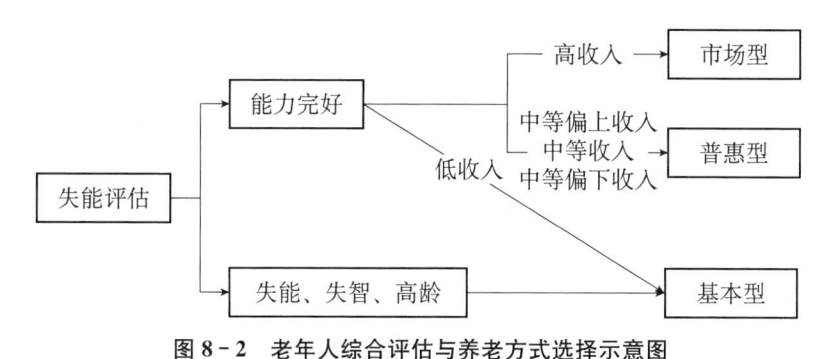

图8-2　老年人综合评估与养老方式选择示意图

（二）完善老年人入住养老机构资格审查和轮候制度

在需求侧开展老年人综合能力和需求评估，建立需求台账的基础上，在供给侧明确"就近入住养老机构、就近使用养老资源"的原则。按照地理区位，结合养老设施的性质、规模和服务内容，建立养老服务机构和设施台账，向全社会公开。一是属于政府兜底保障基本养老服务的老年人群体，按照就近就便原则，实行资格准入与轮候制度，由街道（乡镇）政府及民政部门组织实施（具体操作流程见图8-3）。老年人可以选择入住养老机构，也可以选择设立家庭养老照护床位，入住养老机构的按照机构管理办法享受相应的政策与待遇，选择设立家庭养老照护床位的按照相关规定开展家庭适老化改造，享受相关的养老服务补贴和机构上门照护服务。二是属于市场化提供养老服务的高收入和能力完好老年人，按照市场配置资源原则，在全市范围内自主选择养老方式和养老地点。三是属于需要政府给予支持的普惠型养老群体，政府制定相关政策，明确统一的补贴标准和原则，给予支持，纳入普惠型养老服务政策的范围，并向社会公开。

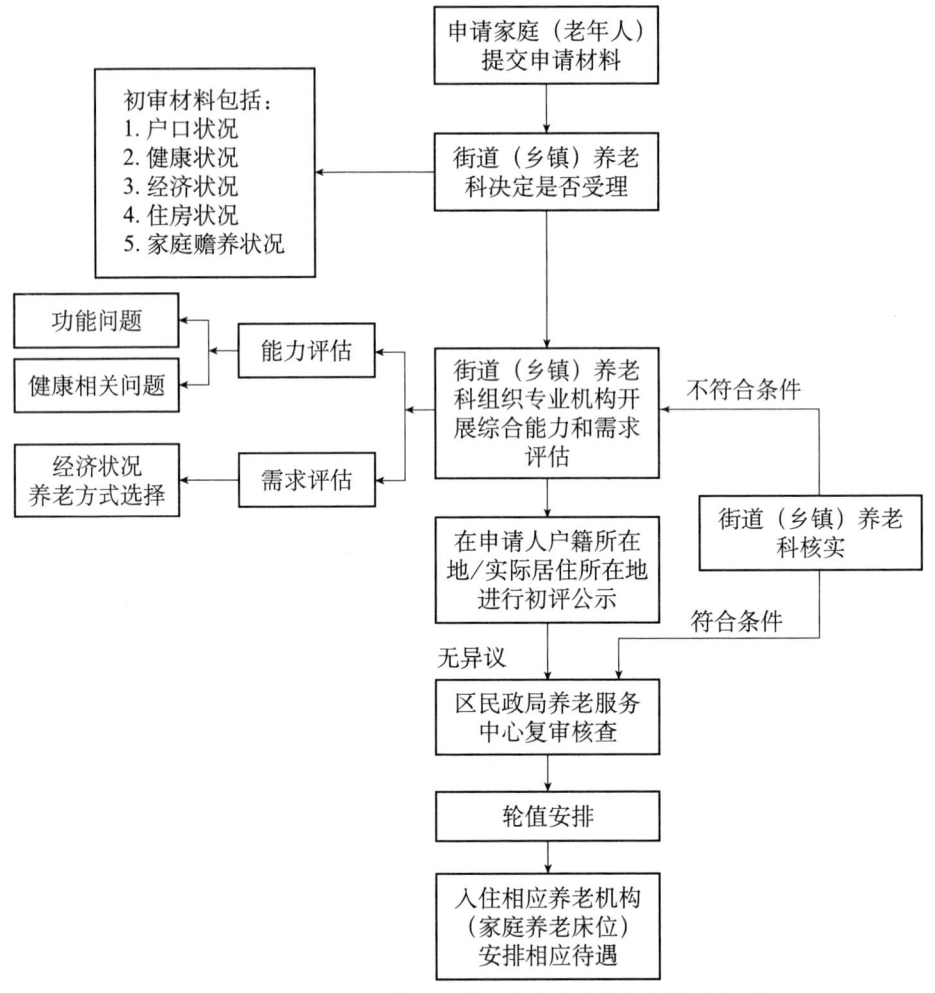

图 8-3 老年人入住养老机构资格审查和轮候制度流程图

（三）完善多层次、多渠道养老服务供给体系

如图 8-4 所示，在上述老年人综合能力和需求评估制度、入住养老机构资格审查和轮候制度基础上，以身体能力状况、经济收入水平两个方面为抓手，建立覆盖全体老年人的多层次、多渠道养老服务供给体系。明确政府、家庭、企业、社会组织等多元主体在社会化养老服务体系建设中的作用，寻求不同主体在养老职责与供需之间的平衡点，统筹对接养老服务供需资源，提高资源使

用效率和老年人的满意度,最终实现社会养老服务体系的完整性、多样性、公平性、可及性、可持续性、实效性和韧性。将养老服务覆盖所有类型老年人群,满足各阶层老年人的养老服务需求,创建"普"与"惠"相结合的符合首都特点的养老服务体系,实现人人平等、人人共享的老龄化社会的目标。

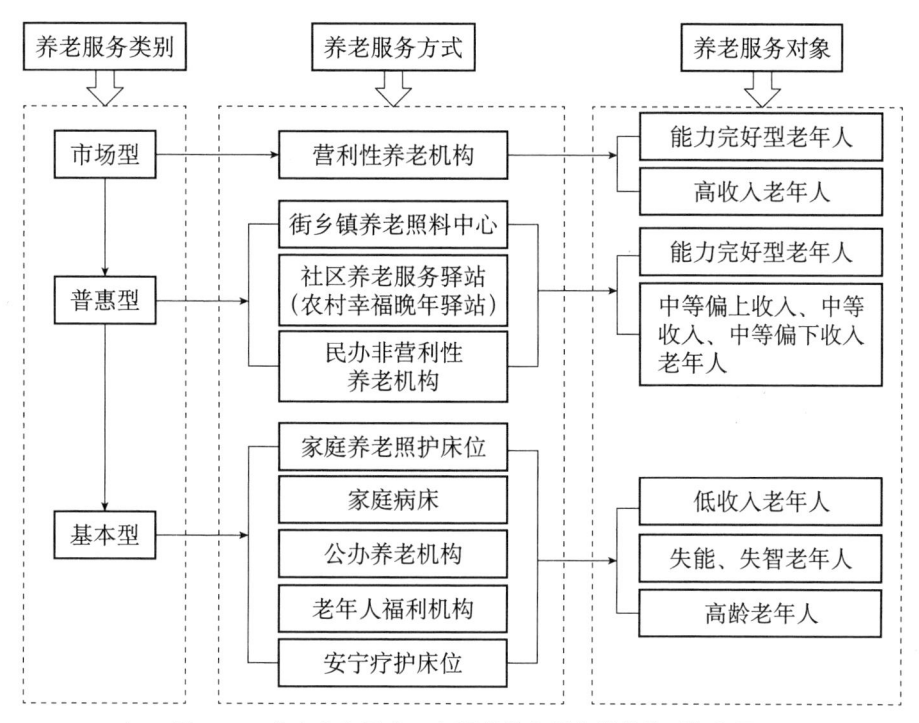

图 8-4 北京市多层次、多渠道养老服务供给体系框架图

（四）完善普惠型养老服务政策体系

普惠型养老的宗旨就是将经济社会可以承担的养老服务惠及最大多数的老年人。其关键词主要有三个：一是"普",即普通普遍;二是"惠",即福惠优惠;三是"养老",即日常照顾、长期医护和精神慰藉等养老服务内容[①]。当前,我国普惠型养老服务体系建设还处于摸索阶段,发展普惠型养老产业,要从养老产业的本质特征和内在要求来研究,重点从市场要素资源优化配置的角度来研究,从价格机制、补贴机制、长期护理保险制度、土地、资金、运行方式、税收、人才、数据资源、宏观调控等方面,加快完善制度体系。北京作为首都,有条件也应该在全国率先探索,作出示范和表率。

---

① 穆光宗.普惠养老如何才能做到普惠[J].人民论坛,2019 (36)：70-71.

首先,明确普惠型养老服务的定价原则。普惠型养老服务应根据行业平均利润率,以成本加成法设定合理的利润率,用养老服务机构在普惠服务项目中的实际支出费用(管理费用及运营费用),乘以利润率,换算成养老服务收入,即向老年人收取的养老服务消费价格。其计算方法为:(人工成本+房租+折旧+管理费用+财务费用等)×(1+微利型利润率)。行业的平均利润率可以参照依法登记的养老服务行业在税务机关纳税的数据库,通过可比分析方法,取中值予以确定,以成本加成法计算服务成本及收费。

其次,千方百计降低养老服务成本。可以探索养老设施所有权与经营权分离的方式,进一步盘活政府和企事业单位闲置国有资产;鼓励闲置商业用房、商住公寓等改变为养老用途,提高养老产品有效供给;降低养老服务机构运营的刚性成本。加强对养老服务机构应收账款、知识产权、专利技术、股权等抵质押融资措施的研究,逐步破解融资难和融资贵难题,降低融资成本,着力完善养老服务人才职业体系和保障制度建设,加快人才培养,通过政府补贴等方式,切实降低养老服务提供主体的人力资源成本。

再次,积极探索普惠型养老服务的组织方式。可以探索引入社会企业①组织形式。加快完善相关规章制度,从资格认证、组织目标、收入来源(包括慈善、捐赠)、利润分配、资产处置、治理结构、税收优惠等多方面扶持、规范社会企业的发展,着力解决当前养老领域工商企业享受补贴困难与民非组织不能分红的矛盾,从根本上降低经营主体提供普惠型养老服务的制度成本。

第四节 着力构建公平可及的老年健康服务体系

在实现"两个一百年"奋斗目标的历史进程中,发展卫生健康事业始终处于基础性地位。"健康北京战略"及其行动计划,坚持把保障人民健康安全放在优先发展的位置,将健康政策纳入经济社会发展各项政策中,推进健康公平,增强社会抗风险能力,并强调突出解决好妇女儿童、老年人、残疾人、低收入人群等重点人群的健康问题。"十四五"时期,北京市应建立完善与国际一流和谐宜居之都相适应的公平可及、综合连续、就近就便、覆盖城乡的老年

---

① 社会企业是指旨在解决社会问题、增进公众福利,而非追求自身利润最大化的企业。投资者拥有企业所有权,企业采用商业模式进行运作并获取资源,投资者在收回投资之后也不再参与分红,盈余再投资于企业或社区发展。

健康服务体系，着力提升全民老年期健康服务保障，夯实应对重大公共卫生风险的压舱石。要突出重点、突破难点、把握好着力点，充分考虑到"十四五"时期老年人口结构"更新迭代"带来的需求变化，进一步提高老年健康服务的公平性、可及性、综合性、连续性，提高老年健康服务体系的韧性、安全性和抗风险能力。

一、健康老龄化推动老年健康服务模式变革

随着人口队列的不断推移，进入老年期的人群呈现出在健康、经济、家庭、教育文化、观念态度等多方面日益显著的独特性和差异性，越来越难以用统一的结论或模式来概括老年人的典型特征。健康老龄化的理念认为"典型的老年人并不存在"，人们在老年阶段的身体能力和内在能力水平差异很大，大致可划分为能力完好阶段、能力衰退阶段和失能阶段。对于处于能力完好阶段的老年人，健康服务的重点主要是预防慢性病和确保早诊断早控制；对于处于能力衰退阶段的老年人，健康服务的重点是延缓或逆转功能能力的进一步衰退，并根据需要提供不同程度的照护服务；而对于处于失能阶段的老年人，健康服务除提供包括照护护理、安宁疗护等在内的基本医疗和健康服务外，还要进行慢性病管理以及构建有利的照护环境等。从积极老龄观、健康老龄化视角出发，在理念和认知上不能按照以往对老年人的刻板印象"一刀切"地去设计并实施似乎适合所有老年人的政策及服务。

由此，老年健康服务模式是根据老年人的人群特点以及在他们对健康服务的服务周期、服务频次、服务精准度等的更高需求基础之上构建的，不仅重视老年疾病的治疗，更强调老年人健康管理和康复护理的完整服务系统。老年健康服务的内涵不单纯指医疗服务，更包含与维护健康相关的"健康维护服务"。医疗服务是对疾病的被动反应，健康维护服务是在医疗服务前后端扩展出来的健康管理、康复护理等。完整的健康服务系统需要包含健康促进、预防、治疗、康复和姑息治疗等一系列内容。在前端预防方面，需要在医疗卫生以外的更大范围内推广健康促进和健康管理的理念和方法，包括生活习惯、饮食、体育锻炼、安全等内容。在医疗服务的后端则是针对病后、术后的康复护理服务，这是大多数半失能、失能老年人最需要的服务，是不能用一般性的生活服务简单代替的，需要建立专业化、规范化的康复护理服务体系。健康服务与养老服务相辅相成，共同为老年人的晚年生活提供服务保障。基于综合能力评估的老年健康服务体系框架如图8-5所示。

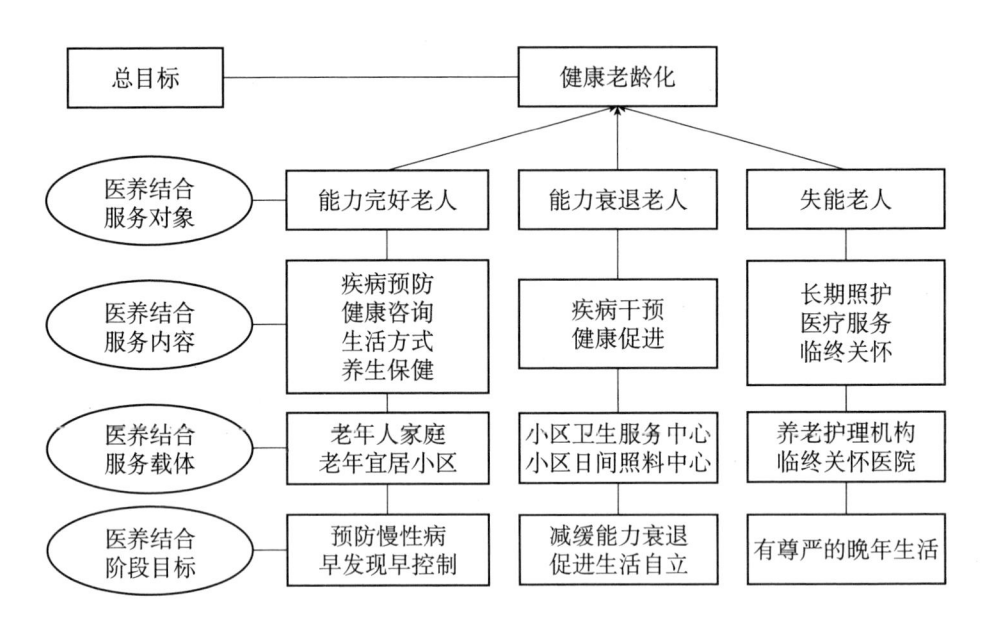

```
总目标 ──────────────→ 健康老龄化
                            ↑  ↑  ↑
医养结合     能力完好老人   能力衰退老人   失能老人
服务对象

医养结合     疾病预防        疾病干预      长期照护
服务内容     健康咨询        健康促进      医疗服务
             生活方式                      临终关怀
             养生保健

医养结合     老年人家庭      小区卫生服务中心   养老护理机构
服务载体     老年宜居小区    小区日间照料中心   临终关怀医院

医养结合     预防慢性病      减缓能力衰退      有尊严的晚年生活
阶段目标     早发现早控制    促进生活自立
```

图8-5 基于综合能力评估的老年健康服务体系框架

二、老年健康服务体系的路径优化

北京市老年健康服务体系建设正处在新旧体制的转型期，要实现从"以治病为中心"向"以人民健康为中心"的转变，实现医养结合高质量发展，需要全方位的改革创新。

（一）破除制度壁垒，实现养老服务体系与老年健康支撑体系的有机衔接

要着力打破"民政管养老、卫健管健康"的传统思维，打通"三边四级"养老服务体系和老年健康支持体系有机衔接的通道，让优质医疗卫生资源和养老服务资源互通有无，实现在地老化和健康老龄化。为此，如图8-6所示，要在前期工作基础上，加大以下工作力度。

一要加强各职能部门间的政策和工作衔接。建立多部门统筹协调机制，加快建立统一规范的老年人综合能力评估和需求评估制度，实现多部门数据之间互联互通互认，把好入口关；卫健、民政、医保等部门要统一分类方法，建立统一的医养结合监测信息系统，消除"信息孤岛"，形成信息资源共建共享的局面；借助北京在信息互联网技术、人工智能技术等方面的优势，大力发展

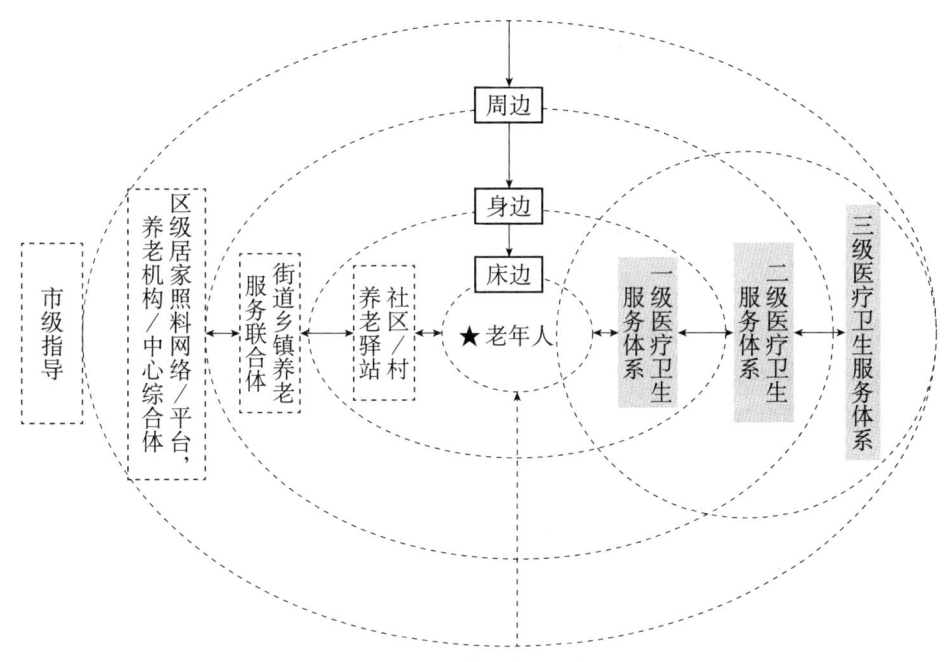

图 8-6 医养结合服务模式

"互联网＋健康""互联网＋养老",推进各部门数据开放,破解物理空间和人工成本难题,让智慧力量在医养结合中发挥更大的作用。

二要深化基层社会治理体制改革。明确属地管理与职能部门之间的责权边界,形成有效的条块协作机制。要通过基层社会治理体制改革,赋能街道(乡镇)党委、政府,强化街道(乡镇)、社区(村)在老龄化社会治理中的功能和作用,将基层卫生健康服务纳入基层社会治理体制,实行一体化管理。比如,探索由街道党工委(乡镇党委)牵头,整合辖区内各主体的养老、健康服务资源,建立常态化议事协调机制,辖区社区卫生服务中心主任兼任街道办事处副主任(乡镇人民政府副镇长),参与辖区重大决策,实现职能部门监管服务与属地政府监管服务的有机衔接。

三要加大养老服务设施和老年健康服务设施的整合力度。倡导土地功能混合利用,科学规划、就近就便在居民区、超市、商场、写字楼、社区服务中心、"家园"组团配置和嵌入养老服务设施和老年健康服务设施及机构,织密养老服务设施和老年健康服务设施及机构网络,有条件的可以实现养老服务设施和医疗卫生服务设施一体化规划、一体化建设,倡导比邻规划建设,或者采用养老机构与医疗卫生机构签约服务等方式,实现医养结合服务的综合连续。

（二）重构服务流程，实现养老服务和健康服务的综合连续

要激发个体健康责任担当。强化和鼓励个人是健康第一责任人的理念，强化全人群健康教育，有效提高老年人健康素养，有效提高家庭照护者的技能，全面提升健康管理水平，从源头上促进老年人功能维护，减少对医疗卫生和照护服务的需求。

如图8-7所示，要改变过去以器官和功能划分诊疗科室和流程的格局，大力发展老年综合科，实现从"老人围着医院科室转"到"让医生围着老人转"的转变，实现健康服务模式由"以疾病诊疗为中心"向"以人民健康为中心"的转变，实现健康教育、预防保健、疾病治疗、康复护理、安宁疗护服务的全覆盖，真正使人民群众能够获得公平可及、系统连续的健康服务。

要建立稳定高效的出院准备和转介机制，鼓励经过医院诊治转入康复护理阶段的老年人自愿到社区养老服务机构、各类医养结合机构、康养中心等进行康复治疗，帮助更多的老年人顺利回归家庭生活。

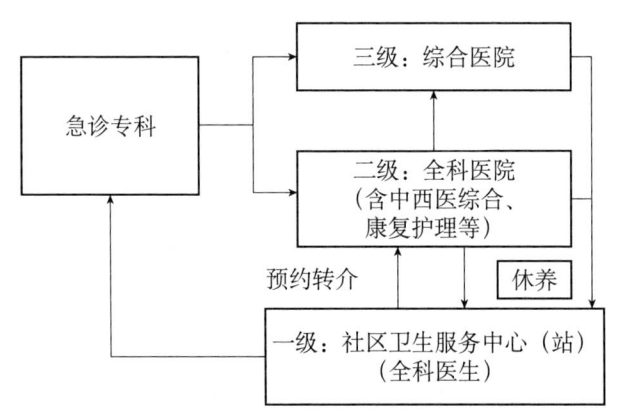

图8-7　三级诊疗和双向转诊机制

（三）聚焦重点难点，加快补齐医养结合服务的短板

一要着力推动资源下沉至社区、延伸至居家。实现就近养老和就近、精准健康服务。全方位加强基层社区健康服务能力建设，完善社区健康教育网络，加强社区在疾病预防中的作用，加大家庭床位巡诊服务供给，做实老年人家医签约服务。鼓励在养老照料中心和社区养老服务驿站内设置护理站、康复站以及家医工作室，带动成立老年人健康自我管理小组，促进居家社区养护康一体化发展。鼓励养老服务机构和医疗卫生服务机构成立医养康养联合体，为区域老年人提供优质医养康养结合服务。

二要加快补齐农村老年健康服务发展短板。推进农村老年人健康评估与管理服务，强化农村老年人进行健康教育、常规体检、就医就诊教育。制定实施村卫生室医护人员培养、使用、晋升、补贴倾斜政策，建立山区农村集体配置急救车制度，着力提高农村基层老年健康服务供给的便捷性、可达性、连续性。

三要完善突发公共卫生事件应急防控机制。坚持首善标准，加强首都公共卫生应急管理体系建设，推动公共卫生服务力量下沉，筑牢基层公共卫生"网底"。提升老年健康服务平战转换、平战结合能力。普及传染病防控知识和应急知识，提高老年人对突发公共卫生事件认知水平和预防自救互救能力。建立老年健康服务机构和专业志愿者社区防控参与机制，提高社区整体防控水平。建立公共卫生机构、医疗机构、养老服务机构协同监测机制，发挥基层哨点作用，做到早发现、早报告、早处置。完善协同机制，将社区卫生服务纳入社区治理体系，按照属地管理原则，将重大突发公共卫生事件纳入社区联防联控工作机制。

（四）分类精准施策，千方百计扩大医养结合服务供给

北京市医养结合服务资源不足的矛盾将长期存在，只有全面理解当前医养结合工作面临的形势，辩证地把握医养结合工作中的痛点、难点、堵点，才能找到既治本又治标的策略。扩大医养结合服务资源供给需要多方面努力，既要扩大社会力量办医，发挥其机制灵活的优势，也要给公立医疗机构松绑，增强其发展动力和活力，二者不可偏废。

一要给公立医疗机构（包括社区卫生服务中心）松绑。既要给医疗机构压力，也要给予其动力。要将公立医疗机构就近就便开展医养结合服务纳入医疗机构的责任范围和绩效考核的内容。要完善政策调动公立医疗机构和医务人员从事医养结合服务的积极性，增强其发展动力和活力。具体来说，推进公立医疗机构改革，给予公立医疗机构更大的自主权，在资金补贴、人员编制、风险防范上给予政策支持。完善家医签约制度，促进家医签约落到实处，提高居家上门健康服务水平。根据社区卫生服务中心在辖区内提供医养结合服务的工作量适当增加人员编制；扩大自主定价的范围、取消医保报销额度限制，实行按实际需要结算制度等。在老年友善医院评价指标里增加提供医养结合服务的相关要求。在医务人员年度考核、职称评定、职务晋升评选条件中加入上门家医服务、到养老机构服务等相关内容，加大激励约束作用。完善医疗责任险制度，为医务人员上门服务、到养老机构服务购买责任险。规定公立医疗机构通

过与养老机构签约获得的收入可以自收自支，由医疗机构或医务团队自行支配，主要用于对提供服务的医务人员的激励；要改革劳动工资和薪酬制度，让政策补贴等能直接惠及一线从业人员。总之，要花大力气解决公立医疗机构从事医养结合服务积极性不高的问题，形成常态化、规范化工作机制。

二要充分发挥社会办医和民营资本机制灵活的优势。进一步放开老年健康服务市场，优化社会办医营商环境，鼓励社会力量在医疗资源薄弱区域和健康管理、康复护理、临终关怀等短缺领域创办医疗机构；在项目选址、房屋土地、固定资产投资上给予更多政策支持，解决社会办医和民营医疗机构扩大医养结合服务的体制机制障碍，通过市场机制扩大供给，提高资源配置效率。实行与公立医疗机构同等待遇，符合条件的应该给予医保资金结算的资格；扩大政府购买公共健康服务的力度和范围；发挥央企和市属国企的优势，鼓励国企与医疗机构联合打造医养结合机构；鼓励利用央产、疏解腾退空间完善老年健康服务设施。

三要提高养老服务机构提供健康服务的能力。民政部门要完善政策，鼓励养老服务机构加大对健康服务领域的资源投入，比如，将养老机构是否具有提供健康服务的能力纳入星级评定的内容，给予相应的政策激励；对养老机构与医疗机构签约给予资金补贴支持，针对不同签约类型，根据提供健康服务的内容和复杂程度，给予差异化的补贴；对养老机构投入的医疗设备和设施给予补贴。以政府购买服务等方式加强养老护理员的医疗卫生培训；养老机构设置医疗机构，属于社会办医范畴的，同等享受相关扶持政策；给予公办公营、公建民营、民办民营等各类养老服务机构主体同等待遇，实现公开透明、公平有序竞争。

四要深化相关服务价格和标准改革。在现行直接给养老机构发放补贴的基础上，考虑对签约医疗卫生服务机构进行补贴，以提高医疗机构的积极性。根据医疗机构提供服务的实际成本，进一步提高提供服务的价格和补贴标准。老年人对健康的多样化需求是客观存在的，一些共性的基本需求需要纳入基本公共卫生服务的内容，通过政策支持提高老年人的支付能力，调动供需双方的积极性。要对老人需要的健康服务进行测算，确定必须纳入基本公共卫生服务的内容。

（五）全面深化改革，构建适合中国国情的长期照护体系

一要深化基本医疗保险制度改革。以积极老龄观、健康老龄化理念为统领，以全人群全生命周期健康为落脚点，在现有"以治病为主体"的国家基本药物制度和基本药品目录的基础上，探索研究制定老年健康管理、康复护理、

安宁疗护等方面的服务目录、定价标准、报销比例等，根据国家经济实力，循序渐进逐步将其纳入医保报销的范围，建立与长期照护需求相适应的老年健康服务目录，逐步扩大老年健康基本公共服务的内容。

二要加快实施长期护理保险制度。积极稳妥推进石景山区政策性长期护理保险制度试点工作，通过试点不断完善长期护理保险制度政策体系、标准体系、服务体系和管理运行机制，以居家照护为重点，建立与居家、社区、养老机构和住院护理等相适宜的长期护理保险服务内容和支付标准，适时在全市推行符合市情的长期护理保险制度。要加快建立统一规范的老年人综合能力和需求评估制度，按照分级分类保障的要求，把好入口关；要明确政府的责任，突出重点人群，聚焦失能、失智和特殊困难老年群体，开展兜底性长期照护服务；要加快完善家医签约制度、巡视探访制度、家庭病床制度、家庭养老照护床位制度等，做好制度之间的衔接，搞好资源统筹，提高工作实效，逐步构建适合中国国情的"居家、社区、机构协调发展，医养康养融合发展"的多层次长期照护服务体系。

三是探索建立多层次医疗保障制度。加强长期护理保障制度与长期照护服务体系的有机衔接，统筹发展现有养老服务补贴津贴、护理补贴等社会福利或社会救助资金，增强公共资源的使用效能，开展兜底性长期照护服务保障工程，为本市户籍的失能老年人提供普及化、阶梯式基本保障。鼓励发展商业性长期护理保险产品，形成基础保障和更高层次保障相结合的长期护理保障制度体系，满足不同层次、多元化的护理保障需求。

第五节 统筹推进"一老一小"社会服务体系建设

党的十八大以来，我国养老托育政策密集出台，养老托育服务向普惠化、便民化发展，"一老一小"工作逐步走向统筹推进、一体化整体解决。构建适合中国国情的养老托育服务体系，需要从家庭友好的视角，全面系统完善家庭支持政策，注重统筹制度设计的整体性与精准性，把握好政策的力度、温度和承受度，确保政策的可持续性，逐步建立健全多元主体参与的共建共治共享机制。

一、全面系统构建家庭支持政策体系

"家安方国宁"。习近平总书记指出，"无论时代如何变化，无论经济社会如何发展，对一个社会来说，家庭的生活依托都不可替代，家庭的社会功能都

不可替代，家庭的文明作用都不可替代"①。我国家庭发展支持已经从家庭的自我保障转向由社会与政府共同支持，政策对象从一部分特殊困难家庭扩大到一般家庭，政策目标从满足家庭最基本的生存需求转向重构家庭价值、促进家庭功能发挥、增强家庭发展能力②。

展望未来，在较长周期内北京将面临财政收入增长下行和养老托育事业发展资金需求刚性增长的双重压力，科学配置养老托育服务资源、提高资源配置效率，既是更好发挥政府作用，促进养老托育事业发展的必然要求，也是适应构建国内国际双循环相互促进的新发展格局，带动社会资本投资，激发养老托育消费，大力发展养老托育相关产业，培育经济发展新动能的必由之路。

具体而言，"一老一小"家庭支持框架可分为三个层次：老年人和婴幼儿作为直接支持的对象，是第一层次。其他家庭成员，包括老年人的配偶、子女，婴幼儿的父母等，作为家庭照护的供给主体，是政策干预行为与策略的直接受体，为第二层次。其他为家庭养老养小提供服务与外部支持的社会主体，包括政府、企业与社会组织等，为第三层次。其中，政府发挥政策规划、资金投入、市场培育、环境营造等引导作用，企业与社会组织除参与提供多样化的养老托育服务外，还是政策的落实主体和实施主体，比如允许有需要的员工进行弹性工作和异地工作、享受护理假，实施家庭友好的项目等。

政策设计要进一步聚焦家庭中核心成员（儿童、老人和女性）的需求满足，共同支持家庭功能发挥，减轻家庭负担，维护家庭稳定，增强家庭发展能力。要统筹促进"一老一小"支持政策与经济、税收、住房和公共服务等方面社会政策的协调和衔接，以充分发挥不同政策资源的作用，尽可能产生更大的边际效益，提高政策可落地性和可持续性。要坚持量力而行、尽力而为，把握好政策的力度、温度和承受度，确保政策的可持续性。要充分考虑到经济发展水平、社会发展阶段的特征，分阶段制定近期、中期、远期目标，统筹把握好经济支持、时间和就业支持、服务支持、社会文化环境支持等政策工具的关系，发挥好政策协同的合力。

二、注重发挥家庭和老年人的主体性、基础性作用

一要充分发挥家庭的基础性作用。要健全家庭照护者支持政策，以经济补

---

① 习近平：在会见第一届全国文明家庭代表时的讲话［EB/OL］.（2016-12-15）［2023-01-16］. http://www.xinhuanet.com/politics/2016-12/15/c_1120127183.htm.
② 黄石松，孙书彦，伍小兰. 整体构建"一老一小"家庭支持政策体系［J］. 前线，2022（3）：74-76.

偿、带薪休假安排、免费培训、喘息服务、家庭养老照护床位等多种方式减轻家庭养老负担,挖掘家庭照护潜力。开展养老护理知识进社区进家庭活动,提高家庭成员的护理知识和技能。进一步研究探索护理假制度,缩小受益人群范围,不搞"全民普惠"式的家庭护理假,针对特殊群体,如失能、失智老人等,给予家庭护理假,由财政发放补贴。要改革户籍制度,促进家庭团聚。应进一步放开或简化直系父母的落户政策,放宽父母投靠子女的落户条件,为老年人随子女迁移提供便利。

二要倡导老年人的广泛社会参与。随着"十四五"时期老年人口队列的更替,"60后"新老年群体的平均受教育年限、经济实力、对智能技术和互联网的使用和认知明显提升,要充分把握老年人口中低龄老人数量多、素质高等特点,努力挖掘老年人口"二次红利"。要完善终身教育体制,推进人力资源开发利用,最大限度提高全体劳动年龄人口素质,优化劳动力供给结构,提高劳动力供给质量。要倡导老年人的自我管理、自我服务、自我照护,从源头上减少照护需求;要完善志愿服务和时间银行体系,最大限度地推动老年人的社会参与,特别是对社区事务的民主参与,建设社区命运共同体。

三、强化党委领导、政府主导、社会参与的共建共治共享机制

一要完善政府行政管理体制。在"民政管老""卫健管小"的现行行政管理格局下,要进一步明确发展改革部门在协调机制中的职能作用,充分发挥其宏观调控和管理的职能,发挥其在要素市场建设上的统筹协调职能作用,推动养老托育设施建设的一体化谋划,推动养老托育服务资源的综合运用。要强化规划引领,确保"一老一小"整体解决方案提出的任务安排与国土空间规划、城市公共设施和公共事业规划等有效衔接,否则"一老一小"整体解决方案中提出的重大项目、重大工程、重大改革举措就很难落地。

二要改革完善"一老一小"财政投入机制。根据经济发展和物价变化情况,建立长期稳定、动态调节的养老和生育、托幼财政投入机制,改革现行转移支付机制,着力优化财政资金投入方向,加大薄弱环节、重点领域、农村地区的养老托幼资金投入,使财政投入更加符合实际需求,更好撬动家庭和老年人消费,减轻家庭养老、托幼负担,拉动社会资本及民间投资。要整合"养老"和"托育"预算资金科目社区层面的集成。带动项目、技术、服务人员、数据资源的统筹,实现在社区层面就近就便、供需精准对接的服务。要在资金补贴上支持社区层面为老服务资源和为小服务资源的比邻建设、"错时错峰"

利用。

三要健全多渠道筹措养老保障资金和儿童发展资金的制度机制。进一步完善养老保险制度、老年福利制度、特困群体老年人救助制度；鼓励商业保险公司开发与基本医疗保险相衔接，与健康养老、生育养育相关的商业保险产品，鼓励针对普惠型养老、托幼、儿童教育的金融保险产品创新。

第六节 着力优化超大城市服务资源配置机制

所谓资源配置是把各种不同用途的稀缺资源进行分析比较再合理分配的过程。经济学家厉以宁在《市场经济学大词典》中对"资源配置"的定义是，各种有用资源可以在社会中进行彼此之间的相互分配，其涵盖了配置结构、配置规模和配置方式三个方面的内容。资源配置方式可分为两种：一种是通过改变资源的组合方式或是调整现有的配置方式，将有限的资源的产出效益实现最大化；另一种是以最小的成本达到预期的产出效益[1]。

一、超大城市养老服务资源配置的原则

公共经济学、福利经济学较早开始了对公共服务资源配置的研究，经历了地域均等、空间公平、社会公平等几个阶段。较早的研究主要关注公共服务设施的空间均等布局[2]，后提出设施的空间布局应以公共服务的均匀分布为核心[3]，继而将居民的需求、城市的机动性和服务标准等影响因素纳入公共服务设施布局的决策视野[4]。其中，以泰茨（Teitz）为代表的现代公共区位理论认为公共服务设施的布局应当同时满足公平和效率两个方面的要求，提出了公共服务设施配置的福利最大化原则[5]。还有研究关注公共服务资源配置的有效性，分别从有效供给、有效分配、有效利用三个方面构建城市公共服务配置有效性

---

[1] 江奔东. 我国资源配置机制的变革、运作特点和发展趋势 [J]. 理论学刊，1999（2）：51-55.

[2] Kinman E L. Evaluating health service equity at a primary care clinic in Chilimarca, Bolivia [J]. Social Science & Medicine, 1999, 49 (5): 663-678.

[3] Papadimitriou F, Mairota P. Spatial scale-dependent policy planning for land management in southern Europe [J]. Environmental Monitoring and Assessment, 1996, 39 (1-3): 47-57.

[4] Hewko J, Smoyer-Tomic K E, Hodgson M J. Measuring neighbourhood spatial accessibility to urban amenities: does aggregation error matter? [J]. Environment and Planning A: Economy and Space, 2002, 34 (7): 1185-1206.

[5] Teitz M B. Toward a theory of urban public facility location [J]. Papers in Regional Science, 1968, 21 (1): 35-51.

原则，且认为有效性是公平和效率的统一①。当前的福利经济学并不一味追求公平或者效率，而是在二者之间的权衡中谋求新的出路，如何在讲究公平的时候不损害效率，如何在注重效率的时候不放弃公平，是当前福利经济学关注的重点。

空间人口学、空间经济学则通过构建模型和理论来阐释空间演变的均衡策略，尤其是关于资源空间布局的均衡性。具体到养老服务资源配置，由于老年人对于养老服务便利性的需求较高，因此养老服务资源的空间可达性非常重要，老年群体应当能够公平地获得便捷的养老服务资源。衡量空间可达性的具体指标有空间服务范围、空间距离（主要是服务半径）、交通条件等，这些指标都影响着养老服务资源的"空间匹配"与"需求匹配"。

养老服务资源配置的首要原则是公平性。公平性是衡量资源配置效果的重要标准之一②，是政府制定规划政策的重要参考指标。伴随老年人口规模的增加，养老服务资源的稀缺性愈加凸显，有效性成为衡量养老服务资源配置状况的主要标准之一，也就是资源配置的效率。资源配置的效率是指在有限的投入下获得最大的产出，公共资源配置的效率最大化需要用到"帕累托改进"。帕累托改进是指配置在每一种公共产品（服务）上的资源的社会边际效益均等于其社会边际成本。换句话说，养老服务资源的配置能否在不影响其他人利益的同时满足个体利益，进而使得社会效用最大化，是判断其配置好坏的一个标准，这种资源配置状态被称作"帕累托最优状态"。

中国特色社会主义市场经济资源配置的基本原则是"充分发挥市场在资源配置中的决定性作用，更好发挥政府作用"。但养老服务并非一般市场经济意义上的商品和服务，它既具有商品的属性，可以采取市场交换的手段进行交易，又区别于一般性商品，是带有显著社会属性的产品和服务。其社会属性体现在：一是必须有基于基层社会治理的第三方参与，养老服务的内容、提供方式、质量监督、纠纷处置等都离不开街道（乡镇）和社区（村）的参与，社会治理方式影响着养老服务的提供方式、成本构成、定价原则、支付便利和质量监督。二是必须实行分级分类保障。由于老年人的经济状况、健康状况等的不同，政府对养老服务的支持也必须是分级分类的。因此，养老服务资源配置首先需要明晰政府、家庭（个人）的权利义务关系。

---

① 孟兆敏，张健明，魏宗财. 快速城市化背景下城市基本公共服务配置有效性的理论研究［J］. 城市发展研究，2014（8）：63-68.

② Leclerc P D, Albert L A, Mayorga M E. Modeling equity for allocating public resources［J］. International Series in Operations Rearch and Management Science, 2012, 167: 97-118.

我国老年人口基数大、增速快，养老服务资源相对不足，构建科学高效的养老服务资源配置机制是超大城市养老服务体系的关键所在。一地一域的养老服务设施建设及资源配置，其核心关切是如何促进养老服务资源与老年人需求在时间、空间维度上的精准对接，为此，超大城市养老服务资源配置必须遵循公平性与有效性有机统一的基本原则，实现养老服务的公平可及、综合连续、就近就便。具体而言，可以从六个维度去思考和评判。

一是养老服务机构和设施的规划布局是否实现地理空间上的"全覆盖、无死角"，并与老年人口的空间布局相匹配，实现设施的就近就便、公平可及。二是养老服务的内容、质量和能力是否能够既满足政府应该"兜底"的特殊老年人群体和社会基本公共服务的需求，同时也满足不同老年人群体多元化、多样化、差异化的需求，并为重大公共卫生突发事件留有余地。三是养老服务物资等，特别是医养结合服务中的检测、药品物资等，是否能够满足基本的需求，并具备重大公共卫生突发事件的物质储备机制。四是养老服务专业人员是否能够保证养老服务供需均衡的需要，为辖区内老年人提供全天候养老服务，同时具备快速动员和社会力量参与机制。五是养老服务体系建设的相关政策支持，包括土地利用政策、房产使用政策、财政补贴政策、老年人优待福利政策、老年人社会保障政策等是否公平可及和综合连续。比如：各类取得经营许可合法经营的运营机构是否都能纳入医保报销范畴；政府对各类机构是否按照统一的规范、标准进行考核和监管，对各种所有制主体是否实行均等的待遇。六是老龄科技发展是否能够支撑养老服务体系建设的需要。包括：老年人基础数据库平台、养老服务行业监管数据平台等能否实现信息互联互通互认；各类取得经营许可合法经营的运营机构能否实现信息互联互通互认。

二、优化养老服务资源配置的策略选择

（一）基本原则

（1）要坚持首善标准。坚持共同富裕目标，坚持量力而行和尽力而为，逐步缩小区域之间、城乡之间、不同老年群体之间社会保障和社会福利的体制性差异，建设公平可及、综合连续、就近就便的养老服务体系和老年健康支撑体系，让包括老年群体在内的全体市民共享首都改革发展的成果，建设人人平等、人人共享的老龄化社会。

（2）要坚持"双向共适"。要尊重超大城市经济要素空间流动及空间集聚的内在规律，对养老服务设施的规划布局从"设施随人走，按照规划刚性布局

养老服务设施"转向"设施适度超前配置，引导带动老年人合理流动，促进老年人在地化融入"。

（3）要坚持整体性治理。落实"党委领导、政府主导、社会参与、全民行动"的老龄工作格局，充分考虑多元参与主体的不同利益诉求，形成央地、军地养老服务一体化建设格局。我国实行中央集权的行政治理体制，从国家治理体制看是"中央—地方"模式，从地方治理体制看是"省—市（设区的市）—区（县）—街道（乡镇）—社区（村）"模式，北京作为超大城市形成了"市—区—街道（乡镇）—社区"四个层级的治理体系，以及京津冀都市圈层面的协同发展。每个层次对应不同的治理主体责任，构成超大城市五级治理体系。要紧密结合中国社会治理体制的特点，建立与社会治理层级相适应的多层次养老服务资源配置机制，打造开放共享的养老服务协同发展体系。

（二）建立都市圈养老服务资源协同机制

（1）建立健全政府间协作协商机制。中央层面要进一步发挥京津冀联席会议机制作用，在绩效激励、财政激励等方面出台更为有效的支持政策，提升京津冀三地政府间养老服务合作意愿，降低协调成本、信息成本、执行成本，提升政府间合作的有效性，从整体上提升城市群发展的自主性、协调性和整体性。在继续强化和完善省际协同发展机制的同时，鼓励北京市16个区行政部门根据不同情况主动与天津市各区、河北省各地市开展养老合作，缩小次级区域内部优先合作领域的差异，提升合作网络的整体密度，并不断优化辐射的联系紧密性程度，提高合作机制的运行效能，形成梯次合作格局。

（2）推进都市圈内养老服务体系的协同。以"一地认证，全域认可"为目标，分期、分阶段推进都市圈养老服务质量标准化建设，实现养老机构设施、服务和管理标准、老年照护需求评估标准和评估结果的互认互通。不断缩小区域内部差异，提高都市圈养老服务整体质量水平。以推动异地结算为目标，建立养老服务补贴异地结算机制，确保养老服务补贴随老人走，老人可以自由选择养老机构和养老方式。

（3）推动三地老年健康服务体系的协同。在政策层面，要及早解决医师异地执业、执业资质互认、医保实时结算等难题，出台相关扶持政策，鼓励三地通过共建医疗机构、推动养老院和护理院的对接等方式，推动医养结合机制的建立，促进北京优质医疗资源辐射津冀地区，推动北京市属医院，尤其是老年病、心脑血管病等专科为津冀共建养老机构提供远程医疗指导、定期巡诊等服务，为津冀护理员提供定期来京实训项目。积极推动京津冀重点医疗卫生项目合作，进一步扩大京津冀地区临床检验检查结果互认项目、互认医疗机构、医学影像资料共享的范围和规模。持续深化三地公共卫生领域的合作，持续推进包括疾病防控、卫生应急、妇幼健康、老年健康、精神卫生、综合监督、食品安全等方面的协同合作。

（4）建立三地养老人力资源协同开发机制。研究制定养老行业职业资格体系，从政策层面为养老护理人才的规划、培养、使用、晋升、福利待遇等方面提供有吸引力的前景。加强专业培训资源与人力资源职业体系对接。充分利用北京丰富的教育资源优势，建立区域互认的养老机构院长从业资质、护理员资质认定机制，推动区域内养老服务人力资源合理流动和有效配置。推进养老职业教育体制的改革，设立养老护理专业，开办养老护理学院，以吸引人才、留住人才。

（三）建立市域范围内不同行政区资源协作机制

养老服务设施是开展养老服务的硬件载体，养老服务设施空间布局和老年人口空间发布相匹配是实现供需均衡的基础和前提。养老服务价格和补贴政策的确定是平衡政府与市场、家庭与社会的利益关系，实现资源优化配置的最根本因素。价格高了不利于激发老年人和家庭的消费需求，价格低了无法覆盖养老服务供应商的成本，无法确保可持续运营。与分级分类保障制度相对应，养老服务的定价包括政府定价、政府指导定价、市场定价等多种方式。为此：

（1）优化养老服务设施布局。考虑不同功能区的特点和定位，以城乡控制性详规为依据，科学合理确定养老服务设施的用地计划和选址，引导城市发展新区、生态涵养区有效承接中心城区养老需求的"外扩"，推进市域范围内的养老服务资源统筹利用。在城市外围沿线（或绿化隔离带地区）集中兴建一批普惠型养老服务设施，以实际入住（使用养老服务资源）的老年人为基数，建立区与区之间利益补偿机制，统筹建设成本分摊，统筹服务设施运营补贴。

（2）推进养老服务价格专项改革。当前，我国养老服务定价机制和政府补贴机制反映出政府和市场的责任边界模糊。要明确基本养老服务的内容清单和服务标准，摸清养老服务对应的成本构成，明确政府应该承担哪些责任，哪些是基本公共服务的范畴，哪些是非基本公共服务的内容，哪些是市场调节的内容。解决政府投入越位、错位导致市场不发育、价格扭曲、资源浪费问题，同时解决政府投入缺位导致市场过度竞争、混乱、消费者权益得不到保障的问题。建立市级层面统一的养老服务补贴政策，打破因各区补贴政策不一致带来的市场隐形壁垒。推进养老服务的品牌化、连锁化、规模化、专业化运营，推动资源要素向优质企业、区域集中。

(四)建立健全数据治理体系和科技支撑体系

(1)统一统计口径,明确统计范围,健全统计指标体系,建立共享数据平台。建立完善老年人基础数据库,构建涵盖公共安全、公共管理和公共服务的社会治理"一网统管"体系,是提升老龄化应急管理和服务保障能力的必然要求。要实现各级养老信息化平台和老年人优待卡平台、养老机构监管平台等各类信息化平台的互联互通,着力实现政府养老信息化平台与市场上自行开发和运营的养老信息化平台的合作共赢,充分发挥大数据在养老服务资源配置机制中的支撑作用。

(2)在城市"大脑"建设中普及智慧养老社区建设,加强跨区域、跨部门的养老服务大数据顶层设计,完善数据治理规则和秩序。针对独居、孤寡、失能、失智特殊老年人群体,以及养老机构的技术需求,整合民政、卫健、经信、科技等部门政策、资金、技术,尽快推出一批技术可靠、经济适用的智慧应用场景,出台一批老年健康服务产品和康复辅具推荐目录。同时进一步加大对关键技术、具有独立知识产权的创新技术研发的支持,组织联合攻关。

第七节 着力破解社会治理"最后一公里"的体制障碍

"上面千条线,下面一根针"。养老政策不落地、责任不落实、服务碎片化,养老服务的供需对接还存在"最后一公里"的体制机制障碍,根本原因在于政策、资源、资金、技术等不能在街道乡镇层面得到有效统筹。应充分利用北京市基层社会治理经验和优势,按照共建共治共享社会的要求,向社会放权赋能,增加社会自我服务和自我组织能力,提高社会应急状态下仍能有效运转的抗风险能力,构建街道乡镇养老服务联合体,持续深化"吹哨报到""接诉即办"改革,着力打通为老服务"最后一公里",切实进一步提高老年人群的政策获得感和生活满意度。

一、街道乡镇养老服务联合体的制度框架

街道乡镇养老服务联合体,如图8-8所示,是以老年人为中心,以街道乡镇为平台,以社区为基本单元,充分发挥政府的主导性、社区的主体性以及社会力量的协同性作用,整合辖区内各种涉老资源,实现公平可及、综合连续、就近精准、医养康养融合服务,构建多元主体的共建共治共享生态。街道乡镇

"一体化"养老服务体系，可以统筹政府、社会、市场、家庭各参与主体的养老服务功能，以整合式服务平台精准对接养老服务的供需双方，为老年人提供全方位、多层次、专业化和精准化的养老服务，使街道乡镇成为养老服务资源的链接和组织平台。

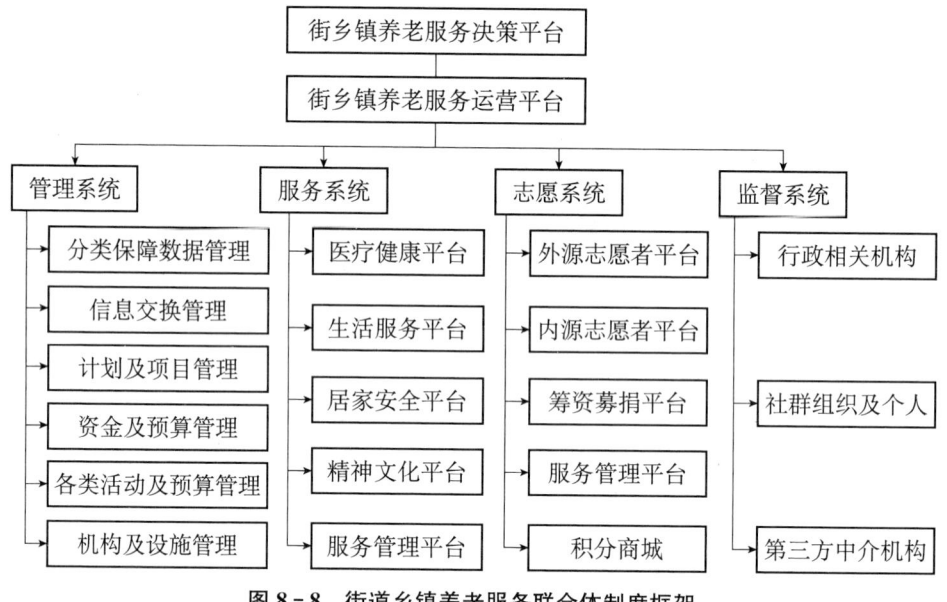

```
                    街乡镇养老服务决策平台
                            │
                    街乡镇养老服务运营平台
       ┌────────────┬───────────┬────────────┐
     管理系统      服务系统     志愿系统      监督系统
   分类保障数据管理  医疗健康平台  外源志愿者平台  行政相关机构
   信息交换管理     生活服务平台  内源志愿者平台
   计划及项目管理   居家安全平台  筹资募捐平台   社群组织及个人
   资金及预算管理   精神文化平台  服务管理平台
   各类活动及预算管理 服务管理平台 积分商城      第三方中介机构
   机构及设施管理
```

图 8-8　街道乡镇养老服务联合体制度框架

二、街道乡镇养老服务联合体的功能定位

街道乡镇养老服务联合体的根本目标是实现政府资源统筹配置、市场供需对接、服务商服务整合、社会组织和社会服务整合、老年人社会参与、服务监督和诚信建设功能。

（1）资源整合平台。整合政府资源，实现政策、资金、技术、人才、数据等要素合理精准配置。整合服务商资源，通过联合体实现各类生活性服务业资源整合，如养老、托育、家政等业态管理，技术人才、标准规范等的共建共治共享，实现机构养老、社区养老、居家养老服务相协调，医养、康养服务相融合。整合社会组织和社会服务，将志愿服务、慈善捐赠与时间银行机制嵌入到联合体中。

（2）供需对接平台。通过信息化系统、呼叫中心等收集老年人需求信息，并通过后台处理与服务对接，通过建设街道乡镇养老服务综合管理信息化平台和老年人基本情况信息库，加快推动区域内各部门间数据共享交换，建立信息化平台多维共享端口，从而实现服务供给与老年人需求及时准确有效衔接。

（3）社会参与平台。回应老年人参与社会治理需求，老年人在联合体内参与公共事务、进行公共决策，参与民主管理、进行民主监督。此外，联合体定期组织各类涉老文娱活动，丰富老年人精神生活。

（4）服务监督和诚信建设平台。在信息化系统中，将老年人的反馈作为服务评判的重要指标，在联合体内建立"老年人的大众点评网"；建立负面清单制度，将属地管理与政府职能部门的管理有机衔接；通过公正、公平、公开的准入退出机制，动态调整联合体成员，促进服务能力和服务质量的提升。

三、街道乡镇养老服务联合体的运行机制

（一）党建引领，完善决策机制

（1）完善组织保障。可成立联合体管理委员会，由街道（乡镇）领导及职能科室负责人、驻区相关重点单位（比如中央单位、有较大养老服务需求和养老服务资源的单位）负责人、辖区社区卫生服务中心主任、主要养老服务机构和服务商负责人、主要社会组织代表、老年人协会代表共同组成。

（2）明确各参与主体责任。街道乡镇党委、政府承担养老服务政策和资源统筹协调、需求发现和服务组织、回应呼声和监督管理方面的属地职责，具体组织实施辖区内养老服务工作；基层群众自治组织协助街乡镇梳理辖区服务资源，为辖区内养老照料中心等设施提供支持性服务；各相关部门依托接诉即办工作机制，按照部门职责和任务分工参与养老服务联合体工作，为联合体的运行提供便利条件；老年人协会代表参与民主决策、民主监督，充分反映辖区内老年人诉求。

（3）完善议事规则。建立常态化议事机制，定期召开会议，定期研究解决辖区内养老服务体系建设的重大问题。联合体要在"共建一套规则"上下功夫、做文章，所有的参与者在平等的基础上相互合作，整合资源、凝聚力量、服务社会。形成党组织统一领导、政府依法履责、各类组织积极协同、群众广泛参与，自治、法治、德治相结合的老龄化基层治理格局。

（二）因地制宜，整合服务运营机制

（1）根据各街道乡镇的具体实际，可以设立联合体运营主体。鼓励委托第三方公益组织或专业服务机构运营，作为本区域内养老服务联合体的运行枢纽和资源调度平台。适应数字化时代的发展趋势，发挥互联网技术在整合资源、

促进供需精准对接、减少人力资本等方面的突出优势，平台要加强信息化建设，要实现与北京市养老服务助残卡、北京市社会福利管理平台、北京市卫健数据资源的互联互通。

（2）建立需求发现和响应机制、业务转介机制，促进零散化、个性化业务整合，统筹辖区内机构、社区、居家养老服务一体化融合发展，形成"一盘棋"，统筹辖区内养老服务设施、项目、队伍、政策的有机结合。联合体的运营机制要在"共创一批品牌"上下功夫、做文章，健全常态化管理和应急管理动态衔接的养老服务供需对接机制，构建网格化管理、精细化服务、信息化支撑、开放共享的基层管理服务平台。

四、街道乡镇养老服务联合体的实施路径

（一）完善制度，实现老年人从"社会人"到"社区人"的转变

完善机关事业单位和国有企业退休社会化管理制度，推动居民退休后到社区"报到"，建立退休老人和社区的制度性必然联系。坚持老年人分级分类保障、就近就便享受养老服务设施和资源的原则；街乡镇参与老年人综合能力和需求评估等工作，统筹协调老年人健康档案、老年病床、巡视探访等工作，与养老相关社会福利和优待项目经由社区来申领，加强基于街道（乡镇）、社区（村）的老年人基础数据和信息化建设，落实社区在协助老年人纠纷调处和依法维权、接受法律援助等方面的相关责任，真正将老年人生活中的急难愁盼问题和最直接、最基本的利益与街乡镇、社区村的基本职能紧密联系在一起，从而增加老年人与社区村的黏性。

（二）授权赋能，完善街道乡镇在养老服务中的支持功能

调整街乡社区的职能定位，明确其在老龄事业发展中的责任清单和权力清单。进一步完善街乡社区与部门之间的有效协调机制，推进"街乡吹哨、部门报到"向社区深化。建立街道乡镇老龄工作的评价机制，完善公众参与科学决策、民主监督的机制，保证多元主体对辖区老龄工作重大决策、绩效评价的参与。有效发挥社区业主委员会和物业企业在社区治理和为老服务中的作用，强化驻地单位的社区责任，统筹协调驻地单位和社会各界融入老龄事业发展。完善街道（乡镇）老年人协会组织建设，充分发挥老年人协会的作用；完善时间银行机制，鼓励亲属或社区邻里开展养老服务，推动"年轻活力老人"照顾和帮扶特定老人群体的普遍性开展。

(三)多措并举,推进机构、社区、居家协调发展

(1) 推进"三张床"的"三结合"。"第一张床"是指养老照料中心等专业养老机构提供的照护床位;"第二张床"是指社区养老服务驿站提供的临时托养床位;"第三张床"是指设在老年人家中的具备"类机构"照护功能的家庭照护床位。"三张床"缺一不可,有各自的优势和功能,最终要以老年人综合能力和需求评估的结果作为评判标准。

(2) 将"三张床"和"第六险"(即长期护理保险制度)相结合。实现政策统筹,服务整合;将"第三张床"与志愿服务(时间银行)机制相结合,既解决基本服务的需求,也解决个性化服务的需求;将"第三张床"与家庭适老化改造、智慧养老服务相结合,以环境和科技适老化提升服务专业性,进而完善立体化的就近精准养老服务网络。

(3) 建立各类养老服务供给主体业务转介机制。在需求侧整合老年人零散化、个性化的需求,在供给侧整合专业化、精细化的服务,形成一站式服务,逐步形成各类主体错位经营、业务互补、差异化经营的格局。突出政府的兜底保障作用,加强养老机构规范化和标准化管理,重点从医养康养结合、能力综合评估、资金、设施、人才、信息化、质量建设等方面,引导养老机构提升服务质量,提升长期照护服务能力,增强养老机构专业支撑作用。探索"物业服务+养老服务"新模式,支持物业服务企业开展老年供餐、定期巡访、便民居家养老服务等形式多样的养老服务。鼓励养老照料中心、养老服务驿站吸纳家政服务、餐饮服务、康护护理、健康管理、物业管理等多方面机构入驻,为老年人提供更为多元的养老消费场景,提供更为专业的一站式服务。

(四)共建共享,推进志愿互助养老服务区域一体化

(1) 完善组织协调机制。可以在街道乡镇层面建立统一的时间储蓄服务站,统筹辖区内志愿服务力量和各类服务的策划组织。采取以购买服务的方式委托社工组织、在服务站设立社工专兼职岗位等做法,具体开展街乡镇志愿服务站的日常运营等相关工作。推动志愿服务全面融入养老服务体系。将志愿服务全面引入家庭养老照护床位、巡视探访等常态化项目,起到拾遗补阙的重要作用。探索养教结合互助新模式,发挥志愿者作用,依托社区服务、养老服务机构资源,开展形式多样的老年教育活动。鼓励具有专长的老年人在社区成立各类助老工作室,发挥老年人的专长为社区老年人提供服务。让所有热心参与老年服务公益事业的人都能够出得了力,帮得上忙。加快发展社会工作者、社

会心理服务和专业志愿者等专业社会服务队伍，探索"社工＋义工"联动服务机制，提升志愿互助养老服务的专业性。有条件的可将辖区商户全部纳入时间银行兑换系统，志愿者可以在辖区内所有商家进行兑换，以尽可能扩大时间银行兑换的范围。

（2）促进志愿互助养老服务信息化运行。推动志愿服务数据共建共享，纳入街道乡镇养老信息化平台，并通过接口与全市统一的时间储蓄信息管理系统实现对接。充分利用信息化平台实现志愿服务数据信息的整理归纳和共享使用，及时了解志愿者参与志愿服务情况、志愿服务项目的开展情况，及时记录志愿服务时长，保障志愿者相关权益，避免零散化、碎片化现象，打造睦邻互助街区特色文化。科学评估志愿服务的整体效果等，实现志愿服务的长效和可持续发展。促进志愿服务的评估转化工作。

（五）顾问先行，加强整合式管理人才队伍建设

一体化养老服务模式的有效运转需要增加节点性关键人力。养老顾问为老年人及其家庭获取养老服务资源提供咨询、指导等服务，照护管理师起到资源整合、服务落地的作用。可以依托辖区内社区养老服务设施、机构、人员设立养老顾问服务专员，设立街道乡镇顾问点、社区顾问点、养老服务机构顾问点，由联合体统一进行网格化管理和调度。编制《养老顾问工作手册》，通过线上线下为老年人及其家庭提供养老服务资源介绍、养老服务政策咨询、资源供需对接等顾问服务。在此基础上，鼓励和支持养老服务机构引进和培养照护管理师等专业技术人员，在家庭照护床位发展中设立照护管理师岗位，给予重点人才奖励和扶持。建立失能、失智老年人整合式服务的基层专员队伍，设置个案管理师，动态评估协调失能、失智老年人需求，不断整合辖区和市场优质养老资源，支持和有效补充家庭照料功能，减轻家庭照料者的负担。

（六）技术集成，数字化赋能实现平台一体化发展

（1）养老数据融合一体化。整合分散孤立的老年人口数据、养老服务资源数据、公共服务数据、智能产品数据和应用服务数据进行互联互通，坚持横到边、纵到底，建立街道养老服务数据中心，实现一网覆盖、一个App通用。在数据汇集的基础上，以满足数据分析应用场景为切入点，建立健全专题库和分析库。建立一套统一的、标准的数据视图，进而建立大数据分析系统，为养老服务资源配置提供决策支持。

（2）养老服务集成一体化。建立街道乡镇级的呼叫中心。实现全街道乡镇

养老公共服务和一般养老服务跨层级、跨系统、跨部门的业务融合，实现街道乡镇养老服务资源的统一调度和管理，最大限度发挥服务资源的优势，为老年人提供精准化服务。结合养老服务顾问制度推进服务集成，养老服务顾问负责对老年人进行建档、能力评估、需求评估，利用数据中心的大数据对老年人进行分析和风险预测，综合多方面的情况制定服务计划，调度本地服务资源，指导服务机构提供服务，通过信息平台的数据交互实现数据互认。

（3）养老服务综合监管一体化。基于覆盖全街道乡镇的数据资源库，对平台基础设施、业务服务系统、服务运营情况进行实时监控和监督管理，创新街道乡镇养老服务的费用评价、绩效评价、监管评价，有效实现养老信息资源的协同、共享和利用。完善智慧养老运营管理的政策保障，推进形成政府、企业、社会共同参与的运营保障体系。

五、街道乡镇养老服务联合体的评价考核

街道乡镇养老服务联合体综合考核是指根据考核设定的目的（为了更好地满足老年人的实际需求），科学设计统计指标体系，系统收集统计数据，借助合理可行的综合评价方法，对不能直接加总的、性质不同的单一指标进行综合，得出概括性的结论，对街道乡镇养老服务联合体作出客观全面的评定或判断。综合评价考核的基本思想是将多个反映某一方面的单个评价指标转化成一个能够反映街道乡镇养老服务联合体整体情况的综合指标，从而对街道乡镇养老服务联合体的服务进行综合考核，鼓励先进，促进发展。

（一）确定综合评价目的

根据《"十四五"国家老龄事业发展和养老服务体系规划》等政府文件和世界卫生组织健康老龄化、积极老龄化的先进理念，以及当地的经济发展水平和老年人口的绝对数量与比例，确定为什么要进行街道乡镇养老服务联合体综合评价，综合评价哪些方面，综合评价达到什么目的。

（二）明确构建综合评价指标体系

构建街道乡镇养老服务联合体综合评价的指标体系是进行综合评价的前提条件，指标体系需要从多个视角和层次反映街道乡镇养老服务联合体。这是街道乡镇养老服务联合体综合评价的基础和关键。对街道乡镇养老服务联合体进行系统分析，从中选出若干主要因素，构建成综合评价指标体系。综合评价指

标体系的构建至少要符合以下原则：

（1）科学性。整个指标体系从单个指标的选取、入选指标的计算内容和方法到指标整体结构等都应科学合理。

（2）前瞻性。街道乡镇养老服务联合体综合评价指标体系的设置要考虑未来发展目标，评价指标体系的结构应具有可修改性和可扩展性。

（3）可行性。入选的指标应含义明确，数值高低在评价中有确切含义，指标数据口径统一，且具有可获得性、连续性和稳定性。

（4）全面性。指标体系要能够充分反映待评价对象的各个侧面。

（5）独立性。选入的指标各有所用，相互不能替代。

（6）层次性。指标体系结构层次清晰、逻辑明确。

（7）可比性。指标体系对每个街道乡镇养老服务联合体的综合评价都是公平的。

（三）构建综合评价指标体系

参考借鉴世界卫生组织倡导的健康老龄化、积极老龄化理念，在国家发布的《社会养老服务发展监测指标体系》《"十四五"国家老龄事业发展和养老服务体系规划》等一系列文件的指导下，紧密结合北京市的基本市情，将街道乡镇养老服务联合体建设纳入"七有""五性"监测评价指标体系。拟设立设施建设、适老环境、为老服务、社会参与、人力资源、老年人主观评价六个评价维度，每个维度设定若干个具体考核指标，具体指标设定如图8-9所示。

（1）设施建设[①]。设机构养老床位数、社区养老（日托）床位数、家庭养老照护床位数、养老机构护理型床位占比、有集中供养意愿的基本保障对象[②]集中供养率5个指标。

（2）适老环境。设家庭适老化改造普及率、老楼加装电梯单元改造率、人均老年文化体育设施面积、人均老年教育设施建设面积4个指标，用以衡量老年友好型社区建设情况。

（3）为老服务。从居家巡视探访服务、养老服务顾问机制、居家养老紧急救援系统、老年健康服务4个方面进行衡量，其中老年健康服务可根据老年人规范健康管理服务率、家庭医生签约率、养老机构与医疗机构签约率等情况进

[①] 设施建设具体指标由市区两级民政部门与街乡镇协商确定，依据为《北京市养老服务专项规划（2021年—2035年）》规定的千人指标要求，可以根据各街乡镇地理位置、城市规划约束以及辖区土地服务资源情况具体确定，一旦确定，即纳入考核要求。

[②] 基本保障对象是指按照相关文件规定应该由政府提供基本兜底服务的人员，本研究认为应该包括：辖区内全部失能、失智老年人，80岁以上高龄老年人，低收入经济困难群体。

```
                    街乡镇养老服务联合体综合评价指标体系
     ┌────────┬────────┬────────┬────────┬────────┬────────┐
   设施建设   适老环境   为老服务   社会参与   人力资源   老年人主观评价
```

- 设施建设
  - 机构养老床位数
  - 社区养老（日托）床位数
  - 家庭养老照护床位数
  - 养老机构护理型床位占比
  - 有集中供养意愿的基本保障对象集中供养率

- 适老环境
  - 家庭适老化改造普及率
  - 老楼加装电梯单元改造率
  - 人均老年文化体育设施面积
  - 人均老年教育设施建设面积

- 为老服务
  - 居家巡视探访服务
  - 养老服务顾问机制
  - 居家养老紧急救援系统
  - 老年健康服务

- 社会参与
  - "三社联动机制"建设及运行情况
  - 时间银行机制建设及运行情况
  - 老年人协会建设及运行情况
  - 公益社会组织建设及运行情况

- 人力资源
  - 社会工作者与社区老年人比例
  - 街道老龄工作专职人员（每万名老年人）

- 老年人主观评价
  - 老年人涉老问题投诉响应率
  - 老年人涉老问题投诉解决率
  - 老年人涉老问题投诉满意率

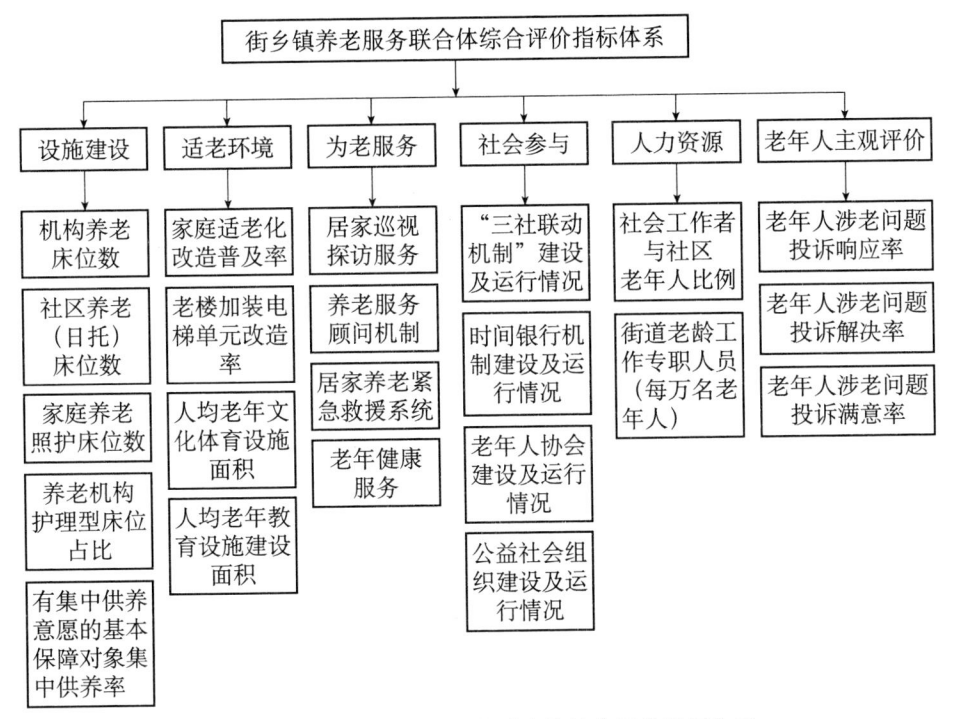

图 8-9　街道乡镇养老服务联合体综合评价指标体系

行衡量。

（4）社会参与。从"三社联动机制"建设及运行情况、时间银行机制建设及运行情况、老年人协会建设及运行情况、公益社会组织建设及运行情况等方面进行衡量。

（5）人力资源。从社会工作者与社区老年人比例、街道老龄工作专职人员（每万名老年人）两个方面进行评价和衡量。

（6）老年人主观评价。从 12345 涉老服务诉求量的变化情况入手，采用老年人涉老问题投诉响应率、老年人涉老问题投诉解决率、老年人涉老问题投诉满意率三个指标进行衡量。

（四）确定各指标的权重

权重是指在评价指标体系中每个指标的重要程度占该指标体系的比重。在多指标综合评价中，由于各指标的重要性不同，必须客观地确定各指标的权重。权重的合理科学与否直接影响综合评价的结果。确定权重的方法通常有德尔菲法（又称专家评定法）、层次分析法、主成分分析法、因子分析法和相关系数构权法等，其中最常用的是德尔菲法和层次分析法。街道乡镇养老服务联合体评价指标体系中各指标的权重拟通过座谈或填调查表的方法获得。

（五）确定各指标的量纲

根据综合评价指标计算过程的不同特点，指标量纲的确定方法通常可分为两类：一类为采用有量纲指标评价方法，主要是总分评定法；另一类为采用无量纲指标评价方法，主要包括标准化变换法、规格化变换法、功效系数法、指数化变换法和最优值距离法等。出于易理解易操作的考虑，街道乡镇养老服务联合体评价指标采用有量纲指标评价方法。

（六）确定评价标准

综合评价标准一般包括历史评价标准、定额评价标准和经验评价标准等。街道乡镇养老服务联合体评价标准将根据理论与实践相结合的原则，逐步探索出一套合理的评价标准体系。

（七）明确数据来源

先确定需要收集哪些指标的数据，指标数据来源包括但不限于以下方面：一是北京市统计年鉴、北京市卫生统计年鉴、北京市民政统计年鉴等；二是国家及地方相关文件，如《"十四五"国家老龄事业发展和养老服务体系规划》《"十四五"城乡社区服务体系建设规划》；三是相关服务单位的统计报表；四是调研获取的原始资料。

（八）确定合成方法

评价指标的合成方法是指将各个指标按照某种方法进行综合，对于数量性项目的评分，可根据各评价指标的优劣排序；对于非数量性项目的评分，一般把该项目划分为若干个评分等级，并对不同等级赋予适当的分值，进行量化处理。根据总得分结果，得出一个可用于评价比较的综合指标，对评价对象进行客观、公正、合理的全局性、整体性评价。本综合评价拟对指标进行加权算术平均，采用总分评定法。总分评定法不仅适用于数值型变量，也适用于等级变量的综合评价问题。总分评定法简单、易操作、容易理解、便于推广。

（九）分析综合评价结果

通过上述一系列操作，可以得到街道乡镇养老服务联合体的综合评价结果。如果需要，也可以进行排序。通过排序，指出排名靠前街道乡镇养老服务联合体的优点，加以巩固和推广；指出排名靠后街道乡镇养老服务联合体存在的主要问题，结合现实环境和条件，分析问题的原因，提出改进措施。在具体操作上，由市（区）社会工委、民政局牵头，定期组织对全市（区）街乡镇的考核评价，对评价结果进行科学分析，针对区域老年人高频共性问题加强指导，积极推动问题解决。并根据国际最新理念，以及国家政策变化，在实践中不断完善综合评价系统（包括完善指标体系、生成指标数据表、录入指标数据、指标数据的定量化和无量纲化），以评价促发展。

◀◀ 结　语 ▶▶
继往开来

　　老年学起源于对个体的认识，如一个特定的人怎么去治病、怎么衰老。随着人口结构的变化，老年人在社会上的比例越来越大，老年人的问题不再是一个个体的问题，而是逐步发展到需要从经济、社会、文化、政治的角度去研究的问题，要用社会科学的理论和方法来研究人类老龄化。概括而言，老年学研究人类老龄化的现状和过程，研究人类个体老龄化和群体老龄化的规律性，研究人类老龄化与人类生活的社会环境和生态环境之间的本质联系以及人类社会和个体如何适应老龄化。

　　在马克思主义看来，人发展的最高境界是人的自由全面发展，是人的本质的真正实现。人的全面发展不仅是社会发展的内在要求，而且是社会发展的最终体现。在这个意义上，我们可以认为，一部老年学的发展史，就是追求人的自由全面发展的历史。我国老年学的奠基人邬沧萍教授在耄耋之年仍笔耕不辍，邬老现身说法倡导对老年价值论的研究。他认为，老年人价值的实现是人的最高层次需求的满足，超过生理、物质、归属、安全等需求，也是实现人的自由全面发展、实现社会共同富裕、推动社会全面发展的具体表现。

　　对于个体而言，人活一辈子追求的目标，一是生命的长度，尽可能更长寿；二是生命的丰度，生命是丰富多彩的；三是生命的自由度，追求人的自由全面发展。事实上，生命的长度、丰度、自由度是有机统一的。一方面，随着老年期的延长和健康状况的普遍提升，老年期在人生历程中所占的比重越来越高，老年期的价值和价值发挥也更为重要，老年期也是仍然可以有作为、有进步、有快乐的重要人生阶段；另一方面，老年期的延长将进一步拉大每一个老年个体的异质性。

　　个体老龄化立足于人的全面发展，群体老龄化立足于社会的全面发展，人的全面发展和社会的全面发展是矛盾统一的。长寿时代，老年人既要站在个体自由全面发展的角度，积极乐观看待自己，自尊、自重、自爱，也要站在社会进步和全面发展的立场，正确看待社会。社会政策要站在老年人的立场，充分认识到，相对于其他社会群体，老年群体的异质性将更加突出和变得更加复杂，高龄老年群体的生活与社会支持等都需要新的理论指导与实践探索；充分认识到，必须充分发挥老年群体的社会价值，既要让老年人成为社会发展的重要资源和重要力量，也要让老年人共享改革发展的成果，构建人人平等、人人共享的社会。

35年前，恰同学少年时，我常常带上干面包昏天黑地泡在武汉大学的图书馆里看哲学书籍，研究爱因斯坦的相对论，思考人生，思考宇宙和黑洞的起源，拷问自己"人为什么活着"等类似的问题。如今，已是"知天命之年"，转型到大学从事智库研究工作，对于我是一个全新的挑战，应该感恩周围的领导和同事对我的包容。"听闻随转修心要"，只有不断修行，才能开智慧。用心倾听人们的谈话，他们自然会教你如何好好生活。

一个人只有内心平静，才能够听得见、听得懂别人的谈话，内心躁动的人，当别人讲话的时候，他是根本听不见的。因此，我们坚持"无调研、不建言"。我也时刻反思，面临世界百年未有之大变局，面临不可逆转的人口老龄化趋势，我们真正了解老年人吗？社会真正了解老年人吗？我也时刻告诫自己，也许正是在不断接近老年人、倾听他们的心声的过程中，我们加深了对老年学客观规律的认识，这也正是我们不断修正错误、接近真理的过程。

人口老龄化与全球化的叠加，将在21世纪很长的时间里重塑人们的生活。作为中国的首都和国际交往中心，作为中国对外开放的前沿窗口和参与全球化的先锋力量，北京应服从和服务于国家战略，在中国参与全球老龄化治理中发挥排头兵作用。坚持全球眼光、国际视野，积极参与国际社会相关行动计划，推进国际共识的本土化实践，推动建立健全应对人口老龄化的多边合作机制，吸引国际组织以及国际人才到北京落户；借助建设全球数字经济标杆城市、国际科技创新中心、国际消费中心城市的发展机遇，积极培育银发产业和银发经济，积极参与全球银发产业链分工，并占领优势地位；通过举办国际老龄论坛等学术交流和研讨活动、用品用具展览和交易博览会活动等，加强政策交流、项目对接、技术合作、产业投资，促进国际交往功能发挥以及国际影响力扩展。

处于伟大变革的时代，首都北京应对人口老龄化形势错综复杂，既要加快补齐养老服务体系建设的短板，又要超前布局迎接加速老龄化带来的机遇与挑战，未雨绸缪做好高龄化社会到来的政策储备。在经济社会发展转型中，要将人口老龄化的负面影响转化为正面影响，推动经济转型升级，激发银发消费能力，发展银发经济，实现解决老龄问题与促进经济高质量发展的有机统一，推进"发展型老龄社会"建设；要通过完善社会保障体系、强化基本公共服务，让老年人共享社会发展成果，推进"公正型老龄社会"建设；要通过基层社会治理体制改革，提高超大城市管理服务精细化水平，推进"品质型老龄社会"建设；要通过优化城市环境和人居环境，加快国际一流老年友好宜居环境建设，推进"健康型老龄社会"建设；要通过向社会放权赋能，充分发挥社会组织的作用，全面建成志愿服务和时间银行制度，推进"共治型老龄社会"建设；要通过数字赋能，强化养老领域数字新基建，消除老年人数字鸿沟，发展数字银发经济，提高养老服务和健康服务体系的质量和效能，推进"智慧型老龄社会"建设。

从老龄社会到超老龄社会，实现解决老龄问题与首都基本实现现代化的有机统一，关键在于人口结构优化与产业升级之间能否实现良性互动，人力资本质量和生产要素禀赋结构是最为重要的中间变量和作用机制，也是关系到是否能将技术创新作为积极应对人口老龄化第一动力与战略支撑的关键。如何削弱和化解人口老龄化对科技创新的负向效应，发挥和强化人口老龄化对科技创新的正向效应，是北京从老龄社会过渡到超老龄社会进程中必须解决的重要议题。

期待在中华民族伟大复兴的历史进程中，北京作为中国的首都，成功走出一条超大城市解决老龄问题和实现经济社会可持续发展有机统一的新路，向世界发出积极应对人口老龄化的北京声音，贡献北京智慧。

今日是中国农历二十四节气的雨水，万物初萌，时光不语，静待花开。

黄石松

2023 年 2 月 19 日于北京